本书荣获

2008 年首届广东省优秀教材奖

21 世纪高职高专经济管理
系列教材编写委员会

主　编　张亚丽　孙晓梅
委　员　（以姓氏笔画为序）

丁行政　　王国颖　　许洁虹

李　勤　　张伟今　　胡穗华

梁晓萍　　秦　璐　　樊哲银

21 世纪高职高专经济管理系列教材

JINGJIXUE JIAOCHENG

经济学教程

（第二版）

张亚丽　编著

中山大学出版社

·广州·

图书在版编目（CIP）数据

经济学教程/张亚丽编著 . —2 版 . —广州：中山大学出版社，2010.11
21 世纪高职高专经济管理系列教材
ISBN 978 - 7 - 306 - 03748 - 0

Ⅰ. 经…　Ⅱ. 张…　Ⅲ. 经济学—高等学校：技术学校—教材　Ⅳ. F0

中国版本图书馆 CIP 数据核字（2010）第 177076 号

出 版 人：祁　军
策划编辑：蔡浩然
责任编辑：蔡浩然
封面设计：贾　萌
责任校对：杨文泉
责任技编：何雅涛
出版发行：中山大学出版社
电　　话：编辑部 020 - 84111996，84111997，84113349，84110779
　　　　　发行部 020 - 84111998，84111981，84111160
地　　址：广州市新港西路 135 号
邮　　编：510275　传　真：020 - 84036565
网　　址：http：//www. zsup. com. cn　E-mail：zdcbs@ mail. sysu. edu. cn
印 刷 者：广州中大印刷有限公司
规　　格：787mm×960mm　1/16　23 印张　460 千字
版次印次：2005 年 8 月第 1 版　2010 年 11 月第 2 版
　　　　　2010 年 11 月第 7 次印刷
印　　数：21000 - 24000 册　定　价：39.90 元

内容提要

Neirong tiyao

　　本书第一版荣获 2008 年首届广东省优秀教材奖，深受读者的欢迎和喜爱。

　　本书第二版根据近年来有关经济学原理的运用及表述方式的变化情况，在内容、案例及参考资料方面较第一版有比较大的增补，使全书内容更全面，表述更简明易懂。

　　本书的特点是：①以"必须、够用"为原则，定位为初级经济学水平；②简明、通俗，以简明的语言和扼要的篇幅阐述艰深的经济学理论；③比较全面地反映了经济学近年来的发展趋势；④每章均设置"参考资料"、"案例分析"及"练习与思考"，帮助读者理解经济学原理，使抽象的经济学理论变得生动有趣。

　　本书内容新颖，体现理论性与实践性的统一，既适合高职高专、大学专科、成人教育院校经济管理类专业的学生用做教材，也可供经济管理部门的管理者及社会读者使用。

目录
Mulu

经济学教程

经济学教程

总序

高等教育分为博士生教育、硕士生教育、本科生教育和大专生教育四个层次。根据这四个层次和我国高等教育的入学考试模式，以及各个高校办学水平、师资力量等条件的不同，高等教育办学层次就更加复杂。学生层次不同必然导致教学内容、教学方式、实训要求等不能按照一个统一模式，这是不言而喻的。

从现实来看，教科书的建设并没有完全体现层次性要求，至少在经济管理类学科中存在这类问题。目前，博士生、硕士生的教科书主要是引进国外原版书或释本，有的高校也编著了一部分教材填补空白。但是，研究生教学带有较强的学术性和前沿性，加上研究生专业划分细，所以，研究生所使用的教科书建设有相当的空间。本科生教科书建设目前在我国做得最好，各种教科书琳琅满目，既有统一的要求，又有各自特点，这可能与本科学生的规模有关。但是，大专教育，特别是高职高专这一块，经济管理类的教科书存在空白点太多。我想其中原因有以下两点：第一，随着社会主义市场经济的发展，经济管理类的课程体系结构发生了很大变化，教材改革应首先在办学层次高的高校实行。第二，高职高专学校的教师教学任务普遍较重，从事科研的时间不如本科院校教师宽裕。因此，不少高职院校把适合本科教学用的教科书提供给高职高专学生使用，甚至个别高职专业仍在使用中专教材。这样，不同的培养目标却使用相同的教科书，教师在教学过程中就难以把握，学生在学习过程中也存在较大困难，难以满足高职高专学生教学的需要。

我国高职高专教育占高等教育比重很大，随着社会经济的发展，对高职高专层次人才的需求也呈现数量大和多样化的特点。因此，搞好高职高专的教材建设，编写出能够与国际接轨的教科书，提高高等职业教育院校技术应用型人才的培养质量将会有力地促进我国社会的进步。这便是"21世纪高职高专经济管理系列教材"问世的历史和现实背景。

这套教材最明显的特点，就是参编的教师非常了解和熟悉高职高专经济管理类学生的学习情况，同时又知道这些学生的毕业走向。所以，在编写过程中，作者依据高等职业教育应用型人才的培养模式，以适用性、实用性和应用性为重点设计体系和组织内容，既注重培养学生观察分析问题的思路和方法，又重视提高学生的实际操作能力，目的是让学生学以致用，与社会需求相适应。

这套教材第一版推出后受到了读者的普遍欢迎，由此肯定了作者坚持理论的适用、实用和应用理念的正确性。在中国的高等职业教育越来越强调应用特色和能力本位，越来越重视人才的创新素质和创新能力的培养之际，这套教材的第二版又面世了。我相信，该套修订版教材的推出，对于探索高职高专教材建设的新路子、进一步锻炼教师队伍、提高教学水平都有积极的意义。

当然，再版的教材还会有许多不足之处，希望专家和读者指正，以利今后再修订。

程　飚

2010 年 4 月 12 日

前言

　　我国图书市场虽然每年都有许多新版经济学教材问世，但是，中国大学的经济学入门教育的效果仍然不尽如人意。在经济学教育与科研网上经常会看到学生在抱怨学过经济学课程之后感觉没有什么收获。在教学中，我们也能感受到许多学生在课程结束后并没有掌握经济学的基本原理。

　　在我看来，经济学教学效果的不理想有以下原因：一是经济学教材在理论解释上面面俱到，真正重要的问题并没有得到充分地解释；二是对经济学理论的阐述时较多使用难以理解的抽象数理逻辑方法，使学生感觉经济学很难学；三是经济学教学与本国实际情况结合不够紧密，使我国学生感觉经济学与自己相距甚远，很难产生共鸣。

　　基于上述思考，本书力图在以下方面与众不同：

　　第一，定位于初级经济学水平。作为一本为一学期经济学概论课程设计的教材，本书把内容界定在经济学基本原理的范围内，尤其是强调经济学中学生会更有兴趣的内容，而对经济学观点本身的介绍则有所取舍。在教师的授课课时及学生的学习时间有限的情况下，我们越是舍弃掉一些冗长的细节，就越能够专注于基本原理的充分阐释，这有助于学生消化吸收所学的东西。因此，本书在内容取舍的安排上，突出实用和适用的特点，而不是事无巨细、无所不包。

　　第二，较多使用我国的经济生活事例和经济数据阐述经济学原理。每一章的开篇都提出在我们生活中面临的经济问题，由此引出本章的基本内容；在各章的理论阐述中，注重用发生在我们身旁的故事向学生们灌输经济学的理念。在每一章正文当中，以案例分析和参考资料的形式插入了许多我国经济生活中的事例和数据，以此来增加学生们对经济学教科书的亲切感，并启发他们透过生活中的经验现象来理解抽象的经济学原理，帮助他们理解经济学原理在我国的适用性。

　　第三，采用简明、通俗的语言表述方式。经济学的本质不是繁杂艰深的数学公式，而是以理性和智慧对人类社会的思考，是和现实世界沟通对话的工具，它与老百姓的生活息息相关。因此，本书尽量使用不使学生感到畏惧的语言和形式，比如避免使用高等数学，而是通过叙述我国的经济事例和读者所熟悉的生活中的例子来解释理论。同时，辅之以图形和简单的数学知识直观地展示概念，从而把深奥难懂的理论变得简单、具体，使学生容易理解和掌握。

在本书的第一版中，我强调经济学是一门致用之学科。经济学家之所以看问题比普通人目光犀利与眼界独到，是因为他们用一种独特的方式观察事物、分析现象与思考问题。本书的目的是把这种思维方式尽可能介绍给读者，并使读者能够更有见解地思考各种现实经济问题，从而有助于作出更加理性的决策。本书的第二版仍然坚持这一理念。

经济学原理是永恒的，但是，这些原理的表述方式及运用会发生变化。为了使经济学教学能够满足学生的求知欲，本书第二版在内容、案例和参考资料方面较第一版有以下比较大的改动：

（1）对第一章的主要内容进行了改写，对经济学的定义和经济学所研究的基本问题有了更为准确而详尽的讨论；机会成本的概念放在这里介绍，并增加一个新的案例帮助学生了解机会成本的概念；添加了资源配置的"选择机制：市场机制、政府干预、混合经济"，以便使读者更好地理解中国经济体制改革的实质。

（2）添加了一个新的参考资料，以说明，认为"富人从额外的1元中获得的效用要比穷人少"是对第三章边际效用递减规律的误解。

（3）更新了一个参考资料，对马尔萨斯预言的落空给予了更为客观的评价。

（4）在第五章成本概念的介绍中增加了"沉没成本"，并用"亏损的QC公司为什么没有退出市场"的案例，说明理解沉没成本的意义。

（5）在第六章中，对完全竞争企业的短期均衡作出更为通俗易懂的解释。在合谋情况下的寡头部分增加了"默契合谋"的内容。

（6）在第八章中增加了"公共物品供给方式的选择"的内容。并对"克服信息不对称的方法"进行更为详尽的补充。

（7）从第九章起，是宏观经济学部分，这一章的部分内容重新写过。例如，对国内生产总值（GDP）的三种衡量方法有了更简洁而新颖的解释；

在失业的衡量部分增加了"人口劳动力分类"的内容，并对我国失业统计制度存在的问题进行了分析。

（8）在第十一章中介绍 IS－LM 模型，本书第一版第十一章货币供求理论中的一部分内容放在这里介绍，另一部分放在后面的第十四章，不再单列一章讨论。

（9）银行体系和货币供给的内容改写后放在第十四章介绍，这是理解货币政策作用机制的知识准备。

（10）对第十五章经济增长的内容进行了重组，使这部分内容变得更加通俗易懂，易于读者理解。

（11）选用了许多我国的经验事例和数据。

（12）更新了宏观经济的大部分数据。

（13）各章的练习与思考增加了判断和选择的题型，题型的多样化更有利于初学者做练习和复习备考。

除了上述内容更新之外，为了使经济学更简明易懂，本书第二版的文字表述也有许多删改和增补。

总之，与许多同类经济学教科书相比，本书第二版仍然把立足点放在学生一方，关心如何方便学生的学习，力图消除学生对经济学的"恐惧"心理，使枯燥的经济学变得不再乏味，从而使经济学家思考世界的独特思维方式尽可能为更多的读者所理解和掌握。

本书在编写中参阅了许多相关文献。谨在此向这些作者、译者表示衷心感谢。由于本人学识水平有限，书中不妥之处敬请读者批评指正。

张亚丽

2010 年 3 月

第一章

导言：什么是经济学

本章将向你介绍的重点内容

◎ 资源的稀缺性

◎ 选择与机会成本

◎ 经济学的定义和重要经济问题

◎ 微观经济学和宏观经济学的区别

◎ 实证分析和规范分析的差别

◎ 假设和模型在阐明经济理论中的作用

◎ 学习经济学的意义

自人类社会产生以来，人们就为各类经济问题所困扰。比如家庭在有限的收入水平下如何作出消费决策；企业如何降低成本，使生产的效率最高；为什么存在收入差距；为什么有些年份有较大比例的人口找不到工作，而有些年份物价则以较快的速度上升。诸如此类的问题根源于资源的稀缺性。因此，如何有效管理自己的稀缺资源，就成为人类社会的永恒问题。经济学正是为解决这一问题而产生的，并因此被称为"社会科学的皇后"。

本章从资源的稀缺性入手，介绍经济学研究的基本问题、主要内容、研究方法及学习的意义。

第一节
经济学的基本问题

所有的经济问题都根源于资源的稀缺性，经济学研究的基本问题正是由资源的稀缺性所引起的。

一、稀缺性

经济学所理解的**稀缺性**，是指经济资源的相对有限性。资源是指生产物品或劳务所需要的人力资源、土地资源、资本资源和企业家才能。"人力资源"即劳动。劳动既包括人力资源的数量，也包括生产物品和劳务的技能。"土地资源"是包括土地在内的所有自然资源，比如矿藏、原油、森林、水域等等。"资本资源"是由以上两种资源生产出来的厂房、设备、原材料等，这些物品会被用于再生产。"企业家才能"是指管理者对生产活动的组织和协调能力。通过企业家的创新活动，把分散的稀缺资源有效地组织和利用起来，才能使既定资源所能实现的产量达到最大。上述经济资源也被称为生产要素。人类社会的资源是有限的，也就是说，相对于人类的无限欲望来说，社会用于满足欲望的资源总是不足的。人类欲望的无限性，是指人的欲望或需要是无穷的，当一种欲望或需要得到满足或部分满足后，又会产生新的欲望或需要。例如，一个人拥有自行车后，还想要摩托车、轿车乃至私人飞机，而社会用于生产各种物品的资源总是不足的。任何社会或个人，资源再多总是一个有限的量。有限的资源不能满足无限的欲望，或者说，经济中所能提供的物品总是少于人们想拥有的东西，就是稀缺性。

无论对社会还是个人，稀缺性都是普遍存在的。当你只有 10 万元而想买 20 万元的汽车时，你面临着金钱的稀缺；当一个学生在晚上的闲暇既想听一场经济学讲座又想在图书馆复习功课时，他面临着时间的稀缺；当一个社会资源既定而想生产无限的大炮和面包时，人们面临着资源的稀缺。对人类来说，在世界这个由时间和空间构成的框架中，几乎所有的东西都是稀缺的，我们生活在其中的世界是一个稀缺的世界。

二、选择与机会成本

稀缺性决定了每一个社会和个人必须做出选择，因为同一种资源总是具备多种用途。例如，土地可以种小麦，也可以建厂房，还可以建高尔夫球场；钢材可以盖大楼，也可以造大炮。选择意味着我们为了得到某种东西就必须放弃其他某种东西。比如，一块土地被用来建高尔夫球场，就不能种小麦，也不能建住宅。无论我们选择做什么，当我们把土地用于某一项用途就不能用来做其他事情。我们为了得到某种东西所必须放弃的东西被称为机会成本。**机会成本**是指一定的经济资源用于某种用途时所放弃的其他用途的最大收益。例如。你用所拥有的经济资源生产了1万件衬衣，这就意味着不能用相同的资源来生产1.5万双鞋，那么，你生产1万件衬衣的机会成本就是所放弃的生产1.5万双鞋。如果1.5万双鞋的价值为10万元，则可以说，1万件衬衣的机会成本就是价值为10万元的其他商品。

在日常的经济活动中，稀缺性无处不在，我们必须面临选择，因而必然存在机会成本。比如，你可以选择上大学，也可以参加工作。如果你选择去电脑城卖电脑，你可以赚到足够的钱买游戏软件，上网聊天、看电影，你也有充足的时间和朋友一起玩耍，这些都是你上大学所不能享受的事情。上大学的机会成本就是你若参加工作就可以做的一些事情。

但是，机会成本不是我们决策时所放弃的一切，而是我们放弃的其他所有选择中评价最高的选择。例如，晚餐后的7:00—9:00的时间你可以去做家教，也可以选择去听一场经济学讲座或者玩电脑游戏，做家教的机会成本就是放弃听讲座或玩电脑游戏。确定机会成本时，你必须考虑如果不去做家教，你将做什么。如果你对经济学有浓厚的学习兴趣，做家教的机会成本就是放弃听讲座；如果你痴迷于电脑游戏，做家教的机会成本就是放弃玩电脑游戏。

案例分析 为什么年轻的歌星、电影明星和时装模特很少上大学

看一看你同班级或同年级的同学，有没有18~25岁的流行歌星？有没有电影明星？有没有超级模特？可能都没有。这并不是因为这些人恰好都不想上你所在的大学，而是由于这些人考虑了上大学的机会成本所造成的。

你上大学的成本是多少？大多数人都会认为是他们的学费和其他生活费支出。如果你上大学四年八个学期，每学期的学费和生活费为4000元，那么，你的学习费用总共

就是 32000 元。但是这 32000 元并不是你上大学的全部成本，因为如果你不当学生，你可能会找到一份工作并赚取收入。例如，你可能会找到一份全职工作并且每年能够赚到 36000 元。很显然，这 36000 元由于你选择上大学而放弃了。这些就是你上大学的机会成本。

即使上大学的学费对于每个人来说都是相同的或者差不多是相同的，但对于每个人而言，上大学的机会成本也是不一样的。一个 18 岁的歌星如果来上你所在的大学，将会失去些什么呢？一个 17 岁的时装模特又会少挣多少钱呢？这些人很少来上大学，即使学费对他们而言算不了什么，他们不上大学是因为机会成本相对较高。他们可能会说他们"上不起大学"但这并不是说他们付不起学费，而是指他们不愿意放弃不上大学所能赚到的高额收入。用经济学语言可以这样说：由于上大学的机会成本达到了足够高的程度，以至于上大学反而会得不偿失。

——张元鹏：《微观经济学》，中国发展出版社 2005 年版。

三、经济学的定义和重要经济问题

如前所述，稀缺性是任何社会都具有的一个基本特征。面对稀缺性，我们必须把有限的资源在不同用途之间作出选择。**经济学**是研究人们对稀缺资源的选择以及这些选择如何变化的科学。

一个国家最基本的经济选择可以概括为以下几个重要的经济问题：

第一，生产什么及生产多少？资源是有限的，所以，社会必须决定使用这些有限资源生产什么物品和劳务，各生产多少。例如，假定社会资源既定，是生产粮食，还是生产导弹；或者生产多少粮食，多少导弹，即在粮食和导弹的可能性组合中选择哪一种。我们必须考虑，决定我们生产什么、生产多少的因素是什么？随着时间的推移我们的选择将如何改变？生产什么是一个经济社会必须作出的一个基本经济选择。

第二，如何生产？即用什么方法来生产物品和劳务。生产物品和劳务需要使用各种不同的资源，生产方法就是如何将各种资源进行组合，或多用资本，少用劳动，用资本密集型方法来生产；或少用资本，多用劳动，用劳动密集型方法来生产。不同的方法可以实现相同的产量，但在不同的情况下，其成本和收益的关系是不同的。"如何生产"就是要决定哪种资源组合方式的效率更高。

第三，为谁生产？即谁来享有生产出来的物品的问题。资源有限，不能使每个人的需要都得到满足，因此就要考虑谁的需要先满足，谁的需要后满足，也就是生产出来的产品如何在社会成员之间进行分配的问题。物品与劳务的分配取决于人们的收入水平。医生的收入比护士高，因此，医生得到的物品与劳务比护士多。现实经济中人们的收入存在差别，收入分配不平等的情况也屡见不鲜。那么，什么因素决定人们的收入水平，为什么医生赚的钱比护士多？为什么没有受过高等教育的人赚的钱比大学生少？这也是经济社会不能回避的一个问题。

第四，什么时候生产？现在生产还是将来生产呢？有时候，一个国家的生产迅速扩张，产出增加很快，就业增加。但是当出现衰退的时候，一个国家的产出下降，企业减产或倒闭，工作岗位减少，失业增加。20 世纪 30 年代经济大萧条时期，美国的生产严重下降，失业率高达 25%。2007 年以来美国发生的金融危机波及全球，包括中国在内的很多国家的产量都出现大幅度的减少。那么，什么因素导致一个国家的产量时而快速增加，时而又迅速下降呢？政府有没有办法阻止产量的下降呢？

上述四个问题，是每个社会都无法回避的。经济学由稀缺性的存在而产生，稀缺性引起选择问题，经济学就是为解决上述基本问题而产生的。本书将会告诉你经济学家如何思考这些问题，以及如何寻求这些问题的答案。

四、选择机制：市场机制、政府干预、混合经济

生产什么、如何生产、为谁生产和什么时候生产是由稀缺性引起一个国家面临的基本经济选择。这四大选择问题实际上是稀缺资源如何合理配置以及如何充分利用的问题。谁来给出这些问题的答案，也就是说，谁来决定生产哪些产品、运用什么生产方法，收入如何分配以及谁来决定什么时候生产呢？

以亚当·斯密为代表的传统经济学的一个核心命题就是，自由市场经济中"看不见的手"决定生产什么、如何生产、为谁生产和什么时候生产。所谓"看不见的手"，是指价格信号实现资源合理配置的作用，也被称为市场机制。市场机制可以回答生产什么的问题，当人们想购买某种物品时，该物品的销售量增加，其价格也会上升，企业感觉有利可图，会设法获得更多资源用于人们想购买的物品的生产，这就是市场机制的运作方式。市场机制也能够回答如何生产的问题，为了得到最大利润，企业将会观察市场价格，寻求便宜的生产方法。市场机制还能够回答为谁生产的问题，谁愿意为产品付高价格，企业就会把产品卖给谁，市场总是会把产品分配给出价最高者。在什么时候生产的问题上，传统经济学也相信市场机制的作用，他们主张政府"无为而治"，价格信号的作用完全可以实现资源的合理配置与充分利用。

20 世纪 30 年代发生的世界性的经济大萧条，使人们意识到市场经济不是完美无缺的。以凯恩斯为代表的经济学派认为，市场虽然在组织生产方面富有效率，但是，一个没有控制的市场容易出现经济总体的失衡。因为企业和工人个体不能控制经济整体的走向，许多经济个体的行为可能会把经济推向高涨，也可能会使经济陷入低谷，因而凯恩斯主义学派主张政府应当干预经济。当经济过热时，由政府出面给经济降温；当经济衰

退时，政府想办法阻止产量的下降。政府干预有助于维持一个稳定的、充分就业的环境，在此环境下，市场机制的作用才能达到其预期效果。在凯恩斯主义学派看来，政府不仅应该在经济管理中起到积极的作用，在矫正市场收入分配差距过大、治理污染等方面都有着市场无法替代的作用。

传统经济学"看不见的手"和政府干预经济的主张代表了两种截然不同的基本经济决策方式。而经济学并没有主张用一种选择机制取代另一种，经济学家普遍认为，当市场存在缺陷的时候，政府干预可以在一定程度上弥补市场的不足，但是政府也不是完美的，政府在弥补市场缺陷时有可能使情况变得更糟糕。比如，政府可能会要求企业用非常昂贵的技术控制污染，政府的收入分配政策可能会导致平均主义的结果。因此，为了实现资源的有效配置，我们需要的是市场和政府的某种结合。从世界各国的情况看，也没有哪一个国家完全依靠市场机制或政府行政指令，大多数国家采用的是市场机制和政府干预相结合的经济决策方式，这被称为"混合经济"。

目前，世界各国面临的挑战是如何确定市场和政府的边界，即是更多的依靠市场还是更多的依靠政府。欧美国家偏向于市场经济，古巴、朝鲜偏向于政府管理经济。中国在改革开放之前实行的是计划经济，也就是政府全面管制经济。而中国经济体制改革的实质就是政府不断引入了市场机制，使市场在资源配置方面发挥了越来越重要的作用，这极大地提高了资源配置的效率，从而使中国经济焕发出前所未有的生机与活力。中国的经济改革仍在继续，我们面临的挑战也是如何寻求市场机制与政府干预的平衡，当今很多公众关注的重大问题都与市场与政府的关系有关。比如，在教育和医疗行业如何实现市场与政府的适当平衡？国有企业治理结构的改革能否有效的解决低效率问题？政府在救灾、职业介绍、扶贫、慈善等社会事业方面的职能可否更多的通过非政府组织交给市场和社会？

第二节
经济学的内容和方法

一、微观经济学和宏观经济学

经济学被分为两个领域：微观经济学和宏观经济学。

微观经济学研究单个经济主体如何作出决策，以及这些决策的相互作用。微观（micro）一词源于希腊文，表示"小"的意思，这些"小"的经济主体包括个人、企业和政府机构。微观经济学侧重于研究这些"小"的单个行为人的决策行为，他们的目标是什么？为了实现这些目标，他们如何配置有限资源？面对各种激励和机会他们会如何做出反应？例如，单个消费者如何做出购买决策，以及其决策如何受到价格和收入的影响；企业如何决定雇工人数，工人们如何选择工作地点，他们在什么情况下愿意增加劳动；政府的价格管制和税收对个别物品与劳务价格和数量的影响；等等。

宏观经济学研究整体经济现象，包括通货膨胀、失业和经济增长。宏观（macro）表示"大"的意思。这是因为宏观经济学的研究对象是大型经济单位，通常是一国的国民经济。在宏观经济学中，我们关心的是居民的总消费对总产出、物价和就业有什么影响，一国经济是如何增长的，通货膨胀和失业问题是如何产生的，为什么本期物价水平比上一时期高，减少失业应选择加大政府投入还是降低银行利率，等等。总之，宏观经济学研究国民经济的运行规律，以及如何改善整体经济的运行状态。

理论上我们可以把经济学分为微观经济学和宏观经济学，但是在现实中，微观经济学和宏观经济学存在着密切的联系。宏观经济学研究一个社会的整体经济，而整体经济是单个经济主体的总和，整体经济的结果依赖于千千万万个人和企业的决策，只有理解了所有单个经济主体的经济行为以及影响其行为的因素，才能理解整个经济是如何运行的。因此，对宏观经济运行的理解离不开微观经济主体行为的分析，或者说，不考虑相关的微观经济主体的决策就无法理解宏观经济问题。例如，家庭支出决定总体消费和储蓄，企业投资决定总体投资。经济学家在研究政府支出或税收变动对整个物品与劳务生产的影响时，必须考虑该政策如何影响家庭的购买行为和企业的投资决策。

二、经济学的研究方法

理解经济学的研究方法，最重要的是区分实证分析和规范分析。

1. 实证分析与规范分析

为了说明实证分析与规范分析的区别，我们首先考察这两种分析方法的语言表述。例如，假设有两个人正在讨论轿车进入家庭的问题。以下是我们听到的两种表述：

张三：随着人们收入的增加，轿车将会更多地进入家庭。

李四：鼓励轿车进入家庭不符合中国国情。

不管你是否同意这两种表述，可以看出，张三和李四的语言表述方法是不同的。张三作出了一种关于世界如何运行的表述。李四作出的是一种他想如何改变世界的表述。

上述例子表明，实证分析和规范分析是对世界表述的两种方法。**实证分析**是描述性的，它回答世界是什么的问题。用实证分析法分析经济问题称为实证表述，其结论可称为实证经济学。例如，"价格和需求量反方向变动"、"通货膨胀和失业之间存在短期交替关系"、"提高利率将会减少储蓄"等，都是实证表述。

规范分析是命令性的，它回答世界应该是什么的问题。用规范分析法分析经济问题称为规范表述，其结论可称为规范经济学。例如，"政府应该增加转移支付以解决收入差距过大的问题"、"应该加大义务教育经费投入"、"每个中国人都应该平等地得到医疗"等等，都是规范表述。

理解实证分析和规范分析的差别，应当注意以下三个问题：

第一，实证分析不涉及价值判断，规范分析以价值判断为依据。就经济问题而言，价值判断是指对经济行为社会价值的判断，即对某种经济现象是好是坏的看法。所谓好坏也就是对社会是有积极意义，还是有消极意义。价值判断属于社会伦理范畴，有强烈的主观性。不同的人对同一经济现象或行为会有完全不同的价值判断。实证方法为了使经济学具有客观性而排斥价值判断，它只确认事实本身，研究经济本身的内在规律，分析经济变量之间的相互关系，并预测经济行为的后果，不涉及评价问题。规范分析致力于说明某一经济事物的好坏，因此必然以一定的价值判断为依据来研究问题。是否涉及价值判断，是实证分析和规范分析的基本差别。

第二，实证分析要解决"是什么"的问题，规范分析要解决"应该是什么"的问题。实证分析解决"是什么"的问题，是要确认事实本身，研究经济现象的客观规律与内在逻辑，发现经济变量之间的关系，并用于进行分析和预测。规范分析解决"应该是什么"的问题，是要说明经济现象是好还是坏，是否符合某种价值判断，或者具有什么社会意义。

第三，实证分析得出的结论是客观的，规范分析得出的结论是主观的。实证分析是对经济本身内在规律的客观描述，其结论正确与否可根据事实进行检验。比如经济学家可通过分析某一时期货币供给量的变动和通货膨胀率变动的数据来评价"减少货币供给量将降低通货膨胀率"的表述。而规范分析涉及价值判断，它所得出的结论要受到人们的伦理观、哲学观、宗教观、政治观的影响。具有不同价值判断标准的人，对同一事物的好坏会做出不同的回答，谁是谁非没有绝对的标准，从而也就无法检验。一般来说，当人们对规范问题的争论影响到某项决策时，只有用政治的或立法的手段来解决。

实证分析和规范分析尽管存在上述差异，但是它们也是相关联的。规范分析要以实证分析为基础，经济学关于经济世界如何运行的实证结论会影响政府制定什么经济政策对社会才有积极意义的规范结论。如果减少货币供给量将会使通货膨胀率下降的结论是正确的话，那么，在通货膨胀时期，控制货币供给量将成为政府的一项重要政策选择。但是规范结论并不能仅仅根据实证分析。它既需要实证分析，又需要价值判断。

总之，在经济学中，实证分析和规范分析各有其不同的作用。当我们解释经济世界如何运行的时候，就要采用实证分析的方法，像自然科学家一样冷静、客观地分析经济现象；当我们以改善经济世界的运行为目标时，就要采用规范的分析方法，以一定的价值判断为基础评价经济现象。由于经济学的主要任务是认识世界，而且，主观评价的基础是对客观现象的认识。因此，在经济学中运用较多的是实证分析方法。

2. 经济模型

如上所述，经济学家运用实证分析法研究经济问题，要对各种经济现象作出解释，发现决定经济行为的规律，并以此为依据做出预测，这就是经济理论的形成过程。经济理论是对现实经济事物的系统描述，是可以使我们解释并预测人们经济选择的一般规律或原理。通常经济学家是通过建立经济模型来提出经济理论的。

经济模型是经济理论的简明表述，是用来描述所研究的经济事物的有关经济变量相互关系的理论结构。经济理论是在建立和检验经济模型的过程中发展形成的。就像一个建筑物的模型不是真实的建筑物，它略去了许多细节，它是真实建筑物的简化和抽象一样，经济模型也不是详尽地描述现实生活中发生的一切经济行为，它也忽略了许多细节，撇开了经济中那些非本质、不必要的特征，只包括所研究的经济事物的主要特征和相关的基本因素之间的因果关系。经济模型是现实经济的一种简化描述。

所有的经济模型都建立在一些假设之上。作出假设的目的在于抓住所研究问题的中心，从而得出有意义的结论。一个经济问题涉及的经济变量很多，在使用经济模型考虑各种经济问题时，只能研究几个最主要变量之间的相互关系。作出假设就是撇开与所研究的问题无关的某些变量，使复杂的现实变得简单，这有助于我们认识经济世界的内在规律。例如，为了说明人们如何对稀缺资源作出选择，经济学假设家庭、企业和政府都是理性人，既不会感情用事，也不会轻信盲从，而是精于判断和计算，这种理性人从事经济活动所追求的经济目标是利益最大化，即消费者追求满足最大化，企业追求利润最大化，政府则追求目标决策的最优化。但是，理性人假设并不完全符合实际情况。在现实经济生活中，人们在作出某种决策时，并不总是深思熟虑；人们在许多场合，也会轻信盲从，难免上当受骗；人们在决策时，除了考虑经济利益外，也会受到社会的、政治的及道德等方面的影响和制约，也有仁慈、同情的目标。经济学之所以作出这样的假定，是为了在影响人们经济行为众多复杂因素中，抽出主要的基本因素，使事情简单化，在此假设前提下，来分析经济主体的行为，从而得出一些重要的结论，可用于认识世界和指导我们的行为。

参考资料　　　　　　　　　　**亚当·斯密的悖论**

"理性人"假定认为社会成员时时刻刻都是在为自己谋福利，然而，我们接受的道德教育却是应当助人为乐，为社会作贡献。这两者有冲突吗？早在

200 多年前，经济学开山鼻祖亚当·斯密在其巨著《国富论》中就回答了这一问题。他写道："个体生产者只想达到自己的目标，他这样做时，像其他许多情况下一样，由一只看不见的手引导他去促进一种结果的出现，而这个结果并不是他追求的东西。"（Smith，1937）也就是说，当人们尽量为自己获得更多的物质利益时，他们的行为最终共同使社会受益，虽然这并不是他们的目的。这就是所谓的亚当·斯密悖论。

亚当·斯密悖论一直是经济学的核心矛盾，多年来它一直推动着经济学的发展。这一理论的效力不断受到宗教权威、经济学之外的理论思想家和经济学家自身的挑战。虽然如此，"看不见的手"这一悖论使人类行为合理化，且在 20 世纪越来越多地指导西方甚至非西方国家的经济和政治生活。

如何理解这一悖论呢？斯密认为，追求个人物质利益将会导致竞争，竞争会给整个经济带来高额的产出和收入，并为社会创造物质财富。斯密将这一过程视作上帝为社会和谐创造的一条自然规则。它指导着人们的经济行为。他认为，政府的经济政策妨碍了市场为社会提供最适宜的产品。人们对个人利益的追求最终会实现资源的合理配置，因为每个人都是精于判断和计算的。斯密也承认人类动机的多样性与重要性，但他仍相信个人物质利益占支配地位会产生社会和谐。

——改编自杨长江、陈伟浩：《微观经济学》，复旦大学出版社 2004 年版。

经济模型可以采用文字、方程式和图形三种表述形式，它们各有自己的特点：文字表述可以使观点清楚，描述令人轻松愉快，方程式的表述比较严谨，图形则是一种最为简明的表述变量之间关系的方法。

经济学研究的大多数变量可以用数字表示：苹果的价格、苹果的销售量、种植苹果的成本等，这些经济变量通常是相互关联的。例如，当苹果的价格上升时，人们买的苹果少了。当建立经济理论时，如果用方程式或文字表述得不够清楚，可以使用图形。图形是一种直观的表述思想的方法，特别是当分析经济数据时，使用图形可以发现世界上的变量是如何相关的。比如，我们用图 1-1 来表示价格与供求量之间的相互关系。图 1-1 表明了某种物品的价格与供求

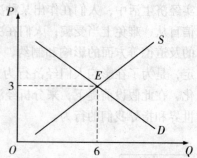

图 1-1　价格与供求量的相互关系

量之间的相互关系：价格越高，需求量越少，供给量越大。当需求量与供给量相等时，价格不再变动，称为均衡价格，这时的供求量就是成交量，称为均衡数量。均衡是一个

经济模型的解或结果。根据这一模型的结果，我们可以提出对未来市场的预测：一切倾向于减少供给的行为，都会引起价格的提高和交易量的减少；一切倾向于减少需求的行为，都会引起价格的降低和交易量的减少。

第三节
学习经济学的意义

或许你并不想成为一名经济学家，但即使如此，你仍然应该学点经济学。为什么你作为一个已经进入 21 世纪的学生还应该学习经济学呢？美国经济学家曼昆在他的畅销书《经济学原理》的前言中谈到三个原因，我们作一简要介绍。

一、为什么要学习经济学

1. 学习经济学有助于你理解你所生活的世界是如何运行的

生活中有许多事情会使你感到好奇。比如，当你想买一台电脑时，只要付款，就可以把它从商场搬回家；当你向一家旅行社提出要去欧洲旅游的要求时，旅行社会立即帮你把行程安排得妥妥帖帖。而事实上，你事前并没有告诉电脑生产厂家为你生产一台电脑，也没有通知旅行社你有去欧洲旅游的打算。那么，为什么你能得到你想要的东西呢？经济学是研究人们之间如何通过交易活动实现资源合理配置的科学。学了经济学，你就可以明白市场这只"看不见的手"如何使每个自利的人为大家服务。同样，你还可以明白，为什么旅客停留周六一个晚上，航空公司对往返机票的收费较低？为什么有的电信企业服务那么差，而收费却那么高？为什么一个流行歌手演出一个晚上可以赚数万元，而刚参加工作的大学毕业生的月薪只有 2000 元？为什么一个国家某些年份通货膨胀率高，而在另一些年份找工作却很困难？学习经济学课程有助于你回答这些问题。

2. 学习经济学有助于你正确地作出个人决策

在你的一生中，你需要作出许多经济决策。例如，当你大学毕业的时候，你需要决定是继续深造，还是去工作。在工作以后，你要决定如何使用你的收入：多少用于现在的消费，多少用于储蓄？如何把你的储蓄用于投资，是买股票还是存银行？有一天你若成为一个企业的老板或经理，你要做出更多的经济决策，你要为你的产品制定价格策略。为什么人们要作出各种决策？因为你的资源是有限的。比如，你的时间有限，收入有限，如果你参加工作，就不能读专升本；如果你把钱用于买房子，你就不能再用于买汽车。所以，你必须在各种需求之间分配你有限的资源。进一步，更为麻烦的是，你的决策常常是在不确定的情况下作出的。比如说，当你毕业的时候，你并不知道工作或是继续深造，哪一种选择对你更有利。为了避免决策失误，你需要学习经济学。经济学是关于选择的科学，它可以给人们提供一种方法，一种工具，一种思维的方式。借助于这套方法、概念和理论，你可以分析现实中遇到的各种问题，至少你不太容易被经济中各种问题的纷繁复杂的现象所蒙蔽。这将有助于你作出正确的决策。

3. 学习经济学有助于你理解政府政策的优与劣

每个社会都有政府，学习了经济学，你会明白我们为什么需要政府，什么是政府应该做的，什么是政府不应该做的。我们需要政府，是因为单靠市场不能使所有的资源都能得到有效配置。比如，如果没有政府的干预，追求利润最大化的企业可能会使你呼吸受污染的空气；我们可能无法拥有良好的社会治安，无法保证个人财产和人身安全；或者无法享用路灯、街心公园等公共物品；市场交易也没有人们必须遵循的规则和秩序。但政府对市场干预过多也会导致产品供给不足、价格扭曲、资源浪费、垄断横行。政府的政策选择正确与否，不仅影响整个社会的资源配置效率，而且也影响包括你在内的每个公民的经济利益。所以当你决定支持哪一种政策时，当你希望政府制定某种政策的时候，你必须谨慎考虑这种政策的不利后果，经济学常识有助于你思考这样的问题。比如，如果你是一个打工仔，你或许对政府的"最低工资标准"给予很高的评价。最低工资标准高于市场工资水平，在劳资双方力量对比不均衡、劳动一方处于弱势时，政府要求企业执行最低工资标准，的确有助于维护劳动者的权益。然而，经济学会告诉你，最低工资制度不是完美无缺的，它很可能会使你失去工作。又如，作为消费者，你也许会认为政府应该对商品的价格做出限制，而经济学会告诉你，这样做的后果是你可能再也买不到这种商品。经济学使你有能力对政府的政策"评头论足"，至少它会使你不过于迷信政府。

二、像经济学家一样思考

经济学并没有提供一套解决问题的现成答案，而是分析、解决问题的一种方法、一种思维的技巧。经济学家常常借助于这套独特的工具和方法研究经济、政治、社会等各种问题。当一般人仅仅看到生活中各种问题的现象时，经济学家却常常能够抓住事物的本质，这正是经济学家的高明之处。只有认识事物的本质，掌握经济规律，才可能作出正确的决策，这也是我们要学习经济学的原因。我们每天都会遇到许多经济问题，也需要随时作出决策。像经济学家一样思考就是要学会用经济学提供的语言、方法和工具来分析现实问题，并作出正确的决策。

经济学家思维方式的重要特点就是在决策时比较可供选择方案的成本和收益，我们运用这一思维方式来分析以下事例。

例如，考虑是否开一家便利店的决策。收益是你销售产品所得到的全部收入。但成本是什么呢？你会把你在账本上记下的用于进货的钱和银行的贷款利息等加总起来。按照你的计算，如果成本大于收益，你会认为你开便利店的决策是正确的。但经济学家并不这样考虑问题。

经济学家认为，人们作出任何决策都要付出代价。在资源既定时，你选择了某种决策就要放弃另一种决策，得到点什么就不得不放弃点什么，经济学家把为了得到某种东西而放弃的东西称为机会成本。把这个概念用于分析你开便利店的决策，你开店的机会成本是什么呢？或者说，放弃了什么呢？当然绝不仅仅是你进货的费用和向银行支付的贷款利息。首先，你选择开便利店，就不能到电脑公司当程序员，你放弃了当电脑程序员的工资；其次，假如你开店的资金中有一部分是你的历年储蓄，用自己的资金当然不用付利息，但也不能存到银行得利息，你放弃了利息收入；再者，假定你开店铺使用的是自家的门脸房，如果门脸房出租，可得到租金收入，这也是你放弃的。以上这些项目都是你开便利店付出的代价，在计算成本的时候都应该考虑在内。在不考虑机会成本时，你也许以为自己赚了，但像经济学家一样考虑的机会成本，也许你开杂货店的决策是错误的。

又如，我们还可以用经济学家的思维方式分析政府打击软件盗版的问题。在我国，软件盗版现象由来已久。盗版品可以给消费者带来好处，当 Office XP 刚上市时，其盗版软件与正版的价格比是1:600，用起来功能却没有什么区别。那么，政府为什么要打击盗版呢？政府应该采取怎样的反盗版策略呢？对这一问题，可从法律的、政治的、社会的角度去分析：法学家会从维护知识产权的角度去考虑；政治家会从国与国之间的政治利益、谈判筹码等方面考虑；社会学家可能会从盗版组织的存在、运作机理的角度考虑。

我们看经济学家会怎样思考这一问题。首先，软件盗版是对知识产权的侵犯。当正版企业巨额研发投入的成果很快被盗版者偷窃，以致使正版企业的收益为零或为负时，正版企业将停止对新产品新技术的投入，这将影响社会技术的进步和发明创造，进而造成对总产出的影响。这可看成是盗版的成本。其次，从另一方面看，政府打击盗版的行动也会给社会带来成本。比如政府需要搜集、整理信息，研究相关法规的制定，设立监督机构并配备人员，对盗版行为处罚或判罪，等等，政府为此而付出的人力、物力、财力和时间就构成反盗版的成本。一般来说，当政府加大打击盗版的力度时，反盗版成本会上升，而盗版成本则会下降，这可以看成是反盗版收益的增加；反之，当政府打击盗版的力度减弱时，反盗版的成本会下降，反盗版的收益也会减少。显然，反盗版行动存在一个度。政府应当采取多大力度的反盗版措施呢？这要看打击盗版之后的情况（收益）和打击盗版之前的情况（成本）相比是否有所改善。经济学家认为，可以通过比较打击盗版所引起的成本增加量和收益的增加量来确定政府的反盗版行动。经济学把政府为加强对盗版软件的打击力度而增加的成本称为边际成本，因政府加强对盗版的打击而减轻的盗版对社会的负效应可称为边际收益。如果后者大于前者，政府的行动就是值得的，否则就是不值得的。

这就是经济学家在考虑决策时最常用、最方便的边际分析法。

在使用边际分析法之后，经济学家就会得出结论：依靠政府的打击盗版行动不能完全杜绝盗版活动。盗版活动有其存在的市场基础，在正版软件价格过高的情况下，生产正版软件企业的高额利润必然会衍生出大量的盗版。因此，打击盗版应更多地运用市场机制，政府应该修改助长市场垄断的过时的法律法规。例如，在信息时代的今天，在美国，专利法规定的长达17年的专利保护显得太长，日益严重的盗版行为不能说与此无关。

再举一个运用边际分析法作出决策的例子。考虑一个航空公司对等退票的乘客收取多高的价格。假设某航空公司从甲地到乙地的航班上，每个座位的全部成本为500元，那么，当飞机有空位时，等退票的乘客愿意以300元的价格买一张票，航空公司应该卖给他票吗？人们往往认为不行，理由是因为航空公司为每个乘客支出的成本是500元，如果低于这个数目，就会导致亏本。但是在经济学家看来，这是可行的。因为根据边际分析法，在决策时不必考虑公司使用的全部成本，而因考虑多增加一位乘客而额外增加的边际成本。在这里，因增加一位乘客而增加的边际成本是很小的，它可能只包括乘客的就餐费和飞机因增加载荷而增加的燃料支出。只要等退票的乘客所支付的票价大于边际成本，卖给他机票就能给公司增加利润；所以，降低票价让乘客坐飞机对公司仍是有利的。

案例分析　　经济学家的眼光

经济学来自于现实生活，它给我们提供了分析各种问题的方法。无论个人还是企业，运用经济学的思维方式将有利于作出正确的决策，至少，它给我们分析各种问题提供了一个新的视角。

曾经是美国首富的保罗·盖蒂，年轻时家境贫寒，他所拥有的不过是一片收成很差的旱田。有一次他在田里挖水井的时候，从地下涌出了一些又黑又浓的液体，原来这竟是被称为"工业的血液"的石油！于是他把水井改成了油井，农田变成了油田。他很用心地经营着自己的石油开采事业，但开始时却总是难有起色。

后来他在工地巡视时发现，油田的那些监管人员都没有很努力地工作，而是管理松懈，随意散漫，浪费现象也很严重。他不明白为什么他们都不尽心，于是请教了一位经济学家。经济学家的一句话就点醒了他："因为那是你的油田，而不是他们的。"保罗·盖蒂顿时明白了。他召来各位工头向他们宣布："从今天起，油田交给你们负责经营，效益的 25% 由各位全权支配。"从此，油田欣欣向荣，财富滚滚而来，保罗·盖蒂也成了美国的石油大王。

还有个故事，我记得这是张维迎早在 1985 年发表于《管理世界》创刊号的文章中讲过的。说美国一个深山里的伐木场，老板和一批伐木工人长年在那个远离繁华都市的地方劳动和生活。老板希望工人们好好干活，自己也好多赚钱。但工人们就是不太愿意多干，哪怕多给他们工资他们也不卖力。这个老板弄不清楚为什么工人不想多挣钱，他也像保罗·盖蒂那样请教了一位经济学家。经济学家到那里一看就明白了。原来是因为那个深山老林里的工人们习惯了一种省俭而悠闲的生活方式，即使多挣了钱他也不知怎么花，花也没处去花，现在挣的一点钱已经足够了，所以他们并不想多干活多挣钱。

问题找到了，那么，解决问题的办法也很简单了。经济学家从城里请来一些商人，他们带了许多现代化的高档消费品进山来，展示给山里的伐木工人。大家看了都大开眼界，都想要买，而这就需要有钱。于是他们都努力工作，拼命挣钱，山区的经济开始发展起来。

我还在樊纲所著的《走进风险的世界》一书中读到过一个有趣的故事，说一位住在英国伦敦郊区的经济学家，与周围的邻居们合资建了一个游泳池共用，说好费用分摊。本来这是一个不错的安排。不料等到分摊费用的时候，大家发现费用高得惊人。这时，那位经济学家连连跌足叹曰："此事有失，责任在我，因为这里只有我一个人是经济学家，而作为一个经济学家，我理应事先考虑到出现这样一种结局的必然性。"

按照经济学家的解释，游泳固然是大家共享可以分摊费用，因而合算，但游完泳之后的淋浴却是一种"私人消费"，若将它也混在一起公用，人人都会有"反正水电费用均摊，我不用白不用"的想法，于是一定会产生类似沾光、揩油、搭便车的行为，出现"公家的东西坏得快"的浪费现象，导致"需求旺盛"、"费用膨胀"。那么，解决问题的办法就是，立即取消公用淋浴室，游完泳后各人自己回家去洗。

看来，经济学家确实比我们普通人目光犀利、眼界独到，他们观察事物、分析现象、思考问题都有自己的一套，不能不令人佩服。而且，当经济学家的思想被人们普遍接受以后，它就会产生精神原子弹一样的巨大力量。有人开玩笑说，经济危机的时代是出经济学家的时代。现在的中国，正处于一个重要的经济转型期，大量的经济学家为中国的改革开放事业作出了许多的思想贡献。例如，周其仁教授就是其中一位贡献颇丰的优秀的经济学家。

我们现在每天都能吃到可口的晚餐，我相信这里面有周其仁的一份功劳。正是因为当年他与一批年轻的经济学者到农村的深入调查，写出了大量关于家庭联产承包责任制的文章，最终导致中国农村的制度变迁，从此使中国人脱离了吃不饱饭的窘境。此后，又是他深入研究和竭力倡导国有企业的产权制度改革，要将给中国人民带来深重灾难的计划经济体制彻底抛弃，因为这样才能使中国真正走上自由、民主、繁荣、富强的现代化之路。

当然，正是因为经济学家的思想深刻，有时候可能不能一下子被人们所接受。凯恩斯说，一个好的"思想"要改变人类历史的进程大约需要50年的时间。但是，无论如何，对于这些为社会作出巨大思想贡献的经济学家们，我想应该报以深深的感激。

——王治平：载《经济学消息报》，2004年12月24日。

本章小结

(1) 稀缺性是人类社会面临的一个基本事实。资源相对于我们对物品和劳务的欲望是稀缺的。

(2) 稀缺性使我们面临选择，选择存在机会成本。当我们把经济资源用于生产某一种产品时，就放弃了生产其他物品和劳务的机会。

(3) 经济学是研究人们对稀缺资源的选择以及这些选择如何变化的科学。一个国家的基本经济包括可以生产什么、如何生产、为谁生产和什么时候生产。

(4) 生产什么、如何生产、为谁生产和什么时候生产可以通过市场机制和政府干预来决定。大多数国家采用的是这两种机制的结合，这被称为"混合经济"。

(5) 经济学分为两个领域：微观经济学和宏观经济学。微观经济学研究单个经济单位的经济行为。宏观经济学研究整体经济的运行规律。

(6) 实证分析法回答世界是什么的问题。规范分析法回答世界应该是什么的问题。经济学的主要任务是认识世界，在经济学中运用较多的是实证分析法。

(7) 运用实证分析法阐述经济理论时，经济学家作出适当的假设并建立了简单化的经济模型，它使我们更容易的解释经济世界的运行规律。

(8) 经济学是一种方法，一种工具，一种思维方式。学习经济学有助于我们用经济学的方法、工具分析现实问题，并作出正确的决策。

关键概念

稀缺性　机会成本　市场机制　经济学　微观经济学　宏观经济学　实证分析
规范分析　理性人假设

练习与思考

一、判断正误

（1）稀缺性仅仅是市场经济中存在的问题。（　　）

（2）经济学研究社会如何利用稀缺资源生产人类需要的物品和劳务。（　　）

（3）小李晚上听一场经济学讲座就不能与朋友去看一场电影。这个事实说明了机会成本的概念。（　　）

（4）微观经济学以个体及个体行为为研究对象。（　　）

（5）实证分析是关于是什么的，规范分析是关于将来是什么的。（　　）

（6）"人们的收入差距是大一点好还是小一点好"的命题属于实证经济学问题。（　　）

（7）"在资源为既定的条件下，用于消费品生产的资源越多，用于生产投资品的资源越少"是属于规范经济学研究的问题。（　　）

二、单项选择

（1）现有资源不能充分满足人们的欲望这一事实被称为（　　）。

    A. 选择   B. 稀缺性   C. 规范经济学   D. 生产什么的问题

（2）研究家庭和企业决策的经济学称为（　　）。

    A. 宏观经济学   B. 微观经济学   C. 实证经济学   D. 规范经济学

（3）下列问题不属于宏观经济学的是（　　）。

    A. 货币量变动对通货膨胀的影响   B. 企业关于雇用多少工人的决策

    C. 高储蓄对经济增长的影响   D. 政府管制对汽车废气的影响

（4）下列问题不属于微观经济学的是（　　）。

    A. 橘子汁价格下降的原因

    B. 物价水平下降的原因

    C. 家庭关于把多少收入用于储蓄的决策

    D. 民航公司是否降低飞机票价格的决策

（5）实证分析的表述是（　　）。

    A. 通货膨胀对经济发展不利   B. 只有控制货币量才能抑制通货膨胀

    C. 治理通货膨胀比减少失业更重要   D. 中央银行应该降低货币供给量

（6）规范分析的表述是（　　）。

    A. 富人的所得税率比穷人高   B. 通货膨胀和失业存在短期交替关系

    C. 最低工资法引起失业   D. 中央银行应该减少货币供给量

三、问答题

（1）如何理解经济资源的稀缺性？

（2）现在上大学太贵了，既要花费时间、付出精力，又要交大笔学费。那么，为什么人们还决定去上大学？

（3）经济学分为哪两个领域？解释每个领域各研究什么。

（4）把下列题目分别归入微观经济学或宏观经济学：

    A. 家庭关于把多少收入用于储蓄的决策

    B. 政府管制对汽车废气的影响

    C. 高储蓄对经济增长的影响

    D. 通货膨胀率和货币量变动之间的关系

（5）把下列命题分别归入实证分析与规范分析：

    A. 最低工资法增加了非熟练工人的失业率。

    B. 利率上升有利于增加储蓄。

    C. 减税鼓励更努力的工作和更多地储蓄

    D. 效率比平等更重要。

第二章

需求、供给与均衡价格

本章将向你介绍的重点内容

◎ 决定一种物品需求的因素

◎ 决定一种物品供给的因素

◎ 需求和供给如何共同决定一种物品的价格和销售量

◎ 政府实行支持价格和限制价格政策的影响

◎ 需求价格弹性的含义

◎ 决定需求价格弹性的因素

◎ 供给价格弹性的含义

◎ 决定供给价格弹性的因素

◎ 弹性理论的运用

当台风袭击广东省时，水果市场荔枝的价格会上升；当"十一"黄金周结束后，全国各旅行社旅行线路的价格呈直线下降；当中东地区爆发战争时，国际石油价格会上升；当主要产油国之间爆发价格战时，又会导致石油的价格下降。这些事例中价格波动背后的机理是相同的，即它们都是由需求和供给决定的。需求和供给是市场经济运行的两大力量，它们决定了每种物品的产量和价格。生活中任何一种不确定事件的发生和政策变动都会通过影响需求和供给影响价格，而市场经济中的资源配置是通过价格机制来实现的。因此，需求和供给理论是经济学的一个非常重要的分析工具。它是微观经济学的核心内容，学习它对于理解以后的内容非常重要。

第一节 需求理论

一、需求

需求是指消费者在每一价格下愿意并且能够购买的商品量。这里要注意"愿意"和"能够"两个关键词。"愿意"是指有购买欲望，"能够"是指有购买能力。只有购买欲望，表明买者有需要，但还不能成为需求，要构成需求，买者还必须有货币支付能力。因此，需求是购买欲望和购买能力的统一。比如想听音乐会而买不起门票的人没有这种需求，买得起门票但不愿听音乐会的人也没有这种需求，只有既想听音乐会又买得起门票的人才构成对音乐会的需求。为了集中思考，我们以牛肉为例来说明。

二、影响需求的因素

考虑你自己对牛肉的需求，有哪些因素会影响你每个月购买牛肉的决策呢？一般地说主要有以下几方面。

1. 商品的价格

如果每斤牛肉的价格上升了 2 元钱，你将会少买牛肉，你可能会购买便宜的鸡肉。如果每斤牛肉的价格下降了 2 元钱，你会多买一些。商品本身价格高，人们对该商品的购买量减少；价格低，人们的购买量增加。

2. 收入

如果某个时期你失去了工作，你对牛肉的需求可能会减少。收入较低，使你不得不在某些物品上少支出些。如果当收入减少时，一种物品的需求减少，这种物品被称为**正**

常物品。但并不是所有的物品都是正常物品，如果当收入减少时，一种物品的需求增加，这种物品就被称为**低档物品**，比如土豆、乘坐公共汽车等。

3. 相关商品的价格

相关商品分为两类：一类是替代品，比如牛肉和猪肉，假定猪肉价格下降，你会多买猪肉而减少对牛肉的购买，因为牛肉和猪肉都是肉食品，可以满足相似的欲望。当两种物品具有替代关系时，一种物品价格下降而另一种物品的需求就会随之减少。其他的例子有面粉和大米、毛衣和绒衣、电影票和 VCD 光盘租售等。另一类相关商品是互补品，比如牛肉和鲜菇。假如鲜菇价格下降，你将购买更多的鲜菇，但你也可能购买更多的牛肉，因为牛肉和鲜菇通常是一起吃的。当两种物品具有互补关系时，一种物品价格下降，而另一种物品的需求会随之增加。其他的例子有汽车和汽油、电脑和软件、录音机和磁带等。

4. 偏好

偏好是决定你需求的最明显的因素。如果你喜欢吃牛肉，你会买得多一些，反之，你会较少购买。

5. 对价格的预期

你对某种物品未来价格的预期，也会影响你现在对该物品的需求。比如，如果你预期明天牛肉的价格会下降，你就会不太愿意以今天的价格去买牛肉。

三、需求函数和需求定理

1. 需求函数

如果把影响需求的各种因素作为自变量，把需求作为因变量，则可以用函数关系来表示影响需求的因素与需求之间的关系，这被称为**需求函数**。以 Q_d 代表需求，a，b，c，d，$\cdots$，n 代表影响需求的因素，则需求函数为：

$$Q_d = f(a, b, c, d, \cdots, n)$$

为了分析的简便，假定影响需求的其他因素不变，只考虑商品本身的价格对该商品需求量的影响，并以 P 代表价格，则需求函数为：

$$Q_d = f(P)$$

2. 需求表和需求曲线

可以用需求表和需求曲线表示需求函数。

需求表是表示商品的需求量和价格之间函数关系的表格。表 2 – 1 是张三每月对牛肉的需求。它表示为不同的牛肉价格下，张三对牛肉的需求量。

表 2-1 张三每月对牛肉的需求

价格（元/公斤）	需求量（公斤/月）
5	10
10	8
15	6
20	4
25	2

需求曲线是表示商品的需求量和价格之间函数关系的图形。图 2-1 是根据表 2-1 的数字画成的需求曲线。横轴表示牛肉的需求量，纵轴表示牛肉的价格。把价格和需求量的不同组合点连接起来的向右下方倾斜的曲线被称为需求曲线。它表示在其他条件不变的情况下，当牛肉的价格变动时，张三对牛肉需求量的变动。

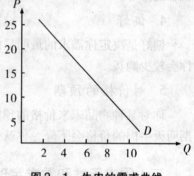

图 2-1 牛肉的需求曲线

3. 需求定理

从需求表和需求曲线可以看出，牛肉的需求量与其价格是成反方向变动的。这种现象普遍存在，被称为需求定理。**需求定理**描述了商品本身价格与其需求量之间的关系，其基本内容是：在其他因素不变时，某种商品的需求量与其价格反方向变动，即价格上升，需求量减少；价格下降，需求量增加。

需求定理就绝大多数商品而言是成立的，但在现实生活中也有例外。一种例外是吉芬商品。英国经济学家吉芬在研究爱尔兰土豆销售状况时，发现当土豆价格上升时，人们反而增加了对土豆的需求。这是因为在吉芬生活的年代，土豆是爱尔兰穷人日常生活中的主食，用于土豆的开支在总支出中占较大比例。由于大饥荒，土豆涨价了，穷人感觉穷了许多，于是不得不少买更为昂贵的肉类，而把更多的收入用于购买土豆这种生活必需的低档食品。所以，即使土豆价格上涨，人们仍然会增加对土豆的购买。后来经济学家把这类生活必需的低档商品称为吉芬商品。另一种例外是炫耀性商品。这类商品通常是一些消费者为了显示其地位和富有，愿意购买的价格昂贵的名画、名车、古董等，而当这些商品价格下跌至不足以显示其身份时，就会减少购买。

四、需求量的变动和需求的变动

在经济分析中，需要严格区分需求量的变动和需求的变动。

1. 需求量与需求的区别

需求量与需求是两个不同的概念。**需求量**是在给定价格下，消费者愿意并且能够购买的商品量。比如，当牛肉价格每公斤为 10 元时，消费者每月购买 6 公斤，这 6 公斤就是需求量，在图形上，需求量是需求曲线上的一个点。**需求**指的是价格与需求量之间的对应关系。比如牛肉每公斤为 5 元时，张三的需求量为 10 公斤/月，10 元时为 8 公斤/月，15 元时为 6 公斤/月，这种与不同价格水平相对应的不同需求量总称为需求，在图形上需求是指整个需求曲线。

2. 需求量的变动

需求量的变动是指在影响需求的其他因素不变时，由商品本身价格变动所引起的购买量的变动，它表现为沿着同一条需求曲线的移动。如图 2-2（a）所示：当牛肉价格上升为 P_1 时，张三对牛肉的需求量减少到 Q_1，在需求曲线上则从 B 点移动到 A 点；当价格下降到 P_2 时，需求量增加到 Q_2，在需求曲线上则从 B 点移动到 C 点。

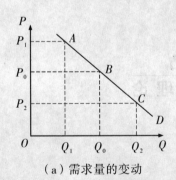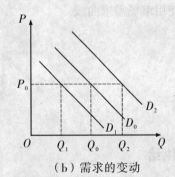

（a）需求量的变动　　　　　　　　（b）需求的变动

图 2-2　需求量的变动与需求的变动

3. 需求的变动

需求的变动是指商品本身的价格不变，由任何一种影响需求的因素变动所引起的购买量的变动，它表现为整条需求曲线的平行移动。如图 2-2（b）所示：假定张三每月的收入减少了，即使牛肉的价格不变，他想要购买的牛肉减少，牛肉的需求曲线向左移动。同样道理，如果收入增加了，在同样的价格水平时，张三愿意购买更多的牛肉，牛肉的需求曲线向右移动。

按照需求和需求量的定义，需求的变动会引起需求量的变动，比如，当需求增加时，在各个价格下的需求量都增加了。但是，需求量的变动不一定引起需求的变动，比如，当需求量随着价格的上升而减少时，需求可以不变。

五、个人需求与市场需求

单个消费者对某种物品的需求，就是个人需求；市场上所有消费者对某种物品和劳务的需求的总和，被称为市场需求。例如，考虑一个只有两个消费者的市场，如果牛肉的价格为10元/公斤，王大爷的需求量为5公斤；李太太的需求量为6公斤，则牛肉在价格为10元/公斤时的市场需求为11公斤。图2-3表明，市场需求曲线是通过把个人需求曲线水平相加而得出的。这就是说，任何一种价格时的总需求量可以通过把个人需求曲线横轴上表示的需求量相加而求得。市场需求曲线表示一种物品的总需

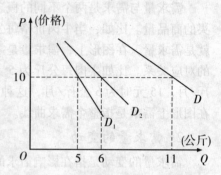

图2-3　个别需求曲线与市场需求曲线

求量如何随着该物品的价格变动而变动。我们更多的是分析市场如何运行，所以我们通常较多地使用市场需求曲线。

第二节
供给理论

一、供给

供给是指生产者（企业）在每一价格上愿意并且能够出售的商品量。供给仍然是生产者的供给欲望和供给能力的统一，但更重要的是供给能力。我们仍然以牛肉为例来加以说明。

二、影响供给的因素

设想你经营一家养牛场，什么因素决定你愿意生产并销售牛肉呢？一般来说主要有以下方面。

1. 价格

牛肉的价格是其供给量的一个决定因素。当牛肉价格提高时，出售牛肉有利可图，你愿意供给的数量也多。相反，当牛肉价格降低时，对你的经营不太有利，你将生产较少的牛肉。

2. 投入品的价格

为了生产牛肉，你投入了各种生产要素：牛、饲料、厂房以及养牛工人的劳动。当这些生产要素中的一种或几种价格上升时，生产牛肉的成本上升，在牛肉价格不变时，生产牛肉的利润减少，你的企业提供的牛肉也会减少，反之则会引起牛肉供给的增加。

3. 技术

把各种生产要素变为牛肉的技术也是影响供给的因素。技术进步通过降低产品的生产成本增加产品的供给量。比如，机械化养牛的技术减少了生产牛肉所必须的劳动量。在牛肉价格不变的条件下，牛肉的生产成本下降，牛肉的供给量增加。

4. 对价格变化的预期

你现在供给的牛肉量还取决于对未来牛肉价格的预期。如果你预期未来牛肉的价格会上升，你将会把你现在生产的一些牛肉储存起来，这就减少了今天牛肉的市场供给量。

三、供给函数和供给定理

1. 供给函数

如果把影响供给的各种因素作为自变量，把供给作为因变量，则可用函数关系来表示影响供给的因素与供给之间的关系，这种函数称为**供给函数**。以 S 代表供给，a，b，c，d，…，n 代表影响供给的因素，则供给函数为：

$$Q_S = f(a, b, c, d, \cdots, n)$$

为了分析的简便，假定影响供给的其他因素不变，只考虑商品本身的价格对该商品供给量的影响，并以 P 代表价格，则供给函数为：

$$Q_S = f(P)$$

2. 供给表和供给曲线

可以用供给表和供给曲线表示供给函数。

供给表是表示商品的供给量和价格之间函数关系的表格。表 2 - 2 是某养牛场的供给表，它表示随着牛肉价格的变动，企业愿意供给的牛肉数量，当牛肉的价格为 5 元/公斤时，每月的供给量为 200 公斤。随着价格上升，牛肉的供给量越来越多。

表 2-2　某养牛场牛肉的供给表

价格（元/公斤）	供给量（百公斤/月）
5	2
10	4
15	6
20	6
25	10

供给曲线是表示商品的供给量和价格之间函数关系的图形。图 2-4 是根据表 2-2 作出的一条供给曲线。图中横轴表示牛肉的供给量，纵轴表示牛肉的价格，把价格和供给量的不同组合点连接起来的曲线就是供给曲线。它表示在其他因素不变的情况下，市场所提供的牛肉数量的变动。供给曲线向右上方倾斜。

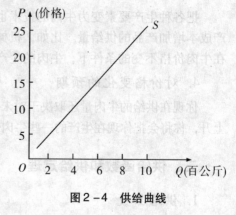

图 2-4　供给曲线

3. 供给定理

从供给表和供给曲线可以看出，牛肉的供给量与其价格是成同方向变动的，这种情况普遍存在，被称为供给定理。**供给定理**描述了商品本身价格与其供给量之间的关系。其基本内容是：在其他因素不变时，某种商品的供给量与其价格同方向变动，即价格上升，供给量增加；价格下降，供给量减少。

四、供给量的变动和供给的变动

在分析供给问题时，仍然要注意区分供给量的变动与供给的变动。

1. 供给量和供给的区别

供给量和供给是两个不同的概念。**供给量**是在给定价格下卖者愿意并且能够提供的商品量。比如，当牛肉价格为 5 元时，企业愿意供给 200 公斤，这 200 公斤就是供给量。在图形上，供给量是供给曲线上的一个点。**供给**指的是价格与供给量之间的对应关系。比如牛肉 5 元/公斤时，供给量为 200 公斤，10 元/公斤时为 400 公斤，15 元/公斤时为 600 公斤，这种与不同价格水平相对应的不同供给量总称为供给，在图形上供给是指整条供给曲线。

2. 供给量的变动

供给量的变动是指在其他影响供给的因素不变时，由商品本身价格变动所引起的生产者供给数量的变动，它表现为同一条供给曲线的移动。如图 2-5（a）所示：当牛肉价格上升为 P_1 时，企业有利可图，牛肉的供给量增加到 Q_1，在供给曲线上，则从 B 点移动到 A 点，当价格下降到 P_2 时，供给量减少到 Q_2，在供给曲线上则从 B 点移动到 C 点。

3. 供给的变动

供给的变动是指商品本身价格不变，由其他影响供给的因素变动所引起的企业供给量的变动，它表现为整条供给曲线的平行移动。如图 2-5（b）所示，假定饲料的价格下降了，这种变动降低了牛肉的生产成本，在牛肉价格既定时，生产者现在会愿意生产更多的产量，牛肉的供给曲线向右移动。饲料价格上升了，牛肉的生产成本上升，牛肉的生产成本增加，生产者无利可图，因而减少了牛肉的供给，牛肉的供给曲线向左移动。

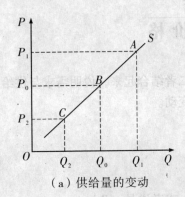 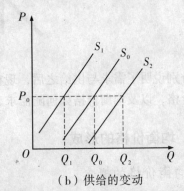

（a）供给量的变动　　　　　　　　（b）供给的变动

图 2-5　供给量的变动与供给的变动

五、个人供给与市场供给

如同前文对需求的分析，单个企业对某种产品的供给是个人供给；市场上所有企业对某种产品的供给的总和，被称为市场供给。市场供给是个人供给的加总。例如，考虑一个只有两个企业的市场，当牛肉的价格为 10 元/公斤时，甲企业的供给量为 500 公斤，乙企业的供给量为 600 公斤，则牛肉在价格为 10 元/公斤时的市场供给为 1100 公斤。图2-6表明，个人供给的加总可得出市场供给曲线。这就是说，任何一种价格时的总供给量，可通过把个人供给曲线横轴上表示的个人供给量相加而求得。市场供给曲线表明，一种物品的总供给量如何随着它的价格的变动而变动。

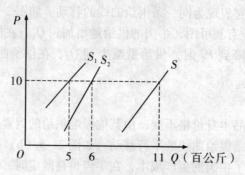

图2-6　个别供给曲线与市场供给曲线

第三节
均衡价格

在分别说明了需求与供给之后，现在我们把二者结合起来，说明需求与供给如何决定均衡价格，以及均衡价格如何随需求、供给而变动。

一、均衡价格的形成

1. 均衡价格的概念

均衡价格是指需求量与供给量相等时的价格。或者说是需求曲线和供给曲线相交时的价格。如图2-7所示，D 是需求曲线，S 是供给曲线，需求曲线和供给曲线相交于 E 点，这时需求量等于供给量，由 E 点决定的价格 P_0 是均衡价格。Q_0 为均衡数量，**均衡数量**是指在均衡价格时交易的数量。或者说是当价格调整到使供给与需求平衡时的供给量与需求量。

均衡的含义是各种力量处于平衡的状态。在均衡价格时消费者愿意买进的数量和卖者愿意提供的数量正好相等，这

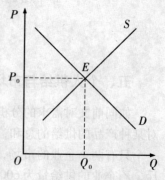

图2-7　供求的均衡示意

时的价格处在一种相对稳定、不再变动的状态。在这种价格下，市场上的每一个人都得到了满足：买者得到了他想要买的所有东西，卖者卖出了他想卖的所有东西。因此，均衡价格有时也被称为市场出清价格。

2. 均衡价格的形成

均衡价格是通过市场供求关系的自发调节而形成的。由于供求的相互作用，一旦市场价格背离均衡价格，买者和卖者的行为使市场具有自动恢复均衡的趋势。

我们用图2-8来说明均衡价格的形成：

第一种情况：市场价格高于均衡价格。

在图2-8（a）中，当牛肉的市场价格在20元/公斤时，供给量（800公斤）超过了需求量（400公斤），出现牛肉的过剩，在现行价格下企业不能卖掉他们想卖的所有牛肉，企业的反应必然是降低市场价格，一直降低到供给量与需求量相等，市场又恢复均衡为止。

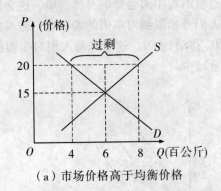

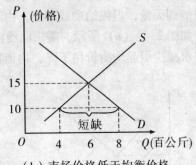

（a）市场价格高于均衡价格　　　　（b）市场价格低于均衡价格

图2-8　均衡价格的形成

第二种情况：市场价格低于均衡价格。

在图2-8（b）中，当牛肉的价格在10元/公斤时，需求量（800公斤）超过了供给量（400公斤），存在牛肉的短缺，消费者不能按现行价格买到他们想买的物品，他们不得不排长队等候购买牛肉的机会。由于太多的消费者抢购太少的物品，企业的反应必然是提高市场价格，一直提高到供给量与需求量相等，市场又恢复到均衡为止。

二、均衡价格的变动

既然均衡价格是由需求和供给这两种力量所决定的，因此，当某些事件使需求或供给发生变动时，需求曲线或供给曲线的位置会发生移动，均衡价格和均衡数量也会随之改变。

1. 需求变动对均衡的影响

假设某个时期吃牛扒成为时尚，这将如何影响牛肉市场的变动呢？我们按以下三个步骤进行分析：

第一，吃牛扒的时尚改变了人们对牛肉的偏好而影响需求曲线，也就是说，在牛肉的价格既定时，人们可能会改变想购买的牛肉数量，但供给曲线不变。因为吃牛扒的时尚并不直接影响牛肉的生产者。

第二，对牛肉偏好的增强使人们想购买更多的牛肉，需求曲线向右方移动。如图 2-9（a）所示，需求曲线从 D_0 移动到 D_1，这意味着在每一价格下，牛肉的需求增加了。

第三，正如图 2-9（a）所示，需求增加使均衡价格由 15 元上升到 20 元，均衡数量由 600 公斤增加到 800 公斤。

遵循上述分析步骤，假设医学专家警告过量消费牛肉会影响身体健康，这会影响人们对牛肉的购买量，但供给曲线不变；由于人们开始限制对牛肉的购买量，需求曲线向左移动，如图 2-9（a）所示，需求曲线由 D_0 移动到 D_2，这意味着人们对牛肉的需求减少；需求减少引起均衡价格下降，均衡数量减少。

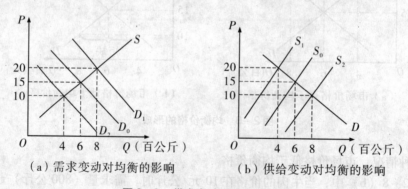

（a）需求变动对均衡的影响　　（b）供给变动对均衡的影响

图 2-9　供求变动对均衡的影响

2. 供给变动对均衡的影响

假设某个时期暴风雨摧毁了几家养牛场，这一事件如何影响牛肉市场的变动呢？我们仍然遵循三个步骤分析。

第一，暴风雨影响供给曲线。暴风雨减少了养牛场的数量，因而改变了在既定的牛肉价格下企业生产和销售的牛肉数量。但需求曲线不变，因为暴风雨并没有直接改变消费者愿意购买的牛肉数量。

第二，供给曲线向左移动。因为在既定的价格水平上，企业愿意并且能够提供的牛肉数量减少了。图2-9（b）说明随着供给曲线从 S_0 移动到 S_1，供给减少了。

第三，正如图2-9（b）所示，供给减少使均衡价格由15元上升到20元，均衡数量由600公斤减少到400公斤。

假设政府为使农户脱贫致富而鼓励兴办家庭养牛场。同样，遵循上述分析步骤：这一事件会影响供给曲线，但需求曲线不变；养牛场的增加使供给曲线向右移动，如图2-9（b）所示，供给曲线由 S_0 移动到 S_2，这意味着牛肉供给的增加；供给增加引起均衡价格下降，均衡数量上升。

3. 需求和供给同时变动对均衡的影响

假设吃牛扒的时尚和暴风雨同时发生，需求和供给会同时变动，我们仍遵循三个步骤说明需求和供给同时变动对均衡的影响。

第一，两条曲线都移动。吃牛扒的时尚会影响需求曲线，因为它改变了消费者在既定价格时想要购买的牛肉数量。同时，暴风雨影响供给曲线，因为它改变了企业在既定价格时想要提供的牛肉数量。

第二，需求曲线向右移动，供给曲线向左移动。图2-10说明了这种变动。

第三，正如图2-10所示，均衡价格和均衡数量的变动取决于需求和供给变动的具体情况。在图2-10（a）中，需求有大幅度增加，而供给减少很小，均衡价格上升，均衡数量也增加了。在图2-10（b）中，供给大幅度减少，而需求增加很小，均衡价格上升，均衡数量减少了。因此，当需求增加，供给减少时，均衡价格肯定会上升，但均衡数量的变动是不确定的。

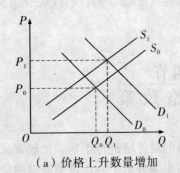
（a）价格上升数量增加

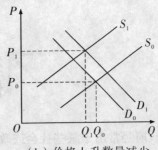
（b）价格上升数量减少

图2-10 需求和供给的变动对均衡的影响

苹果与阿尔钦－艾伦定理

价格理论告诉我们，商品价格是由该商品的需求和供给共同决定的。此外，税收和运输费用也会影响商品价格。下面我们看一个关于苹果的例子。

在美国华盛顿州，一位愤怒的消费者抱怨说在当地水果店里买不到优质苹果，于是他写信向经济学家阿尔钦和艾伦请教：

为什么当地市场上的华盛顿苹果又小又难看呢？最近，几个采摘苹果的朋友带来了一些他们刚摘的苹果，这些苹果至少是那些能在当地市场上买到的苹果的四倍大。这些美味大苹果都到哪儿去了呢？它们被运往欧洲或中东地区了吗？在西雅图这里能买得到吗？署名：M. W. P.

阿尔钦和艾伦对这个问题的回答如下：

M. W. P. 所抱怨的"所有的优质苹果都运到中东去了"，是华盛顿大学经济系的课堂上或考试中常碰到的一个问题。但这也是实际现象。很容易得到解释：例如，我们假定在当地买一个优质苹果要花 10 美分，而次等苹果需 5 美分，那么，吃一个优质苹果的花费与吃两个次等苹果的花费相等。我们可以说一个优质苹果"值"两个次等苹果，两个优质苹果就值四个次等苹果。假定将一个苹果运到中东的成本是 5 美分。那么，在中东，一个优质苹果就值 15 美分，而次等苹果值 10 美分。但现在吃两个优质苹果的花费就等于吃三个而不是吃四个次等苹果。尽管两者的价格都提高了，但相对而言，优质苹果变得便宜了。因此，中东地区对优质苹果的消费比例比这里高。这不是在耍什么花招，只不过是需求规律在起作用。

——杨长江、陈伟浩：《微观经济学》，复旦大学出版社 2004 年版。

第四节
价 格 政 策

现实中，政府经常出于某些社会或政治目的对价格进行干预。比较常见的价格政策有支持价格和限制价格。本节我们以供给和需求为分析工具，说明政府的价格政策如何影响市场结果。

一、支持价格

支持价格是政府为了支持某一行业而规定的该行业产品的最低价格。这一价格高于市场自发形成的均衡价格。可以用图 2 - 11 来说明支持价格的市场结果。

我们以小麦的生产为例。如图 2 - 11 所示，在一个没有政府干预的市场上，小麦的均衡价格为 P_0，均衡数量为 Q_0。政府为了扶持小麦的生产，对小麦实行了支持价格 P_1，P_1 大于 P_0，即支持价格高于均衡价格。这时需求量为 Q_D，供给量为 Q_S，即供给量大于需求量，一些想以支持价格出售小麦的人卖不出去。因此，支持价格引起供给过剩。

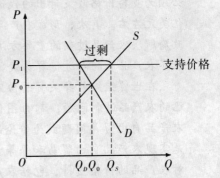

图 2 - 11 支持价格的市场结果

为了维持最低限价，政府通常采取以下办法：一是政府收购并储存大量过剩小麦。采用这一办法支持高于市场水平的价格会带来巨额的财政支出。例如，1986 年是美国政府实行最低限价的高峰年份，政府因收购过剩农产品的支出超过了 250 亿美元，平均为每个农场主的支出超过 1.1 亿美元。二是限产。但用这种办法管理起来很费事，而且也妨碍了市场发挥作用。因为规定的配额很难根据实际情况灵活调整。更糟糕的是，生产小麦的农民必须始终生产小麦，否则就会失去配额。这意味着农民不能轮种庄稼，这对土壤和环境都是不利的。三是出口。但这很容易引起国家之间的贸易争端。

参考资料　　　　　　　农产品保护价的利弊

支持价格的一个典型例子是许多国家出于保护农业的需要对农产品实行保护价格或出口价格补贴。

各国对农产品实行保护价格通常有两种做法。一种是缓冲库存法，即政府或代理人按照某种平价（保护价）收购农产品，在供大于求时政府按这一价格增加对农产品的收购，在供小于求时政府抛出农产品，以保护价进行买卖，从而使农产品价格由于政府的支持而维持在某一水平上。另一种是稳定基金法，也由政府或代理人按某种保护价收购全部农产品，但并不是按保护价出售，而是在供大于求时低价出售，供小于求时高价出售。这两种情况下农产品收购价格都稳定在政府确定的价格水平上。

应该说，支持价格稳定了农业生产，保证了农民的收入，促进了农业投资，也有利于调整农业结构，整体上对农业发展起到促进作用。但支持价格也引起了一些问题。首先使政府背上了沉重的财政包袱，政府为收购过剩农产品而支付的费用、出口补贴以及为限产而向农户支付的财政补贴等等，都是政府必须为支持价格政策付出的代价。许多国家用于支持价格的财政支出都有几百亿美元左右。其次，形成农产品的长期过剩。过剩的农产品主要有政府收购，政府解决农产品过剩的重要方法之一就是扩大出口，这就引起这些国家为争夺世界农产品市场而进行贸易战。最后，受保护的农业竞争力会受到削弱。

在世贸组织前身关贸总协定"乌拉圭回合"谈判中，欧美各国为解决自己的农产品过剩问题，都力图保护本国的国内市场而打入别国市场。因此，农产品自由贸易问题成为争论的中心。乌拉圭回合通过的农业协议的总目标是实现农产品自由贸易和平等竞争，其中重要的内容有两点：一是减少各国对农产品的价格支持，包括农产品保护价、营销贷款、投入补贴等等，要求各国支持总量减让幅度为农业总产值的5%，同时降低对农产品的出口补贴；二是"绿箱政策"，各国政府应实行不引起贸易扭曲的政府农业支持措施，包括加强农业基础设施，实现农业结构调整，保护环境等政府支出。这表明，实行支持价格的老办法将难以为继，政府以提高农业竞争力的方式支持农业将成为趋势。

我国实行的"保护价敞开收购"也是一种支持价格。虽然我们仍处于加入世贸组织之后的减缓期，但如果仍用这种支持价格的老方法，很难使农业摆脱困境。支持价格治标不治本。要从根本上改变我国农业落后状况，改变农民收入低的状况，并使我国农业能进入世界市场与发达国家农业竞争，必须提高农业自身的竞争力。比如，政府可增加对水利、科研、环保等支出，注重发展蔬菜、花卉、渔业、畜牧业，发展农产品加工业，提高农产品的附加值。国外农业并不仅仅是靠支持价格发展起来的，农业发达国家的政府在加强农业竞争力方面已进行了大量的投入。中国农业也只有走出对保护价的迷信，才能有良好的发展前景。

——改编自梁小民：《微观经济学纵横谈》，读书·生活·新知三联书店2000年版。

二、限制价格

限制价格是政府为了限制某些生活必需品的价格上涨而规定的产品的最高价格。限制价格一般都低于均衡价格。可以用图2－12来说明限制价格政策的市场结果。

我们再回到牛肉市场。从图 2 - 12 中可以看出，牛肉的均衡价格为 P_0，均衡数量为 Q_0。政府为了防止价格上涨，确定了牛肉的限制价格为 P_1，$P_1 < P_0$，即限制价格低于均衡价格。这时需求量为 Q_D，供给量为 Q_S，$Q_D > Q_S$，即需求量大于供给量，一些想以限制价格购买牛肉的人买不到。因此，限制价格引起牛肉的短缺。在这种情况下，将出现三种后果：一是排队抢购；二是实行严格的配给制度；三是出现黑市交易。因此，一般经济学者都反对长期采用限制价格政策。

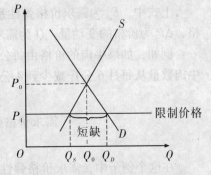

图 2 - 12 限制价格的市场结果

第五节 弹性理论

需求与供给的分析说明，当一种商品的价格变动时，市场对该商品的需求量和供给量会随之变动。但是，当价格变动时，商品的需求量和供给量的变动幅度有多大呢？例如，当一家生产电视机的企业把其生产的某种型号的电视机的价格下降10%时，该企业的经营者更关心电视机的需求量会增加多少，以及此举对总收益（销售收入）有什么影响。为了说明商品的需求量或供给量对其价格以及其他因素变动的反应程度，需要引入弹性的概念。弹性概念不仅能够回答上述问题，还有助于企业制定正确的价格策略以及评价某些政策的作用效果。

一、需求价格弹性

1. 需求价格弹性的含义及计算公式

需求价格弹性衡量需求量变动对价格变动的反应程度。不同的商品，需求量对价格变动的反应是不同的。例如，电视机和盐的价格同比例下降，电视机的需求量会有较大幅度的增加，而盐的需求量增加幅度很小。可用需求量变动的百分比除以价格变动的百分比来计算需求价格弹性，即：

$$需求价格弹性（E_d）= \frac{需求量变动百分比}{价格变动百分比} = \frac{\frac{\Delta Q}{Q}}{\frac{\Delta P}{P}}$$

上式中，E_d 为需求价格弹性系数，它表示某种商品需求价格弹性的大小。P 为价格，ΔP 为价格的变动量，Q 为需求量，ΔQ 为需求的变动量。

例如，如果牛肉的价格由每公斤 10 元上升到 15 元，（$P=10$，$\Delta P=5$），你购买的牛肉数量从每月 6 公斤减少到 4 公斤（$Q=6$，$\Delta Q=-2$），则牛肉的需求价格弹性为：

$$需求价格弹性（E_d）= \frac{\dfrac{-2}{6}}{\dfrac{5}{10}} = -0.66$$

在这个例子中，需求价格弹性是 -0.66，反映了需求量变动是价格变动的 0.66 倍。由于价格的变动总是与需求量的变动方向相反，所以需求价格弹性系数应为负值。但在实际运用中，为了方便起见，一般都取其绝对值。绝对值较大表示需求价格弹性较大。

参考资料 　　　　　　中点法计算弹性

如果你想计算一条需求曲线上两点之间的需求价格弹性，你将会发现，计算需求曲线上从 A 点到 B 点的弹性与从 B 点到 A 点的弹性的计算结果是不同的。比如，图 2-13 中需求曲线上，A 点：价格 =6 元，数量 =80；B 点：价格 =4 元，数量 =120。根据需求价格弹性的计算公式，我们可计算出 A 点与 B 点起点和终点的不同选择的弹性结果：

从 A 点到 B 点：$E_d = \dfrac{\dfrac{\Delta Q}{Q}}{\dfrac{\Delta P}{P}} = \dfrac{\dfrac{120-80}{80}}{\dfrac{4-6}{6}} = -1.5$

从 B 点到 A 点：$E_d = \dfrac{\dfrac{\Delta Q}{Q}}{\dfrac{\Delta P}{P}} = \dfrac{\dfrac{80-120}{120}}{\dfrac{6-4}{4}} = -0.66$

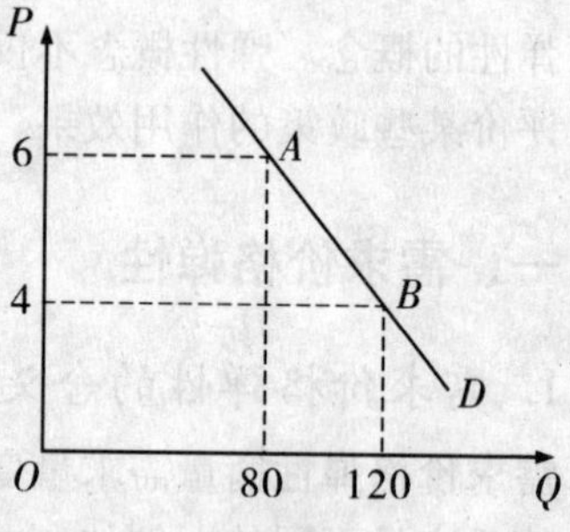

图 2-13　中点法计算弹性

显然，从 A 点到 B 点和从 B 点到 A 点的需求价格弹性数值是不同的。这是因为，在 A 点和 B 点分别作为起点或终点时，P 和 Q 所取的基数值是不同的，所以，它们的计算结果也不相同。这样，在需求曲线的同一条弧上，价格上升和下降时的需求价格弹性系数不相等。

避免这个问题的方法是用中点法计算弹性。中点法是计算需求曲线上两点之间的平均弹性。其计算方法不是用变动量除以原先的水平，而是用变动量除以原先水平与最后水平的平均值来计算变动的百分比，其计算公式为：

$$E_d = \frac{Q_2 - Q_1}{\frac{Q_1 + Q_2}{2}} \div \frac{P_2 - P_1}{\frac{P_1 + P_2}{2}}$$

例如，根据以上数据，用中点法计算的从 A 点到 B 点的弹性系数为：

$$E_d = \frac{120 - 80}{\frac{80 + 120}{2}} \div \frac{4 - 6}{\frac{6 + 4}{2}} = -1$$

同样，从 B 点到 A 点的需求价格弹性系数也是 -1。这是因为，无论变动的方向如何，P 和 Q 的基数值都是平均数，价格和需求量变动的百分比都是一样的，所以，在这两者变动方向时，需求价格弹性等于1。

在实际中中点法运用广泛。当计算两点之间的需求价格弹性时通常用这种方法。需要注意的是，需求曲线的斜率并不等于弹性系数，在需求曲线的不同两点之间，弹性系数的大小并不一样。

2. 需求价格弹性的分类

不同的商品需求价格弹性不同。根据弹性系数绝对值的大小，需求价格弹性可以分为五种类型。

（1）需求完全无弹性，即 $E_d = 0$。在这种情况下，无论价格如何变动，需求量都不会变动。这时的需求曲线是一条与横线垂直的线。如图 2 - 14（a）所示。生活中很难找到完全无弹性的物品。通常认为像特效药、火葬这样的物品或劳务接近这种情况。

（2）需求有无限弹性，即 $E_d \to \infty$。在这种情况下，价格上升，需求量为零。价格下降，需求量为无限大，价格极小变动会引起需求量极大变动。这时的需求曲线是一条与横轴平行的线。如图 2 - 14（b）所示。这种情况也很少见。但在竞争比较充分的市场，比如鸡蛋、小麦市场，企业面临的需求曲线具有无限大的弹性。

（3）单位需求弹性，即 $E_d = 1$。在这种情况下，需求量变动的百分比等于价格变动的百分比。这时的需求曲线是一条正双曲线。如图 2 - 14（c）所示。生活中很难找到需求价格弹性等于1的物品。

（4）需求缺乏弹性，即 $E_d < 1$。在这种情况下，需求量变动的百分比小于价格变动的百分比。这时的需求曲线是一条比较陡峭的线。如图 2 - 14（d）所示。生活必需品，如粮食、蔬菜等属于这种情况。

（5）需求富有弹性，即 $E_d > 1$。在这种情况下，需求量变动的百分比大于价格变动的百分比。这时的需求曲线是一条比较平坦的线。如图 2 - 14（e）所示。奢侈品，如汽车、珠宝、国外旅游等属于这种情况。

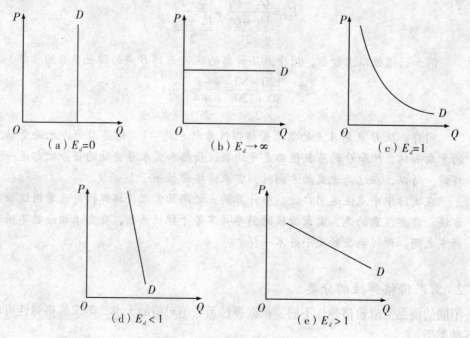

图 2 - 14　需求价格弹性的类型

3. 影响需求价格弹性的因素

（1）必需品与奢侈品。一般来说，必需品倾向于需求缺乏弹性，奢侈品倾向于需求富有弹性。例如，当看病的费用上升时，尽管人们比平常看病的次数少一些，但不会大幅度地改变他们看病的次数。与此相比，当到国外旅游的费用上升时，到国外旅游的需求量会大幅度减少。当然，一种物品是必需品还是奢侈品不取决于物品本身的性质，而取决于消费者的偏好。对于一个热衷于周游世界的人来说，到国外旅游可能是需求缺乏弹性的必需品，而看病是需求富有弹性的奢侈品。

（2）物品的可替代程度。如果一种物品有许多相近的替代品，它的需求是富有弹性的。因为当该物品的价格上升时，消费者会转而购买其他替代品。例如，航空旅行有汽车旅行、火车旅行可替代。所以，航空旅行的需求价格弹性比较大。食盐的替代品比较少，食盐的需求价格弹性比较小。若物品间可以完全替代，则物品的弹性无限大。例如对于个别农户小麦的需求就具有无限大的弹性。

（3）支出占收入的比例。如果一种物品的消费支出在预算总支出中占较大的比例，当价格变动后，消费者会对其需求量慎重考虑，因而该物品的需求价格弹性较大，比如住房、汽车等；如果某种物品是一项小的开支，消费者对该类物品的价格变动不敏感，因而弹性较小，比如盐、铅笔等物品的需求价格弹性是比较小的。

（4）时间的长短。物品往往随着时间延长而需求更具有弹性。当汽油价格上升时，在最初的几个月中汽油的需求量只略有减少。但是，随着时间的推移，人们购买更省油的汽车，或转向公共交通，或迁移到离工作地方近的地点。如此几年之内，汽油的需求量会大幅度减少。

4. 需求价格弹性与总收益

需求价格弹性对于企业制定价格策略是非常有用的。因为它有助于弄清价格变动对总收益的影响。**总收益**等于价格乘销售量。当价格变动时，总收益也变动。但是，总收益如何变动取决于需求价格弹性。因此，对许多企业来说，要想增加总收益，在制定价格策略时，一定要考虑所生产的物品的需求价格弹性与总收益的关系。

（1）需求缺乏弹性时价格变动与总收益的关系。如果一种物品的需求是缺乏弹性的，那么，价格上升会使总收益增加；价格下降会使总收益减少。可以大米为例说明这一问题。如图 2-15 所示，当大米的价格为 1 元/公斤时，需求量为 100 公斤，总收益 $P \times Q = 100$ 元；当大米价格为 3 元/公斤时，需求量为 80 公斤，总收益 $P \times Q = 240$ 元。因此，当大米价格由 1 元/公斤上升为 3 元/公斤时，需求量减少了 20 公斤，而总收益却从 100 元增加到 240 元。反之，当大米价格由 3 元/公斤降为 1 元/公斤时，需求量仅增加了 20 公斤，总收益却从 240 元减少到 100 元。价格与总收益成同方向变动，这是因为对于需求缺乏弹性的物品来说，需求量变动的比例总是小于价格变动的比例。

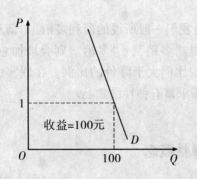 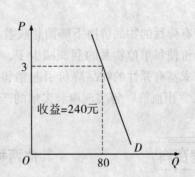

图 2-15　需求缺乏弹性时的总收益

粮食降价而总收益减少，就是我们一般所说的谷贱伤农。其原因就在于粮食是生活必需品，需求缺乏弹性。粮食丰收造成粮价下跌，并不会使需求量同比例增加，这就使总收益减少，农民的收入下降。同理，遇到灾荒年，粮食价格飞涨，农民也许将"因祸得福"。

（2）需求富有弹性时价格变动与总收益的关系。如果一种物品的需求是富有弹性的，那么，价格上升会使总收益减少，价格下降会使总收益增加。可以化妆品为例说明这一问题。如图 2 – 16 所示，当化妆品价格为 40 元时，需求量为 50，总收益 $P \times Q = 2000$ 元；当化妆品价格为 50 元时，需求量为 20，总收益 $P \times Q = 1000$ 元。因此，当化妆品价格由 40 元上升为 50 元时，需求量从 50 减少为 20，需求量下降的幅度，大于价格上升的幅度，这时总收益从 2000 元减少为 1000 元。反之，当化妆品价格由 50 元下降为 40 元时，需求量从 20 增加到 50，需求量上升的幅度大于价格下降的幅度，这时总收益从 1000 元增加到 2000 元。价格与总收益成反方向变动，这是因为对于需求富有弹性的物品来说，需求量变动的比例总是大于价格变动的比例。

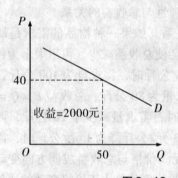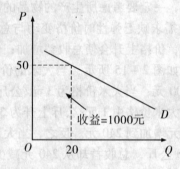

图 2 – 16　需求富有弹性的总收益

富有弹性的物品价格下降而总收益增加就是我们一般所说的薄利多销。"薄利"是由于降价使每单位物品的利润减少了，但降价能"多销"，"多销"则会增加总收益。因为需求富有弹性的物品降价引起销售量增加的比例大于降价的比例。在现实中"跳楼价"、"出血价"等实现薄利多销的产品均为需求富有弹性的物品。

> **参考资料**　　　　　　　其他两种需求弹性概念

需求收入弹性是指需求量变动对收入变动的反应程度。可用需求量变动的百分比除以收入变动的百分比来表示。如果用 E_m 代表需求收入弹性，I 为收入，ΔI 为收入的变动量，Q 为需求量，ΔQ 为需求的变动量，则需求收入弹性的计算公式为：

$$需求收入弹性 = \frac{需求量变动百分比}{价格变动百分比}$$

一般地说，在价格不变的条件下，收入与需求量成同方向变动，所以 E_m 为正值。这类物品称为正常物品。在正常物品中我们把需求量对收入变动反应大的物品，称为收入富有弹性，比如汽车、珠宝等奢侈品；而把需求量对收入变动反应小的物品称为收入缺乏弹性，比如米、油、盐等必需品。但是并不是所有物品的需求量都会随着收入的增长而增加，比如低档物品，这类物品的需求量会随着收入增加而减少，称为收入负弹性。

需求交叉弹性是指某物品需求量的变动对其他物品价格变动的反应程度。可用某种物品需求量变动的百分比除以另一种物品价格变动的百分比来计算。如果用 E_c 代表需求交叉弹性，P_Y 代表 Y 物品的价格，ΔP_Y 代表 Y 物品价格的变动量，Q_X 代表 X 物品的需求量，ΔQ_X 代表 X 物品需求量的变动量，则需求交叉弹性的计算公式为：

$$需求交叉弹性 = \frac{X 物品需求量变动百分比}{Y 物品价格变动百分比}$$

相关物品之间存在着替代关系和互补关系。两种物品彼此为替代品时，一种物品价格上涨，另一种物品的需求量增加。例如，猪肉价格上涨，将使牛肉的需求量增加。因此替代品的需求交叉弹性为正值。其弹性的绝对值越大，替代关系就越强。两种物品彼此为互补品时，一种物品的价格上涨，另一种物品的需求量减少。例如，汽油的价格上涨，将使小汽车的需求量减少。因此，互补品的需求交叉弹性为负值。其弹性的绝对值越大，互补关系就越紧密。如果两种物品之间不存在相关关系，则它们的交叉弹性为零。

二、供给价格弹性

1. 供给价格弹性的含义及计算公式

供给价格弹性衡量供给量对价格变动的反应程度。不同的物品，供给量对价格变动的反应是不同的。有的物品价格变动幅度大，而供给量变动幅度小，有的物品价格变动幅度小，而供给量变动幅度大。供给价格弹性可用来度量供给量对价格变动的反应程度的大小。可用供给量变动的百分比除以价格变动的百分比来计算供给价格弹性，即：

$$供给价格弹性（E_s）= \frac{供给量变动百分比}{价格变动百分比} = \frac{\dfrac{\Delta Q}{Q}}{\dfrac{\Delta P}{P}}$$

上式中，E_s 为供给价格弹性，它表示某种商品供给价格弹性的大小。P 为价格，ΔP 为价格的变动量，Q 为供给量，ΔQ 为供给的变动量。

例如，假定牛奶的价格由每公斤 3 元上升到 3.3 元（P =3 元，ΔP =0.3 元），奶牛场生产的牛奶从 10000 公斤增加到 11500 公斤（Q =10000 公斤，ΔQ =1500 公斤），则牛奶的供给价格弹性为：

$$供给价格弹性（E_s）= \frac{\dfrac{1500}{10000}}{\dfrac{0.3}{3}} = 1.5$$

在这个例子中，弹性为 1.5，大于 1，反映了供给量的变动比例大于价格的变动。价格与供给量同方向变动，所以供给价格弹性为正值。

2. 供给价格弹性的分类

供给价格弹性也可以分为五种类型。

（1）供给完全无弹性，即 E_s =0，表明无论价格如何变动供给量都不变。这时的供给曲线是一条垂线，如图 2 - 17（a）所示。供给完全无弹性的情况比较少见。一些不可再生资源如土地的供给，以及那些无法复制的古董的供给属于这种情况。

（2）供给有无限弹性，即 $E_s \to \infty$，表明价格上升，供给量无限大；价格下降，供给量为零。这时的供给曲线是一条水平线，如图 2 - 17（b）所示。这种情况也比较少见。通常认为在劳动力严重过剩地区的劳动供给具有无限大的弹性，在这些地区，一旦把劳动的价格确定在某一水平上，就会得到源源不断的劳动供给。

（3）单位供给弹性，即 E_s =1，表明供给量变动的比例等于价格变动的比例。这时的供给曲线是一条 45°线，如图 2 - 17（c）所示。这种情况非常罕见，几乎没有一种物品能够满足这一条件。

（4）供给缺乏弹性，即 E_s <1，表明供给量变动的比例小于价格变动的比例。这时的供给曲线是一条比较陡峭的向右上方倾斜的线，如图 2 - 17（d）所示。比如土地这类难以生产的物品属于这种情况。

（5）供给富有弹性，即 E_s >1，表明供给量变动的比例大于价格变动的比例。这时的供给曲线是一条比较平坦的向右上方倾斜的线，如图 2 - 17（e）所示。一些较为容易生产的物品属于这种情况。

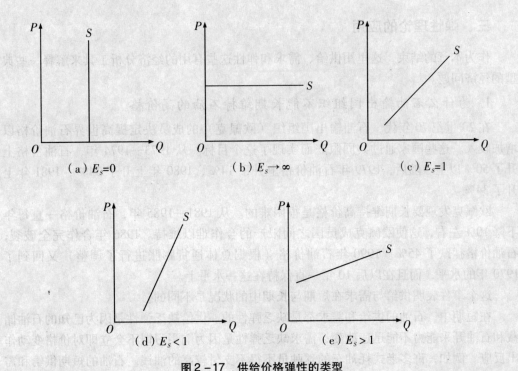

图2-17 供给价格弹性的类型

3. 影响供给价格弹性的因素

（1）投入要素的可替代性。如果生产一种产品所需要的投入要素也可被用于生产其他产品，这些投入要素可以被广泛地用于各种用途，那么该产品的供给价格弹性相对较大。比如，服装、玩具和鞋的生产只需低技能的劳动力，这意味着当出现赢利机会时，大量的工人可以从其他生产活动中转移到这些产品的生产中来。相反，艺术家的天赋、海滩的土地是稀缺的投入要素，与这些要素相关联的物品或劳务的供给就是缺乏弹性甚至是零弹性的。比如齐白石的国画供给价格弹性为零，具有垂直的供给曲线。

（2）时间的长短。这是决定供给价格弹性的关键因素。在短期中，企业不能轻易改变其生产规模来增加或减少一种物品的产量。因此，在短期中供给量对价格的变动非常不敏感。在长期中，企业可以建立新工厂或关闭旧工厂。新企业也可以进入一个市场，老企业也可以退出市场，因此在长期中供给量可以对价格的变动做出相当大的反应。

三、弹性理论的应用

作为本章的结束，这里用供给、需求和弹性这些有用的经济分析工具来解释一些典型的经济问题。

1. 为什么石油输出国组织不能长期维持石油的高价格

在 20 世纪 70 年代，石油输出国组织（欧佩克）的成员决定提高世界石油价格以增加收入。这些国家通过共同限产而实现了这个目标。从 1973—1974 年，石油价格上升了 50% 以上。随后，1979 年石油价格上升了 14%，1980 年上升了 34%，1981 年上升了 34%。

欧佩克发现要长期维持高价格是很困难的。从 1981—1985 年，石油价格一直每年下降 10% 左右，这使欧佩克成员国之间限产的合作难以维持。1986 年合作完全破裂，石油价格猛跌了 45%。1990 年石油价格（根据总体通货膨胀进行了调整）又回到了 1970 年的水平，而且在以后 10 年一直保持在这一水平上。

这个事件表明供给与需求在短期与长期中的状况是不同的。

在短期中，石油的供给和需求都是缺乏弹性的。供给缺乏弹性是因为已知的石油储藏和石油开采能力不能迅速改变；需求缺乏弹性是因为购买习惯不会立即对价格变动作出反应。例如，许多老式耗油车的驾驶员不得不支付较高的油钱。石油的短期供给和需求曲线是陡峭的。如图 2－18（a）所示，当石油供给曲线由 S_0 移动到 S_1 时，价格大幅度上升。尽管每个欧佩克成员国的产量减少了，但价格上升如此之高，欧佩克的收入反而增加了。

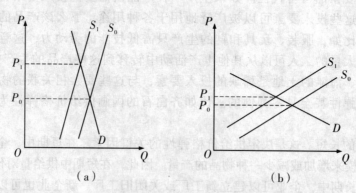

（a）　　　　　　　　　（b）

图 2－18　世界石油市场石油供给曲线变化示意

在长期中，欧佩克以外的石油生产者对高价格的反映是扩大石油勘探并增加新的开采能力。消费者的反应是更为节俭，例如用新型节油车代替老式的耗油车。因此石油的长期供给和需求曲线都更富有弹性。如图 2 - 18（b）所示，在长期中，石油供给曲线同样大小的移动，引起价格小幅度上升。因此，欧佩克共同减少供给在长期中无利可图。

2. 谁为奢侈品税收付出代价

1990 年美国国会通过了对游艇、私人飞机、高级轿车等奢侈品征收 10% 的"奢侈品税"。这种税的目的是让消费这些物品的富人交税，以帮助穷人。但实施之后，反对者并不是富人，而是生产这些奢侈品的企业与工人。为什么这些并不消费奢侈品的人反而反对这项税呢？这涉及弹性与税收归宿问题。

以游艇市场为例，如图 2 - 19 所示，游艇属奢侈品且有众多替代品，其需求是极富有弹性的。当这类物品由于税收而提高价格时，富人可不买游艇，他们可以去买更大的房子，去欧洲度假，或到国外购买游艇。所以，当价格上升时，需求量大幅度下降。与此相比，游艇的供给是缺乏弹性的。因为生产游艇的企业难以转产其他的产品，生产游艇的工人也不愿意在市场状况改变时改换职业。

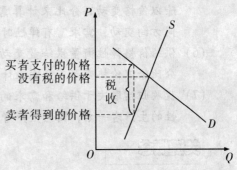

图 2 - 19 奢侈品税收的归宿

由于游艇的需求富有弹性，而供给缺乏弹性，奢侈品税实际落到了生产者身上，因为在这种情况下，生产者得到的价格大幅度下降，而消费者支付的价格只有很少上升。因此，生产者承担了大部分税收负担。企业生产经营困难，只好解雇工人，未被解雇的工人收入也会减少。旨在帮助穷人的政策却害了穷人，1993 年美国国会不得不取消了这种税收。

本章小结

（1）需求曲线表示需求量与价格反方向变动的关系。根据需求定理，给定其他因素不变，一种物品的价格越高，需求量越少。除价格之外，消费者的购买意愿也会受到收入、相关商品价格、偏好及预期等因素的影响。这些因素的改变将引起需求曲线的移动。

（2）供给曲线表示价格与供给量同方向变动的关系。根据供给定理，给定其他因素不变，一种物品的价格上升，供给量增加。除价格之外，生产者的供给意愿也会受到投入要素的价格、技术以及预期等因素的影响。这些因素的改变将引起供给曲线的移动。

(3) 均衡价格是需求量和供给量相等时的价格。买者和卖者的行为自动的使市场趋于均衡。当市场价格高于均衡价格时，存在物品过剩，就会引起市场价格下降；当市场价格低于均衡价格时，存在物品短缺，就会引起市场价格上升。

(4) 当我们分析经济中的任何一个事件如何通过影响需求和供给而影响均衡价格和数量时，我们应遵循三个步骤：第一，确定该事件是使需求曲线移动，还是使供给曲线移动；第二，确定曲线移动的方式；第三，将新均衡与旧均衡进行比较。

(5) 需求价格弹性衡量需求量对价格变动的反应程度。可以用需求量变动百分比除以价格变动百分比来计算需求价格弹性。需求缺乏弹性时，总收益与价格同方向变动；需求富有弹性时，总收益与价格反方向变动。

(6) 供给价格弹性衡量供给量变动对价格变动的反应程度。可以用供给量变动百分比除以价格变动百分比来计算供给价格弹性。

(7) 税收归宿取决于供给和需求的价格弹性。奢侈品税收负担倾向于落在缺乏弹性的生产者一方，因为生产者难以改变产量来对税收做出反应。

关键概念

需求　需求量　需求曲线　需求定理　需求的变动　供给　供给量　供给曲线　供给定理　供给的变动　均衡价格　均衡数量　支持价格　限制价格　需求价格弹性　总收益　供给价格弹性

练习与思考

一、判断正误

(1) 需求曲线向右下方倾斜是由于需求定理的作用。（　　　）

(2) 当照相机的价格上升时，对胶卷的需求将减少。（　　　）

(3) 苹果的价格上升，将使苹果的需求曲线向左移动。（　　　）

(4) 技术进步将使供给曲线向右方移动。（　　　）

(5) 假定其他因素不变，某种商品价格的变动将导致它的需求量变动，但不会引起需求的变动。（　　　）

(6) 如果需求增加了，那么，均衡价格就会上升，均衡数量会减少。（　　　）

(7) 如果某种物品价格从 7 元上升为 8 元，需求量从 8500 单位减少为 7500 单位，则需求价格弹性为 0.5，属于需求缺乏弹性。（　　　）

(8) 如果某种物品价格上升之后，总收益减少，这种物品的需求是富有弹性的。
（　　）

(9) 水平的需求曲线是完全无弹性的。（　　）

二、单项选择

(1) 需求定理意味着，在其他因素不变时，（　　）。

    A. 随着汽车价格的上升，汽车的需求量将增加

    B. 随着汽车价格的上升，汽车的需求量将减少

    C. 随着收入的增加，汽车的需求量将增加

    D. 随着对汽车需求的增加，价格将上升

(2) 下列哪一种情况会引起对汉堡包的需求增加（　　）。

    A. 一场新的汉堡包热

    B. 人口减少了

    C. 作为互补品的炸薯条的价格上升了

    D. 消费者收入减少了

(3) 表示需求量减少的是（　　）。

    A. 需求曲线向右移动

    B. 需求曲线向左移动

    C. 沿着需求曲线向左上方移动

    D. 沿着需求曲线向右下方移动

(4) 下列哪一种情况不会引起 X 物品供给曲线向右方移动（　　）。

    A. 用于生产 X 物品的投入品价格下降

    B. X 物品的生产技术进步了

    C. X 物品的价格上升

    D. X 物品的替代品 Y 物品价格上升

(5) 如果需求的增加和供给的减少同时发生了，对均衡价格和数量的影响是（　　）。

    A. 价格和数量都上升

    B. 价格和数量都下降

    C. 价格上升，数量的变动不确定

    D. 数量增加，价格的变动不确定

(6) 如果某种物品价格上升5%而需求量上升6%，那么，该物品的需求（　　）。

    A. 富有弹性   B. 缺乏弹性   C. 单位弹性   D. 弹性接近于零

(7) 某物品的需求富有价格弹性，卖者要获得更多的总收益，他应该（　　）。

    A. 适当提高价格   B. 适当降低价格

C. 保持价格不变   D. 限制产量

（8）政府对 X 物品征税，如果税收负担大部分落在卖者身上，那么，一定具备下面的条件（　　）。

A. X 物品的供给缺乏弹性

B. X 物品的需求缺乏弹性

C. X 物品的需求和供给均缺乏弹性

D. X 物品的需求和供给均富有弹性

三、问答题

（1）在下列情况下，汽车的价格和交易量会发生什么变化？

A. 汽油的价格上升了

B. 公交车的供给增加了

C. 消费者收入增加

D. 企业降低了生产汽车的成本

E. 生产汽车的钢材价格上升了

（2）为什么在个人电脑的需求增加时，个人电脑的价格却一直在下降？

（3）当喷墨打印机的配套墨盒价格下降时，喷墨打印机的需求、供给、需求量、供给量以及价格将发生怎样的变化？激光打印机的价格下降会使喷墨打印机市场需求曲线发生移动吗？用图形和文字说明。

（4）《纽约时报》1996 年 2 月 17 日报道：1995 年 12 月地铁票价从 25 美分上升到 1.5 美元的第一个月以后，乘客将近减少 400 万人次，比上一年 12 月减少了 4.3%。

A. 用上述数据，估算地铁乘客的需求价格弹性。

B. 根据你的估算，当票价上升时，地铁公司的收益会有什么变化？

（5）为什么粮食丰收对农民不一定是件好事？如果只是某农户的粮食丰收，那么对这户农民来说，丰收还是一件坏事吗？

第三章

消费者行为理论

本章将向你介绍的重点内容

◎ 总效用与边际效用

◎ 边际效用递减规律

◎ 用边际效用递减规律说明需求定理

◎ 基数效用如何说明消费者的最优选择

◎ 消费者剩余的概念与衡量

◎ 无差异曲线代表消费者的偏好

◎ 预算线代表消费者可以承受的选择

◎ 序数效用如何说明消费者的最优选择

◎ 收入变动和价格变动如何影响消费者的选择

人们每天都要就如何使用有限的钱和时间做出许多选择。你有限的财力应该买一台个人电脑还是用于出国旅游呢？晚饭后的时间用来读书还是去拜访朋友呢？有限的收入更多地用于消费还是更多地用于储蓄呢？消费者行为理论就是研究消费者如何做出选择，以及他们如何对价格和收入的变动做出反应。

本章从效用概念出发，研究消费者在收入与商品价格既定时如何实现效用的最大化。经济学家先后提出了基数效用和序数效用的概念，消费者行为理论也就有了基数效用论和序数效用论。

第一节
基数效用论：边际效用分析

一、效用与基数效用

1. 效用

效用是指消费者从某种物品的消费中得到的满足程度。满足程度高就是效用大，满足程度低就是效用小。如果消费者从某种物品消费中感受到痛苦，则是负效用。

效用是一种主观心理感觉，是消费者对物品或劳务能够在多大程度上满足自己欲望的一种主观评价。因此，效用本身既没有伦理学意义，又没有客观标准，因人、因时、因地而不同。例如，一支香烟对吸烟者有很大效用，但对不吸烟者毫无效用，甚至有负效用。再如，吸毒是不良行为，但毒品对吸毒者具有效用。

2. 基数效用

基数是指可以加总求和的数。基数效用的基本观点是：效用的大小可用 1、2、3、…基数衡量并加总求和。正如长度可用米表示一样，表示效用大小的计量单位被称为效用单位。例如，某消费者吃一顿丰盛的晚餐的效用是 5 效用单位，看一场高水平足球赛的效用是 10 效用单位，则他从这两种物品消费中得到的效用之和为 15 效用单位。

在基数效用的基础上，形成了用具体数字研究消费者效用最大化问题的基数效用论，基数效用论采用的是边际效用分析法。

二、总效用和边际效用

在运用边际效用分析法分析消费者行为时，要了解两个重要的概念：总效用和边际效用。

　　总效用（*TU*）是指从消费某种物品或劳务中得到的总满足程度。假定消费者消费 *Q* 数量的物品或劳务，则总效用函数为 *TU* = *f*（*Q*）。

　　边际效用（*MU*）是指消费者每增加 1 单位某种物品的消费所增加的满足程度。边际一词指两个变量之间变动的关系，即自变量变动一单位引起因变量变动的大小就是边际量。在边际效用这个概念中，某种物品的消费量是自变量，效用的增加量是因变量。消费量变动所引起的效用就是边际效用。如果用 Δ*TU* 表示总效用的增量，用 Δ*Q* 表示物品的增量，那么，*MU* = Δ*TU*／Δ*Q*。

　　可以用表 3 - 1 说明总效用和边际效用的关系：

表 3 - 1　总效用和边际效用的关系

面包的消费量（个/小时）	总效用	边际效用
0	0	
1	10	10
2	18	8
3	23	5
4	25	2
5	25	0
6	23	- 2

　　根据上表可作出总效用曲线和边际效用曲线：在图 3 - 1 中，横轴表示面包的数量，纵轴表示效用。*TU* 为总效用曲线，*MU* 为边际效用曲线。

　　从图 3 - 1 中可以看出，随着面包数量的增加，总效用是不断增加的，但总效用增加的速率是递减的。边际效用则随着所消费面包数量的增加而不断减少。当边际效用为正值时，总效用递增；当边际效用为零时，总效用最大；当边际效用为负值时，总效用减少。

三、边际效用递减规律

1. 边际效用递减规律的含义

　　从表 3 - 1 和图 3 - 1 可以看出，随着消费的面包数量增加，边际效用是递减的。这种现象普遍存在

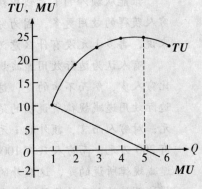

图 3 - 1　总效用曲线与边际效用曲线

于一切物品和劳务的消费中，因此称为边际效用递减规律。**边际效用递减规律**可表述为：在其他条件不变的情况下，给定时期内随着某种物品或劳务消费量增加，其边际效用最终会下降。例如，在上述例子中，吃第一个面包和第三个面包的感觉肯定不同。尽管面包质量相同，但你会感到第一个面包又香又甜，而第三个面包索然无味。继续吃下去，第六个面包就会使你感到不适。这就是边际效用递减规律。

2. 为什么边际效用递减

边际效用递减可用以下两个理由解释：

第一，人的生理原因。效用，即满足程度是人神经的一种兴奋，当消费某种物品给以刺激（如吃面包刺激胃），人的神经兴奋就有满足感（产生了效用）。随着同样的刺激反复进行（消费同一种物品的数量增加），兴奋程度下降，即消费者从中感受到的满足程度是递减的。

第二，人的心理原因。每一种物品都有多种用途。对这些用途重要性的评价，取决于人的欲望。欲望是一种心理感觉，在物品的数量有限时，消费者会先把它用于欲望最强烈的用途，而后用于欲望次要的用途。比如对于沙漠中的旅行者来说，在只有一单位水时，他一定会用它作为饮料，以维持生命，这时水的边际效用极大。如果再增加一单位水，饮用已不成为问题，就可用于洗脸、漱口，但边际效用减少了。因此，如果物品有几种不同的用途，消费者的欲望强度不同，对物品各种用途的重要性评价有大有小，欲望强度依次递减，对物品各种用途重要性的评价递减，物品的边际效用递减。

参考资料　　　　　**富人和穷人：1 元钱意味着什么**

谁能从额外的 1 元钱中获得更多效用？是穷人还是富人？绝大多数人会说穷人获得的效用更多，因为穷人的钱比富人少得多。"富人那么有钱，对他们来说，再多 1 元没有什么意义"。人们经常会这么说。

有人认为边际效用递减规律能够说明，富人从额外的 1 元中获得的效用要比穷人少，然而不幸的是，这是对边际效用递减规律的误解。在这个例子中，边际效用递减规律所说明的是，对富人来说，额外的 1 元的价值低于先前的 1 元；对穷人而言，额外的 1 元的价值也低于他先前拥有的 1 元。我们假设富人有 200 万元，而穷人只有 1000 元。现在我们再给他们每个人 1 元。边际效用递减规律所说的是，这额外的 1 元的价值对富人而言低于他的第 200 万元；同样这额外的 1 元的价值对穷人来说也低于他的第 1000 元。这是边际效用递减规律所能够说明的。我们不知道，也不可能知道，这额外的 1 元对富人来讲是不是比对穷人来讲更有价值，或者更没有价值。总而言之，边际效用递减规律只能说明富人和穷人各自的情况（对他们而言，最后1元同样没有先前的1元来得值钱），但是它不能用来说明富人的效用和穷人相比会怎么样。

要比较富人和穷人各自从这额外的1元当中所获得的效用，就陷入了所谓效用的人际间比较的陷阱。一个人从某种物品中获得的效用不能跟另一个人从同一件物品中获得的效用进行科学客观的比较，因为效用是主观的东西。谁能肯定地知道，富人从额外的1元当中所获得的满意度（效用）和穷人所获得的效用相比是多少？穷人可能不怎么喜欢钱，他可能认为贪恋钱财是万恶之源，而宁愿享用一些不需要钱的东西。另一方面，可能富人的唯一爱好就是聚敛更多的钱财。我们不能随意地"猜测"某人从消费某物中所获得的效用，再把它和我们对于另一个人从消费某物当中所获得的效用的"猜测"进行比较，并把这些"猜测"称为客观的事实。

——张元鹏：《微观经济学》，中国发展出版社 2005 年版。

3. 边际效用递减规律与需求定理

边际效用递减规律决定了物品的需求量与价格成反方向变动。说明这一问题必须增加一个重要的假设条件，即假定货币的边际效用不变。同商品一样，货币也具有效用，货币的效用等于消费者把其花出去后所得到的满足程度，货币的边际效用等于每增加1单位货币的花费给消费者带来的满足程度。如果货币的边际效用不变，货币可以成为衡量消费者从一定量物品中所获得的边际效用大小的尺度。也就是说，消费者对某种物品所愿付出的价格表示了这个物品给他带来的边际效用。物品的边际效用越大，愿意付出的价格越高，效用小，愿付出的价格低。随着消费者购买的某种物品数量的增加，该物品的边际效用递减，消费者所愿付出的价格也就降低。因此，消费者对某种物品的需求量与价格成反方向变动，可以用表3-2来说明这一点。

表3-2 边际效用与需求定理

物品数量	边际效用	货币的边际效用	价格
1	10	2	5
2	8	2	4
3	6	2	3
4	4	2	2
5	2	2	1

四、消费者均衡

消费者的货币收入总是有限的，他应该如何把有限的货币收入用于各种物品的购买才能得到最大程度的满足，即达到效用最大呢？消费者均衡正是要研究这一问题。

1. 消费者均衡的含义

消费者均衡是指在消费者收入的约束下，消费者获得最大效用时既不想增加、也不想减少任何物品购买量的一种状态。"均衡"具有不变的意思，由于消费者已经实现了最优选择，即达到最满意状况，他不会再改变所购买的物品和劳务的数量。如果消费者没有实现效用最大化，他会重新选择，调整购买各种物品和劳务的数量，直到总效用达到最大化为止。

2. 消费者均衡的条件

为了说明消费者均衡的实现，我们假设：①消费者的偏好既定。也就是说，消费者对物品的效用与边际效用是既定的，不会发生变动。②消费者的收入既定，并假定他把收入全部用于购买某种数量的物品。③物品的价格既定。在这些假设条件之下，我们来说明消费者如何把有限收入用于各种物品的购买使他获得的总效用最大。

运用边际效用分析法来说明消费者均衡时，消费者均衡的条件是：消费者用全部收入所购买的各种物品的边际效用与其价格的比值相等。或者说，消费者每元货币所购买的各种物品的边际效用相等。用公式表示为：

$$\frac{MU_X}{P_X} = -\frac{MU_Y}{P_Y} = \cdots \lambda$$

式中 MU_X、MU_Y 为 X 物品与 Y 物品的边际效用，P_X、P_Y 为 X 物品与 Y 物品的价格，λ 为货币单位的边际效用。该公式表示，各种物品的边际效用和价格之比相等，即每元货币所得到的各种物品的边际效用都相等。如果每元货币花在某种物品上所得到的边际效用大于其他物品的边际效用，那么，这就不是消费者均衡状况，消费者必须要重新调整各种物品的购买数量，比如增加该物品的购买量，减少其他物品的购买量，直到他的满足程度达到最大。

我们以表 3-3 为例说明消费者均衡的条件。

假定某消费者每天的收入为 40 元，X 和 Y 物品的价格均为 10 元，该消费者购买 X 和 Y 两种物品，他应该对 X 和 Y 各购买多少才能获得最大效用呢？根据消费者均衡条件，他只有在购买 30 元的 X 物品和 10 元的 Y 物品时，总效用才达到最大。因为，在 3:1 的组合中，第 3 单位的 X 物品的边际效用为 4，$MU_X/P_X = 4/10$，X 物品的总效用为 20；第 1 单位的 Y 物品的边际效用为 4，$MU_Y/P_Y = 4/10$，Y 物品的总效用为 4。X 与 Y

的总效用为 20 + 4 = 24，因为 $MU_X/P_X = MU_Y/P_Y$（即 4/10 = 4/10），每单位货币得到的边际效用相同，均等于 4，所以，3∶1 的组合是消费者的最优选择，该选择给消费者带来了最大效用。

表 3 - 3 X 和 Y 物品的总效用与边际效用

货币支出（元）	X 物品的总效用	X 物品的边际效用	Y 物品的总效用	Y 物品的边际效用
10	9	9	4	4
20	16	7	7	3
30	20	4	9	2
40	23	3	10	1
50	25	2	10	0

五、消费者剩余

消费者按照他对物品效用的评价来决定他愿意支付的价格，但人们并不总是支付愿意支付的最高价格。当我们购买东西时，经常进行讨价还价。结果我们常常按照低于愿意支付的价格而购买到物品。因而得到了消费者剩余。**消费者剩余**是指消费者愿意支付的价格和实际支付的价格的差额。也就是说，消费者剩余衡量的是消费者参与市场交易得到的收益。可用表 3 - 4 来说明消费者剩余。

表 3 - 4 消费者剩余

饮料数量	消费者愿付的价格（元）	市场价格（元）	消费者剩余（元）
1	5.00	2.00	3.00
2	4.50	2.00	2.50
3	4.00	2.00	2.00
4	3.50	2.00	1.50

例如，某种饮料的市场价格为 2.00 元，消费者购买第一瓶饮料所愿支付的价格为 5.00 元，于是在消费者以 2.00 元的市场价格购买这瓶饮料时，就获得了 3.00 元的消费者剩余。由于边际效用递减，消费者在购买第二瓶、第三瓶、第四瓶饮料所愿意支付的价格分别为 4.50 元、4.00 元和 3.50 元，但市场价格不变。该消费者为购买 4 瓶饮料所愿意支付的货币量为 17 元（5.00 + 4.50 + 4.00 + 3.50），但他实际付出的货币量为 8

元（2.00×4），两者的差额为9元（17-8），这个差额就是消费者剩余。

可以用需求曲线衡量消费者剩余。在图3-2中，需求曲线D表示消费者对每一单位物品所愿意支付的价格。当市场价格为P_0，消费者的购买量为Q_0时，消费者所愿支付的总货币额为从O到Q_0区间需求曲线以下的面积，即相当于图中的面积$OABQ_0$；而消费者实际支付的货币额为市场价格P_0乘以购买量Q_0，即相当于图中的面积OP_0BQ_0。这两块面积的差额即图中阴影部分的面积，就是消费者剩余。

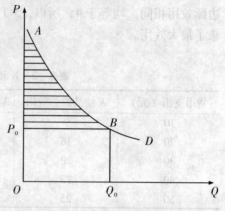

图3-2　用需求曲线衡量消费者剩余

消费者剩余并不是实际收入的增加，只是一种心理感觉，它反映消费者通过购买和消费物品或劳务所感受到的福利状态。因此可以成为衡量消费者经济福利的标准。在以后的分析中，我们将会知道，消费者剩余可用来作为评价市场经济效率的一种重要工具。

案例分析　　　　　　　　消费者剩余概念的运用

在日常生活中，消费者剩余概念经常自觉不自觉地被一些商家所利用。比如，当你在水果摊档看到刚上市的荔枝时，新鲜饱满的荔枝激起了你强烈的购买欲望，并且这种欲望溢于言表。卖水果的档主看到你看中了他的荔枝，他会考虑以较高的价格卖给你。其实，你对荔枝的较强的购买欲望，表明你有较多的消费者剩余。所以，当你询问价格的时候，档主会故意提高价格，由于你的消费者剩余较多，或许你对这个价格还挺满意，毫不犹豫地把荔枝买了下来。结果，你的消费者剩余转化为水果档主的利润。这个例子告诉我们在购买商品时应该如何维护自身利益的一些经验，比如，当我们想购买某种商品时，不要眼睛直勾勾地看着这件商品，不妨表现出无所谓的态度，甚至表现出对该商品的"不满"，这样，商家以为你不太想买，就不敢提高价格。

再比如说，你去服装店买衣服，看见一件衬衣标价200元，但实际上80元就能够买下来。为什么标价这么高呢？这是因为商家想把你的消费者剩余都赚去。这些衣服的成本不足80元，但是有人特别喜欢这些衣服，他们愿意出高于80元甚至远远高于80元的价格买下来，这里面就存在着消费者剩余。因此，当你看上某件衣服时，最好不要流露出满意的神色，否则你就要花费较多的钱买下这件衣服。对于那些没有购买经验的顾客来说，当他以较高的价格买下这件衬衣时，或许还以为自己占了个便宜，殊不知在他高高兴兴花费200元钱买下这件衣服时，商家也高高兴兴地发了一笔小财。

商家想方设法把消费者剩余转化为利润的例子在日常生活中比比皆是，即使是大公司也不例外。例如，在我国，奶粉这种产品一直是低价销售，每袋奶粉的价格大约在10元钱。改革开放以来，外国生产商大量进入中国，他们也运用消费者剩余的概念寻觅发大财的机会。一些奶粉生产商了解到中国奶粉的价格低，但是，有一部分中国母亲生下孩子后，由于缺乏人奶，她们对适合婴儿食用的高质量奶粉的需求十分迫切。于是，这些外国公司研制出添加各种营养成分的较高质量的奶粉，使用更为漂亮、防潮的包装方式，以每袋80元至100元的价格销售。年轻的中国母亲为了婴儿的健康成长，她们愿意花较多的钱去买质量较好的婴儿奶粉。这样，中国母亲在购买婴儿奶粉时的消费者剩余就转移到了外国生产商的口袋里。外国生产商利用消费者剩余的概念确实发了一笔大财。

第二节
序数效用论：无差异曲线分析法

一、序数效用

序数效用论认为，效用是一种心理感觉，无法用基数衡量，也不能加总求和。消费者只能根据自己的偏好，用序数，如第一、第二、第三……来表示各种物品效用的大小。也就是说，消费者只能回答偏好哪一种消费，即哪一种物品的效用是第一，哪一种物品的效用是第二。比如消费者宁愿选择去看一场高水平的足球赛，而不愿选择享受一顿丰盛的晚餐，说明对消费者来说，看足球赛的效用大于享受丰盛晚餐的效用。

在序数效用的基础上，形成了用序数研究消费者效用最大化问题的理论。序数效用论采用的是无差异曲线分析法。

二、无差异曲线

1. 无差异曲线的含义

无差异曲线是指一条表示给消费者带来相同满足程度的两种物品的不同数量组合的连线。例如，假定有面包和鸡蛋两种物品，它们有 A、B、C、D、E、F 六种组合方式，这六种组合方式能给消费者带来同样的效用。这样，可作出表 3 - 5：

表3-5	消费者同等效用的物品组合	
组合方式	面 包	鸡 蛋
A	5	30
B	10	18
C	15	13
D	20	10
E	25	8
F	30	7

根据表3-5可作出图3-3。图3-3中，面包作横轴，鸡蛋作纵轴，I 为无差异曲线，该线上任何一点所代表的面包和鸡蛋的不同数量组合给消费者带来的效用是相同的。

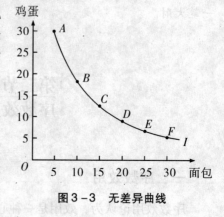

图3-3　无差异曲线

2. 无差异曲线的特征

无差异曲线具有以下特征：

第一，无差异曲线向右下方倾斜，其斜率为负值。这就表明在收入和价格既定的条件下，为了获得相同的满足程度，在增加一种物品的消费时，必须减少另一种物品的消费。两种物品不能同时增加或减少。

第二，位置较高的无差异曲线代表较大的效用水平。如图3-4所示。在同一平面图上可以有无数条无差异曲线，每一条无差异曲线代表的效用水平不相等，位置较高的无差异曲线代表的效用水平大于较低的无差异曲线，即 $I_1 < I_2 < I_3$。

第三，无差异曲线不能相交。由于每一条无差异曲线代表不同的效用水平，因此在同一平面图上的任何两条无差异曲线不能相交。因为在交点上两条无差异曲线代表了相同的效用，这和前提是相矛盾的。

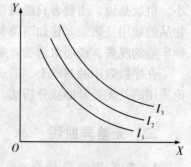

图3-4　无差异曲线群

第四，无差异曲线凸向原点。如图3-3所示，无差异曲线是一条凸向原点的曲线，即随着面包数量的连续增加，无差异曲线斜率的绝对值是递减的。无差异曲线的这一特点是由边际替代率递减规律所决定的。关于这一点，我们在下面详细介绍。

3. 边际替代率

（1）边际替代率的含义。假设某一消费者沿着一条无差异曲线上下移动，两种物品的数量组合会发生变动，但消费者得到的效用水平是不变的。也就是说，消费者若要保持效用水平不变，在增加一种物品消费量的同时，必然会减少另一种物品的消费量，由此可得到边际替代率的概念。**边际替代率**是指在保持相同的效用水平前提下，消费者增加一单位某种物品的消费所必须放弃的另一种物品的数量。以 ΔX 表示 X 物品的增加量，ΔY 表示 Y 物品的减少量，MRS_{XY} 表示 X 对 Y 的边际替代率，则边际替代率的公式为：

$$MRS_{XY} = -\frac{\Delta Y}{\Delta X}$$

由于 ΔX 和 ΔY 的变动方向是相反的，边际替代率是负值，但人们一般取其绝对值。

（2）边际替代率递减规律。根据表 3-5 的数据可计算出 MRS_{XY} 的值，见表 3-6 所示。

表 3-6　X 物品与 Y 物品的边际替代率

变动情况	X 的增加量	Y 的减少量	MRS_{XY}
从 A 到 B	5	12	2.40
从 B 到 C	5	5	1.0
从 C 到 D	5	3	0.6
从 D 到 E	5	2	0.4
从 E 到 F	5	1	0.2

从表 3-6 可以看出，消费者每增加 5 单位 X 物品的消费所必须放弃的 Y 物品越来越少。也就是说，对于等量变动的 X 物品来说，Y 物品的变动量是递减的。这就是边际替代率递减规律。

边际替代率递减规律是指在保持效用不变的前提下，连续增加某一种物品时人们所必须放弃的另一种物品的数量是递减的。

边际替代率之所以呈递减趋势，与边际效用递减规律有关。我们知道，无差异曲线是一条等效用曲线，曲线上各点的效用水平是相等的，因此，X 物品增加所增加的效用必须等于 Y 物品减少所减少的效用，用公式可表示为：

$$\Delta X \cdot MU_X = -\Delta Y \cdot MU_Y$$

或

$$-\frac{\Delta Y}{\Delta X} = \frac{MU_X}{MU_Y}$$

则边际替代率可以写成：

$$MRS_{XY} = \frac{MU_X}{MU_Y}$$

这样，我们可以用边际效用递减规律解释边际替代率递减的原因。前面说明，边际效用递减规律是指当某种物品的消费量持续增加时，其效用的增加量越来越小。在这一规律的作用下，随着 X 物品的增加，它的边际效用在递减；随着 Y 物品的减少，它的边际效用在递增，所以，MU_X/ MU_Y 的比值不断减小，表明消费者每增加一定量的 X 物品所愿意减少的 Y 物品的数量越来越少，边际替代率也就必然是递减的。

（3）边际替代率与无差异曲线的形状。现在我们用边际替代率的概念解释无差异曲线为什么凸向原点。边际替代率就是无差异曲线上任一点的斜率。如表 3－6 中从 A 到 B 的边际替代率就是图 3－3 中无差异曲线上从 A 到 B 之间的斜率。边际替代率递减表示无差异曲线的斜率是递减的。这样，无差异曲线的左上段斜率较大，从而比较陡峭，而其右下段斜率较小，从而比较平坦。这样两部分曲线结合在一起，无差异曲线的形状自然表现为凸向原点。

三、预算线

无差异曲线表示消费者对两种物品不同组合的偏好，但消费者购买多少物品要受到他的收入水平和商品价格水平的约束。消费者总是在商品价格和收入既定的条件下做出自己的购买决策。我们引入预算线解释这一问题。

1. 预算线的含义

预算线是指一条表示在收入与商品价格既定的条件下，消费者所能购买到的两种商品数量组合的连线。预算线表明了消费者的消费行为要受到其收入和物品价格的限制。

假定消费者有一笔收入为 50 元，全部用来购买物品 X 和 Y。X 物品的价格为 5 元，Y 物品的价格为 10 元。那么，将全部收入用来购买 X 物品可以购买 10 单位；将全部收入用来购买 Y 物品可以购买 5 单位，可用图 3－5 表示预算线。

在图 3－5 中，横轴表示 X 物品的数量，纵轴表示 Y 物品的数量，连接 AB 两点的直线就是预算线。预算线以外的任一点，如 C 点，是消费者的全部收入不可能实现的物品购买的组合点。预算线以内的任一点，如 D 点是可以实现的，但不是两种物品的最大数量组合，即消费者的收入没有花光，因而对消费者的吸引力不大。唯有预算线 AB 上的任一点，才是消费者所能实现的两种物品的最

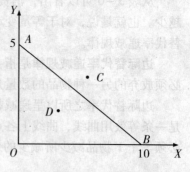

图 3－5　预算线

大数量组合。

如果用 Q_X 表示若把全部收入用于购买 X 物品所能买到的数量，用 Q_Y 表示若把全部收入用于购买 Y 物品所能买到的数量，用 P_X 和 P_Y 分别表示 X、Y 物品的价格，那么 $P_X \cdot Q_X = P_Y \cdot Q_Y$，即单独购买 X 物品或单独购买 Y 物品都花掉了消费者的全部收入。上式可写成 $\dfrac{Q_Y}{Q_X} = \dfrac{P_X}{P_Y}$。这意味着如果不考虑负号，预算线的斜率 $\left(\dfrac{Q_Y}{Q_X}\right)$ 等于 X 物品与 Y 物品的价格之比 $\left(\dfrac{P_X}{P_Y}\right)$。在图 3-5 中，预算线的斜率为 0.5，表示消费者可以用 1 个 X 物品换 0.5 个 Y 物品。

2. 预算线的变动

既然预算线表示消费者的购买行为要受到既定收入和价格的限制，那么，当消费者的收入或物品价格发生变动时，就会引起预算线的变动。

（1）当物品价格不变，消费者的收入发生变动时，预算线会平行移动。这是因为，物品的价格不变，预算线的斜率（P_X/P_Y）不变，收入的变动只能引起预算线向左或向右的平行移动。如图 3-6（a）所示，若消费者收入减少，预算线从 A_0B_0 向左平移到 A_1B_1，表示消费者可购买的两种物品同比例减少了；若消费者收入增加，预算线从 A_0B_0 向右平移到 A_2B_2，表示消费者可购买的两种物品同比例增加。

（2）当消费者收入不变。物品价格发生变动，预算线的斜率会发生变动。如图 3-6（b）、（c）所示。

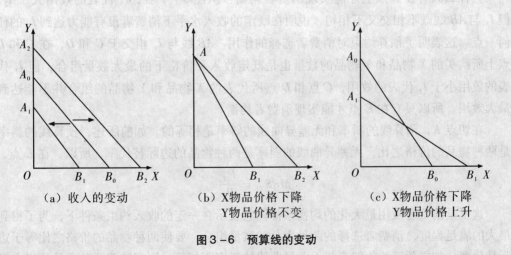

（a）收入的变动　　　　（b）X物品价格下降　　　　（c）X物品价格下降
　　　　　　　　　　　　　　Y物品价格不变　　　　　　　Y物品价格上升

图 3-6　预算线的变动

图 3-6（b）表示，X 物品价格下降，Y 物品价格不变，这时，消费者对 X 物品的购

买量增加了，Y 物品的购买量不变，预算线围绕 A 点向外旋转，预算线的斜率发生变动。

图 3-6（c）表示，X 物品价格下降，而 Y 物品的价格提高，消费者对 X 物品的购买量增加，对 Y 物品的购买量减少，预算线的斜率发生变动。

四、消费者均衡

无差异曲线表示消费者的主观偏好，预算线表示消费者购买行为的客观约束。这就是说，消费者只能在收入和价格的约束下做出购买选择，以获得最大的满足程度。序数效用论借助于无差异曲线和预算线这两个分析工具说明了消费者均衡。

如果把无差异曲线与预算线合在一个图上，那么，预算线必定与无数条无差异曲线中的一条相切于一点。在无差异曲线与预算线的切点上就实现了消费者均衡。如图 3-7 所示。

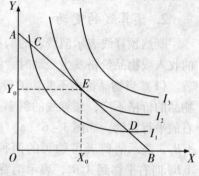

图 3-7　消费者均衡

在图 3-7 中，I_1、I_2 和 I_3 为三条无差异曲线，AB 线为预算线。AB 线与 I_2 相切于 E 点，E 点所代表的 X_0 和 Y_0 的组合就实现了消费者均衡。也就是说，在收入和价格既定时，消费者购买 X_0 和 Y_0 的组合能够获得最大效用，从而不再改变两种物品的购买数量，所以称为消费者均衡。

为什么只有在 E 点上才能实现消费者均衡？从图 3-7 看，I_3 代表的效用大于 I_2，但 I_3 与 AB 线既不相交又不相切，说明在既定的收入水平下消费者没有能力达到 I_3 的任何一点。这表明了预算约束对消费者选择的作用。AB 线与 I_1 相交于 C 和 D，在 C 和 D 点上所购买的 X 物品和 Y 物品的数量也是既定收入和价格下的最大数量组合，但 I_1 代表的效用小于 I_2 代表的效用，C 点和 D 点所代表的 X 物品和 Y 物品的组合并不能达到最大效用。所以只有在 E 点才能实现消费者均衡。

在切点 E，预算线的斜率和无差异曲线的斜率是相等的。如前所述，预算线的斜率是两种物品的价格之比，无差异曲线的斜率是两种物品的边际替代率，所以，在 E 点，

$$MRS_{XY} = \frac{P_X}{P_Y}$$

这就是消费者效用最大化的均衡条件。它表示在一定的收入约束条件下，为了得到最大的满足程度，消费者选择的两种物品的数量组合，要使两种物品的价格之比等于边际替代率。如果预算线的斜率与无差异曲线的斜率不相等，则意味着两种商品的组合没有使消费者的总效用达到最大，因而消费者会调整两种物品的购买量，直到 $MRS_{XY} =$

$\dfrac{P_X}{P_Y}$为止。

无差异曲线分析中得出的消费者均衡条件与边际效用分析中得出的消费者均衡条件是完全相同的。首先，E 点在无差异曲线上，它的边际替代率为 $\Delta Y/\Delta X$，用 ΔX 替代 ΔY，消费者的满足程度没有变。也就是说，增加 ΔX 所增加的 X 物品的边际效用 $\Delta X \cdot MU_X$ 肯定等于减少 ΔY 所放弃的 Y 物品的边际效用 $\Delta Y \cdot MU_Y$，即在不考虑负号的情况下，$\Delta X \cdot MU_X = \Delta Y \cdot MU_Y$。这个等式可以写成 $\dfrac{\Delta Y}{\Delta X} = \dfrac{MU_X}{MU_Y}$。其次，$E$ 点又在预算线上，其斜率也等于 $\Delta Y/\Delta X$，同时又等于两种物品的价格之比。预算线的斜率与无差异曲线的斜率相等，意味着 $\dfrac{MU_X}{MU_Y} = \dfrac{P_X}{P_Y}$，或者 $\dfrac{MU_X}{P_X} = \dfrac{MU_Y}{P_Y}$。可见，序数效用论的均衡分析与基数效用论分析的结论是一致的。

第三节 消费者选择

我们已经说明了消费者如何作出消费决策。现在我们讨论，如果消费者的收入或商品的价格发生变化了，消费者最优选择点将会发生什么变化，以及商品的需求量如何随着收入或价格的变动而变动。

一、价格变动与消费者选择

1. 价格变动的影响

先来看消费者收入不变，只有商品价格发生变动的情况。如前所述，某种商品价格的变动表现为预算线顺时针或逆时针转动，预算线的斜率发生改变。

如图 3-8 所示，当电脑的价格不断下降时，预算线围绕纵轴上的交点逆时针转动，变得越来越平坦，它们与具有不同效用水平的无差异曲线相切，形成了新的消费者最优选择点，可以看出，随着电脑价格的不断下降，消费者对电脑的需求量不断增

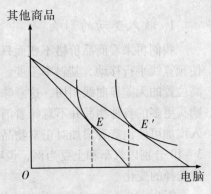

图 3-8 价格变动的情况

加。这符合我们第二章解释的需求定理。

2. 价格变动与需求曲线

在图 3—9（a）中，X 物品的价格不断发生变动而 Y 物品的价格不变，得到三条预算线。这些预算线在纵坐标轴上有相同的截距，但是斜率不同，表示随着 X 物品的价格下降，消费者可以购买更多的 X 物品，而对 Y 物品的购买量不变。这三条不同斜率的预算线与三条表示不同效用水平的无差异曲线相切，得到三个切点。可以设想，如果价格连续变化，我们将得到更多的切点。连接这些切点便得到一条价格—消费曲线（PCC）。

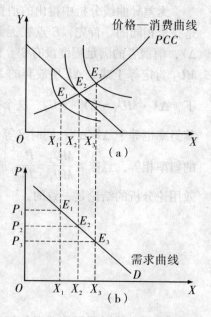

图 3—9　从 PCC 推导出需求曲线

前面我们已经用边际效用递减规律说明了需求量与价格的反方向变动关系。同样，根据价格—消费曲线，我们可以推导需求曲线。如图 3—9（b）所示，随着 X 物品价格的降低，预算线的斜率越来越小，对 X 物品的购买量不断增加，因此，可以在价格—数量坐标系中建立 X 物品的价格与需求量的对应关系。例如，当 X 物品的价格为 P_1 时，对 X 的需求量为 X_1，当 X 物品的价格为 P_2 时，对 X 的需求量为 X_2，当 X 物品的价格为 P_3 时，对 X 物品的需求量为 X_3，连接 (P_1, X_1)，(P_2, X_2)，(P_3, X_3) 这些点，便得到一条需求曲线。

二、收入变动与消费者选择

1. 收入变动的影响

我们再来看商品价格不变而只有收入变动的情况。第二节的分析说明，收入变动会使预算线平行移动，其斜率不变。如果收入增加了，预算线平行的向外移动，它会和更高位置的无差异曲线相切，这意味着消费者有能力购买更多的各种物品。但是，有能力购买更多的各种物品并不意味着消费者一定会更多的购买。第二章的分析告诉我们。收入增加可使消费者增加对正常物品的购买，但却会使消费者减少对低档物品的购买。图 3—10 分别以汽车和土豆为例，说明了当收入变动时，消费者对正常物品和低档物品最优选择的变化。

图 3—10（a）显示，当收入增加时，消费者对汽车购买量的变化。在原来的收入

水平时，消费者的最优选择在 E 点。如果收入增加了，预算线平行向外移动，消费者新的最优选择在 E' 点，E' 点位于原来最优选择点的右侧，表明随着收入的增加，消费者对汽车和其他商品的需求量都增加了，所以汽车和其他商品属于正常物品。

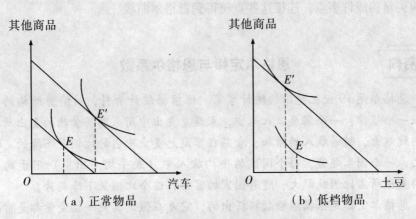

图3-10 收入变动时消费者对正常物品和低档物品的选择

图3-10（b）显示，当收入增加时，消费者对土豆购买量的变化。在原来的收入水平时，消费者的最优选择在 E 点。当收入增加时，预算线平行向外移动，且移动的幅度与图3-10（a）相同，消费者新的最优选择在 E' 点，E' 点位于原来最优选择点的左侧，表明随着收入的增加，消费者对其他商品的需求量增加了，但对土豆的购买量减少了，因而土豆是低档物品。

2. 收入变动与恩格尔曲线

图3-11（a）表明，在商品价格不变而消费者的收入不断增加的情况下，可以得到许多条互相平行的预算线。这些预算线分别与不同的无差异曲线相切，得到若干个切点，连接这些切点就得到一条收入—消费曲线（ICC）。

利用收入—消费曲线可以导出恩格尔曲线（Engel Curve），恩格尔曲线是描述消费者的收入水平与某种商品最优购买量之间关系的曲线。如图

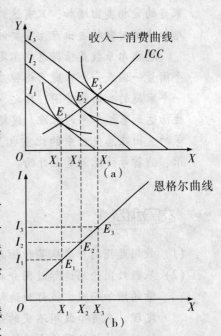

图3-11 从 ICC 推导恩格尔曲线

3-11 (b) 所示，将收入—消费曲线转换为恩格尔曲线的方法是，对应每一收入水平，找出该收入水平下某种商品的购买量，从而在收入—购买量坐标系上确定一个点。比如在收入为 I_1 时，X 物品的购买量为 X_1，于是确定 (X_1, I_1) 这个点。不同收入水平下的不同购买量构成许多点，连接这些点便得到恩格尔曲线。

参考资料

恩格尔定律与恩格尔系数

恩格尔是 19 世纪德国的统计学家。他根据统计资料，对消费结构的变化得出一个规律：一个家庭收入越少，家庭总支出中用来购买食物的支出所占的比例就越大，随着收入的增加，食品在家庭总支出中占的比例是下降的。推而广之，一个国家越穷，每个国民的平均收入中（或平均支出中）用于购买食物的支出所占比例就越大，随着国家的富裕，这个比例呈下降趋势。

恩格尔定律是根据经验数据提出的，它是在假定其他一切变量都是常数的前提下才适用的，因此，在考虑食物支出在收入中所占比例的变动问题时，还应当考虑城市化程度、食品加工、饮食业和食物本身结构变化等因素都会影响家庭的食物支出增加，只有达到相当高的平均食物消费水平时，收入的进一步增加才不对食物支出产生重要的影响。

恩格尔系数是根据恩格尔定律得出的食品支出在总支出中的比重，它是一个衡量一国或一个家庭富裕程度的指标。一般来说，恩格尔系数越高，一国或一个家庭的生活越贫困；反之，则越富裕。一般把恩格尔系数在 0.5 之下作为生活达到富裕水平的标准。恩格尔还发现，除食物支出外，衣着、日用必需品等的支出在总支出中的比重也呈现出相近的变化规律，而奢侈品、教育、娱乐、储蓄等的比例是上升的。

本章小结

（1）效用是指消费者从某种物品或劳务的消费中得到的满足程度。

（2）基数效用论用边际效用分析法研究消费者行为。一种物品的边际效用随其数量的增加而减少被称为边际效用递减规律。可用边际效用递减规律解释需求定理。在货币效用不变的条件下，消费者愿对某种物品付出的价格，取决于他对该物品效用的主观评价，随着所购买物品数量增加，该物品的边际效用递减，消费者愿付出的价格也就降低。因此，物品的需求量与价格成反方向变动。

(3) 基数效用下的消费者效用最大化的条件是消费者所购买的两种物品的边际效用与价格之比相等。也就是说，当消费者每元货币支出购买不同商品所得到的边际效用相等时，那么他从一定量物品的购买中得到的效用最大，可表示为 $MU_1/P_1 = MU_2/P_2$。

(4) 消费者剩余等于消费者愿意付出的价格和实际付出的价格的差额。它衡量消费者从购买和消费某种物品中所得到的经济福利的大小。在图形上，它是需求曲线以下和价格以上的面积。

(5) 序数效用论认为，消费者的最优选择取决于其偏好和预算约束。消费者的偏好可用无差异曲线表示。无差异曲线表示能给消费者带来相同满足程度的各种物品组合。其特点是：位置越高的无差异曲线代表的效用水平越大；两条无差异曲线不能相交；无差异曲线具有负斜率且凸向原点。无差异曲线任一点的斜率为边际替代率，它反映了消费者愿意用一种商品交换另一种商品的比率。

(6) 预算线表示消费者的预算约束，它是指在收入和价格既定时消费者可以购买到的两种商品组合。预算线的斜率为两种商品的相对价格。

(7) 序数效用下的消费者效用最大化的实现在无差异曲线与预算线的切点。在这一点上，无差异曲线的斜率（商品的边际替代率）等于预算线的斜率（商品的相对价格）。或者说，消费者每元货币支出购买不同商品得到的边际效用相等。

(8) 价格—消费线是指在收入不变时，由一种商品价格变动所引起的消费者最优选择点的轨迹。通过价格—消费线可以推导需求曲线。

关键概念

效用　总效用　边际效用　边际效用递减规律　消费者剩余　消费者均衡　无差异曲线　边际替代率　预算线　恩格尔曲线

练习与思考

一、判断正误

(1) 只要物品的数量在增加，消费者得到的总效用就一定增加。（　　）

(2) 边际效用递减规律是指随着物品消费量的增加，总效用递减。（　　）

(3) 当消费者把自己的收入用于各种物品消费使总效用最大时，就实现了消费者

均衡。（　　　）

（4）较高位置的无差异曲线代表较高的满足程度。（　　　）

（5）在同一条无差异曲线不同点的商品组合，消费者所得到的总效用是不一样的。
（　　　）

（6）边际替代率递减意味着消费者为保持效用水平不变，在不断增加一种物品消
费时，需要放弃越来越多的另一种物品的消费。（　　　）

二、单项选择

（1）总效用达到最大时（　　　）。

    A. 边际效用为最大　　　　　　　　B. 边际效用为零

    C. 边际效用为正　　　　　　　　　D. 边际效用为负

（2）某人消费苹果与香蕉并且处于消费者均衡。最后一个苹果的边际效用为 10，最
后一根香蕉的边际效用为 5。如果苹果的价格为 0.50，那么，香蕉的价格应该是
（　　　）。

    A. 0.10 元　　　　B. 0.25 元　　　　C. 0.50 元　　　　D. 1.00 元

（3）预算线取决于（　　　）。

    A. 收入　　　　B. 价格　　　　C. 收入与价格　　　D. 偏好

（4）第四个馒头带来的满足比第三个馒头小这一事实是下列哪一个概念的例子
（　　　）。

    A. 消费者剩余　　B. 总效用递减　　C. 边际效用递减　　D. 价值之谜

（5）下列哪一种表述是不正确的（　　　）。

    A. 无差异曲线的右下方倾斜

    B. 无差异曲线不能相交

    C. 无差异曲线凹的原点

    D. 无差异曲线的斜率由边际替代率决定

（6）一般来说，当消费者沿着同一条无差异曲线增加，X 物品（用横线代表）的
消费量（　　　）。

    A. 每增加 1 单位 X 物品就要放弃更多的 Y 物品

    B. 每增加 1 单位 X 物品就要放弃更少的 Y 物品

    C. 边际替代率递减

    D. B 与 C 都对

（7）已知消费者的收入是 100 元，商品 X 的价格是 10 元，商品 Y 的价格是 3 元。
假定他打算购买 7 单位 X 和 10 单位 Y，这时商品 X 和 Y 的边际效用分别是 50
和 18。如要获得最大效用，他应该（　　　）。

A. 停止购买
B. 增购 X，减少 Y 的购买量
C. 减少 X 的购买量，增购 Y
D. 同时增购 X 和 Y

三、问答题

(1) 某消费者把收入用于 X 和 Y 两种物品的购买，Px = 2 元，Py = 1 元。用于最后一单位 X 物品的收入的边际效用为 20，用于最后一单位 Y 物品收入的边际效用为 16。

  A. 为什么消费者没有实现均衡？

  B. 应增加哪一种物品，减少哪一种物品？为什么？

(2) 已知一件衬衫的价格为 80 元，一份麦当劳快餐的价格为 20 元，在某消费者消费的均衡点上，一份麦当劳快餐对衬衫的边际替代率是多少？

(3) 钻石用处极小而价格昂贵，生命必不可少的水却非常便宜。请用边际效用的概念给以解释。

(4) S 小姐消费奶油与巧克力。奶油的价格为 3 元，巧克力的价格为 6 元，她的收入为 3000 元。

  A. 画出 S 小姐的预算线，这条预算线的斜率是多少？

  B. 作一条无差异曲线，在消费的均衡点上，奶油为 6 单位，巧克力为 4 单位，在这一点时边际替代率是多少？

  C. 说明预算线上的其他任何一点都不是最好的。

(5) 假设你每个月消费 3 公斤牛肉和 5 公斤猪肉，牛肉价格为 15 元/公斤，猪肉价格为 20 元/公斤。请用消费者行为理论分析你若达到消费者最优选择，牛肉的边际效用和猪肉的边际效用的比率是多少？

(6) 借助图形分析粮食的丰收会导致消费者剩余发生怎样的变化？

第四章

生产理论

本章将向你介绍的重点内容

◎ 理解生产函数的概念

◎ 经济学中的长期与短期

◎ 总产量、平均产量和边际产量的关系

◎ 边际报酬递减规律

◎ 一种生产要素合理投入的数量界限

◎ 等产量线有哪些重要性质

◎ 多种投入要素的最优组合是怎样确定的

◎ 企业规模扩大情况下生产函数的特征

◎ 规模报酬递增的原因

我们每天享用的物品与劳务都是企业生产的。服装厂生产衣服，农民生产粮食，建筑公司建造住房，汽车公司生产汽车，理发店提供理发服务。一个经济是由成千上万家企业组成的，这些企业不仅规模大小不一，而且生产的产品也五花八门。

生产理论研究的是企业行为。企业是指能够作出统一决策的经济单位。企业可以采取个人、合伙和公司的法律组织形式。个人企业是由业主个人出资并由业主自己经营的企业。合伙企业指两个人以上合资经营的企业。公司企业指按公司法建立和经营的企业。在生产理论中，企业被假定为是具有完全理性的经济人，其生产目的是实现利润最大化。考察企业行为正是围绕企业如何实现利润最大化这一中心进行的。

研究企业如何实现利润最大化涉及两个问题：一是投入的生产要素与产量之间的关系，即在企业内部实行有限资源的配置效率；二是生产中使用的成本与收益之间的经济关系。

这两个问题分别在本章和下一章介绍。本章把企业的生产活动抽象为生产函数这种形式，在此基础上研究企业要实现利润最大化如何使自己的有限资源得到有效配置。

第一节 生产函数

一、生产函数的概念

企业的生产过程是将生产要素变为产品的过程。例如，面包店使用面粉、糖、烤箱、工人的劳动生产出面包。生产要素是指生产中使用的各种资源，按传统分类方法，生产要素被划分为劳动、资本、土地和企业家才能四种基本类型。

生产要素的组合与数量和它所能生产出来的产量之间存在着一定的依存关系。**生产函数**是指在技术水平不变的情况下，生产要素的投入量与所能生产的最大产量之间的依存关系，可以用下式表示为：

$$Q = f(L, K, N, E)$$

式中，Q 代表产量，L 代表劳动，K 代表资本，N 代表土地，E 代表企业家才能，f 表示投入与产出之间的函数关系。其经济含义是：在既定的技术条件下，生产 Q 数量的某产品取决于所投入的 L，K，N，E 等生产要素的组合与数量。

为了分析的简便。通常假定生产中只使用劳动与资本两种生产要素，这时，生产函数的公式为：

$$Q = f(L, K)$$

其经济含义是：在既定的技术条件下，劳动和资本的投入量与产出量之间具有对应关系。

理解生产函数的概念需要注意以下几个问题：

第一，生产函数中的产量，是指一定的投入要素组合所能生产出来的最大产量，也就是说，生产函数所反映的投入与产出关系是以企业的投入要素都得到充分利用为假定条件的。

第二，生产函数取决于技术水平。生产技术的改进，可能会改变投入要素的比例，导致新的投入产出关系，即新的生产函数。例如，我国农业科学家袁隆平发明了杂交水稻，使水稻每亩单产最高达到 800 公斤。

第三，生产一定量某种产品所需要的各种生产要素的配合比例被称为技术系数。它可以是固定的，但更多情况下是可以改变的。例如，在农业中可以多用土地少用劳动进行粗放式经营，也可以多用劳动少用土地进行集约式经营。在工业中也有劳动密集型技术与资本密集型技术之分。

二、长期与短期

在对生产函数进行深入分析之前，有必要先区分生产中的长期与短期。微观经济学所说的"短期"、"长期"不是指一个具体的时间跨度，而是指能否来得及调整全部生产要素的时期。**短期**是指企业不能根据它所要达到的产量来调整全部生产要素的时期。也就是说，在这一时期内，厂房、设备、技术和管理组织都是固定不变的，企业为了实现产量目标，只能调整劳动、原材料、燃料这类生产要素。短期内可随着产量水平的变动而变动的投入要素称为可变投入，短期内无论产量如何变动使用数量都不发生变动的投入要素称为不变投入。

长期是指所有的生产要素都可以随着产量的变动而改变的时期。也就是说，长期中，企业可以改变厂房、设备、技术和管理组织。比如，为了增加产量，汽车公司可以考虑是否安装新的生产线；餐馆可以决定是否更新厨房设备，或雇佣更多的劳动。总之，企业根据所要达到的产量，可以调整生产规模，也可以进入或退出一个行业的生产。由于在长期内所有的生产要素都是可变的，因而也就没有可变投入和不变投入的区分。

显然，短期和长期的划分是以企业能否变动全部生产要素的投入量为标准的。不同的行业，短期和长期的时间长度不同。例如，对一个食品厂来说，长期可能仅一年左右；而在大型钢铁厂，长期也许是七八年。

三、短期生产函数与长期生产函数

明确了短期与长期的概念后，我们进一步对生产函数进行类似的区分。

短期生产函数是指其他投入要素不变时，一种生产要素的投入和产量之间的关系。在只包含劳动和资本两种投入要素的生产函数中，资本是固定的，只有劳动可变，因此就有了一种投入要素可变的短期生产函数，其表达式为：$Q = f(L)$。它反映了既定资本投入量下，一种劳动要素投入量与所能生产的最大产量之间的相互关系。

长期生产函数是指所有生产要素的变动与产出量之间的关系。即考察企业如何把既定的成本用于多种生产要素的购买，以实现利润最大化。在生产理论中，通常用只包含劳动和资本两种投入要素的生产函数来表示所有投入要素都可以变动的长期情况。因此，长期生产函数的表达式为：$Q = f(L, K)$。它表示在技术水平不变的条件下，所有投入要素组合所能生产的最大产量。

第二节
短期生产函数：一种生产要素的合理投入

如上所述，短期生产函数研究在资本投入不变的情况下，劳动投入与产出之间的关系。假如你经营一家印刷厂，所拥有的印刷机是固定的，但印刷工人的数量是可以变动的。你必须对生产多少印刷品、雇佣多少工人进行决策。本节的分析对于你的正确决策是必要的。

一、总产量、平均产量和边际产量

根据短期生产函数 $Q = f(L)$，可以得到总产量、平均产量和边际产量的概念。

总产量（TP_L）是指投入一定量的劳动要素所能生产出来的全部产量。总产量的表达式为 $TP_L = f(L)$。

平均产量（AP_L）是指平均每单位劳动要素所生产出来的产量。平均产量表示为 $AP_L = \dfrac{TP_L}{L}$。

边际产量（MP_L）是指每增加一单位劳动要素投入量所引起的总产量的增加量。边际产量的表达式为 $MP_L = \dfrac{\Delta TP_L}{\Delta L}$。

根据总产量、平均产量和边际产量的概念，可列出表 4 – 1。

表4-1 总产量、平均产量和边际产量

劳动投入量（L）	总产量（TP_L）	平均产量（AP_L）	边际产量（MP_L）
0	0	0	0
1	8	8	8
2	20	10	12
3	36	12	16
4	48	12	12
5	55	11	7
6	60	10	5
7	60	8.6	0
8	56	7	-4

根据表4-1作出图4-1。图中的横轴代表劳动投入量，纵轴代表产量。TP_L 为总产量曲线，AP_L 为平均产量曲线，MP_L 为边际产量曲线。根据图4-1可以看出三条曲线具有以下关系：

第一，随着劳动量的增加，最初总产量、平均产量和边际产量都是递增的，但各自加到一定程度以后就分别递减。所以总产量曲线、平均产量曲线和边际产量曲线都呈先上升而后下降的变动趋势。

第二，边际产量曲线和平均产量曲线相交于平均产量曲线的最高点。在相交前，边际产量大于平均产量，平均产量是递增的；在相交后，边际产量

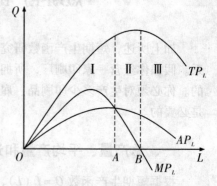

图4-1 TP_L、AP_L 和 MP_L 的关系

小于平均产量，平均产量是递减的；在相交时，边际产量等于平均产量，平均产量达到最大。

对边际产量和平均产量的关系可以这样理解，就任何两个相应的边际量和平均量而言，只要边际量小于平均量，边际量就把平均量往下拉；只要边际量大于平均量，边际量就把平均量往上抬。考虑一个例子。平均产量就像你的平均成绩，边际产量就像你下一门课将得到的成绩，如果你下一门课的成绩低于你的平均成绩，你的平均成绩就会下降；反之，如果你下一门课的成绩高于你的平均成绩，你的平均成绩就会上升。

第三，当边际产量为正值时，总产量是增加的；当边际产量为零时，总产量达到最大；但边际产量为负值时，总产量绝对减少。

二、边际报酬递减规律

在图 4-1 中，我们可以看出边际产量表现出先上升而后下降的变动趋势，这一变动趋势被称为边际报酬递减规律。

边际报酬递减规律是指在技术水平不变的条件下，当把一种可变生产要素投入到一种或几种不变生产要素中时，最初边际产量是递增的，但当该生产要素的增加超过一定限度时，边际产量会递减，甚至还会绝对减少。

理解边际报酬递减规律需要注意以下几点：

第一，技术水平不变。即在给定的技术条件下，连续增加某一投入要素会发生边际报酬递减，因而边际报酬递减是短期内发生的现象。长期中，技术进步会改变生产函数，导致新的投入产出关系，使得同样的劳动投入有可能带来更多的产出。例如，近现代农业科技进步大大提高了农业劳动的边际产量，因而从长期看，农业劳动投入会带来不断增加的边际产量。

参考资料　　　　**马尔萨斯与边际报酬递减规律**

经济学家马尔萨斯（1766—1834）人口论的一个主要依据便是边际报酬递减规律。他认为，在土地供给数量不变的条件下，随着人口的增长，越来越多的劳动耕种土地，每个新增加的劳动耕作的土地数量不断减少，虽然粮食总产出会不断增加，但是新增农民的边际产量会下降，因而社会范围内人均产量也会下降。由于世界人口的增加比例会大于粮食供给增加比例，因此，除非人们少要孩子，控制人口的增加，否则，地球上将会发生大饥荒。

马尔萨斯生活在西方国家工业化的初期，当时尚没有出现可以替代耕地的农业技术，还不能大幅度提高单位耕地面积的产量，也不能克服人多地少的经济中粮食生产中边际报酬递减的问题。因此，在没有出现农业技术进步和人口增加、人均占有土地面积下降的条件下，马尔萨斯的理论对经济运行的矛盾具有一定的解释力。

然而，马尔萨斯的结论作为一个无条件的预言是错误的。近现代世界经济史告诉我们，过去 200 多年间，农业科学技术发展突飞猛进，改变了许多国家（包括发展中国家）的食物的生产方式，与马尔萨斯生活时代的情况相比发生了根本性的变化，这些进步包括高产抗病的良种、更高效的化肥、更先进的收割机械、电力和生物技术等，这些现代技术和要素投入极大地提高了农业劳动生产率。使世界上总的食物生产的增长率总是或多或少的高于同期的人口增长率。

当然，农业用地也在增加，例如，从 1961—1975 年，非洲农业用地所占的百分比从 32% 上升至 33.3%，拉丁美洲则从 19.6% 上升至 22.4%，在远东地区，该比值则从 21.9% 上升至 22.6%。但同时，北美的农业用地则从 26.1% 降至 25.5%，西欧由 46.3% 降至 43.7%。显然，粮食产量的增加更大程度上是由于农业技术的进步，而不是农业用地的增加。

人类的历史并没有按马尔萨斯的预言发展，这说明马尔萨斯理论忽略了技术进步的条件。如果说马尔萨斯当年的分析还有某种历史认识价值，那么各种现代马尔萨斯预言则是完全错误的。

——改编自卢锋：《经济学原理中国版》，北京大学出版社 2002 年版；平狄克、鲁宾费尔德：《微观经济学》，经济科学出版社 2002 年版。

第二，生产要素投入量的比例可变。也就是说，只有在保持其他生产要素不变而只增加一种生产要素的投入量时，边际报酬递减才会发生。如果各种生产要素投入量同比例增加，边际报酬不一定递减。

第三，在其他生产要素不变时，连续增加一种可变要素的投入量，边际产量的变动经历递增、递减和变为负值三个阶段。递增是因为固定生产要素在可变生产要素很少时不能得到充分利用，这时增加可变生产要素会使固定生产要素的潜力得以发挥出来，从而边际产量递增。当固定生产要素接近充分利用时，继续增加可变生产要素会出现边际产量递减。一旦固定生产要素的潜在效率充分发挥出来，再增加可变生产要素会降低生产效率，从而使边际产量成为负值。需要注意的是，边际产量递增与边际报酬递减规律并不矛盾。因为边际报酬递减规律的意义是：连续增加一种可变要素的投入量，迟早会出现边际报酬递减的趋势，而不是一开始就递减。

边际报酬递减规律存在的原因是：在任何产品的生产过程中，可变要素投入量和不变要素投入量之间存在一个最佳组合比例。在没有达到最佳组合比例之前，可变要素的投入量相对于不变要素来说还太少，因此增加可变要素投入可以使生产要素的组合逐渐接近最佳组合比例。在这一过程中，边际产量是递增的。但是，从达到最佳组合比例开始，继续增加可变要素，可变要素的投入量相对于不变要素来说就太多，生产要素的组合比例逐渐偏离最佳组合比例，边际产量便呈现递减趋势。

案例分析　　　　　　　　　　　　　**三季稻不如两季稻**

1958 年"大跃进"的时髦口号是"人有多大胆，地有多高产。"于是，一些地方把传统的两季稻改为三季稻。结果总产量反而减少了。从经济学的角度看，这是因为违背了边际报酬递减规律。

两季稻是我国农民长期生产经验的总结，它行之有效，说明在传统农业技术下，土地、设备、水利资源、肥料等生产要素得到了充分利用。在农业耕作技术没有发生重大改变的条件下，两季稻改为三季稻并没有改变上述生产要素，只是增加了劳动、种子的投入量，这导致土地因过度利用而引起肥力下降，设备、水利资源、肥料等由两次使用改为三次使用，每次使用的数量不足。这样，三季稻的总产量反而低于两季稻。后来，四川省把三季稻改为两季稻之后，全省的粮食产量反而增加了。江苏省邗江县 1980 年的试验结果表明，两季稻每亩总产量达 2014 斤，而三季稻只有 1510 斤。更不用说两季稻还节省了生产成本。群众总结的经验是"三三见九，不如二五一十。"这就是对边际报酬递减规律的形象说明。

——改编自梁小民：《微观经济学纵横谈》，生活·读书·新知三联书店 2000 年版。

三、生产的三个阶段

根据总产量、平均产量和边际产量的关系，可把生产划分为三个阶段，如图 4-1 所示。

第一阶段（图 4-1 中 I 区域），劳动的总产量、平均产量是增加的，说明在这一阶段，相对于不变的资本来说，劳动量缺乏，所以劳动量的增加可以使资本得到充分利用，从而使总产量和平均产量增加。因此任何理性的生产者都不会在这一阶段停止生产，而是连续增加劳动要素的投入量，并将生产扩大到第二阶段。

第二阶段（图 4-1 中 II 区域），劳动的平均产量开始下降，但边际产量仍然大于零，因此总产量仍一直在增加。在这一阶段的起点，平均产量最大；终点处，边际产量为零，总产量最大。

第三阶段（图 4-1 中 III 区域），这时劳动的边际产量为负值，总产量开始绝对减少。这表明相对于不变的资本量而言，劳动量投入过多，因此生产无论如何不能进行到这一阶段。

以上分析说明，任何理性的生产者既不会将生产停留在 I 区域，也不会在 III 区域进行生产，所以，生产只能在 II 区域进行。也就是说，劳动量投入的合理区域在 II 区域。但是，劳动量的投入究竟在 II 区域的哪一个点上，才能使企业的利润最大呢？这要看生产要素的价格。如果相对于资本的价格而言，劳动的价格较高，则劳动的投入量应靠近 I 区域；若相对于资本的价格而言，劳动的价格较低，则劳动的投入量应靠近 III 区域。

第三节
长期生产函数（一）：多种生产要素的最优组合

在长期中，所有的生产要素投入量都是可变的，而且多种投入要素之间往往是可以互相替代的。例如，盖一定面积的厂房，需要土地、建筑材料与人工。可以盖平房，即用较多的土地和较少的建筑材料与人工相结合；也可以盖高楼，即以较少的土地和较多的建筑材料与人工相结合。可见，为了盖一定面积的厂房，在土地和建筑材料与人工之间是可以互相替代的。既然投入要素之间可以互相替代，这里就有一个最优组合问题。在成本一定的条件下，投入要素之间怎样组合，才能使产量最大；或在产量一定的条件下，怎样组合，才能使成本最低。这类问题就是多种投入要素最优组合问题。人们常常通过它选择最优技术。

如前所述，我们以两种生产要素的生产函数，来讨论多种要素投入组合与产出之间的关系。为了寻找投入要素的最优组合，需要利用等产量曲线和等成本曲线。

一、等产量曲线

1. 等产量曲线的含义

生产理论中的等产量曲线和效用理论中的无差异曲线非常相似。**等产量曲线**是指生产同一产量的两种投入要素的所有不同组合的连线。表4-2是某种产品产量为100时，劳动与资本的四种不同组合方式。

表4-2　生产同一产量的两种生产要素组合

组合方式	劳动（L）	资本（K）	产量（Q）
A	1	6	100
B	2	3	100
C	3	2	100
D	6	1	100

根据上表的数据，可作出图4-2。图中横轴代表劳动，纵轴代表资本，Q 为等产量曲线。等产量曲线表明，劳动和资本两种生产要素是可以互相替代的。例如，多用资本少用劳动，或多用劳动少用资本，都可以得到相同的产量。

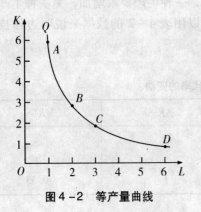

图4-2 等产量曲线

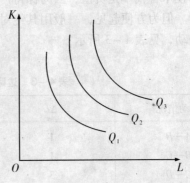

图4-3 同一平面图上的等产量曲线

2. 等产量曲线的特征

与无差异曲线相似，等产量曲线具有如下特征：

第一，等产量曲线向右下方倾斜，其斜率为负值。这是因为，保持产量不变，增加一种要素的投入量时，必须减少另一种要素的投入量。

第二，在同一平面图上，可以有无数条等产量曲线，位置较高的等产量曲线代表较高的产量水平。如图4-3所示。

第三，同一平面图上的任意两条等产量线不能相交。因为在交点上两条等产量线代表了相同的产量水平，与第二个特征相矛盾。

第四，等产量曲线是一条凸向原点的线。这是由边际技术替代率递减规律所决定的。

3. 边际技术替代率

我们已经知道，等产量曲线表示两种生产要素的不同数量组合可以生产一个相同的产量水平。换句话说，生产者可以通过对两种要素之间的相互替代，来维持一个既定的产量水平。例如，为了生产100单位某种产品，生产者可以使用较多的劳动和较少的资本，也可以使用较少的劳动和较多的资本。前者可以看成是劳动对资本的替代，后者可以看成是资本对劳动的替代。由生产要素之间的这种相互替代关系，可以得出边际技术替代率的概念。**边际技术替代率**是指在保持相同的产量水平时，增加一个单位某种生产要素的数量时，所必须放弃的另一种生产要素的数量。以 ΔL 代表劳动的增加量，以 ΔK 代表资本的减少量，用 $MRTS_{LK}$ 表示边际技术替代率，则劳动对资本的边际技术替代率的公式为：

$$MRTS_{LK} = -\frac{\Delta K}{\Delta L}$$

边际技术替代率是负值，因为保持产量不变，一种生产要素增加，另一种生产要素就要减少。但为方便起见，一般用其绝对值。可以用表4-2的数据来说明边际技术替代率的变动，见表4-3所示：

表4-3　边际技术替代率的变动

变动情况	ΔL	ΔK	$MRTS_{LK}$
A—B	1	3	3
B—C	1	1	1
C—D	3	1	0.33

从表4-3中可以看出，边际技术替代率是递减的。在保持产量水平不变的前提下，当一种生产要素的数量不断增加时，每一单位这种生产要素所能替代的另一种生产要素的数量是递减的，这就是边际技术替代率递减规律。边际技术替代率递减是边际报酬递减规律作用的结果。根据等产量线的性质，同一条等产量线上的产量不变，增加劳动所增加的产量与减少资本所减少的产量必须相等，即 $\Delta L \cdot MP_L = \Delta K \cdot MP_K$，由此可得 $\dfrac{\Delta K}{\Delta L} = \dfrac{MP_L}{MP_K}$，或者 $MRTS_{LK} = \dfrac{MP_L}{MP_K}$。由于边际报酬递减规律的作用，在同一条等产量线上，随着劳动投入量的增加，劳动的边际产量 MP_L 递减；随着资本投入量的减少，资本的边际产量 MP_K 递增，所以，MP_L/MP_K 的比值递减，这就是边际技术替代率递减规律。

边际技术替代率也就是等产量线的斜率。例如，表4-3中从 A 到 B 的边际技术替代率就是图4-2中等产量线上从 A 到 B 的斜率。边际技术替代率是递减的，因而等产量线的斜率递减，从而导致等产量线凸向原点。

二、等成本线

等产量线告诉我们，生产一定数量的某种产品可以采取多种要素组合方式。那么，企业在生产过程中应该选择哪一种要素组合，才能获得最大利润呢？这要考虑生产这些产量的成本。成本取决于要素的价格水平。因此，要说明要素的最优组合，需要引入等成本线的概念。

等成本线是一条表示在成本和要素价格既定的条件下，企业所能购买到的两种要素不同数量组合的连线。等成本线表明企业购买投入要素时的预算约束。

假定，每单位劳动的价格为500元，每单位资本的价格为250元，成本为1000元，于是可以作出图4-4。在图4-4中，如果全部成本购买劳动可购买2单位（A点），如果全部成本购买资本可购买4单位（B点），连接A和B点即得到等成本线。该线上的任何一点都是既定的全部成本所能购买到的劳动和资本的最大数量的组合。该线以外的任何一点（如C）是无法实现的，因为所需要的货币超过了既定成本。该点以内的任何一点（如D点）可以实现，但它不是可以购买的劳动和资本的最大数量组合，既定成本用来购买该点的投入组合后还有剩余。

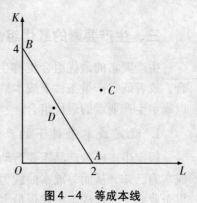

图4-4 等成本线

如果用Q_X和Q_Y分别表示若单独购买劳动或资本时得到的数量，用P_L和P_K分别表示劳动和资本的价格，那么，$P_L \cdot Q_L = P_K \cdot Q_K$，即$\frac{Q_K}{Q_L} = \frac{P_L}{P_K}$。这意味着如果不考虑负号，等成本线的斜率（$\frac{Q_K}{Q_L}$）等于劳动与资本的价格比率（$\frac{P_L}{P_K}$）。在上例中，单独购买劳动要素的成本（$= 500 \times 2$）等于单独购买资本要素的成本（$= 250 \times 4$），等成本线的斜率（$= 4/2$）等于劳动与资本的价格比率（$= 500/250$）。

在图4-5中，（a）表明，在劳动与资本的价格不变时，等成本线的斜率不变，企业总成本变动时，等成本线平行移动。（b）表明，若总成本不变，劳动与资本的相对价格变动，等成本线的斜率会改变。

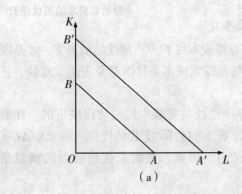
（a）

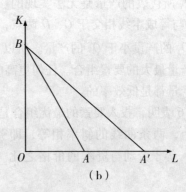
（b）

图4-5 等成本线的变动

三、生产要素的最优组合

生产要素的最优组合也称生产者均衡，是指在既定成本条件下产量最大的要素组合，或者既定产量条件下成本最小的要素组合。把等产量线和等成本线结合起来，就可以确定生产要素的最优组合。

1. 既定成本条件下的产量最大

假定生产一种产品需要劳动和资本两种生产要素。劳动和资本的价格以及企业的总成本为已知，从而等成本曲线为已知，等产量线为 Q_1、Q_2 和 Q_3。如图 4-6 所示。如果企业要在既定成本中获得最大的产量，那么，它应该如何选择劳动和资本的最优数量组合呢？

从图 4-6 中可以看出，唯一的等成本线与等产量线 Q_2 相切于 E 点，该点就是生产者均衡点。它表示：在既定成本条件下，企业应该按照 E 点的要素组合进行生产，即劳动投入量和资本投入量分别为 L_0 和 K_0，这样，企业就会得到最大的产量。

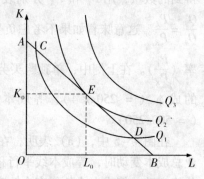

图 4-6　既定成本下产量最大时
劳动和资本的最优组合

为什么 E 点是生产要素的最优组合点呢？这就需要分析等成本线和三条等产量线 Q_1、Q_2 和 Q_3 之间的关系。先看等产量线 Q_3，它代表的产量大于 Q_2，但它位于唯一的等成本线之外，表明所需的总成本大于既定成本，Q_3 所代表的产量是无法实现的。再看等产量线 Q_1，Q_1 与等成本线相交于 C、D 两点，总成本并不增加，但 Q_1 的产量小于 Q_2 的产量。所以，只有等成本线和等产量线的切点 E，才是既定成本下产量最大的要素组合。任何更高的产量在既定成本条件下都是无法实现的，任何更低的产量都是低效率的。

图 4-6 表明，投入要素的最优组合是由等产量线与等成本线的切点决定的。在最优组合点上，两条曲线的斜率相等，即劳动与资本的边际技术替代率（$-\Delta K/\Delta L = MP_L/MP_K$）等于劳动与资本的价格之比（$P_L/P_K$），因此，要素最优组合点的满足条件为：

$$\frac{MP_L}{MP_K} = \frac{P_L}{P_K} \quad \text{或} \quad \frac{MP_L}{P_L} = \frac{MP_K}{P_K}$$

这就是说，投入要素的最优组合条件是两种要素的边际技术替代率等于它们的价格之比，或两种生产要素的边际产量与各自的价格之比相等。在要素价格既定时，如果两种要素的边际产量与价格之比不等，比如一单位货币成本购买劳动所带来的边际产量若大于其用于购买资本所带来的边际产量（$MP_L/P_L > MP_K/P_K$），就意味着两种要素的组合比例不是最优，此时企业应该增加劳动要素的投入量，相应地减少资本要素的投入量，直到两种要素的边际产量与价格之比相等为止。

2. 既定产量条件下的成本最小

假定等产量线为已知，等成本线为 K_1、K_2 和 K_3，如图4-7所示。现在为了生产一定产量所耗费的总成本最小，企业应该如何选择劳动和资本的最优数量组合呢？从图4-7中可以看出，众多的等成本线中只有 K_2L_2 与唯一的等产量线 Q 相切于 E 点，则 E 点所代表的劳动与资本的组合，能够实现既定产量下成本最小。这是因为，K_1L_1 所代表的成本水平太低，无法实现产量水平 Q，而 K_3L_3 代表的成本水平太高，不符合成本最小原则。在等成本线 K_2L_2 和等产量线的切点上，两条线的斜率相等，即边际技术替代率恰好等于生产要素的价格比率。即：

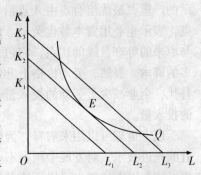

图4-7　既定产量下成本最小时
劳动和资本的最优组合

$$\frac{MP_L}{MP_K} = \frac{P_L}{P_K} \text{ 或 } \frac{MP_L}{P_L} = \frac{MP_K}{P_K}$$

由此可见，既定产量下成本最小的生产者均衡条件与既定成本下产量最大的生产者均衡条件是相同的。它们都要求企业在选择最优要素组合时，必须遵循两种要素的边际技术替代率等于它们的价格之比，或两种生产要素的边际产量与各自的价格之比相等的条件。在要素价格既定时，如果两种要素的边际产量与价格之比不等，比如一单位货币成本购买劳动所带来的边际产量大于其用于购买资本所带来的边际产量（$MP_L/P_L > MP_K/P_K$），就意味着两种要素的组合比例不是最优，此时企业应该增加劳动要素的投入量，相应地减少资本要素的投入量，直到两种要素的边际产量与价格之比相等为止。

四、生产要素最优组合条件的应用

生产要素最优组合原则意味着，当生产要素的价格比例发生变动时，企业会更多地使用比以前便宜的生产要素，少使用比以前贵的生产要素，以达到既定产量下成本最小的目的。

假设劳动与资本的价格为一定，等成本线 $L''K''$ 与等产量线 Q 相切于 A 点，这时成本最低的生产要素组合为 L_A 和 K_A，如图 4 – 8 所示。假定劳动价格上升了，就会使投入要素的价格比例发生变化，从而使等成本曲线斜率的绝对值变大。等成本线 $L''K''$ 就会移动到 $L'K'$ 的位置。它与等产量线相切于 B 点，也就是说，如果要继续生产等产量线 Q 所表示的产量，最优组合点由 A 点沿着等产量线移到了 B 点，表示企业用资本替代劳动。B 点是新的等成本线与原来的等产量线的切点，它包含了较少的劳动和较多的资本。显然，劳动价格上升引起了资本对劳动的替代，企业减少了劳动的投入量，相应地增加了资本的投入量。

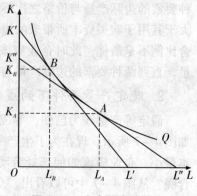

图 4 – 8 生产要素的替代

以上道理可以用来解释，为什么如果从纯经济学的角度考虑，对发达国家来说是适宜的先进技术，对发展中国家不一定适宜。因为发展中国家工资低，采用一般技术反而更经济。以上道理也可以用来解释为什么有些国家的农业主要采用广种薄收的耕作方式，而另一些国家则采取精耕细作的耕作方式。这是因为有的国家土地便宜而劳动力昂贵，而在另一些国家则是土地昂贵，劳动力相对便宜。

案例分析　　　　引进自动分拣机是好事还是坏事

前些年我国邮政业实行信件分拣自动化，引进自动分拣机代替工人分拣信件。从经济学的角度看，这是一件好事还是坏事呢？

假设邮局作为一个企业引入自动分拣机的目的是实现利润最大化，自动分拣机的使用能否达到这一目的，涉及两个重要概念：技术效率和经济效率。

技术效率是指投入和产出的物质技术关系，当投入既定时产出最大，或者产出既定时投入最小时就实现了技术效率。经济效率是指成本和收益之间的相互关系，当成本既定时收益最大，或者收益既定时成本最小时就实现了经济效率。

企业利润最大化，既要实现技术效率，又要实现经济效率。没有技术效率，就谈不上经济效率；但只有技术效率而没有经济效率，也谈不上利润最大化。因为经济效率涉及投入和产出的价格。假设某邮局引进一台自动分拣机，只需一人管理，每日可处理10 万封信件。如果用人工分拣，则处理 10 万封信件需要 50 个工人。对邮局来说，这两种情况都实现了技术效率，但是否实现了经济效率还要考虑价格。处理 10 万封信，无论用什么方法，收益是相同的，但成本不同。假设一台分拣机为 400 万元，使用寿命10 年，每年折旧为 40 万元，假定贷款利率为 10%，每年利息为 40 万元，再假设分拣机每年维修费、用电、人工费为 5 万元，这样，使用分拣机的成本为 85 万元；假设每个工人每年工资为 1.4 万元，50 个工人共 70 万元，其他支出为 5 万元，这样，使用人工分拣成本为 75 万元。显然，使用分拣机实现了技术效率，但没有实现经济效率，而使用人工分拣既实现了技术效率，又实现了经济效率。

这个例子告诉我们，如果两种生产方法都能达到同样的技术效率，那么，使用哪种方法实现经济效率则取决于生产要素的价格。在发达国家，资本设备便宜而劳动工资高，使用资本密集型生产方法是合适的。但在发展中国家，资本设备贵而劳动工资低，如果使用机器和人工能达到同样的产品和劳务质量，还是使用劳动密集型生产方法更为合适。因此，发展中国家不能盲目引进最先进的技术，而应该选择最适合自己国情的技术。盲目追求机械化、自动化，并不一定能带来更好的结果。

——改编自梁小民：《微观经济学纵横谈》，生活·读书·新知三联书店 2000 年版。

第四节
长期生产函数（二）：规模报酬

规模报酬分析研究的是企业的生产规模变动与它所引起的产量变动之间的关系。企业只有在长期内才能调整全部生产要素，进而变动生产规模。所以，规模报酬分析属于长期生产函数问题。在生产理论中，为了分析的简便，我们假定企业在生产中投入的全部生产要素按相同的比例发生变动。研究生产要素的同比例变动，就是要确定多大的生产规模是最适宜的。规模报酬理论的分析有助于解决这一问题。

一、规模报酬变动的三种情形

规模报酬是指在其他条件不变的情况下，企业内部各种生产要素按相同比例变动所引起的产量变动。在技术水平不变的条件下，所有生产要素都在相同方向变动时，其产量不一定是同方向变动的。我们根据投入变动与产出变动之间的关系将长期生产函数划分为规模报酬递增、规模报酬不变和规模报酬递减三种情形。

1. 规模报酬递增

如果产量增加的比例大于各种投入要素增加的比例，则存在规模报酬递增。例如，当全部生产要素投入量增加一倍，产量的增加超过一倍。

规模报酬递增的原因可从三个方面分析：

第一，生产要素的使用效率充分发挥。许多要素必须达到一定产量水平时才能更有效率。这表明原有生产规模中含有扩大生产的潜力。例如，假定一家小型商店需要3个人负责进货，而一家连锁商业集团旗下有100间分散的小型连锁店，由于连锁商业可以集中进货，通过配送中心统一配送，也许增加30人左右就够了，并不需要配备300人。

第二，生产专业化程度提高。当生产要素同时增加的时候，可以提高生产要素的专业化程度。例如，劳动者的分工更细了。这有助于提高工人的生产技术（把复杂的活动变为简单的活动，工人更易于掌握），从而提高劳动生产率。

第三，管理更加合理。生产规模扩大时，容易实行现代化管理。现代化管理，会造成一种新的生产力。合理的、先进的管理可以更进一步充分发挥各要素的组合功能，带来更大的效率和效益。

2. 规模报酬不变

如果产量增加的比例等于各种投入要素增加的比例，则存在规模报酬不变。例如，当全部生产要素投入量增加一倍，产量也增加一倍的情况。此时，企业的经营规模不影响它的生产率。通常，当规模扩大到生产要素的效率和生产专业化的好处得以充分发挥，劳动生产率得到充分提高的时候，规模报酬达到不变的阶段。

3. 规模报酬递减

如果产量增加的比例小于各种投入要素增加的比例，则存在规模报酬递减的情况。例如，当全部生产要素的投入量增加一倍，产量增加了不到一倍的情况。

规模报酬递减的主要原因是由于企业生产规模过大所产生的管理上的困难。比如庞大的管理机构和复杂的管理层级容易滋生官僚主义，企业不易获取决策信息，缺乏灵活性，难以适应千变万化的市场，等等。

二、适度规模

以上分析说明，企业的生产规模不能过小，也不能过大。即要实现适度规模。**适度规模**就是使生产要素投入量的增加，即生产规模的扩大正好使报酬递增达到最大。当报酬递增达到最大时就不再增加生产要素的投入，并使这一生产规模维持下去。

对不同行业的企业来说，适度规模的大小是不同的，并没有一个统一的标准。在确定适度规模时应该考虑两个因素：一是本行业的技术特点。一般来说，需要大量复杂先进设备投资的行业，适度规模比较大，例如，钢铁、机械、汽车、造船、化工等资本密集型行业，大规模生产才能取得好的效益。相反，需要投资少，所用设备简单的行业，适度规模比较小，例如服装、餐饮等劳动密集型行业和服务行业。二是产品的标准化程度。产品标准化程度高的企业，适度规模较大，产品标准化程度低的企业，适度规模也较小。这也是资本密集型行业适度规模大于其他行业的原因。

案例分析　　　　　格兰仕的成功

面临着越来越广阔的市场，每个企业都有两种战略选择：一是多产业，小规模，低市场占有率；二是少产业，大规模，高市场占有率。格兰仕选择的是后者。格兰仕的微波炉在国内已达到 70% 的市场占有率，在国外已达到 35% 的市场占有率。

格兰仕的成功就是运用规模经济的理论，即某种产品的生产，只有达到一定规模时，才能取得较好的效益。微波炉生产的最小经济规模为 100 万台。早在 1996—1997 年，格兰仕就达到了这一规模。随后，规模每上一个台阶，生产成本就下降一个台阶。这就为企业的产品降价提供了条件。格兰仕的做法是，当生产规模达到 100 万台时，将出厂价定在生产规模为 80 万台的企业的成本价以下；当规模达到 400 万台时，将出厂价又调到规模为 200 万台的企业的成本价以下；现在当规模达到 1000 万台以上时，又把出厂价降为 500 万台的企业的成本价以下。这种在成本下降的基础上所进行的降价是一种合理的降价。降价的结果是将价格平衡点以下的企业一次又一次大规模淘汰，使行业的集中度不断提高，使行业的规模经济水平不断提高，由此带动整个行业社会必要劳动时间不断下降，进而带来整个行业的成本不断下降。

成本低，价格必然低，降价最大的受益者是广大消费者。从 1993 年格兰仕进入微波炉行业到 2003 年，微波炉的价格由每台 3000 多元降到每台 300 元左右，下降了 90% 多。这不能不说是格兰仕的功劳，不能不说是格兰仕对中国广大消费者作出的巨大贡献。

——摘自张淑兰：《经济学——从理论到实践》，化学工业出版社 2004 年版。

本章小结

(1) 生产函数表示生产中生产要素的投入量与它所能生产的最大产量之间的关系。

(2) 在短期，一些投入要素（资本、土地）固定不变，产量的增加依赖于可变投入要素（劳动）的投入量。长期中所有的投入要素都是可以变动的。

(3) 边际产量衡量可变投入对总产量的贡献，它是每增加一单位投入后总产量的增加量。在技术水平不变时，连续投入某一要素的数量，边际产量将会出现递减现象。

(4) 等产量曲线表示生产同一产量所使用生产要素的各种组合。由于要素的边际技术替代率递减，等产量线凸向原点。不同产量水平的等产量曲线可以反映生产函数。

(5) 等成本线表示，在给定的预算约束下，企业能够购买到的投入组合。其斜率为两种要素的价格之比。

(6) 在等成本线和等产量线相切之处得到生产者均衡点。生产要素最优组合的条件是：等产量线和等成本线相切，或者两种要素的边际技术替代率与两种要素的价格之比相等，或者说，一单位货币成本无论购买哪一种要素所增加的产量相等。

(7) 规模报酬问题分析的是生产要素按相同比例变动所引起的产量变动。企业的规模报酬变动可分为规模报酬递增，规模报酬不变和规模报酬递减三种情形。

 关键概念

生产函数　短期　长期　总产量　平均产量　边际产量　边际收益递减规律　等产量曲线　边际技术替代率　等成本线　生产者均衡　规模报酬

 **练习与思考**

一、判断正误

(1) 短期是至少一种投入量固定，一种投入量可变的时期。（　　　）

(2) 只要总产量减少，边际产量一定是负值。（　　　）

(3) 平均产量曲线与边际产量曲线在边际产量曲线最高点相交。（　　　）

(4) 边际报酬递减规律意味着，随着可变投入量的增加，边际产量曲线最终要向右下方倾斜。（　　　）

(5) 等产量线上任意一点所代表的生产要素组合，所生产的产量是相同的。（　　　）

(6) 如果劳动增加 2 单位要求使用的机器减少 1 单位才能保持产量水平不变，劳动对资本的边际替代率为 2。（　　　）

(7) 当投入每一种生产要素的单位边际产量相等时，生产要素的组合达到最优。（　　　）

二、单项选择

(1) 可变投入量增加 1 单位所引起的总产量变动量称为（　　　）。

    A. 平均产量　　　　　　　　　　B. 边际产量

    C. 平均可变产量　　　　　　　　D. 总产量

(2) 当边际产量小于平均产量时（　　　）。

    A. 平均产量递增　　　　　　　　B. 边际产量递增

    C. 总产量曲线的右下方倾斜　　　D. 企业处于收益递减状态

(3) 劳动对资本的边际替代率衡量（　　）。

    A. 在保持产量不变时，劳动量增加1单位资本量增加多少

    B. 在保持产量不变时，劳动量增加1单位资本量减少多少

    C. 相对于资本价格的劳动价格

    D. 等成本线的斜率

(4) 等成本线的斜率是（　　）。

    A. 劳动的边际产量与资本的边际产量的比率

    B. 资本的边际产量与劳动的边际产量的比率

    C. 劳动的价格与资本的价格的比率

    D. 资本的价格与劳动的价格的比率

(5) 下列哪种情况不是最低成本生产技术的特点（　　）。

    A. 劳动对资本的边际替代率等于劳动的价格与资本的价格的比率

    B. 等产量线的斜率等于等成本线的斜率

    C. 等成本线与等产量线相切

    D. 劳动的边际产量等于资本的边际产量

(6) 规模报酬递增是在下述情况下发生的（　　）。

    A. 连续增加某一种生产要素，其他生产要素不变

    B. 各种生产要素同比例增加

    C. 各种生产要素不同比例增加

    D. 劳动要素减少，资本要素增加

三、问答题

(1) 为什么增加一种投入会产生报酬递减，而增加两种投入则可能出现规模报酬不变？

(2) 对生产者而言，什么样的要素组合才是最优的？怎样实现要素投入组合最优？

(3) 假定A、B两国各有一钢铁厂，A国钢铁厂生产1吨钢需10人，而B国只需1人，是否能认为B国钢铁厂的经济效率比A国的高？为什么？

(4) 假定企业的工资提高10%，请用生产理论的基本原理说明劳动力价格的提高是如何导致一种投入要素替代另一种投入要素的。

(5) 如果一个企业现在所用的技术是劳动的边际产量与资本的边际产量的比率大于劳动的价格与资本的价格的比率。那么，它可以做些什么？

(6) 假设你要招聘工厂流水线操作工，在平均劳动产出与边际劳动产出中，你更关心什么？如果你发现平均产出开始下降，你会雇佣更多的工人吗？这种情况的出现意味着你……

第五章

成本理论

本章将向你介绍的重点内容

◎ 经济学的成本概念
◎ 企业生产成本中的项目
◎ 平均成本与边际成本的关系
◎ 企业成本曲线的形状
◎ 短期和长期平均成本之间的关系
◎ 企业利润最大化的必要条件

第四章分析了生产要素投入量与产量之间的关系，说明企业要实现利润最大化，必须实现生产要素的最优组合。但是，企业利润最大化目标的实现，仅仅考虑这种物质技术关系是不够的，还必须考虑成本与收益之间的经济关系。这就要进行成本与收益的分析，并确定一个利润最大化的必要条件。

本章首先说明企业的成本和成本函数，然后以此为基础提出利润最大化的条件，说明企业是怎样通过成本与收益分析来实现利润最大化的。

第一节
成本与成本函数

成本是企业从事某项经济活动所必须付出的代价。但其具体内涵的确定取决于是出于会计目的，还是决策目的。本节从决策的需要出发，介绍几个重要的成本概念。

一、几个重要的成本概念

1. 机会成本

第一章已经说明，机会成本是与资源的稀缺性有着紧密联系的成本概念。在资源稀缺性的前提下，当企业把某种资源用于一种用途时就要放弃其他用途，也就是说，企业获得的一定数量的产品收入，是以放弃同样的资源用来生产其他物品所可能获得的收入为代价的。**机会成本**是指作出一项决策时所放弃的其他可供选择中所可能得到的潜在收益。比如，当人们决定把1 500亩土地用来建高尔夫球场，就不可能同时再用这1 500亩土地建果园。那么，建高尔夫球场的机会成本就是用这片土地建果园所可能得到的收入。由于经济分析的目的在于说明稀缺资源最有效率的配置，所以，机会成本概念的意义是，当我们作出经济决策时，应当考虑把各种生产要素用在最佳的用途；否则，所损失的潜在收益有可能大于所得到的实际收益。从这一意义上讲，在经济分析中，企业生产某种产品的生产成本也就是生产该产品的机会成本。

2. 显性成本和隐性成本

从企业生产经营活动的角度看，企业生产的机会成本是在生产过程中所使用的所有要素的价值。它包括显性成本和隐性成本。

显性成本即会计成本，是指企业从外部获得资源而支付的费用。包括工资、原材料、燃料、设备、运输、利息、保险、广告和税金等方面的费用。例如，你大学毕业后开了一家食品厂。为生产蛋糕，你需要购买面粉、鸡蛋、糖、香料等原材料，还要购买和面机、烤箱，并且需要雇佣一些工人。当你为买面粉花了1000元时，这1000元是从企业流出的货币量，因而要记入会计师的账目。同样地，会计师也会把购买其他原材料和设备的支出，以及支付给工人的工资一笔笔记入账目，所以称为显性成本。显性成本是一种机会成本，因为你不能再用这些钱去买其他东西。

隐性成本是企业使用自有资源所应该支付的费用。例如，假定你精通电脑，作为程序员工作每小时可以赚100元。那么，你在食品厂工作每一个小时，你就要放弃100元收入，这种放弃的收入也是你经营食品厂的一部分机会成本。同样的情况还有：你动用自己的资金购买机器设备和原材料应得的利息，你使用自己的土地建造厂房和仓库应得的租金，等等。这些成本都不是企业的实际货币支出，因而不记入会计成本。但是，这些成本都是企业在生产经营活动中所支付的代价。如果企业没有这些生产要素，就必须购进或租进，也要支付费用。如果拥有这些生产要素自己不使用，把它们租出去或售出，也可以得到要素收入。所以，企业使用自有生产要素应该支付的报酬也要记入成本。由于这部分成本不显示在会计账目上，所以被称为隐性成本。

以上讨论的意义是，由于人们通常把成本理解为实际的费用支出，因而在实际生活中经常发生低估真实成本的问题。例如，你考虑是否开一家杂货店，在对该项投入进行成本核算时，你投入自有资金的机会成本没有考虑，使用自家的门脸房也不算成本，你亲自管理杂货店的成本也被忽略了。从机会成本的角度考虑，也许你开杂货店的决策得不偿失；但是，依据会计成本，你还以为自己赚了。

3. 沉没成本

在现实生活中，不仅会发生真实成本被低估的问题，也会存在被高估的问题。这是因为，人们通常把决策时本应忽略的沉没成本也看做是与决策有关的机会成本。**沉没成本**是指已经发生而无法收回的费用。由于无法收回，这部分成本与决策无关，不包括在机会成本中。比如，某企业打算把公司总部从佛山迁往广州，去年花了100万元在广州购买某一建筑。假定今年实际购买该建筑时，还需花费800万元。在该企业准备购买时，又发现另一建筑仅花费820万元就可买到，企业应该购买哪一座建筑呢？当然是原先那座建筑。尽管购买原先建筑前后的总费用为900万元，但以前支付的100万元是沉没成本，无论现在买哪座楼，这部分费用已经支出了，它不是当前决策成本的一部分。与当前决策相关的是那些随企业决策发生变化的成本。由于买前一座楼只需800万元，买后一座楼则要花费820万元，因此，放弃后一座楼是正确的选择。

由此可见，经济学的成本在两个方面不同于我们日常生活中对成本理解：一是经济学强调我们通常容易忽略的机会成本，尤其是隐性的机会成本；二是经济学认为应该忽略掉人们通常不愿忽略的沉没成本。经济学主张应持有"向前看"的决策思想，而不应"留恋"沉没成本，因为沉没成本如同泼出去的水，已是"覆水难收"，不应让沉没成本影响我们当前的决策。

案例分析　　亏损的 QC 公司为什么没有退出市场

　　QC 公司是世界上最大的食品生产企业之一。1990 年，QC 公司瞄准发展中的中国饮用水行业，投资近 2 亿元人民币在天津兴建矿泉水厂。1998 年又耗资 4000 万元人民币收购上海某饮料厂，并增加投资 3 亿元人民币扩建成年产 5 亿公升纯净水的现代化生产基地。

　　然而，QC 在中国饮用水市场上面临挑战：①从市场需求角度看，中国由于生活水平、消费者对茶饮料偏好等方面的因素，饮用水市场总体规模还比较小。②从市场竞争情况看，中国市场上有几千家质量低、效率低但成本也很低的地方瓶装水厂。由于饮用水缺乏明确的卫生和技术质量标准，进入门槛比较低。QC 公司基于在饮用水行业的经验和对自身品牌的严格质量要求，引进意大利、法国等现代化大型设备，严格控制生产流程，检测要求精益求精，使其产品质量优异但生产成本（特别是固定资产折旧成本）高昂。因而，QC 饮用水面临的困难是，相对于国内很多竞争对手缺少价格优势，相对于达能集团这样的国际竞争对手又缺少规模优势。

　　在上述背景下，虽然 QC 公司凭借其成功的中国营销队伍、优质品牌效益可以吸引一部分高端客户群并占有一定市场，然而维持低价销售且无法达到规模产量，长期亏损则不可避免，退出似乎成为不得不考虑的选择。然而，实际上，由于存在巨大的沉没成本，QC 想要退出也不容易。QC 在华饮用水项目固定投资巨大，上海、天津两家工厂总投资迄今超过 5.4 亿元人民币，再加上每年大约 3000 万元人民币广告投入，累计达 3 亿元人民币。如果退出，厂房、土地、通用机器设备虽有可能部分收回，但资产处置时间很长，针对饮用水的广告成本完全付之东流，沉没成本总计超过 8 亿元人民币。

　　反过来看，如果维持经营，市场分析结果表明 QC 公司仍有机会在高端产品市场上占有一定份额。特别在 5 加仑大桶水市场，QC 公司有丰富经验，是美国等地的市场领导者，具有明显优势。经过努力，饮用水产量可能达到 1.5 亿公升以上。虽然仅为设计生产能力的 1/3，但是公司可以至少保持每年 20% 到 30% 的毛利，约为 2000 万元人民币。

　　经过全面的市场调研和缜密分析，该公司董事会决定继续饮用水工厂的生产经营。提出利用 QC 公司在中国的成功的营销网络和经验，继续扩大市场和销售。同时，公司还实施减少外籍人员、加快管理人员本地化，压缩广告开支等节流措施，努力降低亏损额。从 2002 年情况看，公司销售业绩与去年大体持平，但是管理费用和销售费用明显下降，净亏损大幅度下降，董事会维持亏损经营决策得到了较好贯彻。

——摘自扬长江、陈伟浩：《微观经济学》，复旦大学出版社 2004 年版。

4. 会计利润、正常利润和经济利润

由于机会成本包括显性成本和隐性成本，从而导致了企业的会计利润与正常利润和经济利润的区别。**会计利润**是会计师衡量的利润，即企业销售产品的总收益减去会计成本（显性成本）的差额。会计师衡量企业的会计利润，即企业销售产品的总收益减去会计成本（显性成本）的差额。**正常利润**是使用自有资源应该得到的报酬。它是隐性成本，包含在企业的生产成本之中。如果企业家从事生产经营活动得不到正常利润，"亏本的买卖"会使企业家放弃当前的选择。**经济利润**是企业决策衡量的利润，即企业的总收益减去机会成本（显性成本加隐形成本）的差额。经济利润也称为超额利润，意指企业所得到的超过正常利润的那部分利润。

企业的经济利润与会计利润的关系是：会计利润＝总收益－显性成本，经济利润＝会计利润－隐性成本。显然，会计利润大于经济利润，这说明即使企业的会计利润为正值，其经济决策也可能是错误的。因此。我们在作出任何决策时，必须使总收益大于或至少等于机会成本，经济利润大于零至少等于零的决策才是正确的。

案例分析　　　　　　　　　**"跳槽"的机会成本**

有选择才有自由，而选择的同时也出现了机会成本。

有一位朋友的朋友，年前"跳槽"到了一家新的公司，职务是销售总监，董事会还答应给一定的期权。前几天，他告诉我他又要离开了，理由是那个企业的文化氛围实在太差，而且他不适应权力斗争。这才不到 5 个月。我问他，下一步打算怎么办？他说，我在家里等着原来的公司找我回去，因为我在那里的业绩很好，而且我走时他们是竭力挽留的。

"好马不吃回头草"。在经济学看来，回头也是成本啊。

首先，你怎么去阐释你的这段"跳槽"历史呢？这是一笔成本；其次，"离婚"之后再"复婚"，身价要降一些，这又是一笔成本；第三，回去之后要重新恢复信任，还得有时间，这还是一笔成本。既然又付出了这么多的成本，今后若要再自由地选择，就更困难了，因为再选择的成本会越来越大。所以，这次选择确实要慎之又慎。

——我是这样对他说的。临别，我还加了一句：好在你年轻——刚刚 30 岁。

昨天，一位朋友到北京来看我。他了解了公司发展情况之后，深有感触地说，当时如果听你的，跟你出来干就好了，现在，工作虽然清闲，却无所成就。我才 42 岁，总不能这么混下去吧？但如果真要换一种活法，确实是一件难以痛下决心的事，因为放弃目前自由自在的生存条件，也是一种成本。

我知道，他并不是舍不得眼前的一切，而是支付了这笔成本之后，不知道还有什么收益能比这个成本更值得。于是我就劝他：40多岁的树，就不要再挪了，风险太大。还是想想办法能不能嫁接出一根新枝，找到事业的新增长点，这可能是成本最低而收益却有保障的选择。

其实，经济学也告诉我们的：当收益确定的时候，人们往往在不同的成本之间作大小的比较；而成本一定的时候，人们则往往将成本与收益作比较，也就是说，把成本与收益放在一个天平上，来衡量支付的成本值不值。所以，我们所说的经济学注重成本概念，并不是孤立地看成本，而是把成本与收益联系在一起考虑问题。进一步说：由于生命所包含的时间其实就是人生最大的一笔成本，所以，一个想有所成就的人，总是把时间成本看得很重，因为无所作为就是成本。所以只有积极地去寻找获得人生收益的机会，才能弥补上时间成本的损失。

人的生与死，已经无可选择，所以，有权力选择不同的生活方式，就成为社会走向文明的一个重要的标志。因为有权选择生活，才能自由地生活。但话还是要进一步说透：真正赢得了这种自由之后，每个人会为自由而支付机会成本，因为经济学说："天下没有免费的午餐。"

——郭梓林："跳槽"的机会成本，载《经济学消息报》，2003年8月8日。

二、成本函数

生产函数描述了投入要素的数量与产量之间的关系。但是，企业要确定利润最大化的产量，还要考虑成本和收益之间的关系。而成本和收益都会随着产量的变动而变动，因此，我们还要研究成本与产量的关系。通常情况下，当产量增加时，企业会增加投入要素的数量，这意味着它必须增加成本，我们把成本与产量之间的依存关系称为成本函数。即：

$$C = f(Q)$$

与生产函数一样，成本函数也分为短期成本函数和长期成本函数。短期内，企业不能调整全部生产要素的投入量，只能改变可变要素投入量来增加或减少产量。例如，在短期内，厂房设备是固定不变的。企业只能在既定的厂房设备的生产能力范围内，通过增加工人和原材料的方法来改变产量。**短期成本函数**反映现有企业中产量与成本的关系，它通常用于日常经营决策。长期中，企业有足够的时间调整全部要素的投入量来改变产量。因此，全部生产要素的投入量都是可变的。**长期成本函数**是企业在各个产量水平上选择最优要素组合条件下形成的产量和成本的关系。它一般用于长期规划。

第二节
短期成本函数

一、短期成本分类

在短期内，企业有一部分投入要素固定不变，而另一部分是变动的，因此，企业的成本可以分为固定成本部分和可变成本部分。具体地说，企业的短期成本有固定成本、可变成本、短期总成本、平均固定成本、平均可变成本、短期平均成本和短期边际成本。

固定成本（FC）是指不随产量变动而变动的成本。例如，对于你的食品厂来说，固定成本包括厂房的租金、机器设备的折旧费、银行贷款的利息、管理人员的薪金等等。在短期内不管企业的产量为多少，这些费用都必须支付。所以，固定成本不随产量的变动而变动，即使产量为零，固定成本也仍然存在。

可变成本（VC）是指随着产量的变动而变动的成本。例如，企业对原材料、燃料动力和工人工资的支付等。在短期内企业可以根据产量的变动不断调整可变要素的投入量，所以，可变成本随产量的变动而变动。当产量为零时，可变成本为零。

短期总成本（STC）是指企业在短期内为生产一定量的产品所付出的成本总额，它等于固定成本和可变成本之和。用公式表示为：

$$STC = FC + VC$$

平均固定成本（AFC）是指平均每单位产品所消耗的固定成本。用公式表示为：

$$AFC = \frac{FC}{Q}$$

平均可变成本（AVC）是指平均每单位产品所消耗的可变成本。用公式表示为：

$$AFC = \frac{VC}{Q}$$

短期平均成本（SAC）是指短期内平均每单位产品所消耗的全部成本。它等于平均固定成本和平均可变成本之和。用公式表示为：

$$SAC = \frac{STC}{Q} = \frac{FC + VC}{Q} = AFC + AVC$$

短期边际成本（SMC）是指每增加一单位产量所增加的总成本。用公式表示为：

$$SMC = \frac{\Delta STC}{\Delta Q} = \frac{\Delta VC}{\Delta Q}$$

二、短期成本曲线

考虑表5-1中的例子。该表为某企业的短期成本变动情况，表的第一栏为企业的产量。以后各栏均为企业的各类短期成本。该表表明了短期内各类成本与产量的关系，以及各类成本之间的关系。

表5-1 某企业短期成本变动情况

产量 （Q）	固定成本 （FC）	可变成本 （VC）	短期总成本 （STC）	平均固定成本 （AFC）	平均可变成本 （AVC）	短期平均成本 （SAC）	短期边际成本 （SMC）
0	120	0	120				
1	120	34	154	120	34	154	34
2	120	63	183	60	31.5	91.5	29
3	120	90	210	40	30	70	27
4	120	116	236	30	29	59	26
5	120	145	265	24	29	53	29
6	120	180	300	20	30	50	35
7	120	230	350	17.14	32.86	50	50
8	120	304	424	15	30	53	74

根据短期成本表作图，可得到企业的各类短期成本曲线。如图5-1所示。图中的横轴表示产量 Q，纵轴表示成本 C。各条成本曲线的特点是：

1. 固定成本 FC 曲线是一条水平线

如图5-1（a）所示，水平的固定成本曲线表示，在短期内无论产量如何变动，固定成本是不变的。

2. 可变成本 VC 曲线是从原点出发向右上方倾斜的曲线

如图5-1（a）所示，向右上方倾斜的可变成本曲线表示，可变成本随产量的增加而增加，只不过开始时以递减的速度增加，达到一定程度后以递增的速度增加。这是因为开始时，随着可变成本的增加，固定生产要素的效率得以充分发挥，可变成本的增加率小于产量的增加率。当固定生产要素的效率得以充分发挥以后，由于边际报酬递减规律的作用，1单位可变要素所带来的产量逐渐减少，或者说，要增加相同数量的产量需要增加的可变要素越来越多，这时可变成本的增加率大于产量的增加率。

3. 总成本 TC 曲线是一条从固定成本曲线与纵轴交点出发向右上方倾斜的曲线

图 5-1（a）表明，总成本的变动规律与可变成本的变动规律相同，在每一个产量点上，不仅 TC 曲线的斜率和 VC 曲线的斜率相等。而且，TC 曲线和 VC 曲线之间的垂直距离始终等于固定成本。

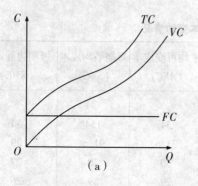 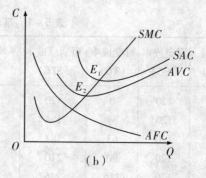

图 5-1 各类短期成本曲线

4. 平均固定成本 AFC 曲线是向右下方倾斜的曲线

图 5-1（b）表示，随着产量的增加，平均分摊到每单位产量上的固定成本持续减少，即平均固定成本趋于下降；所以，平均固定成本曲线表现为向右下方倾斜。

5. 平均可变成本 AVC 曲线是 U 形曲线

在生产过程中，可变投入要素的边际报酬先递增而后递减。比如当产量由零开始不断增加时，由于可变要素投入量相对较少，增加可变要素投入量会提高生产效率，可变要素的边际报酬递增，从而平均可变成本是递减的。当可变要素投入的增加达到最佳数量以后，继续增加可变投入会降低生产效率，平均可变成本由于边际报酬递减而递增，如图 5-1（b）所示。

6. 短期平均成本 SAC 曲线是 U 型曲线

如图 5-1（b）所示，短期平均成本的变动是由平均固定成本和平均可变成本的变动决定的。当产量增加时，平均固定成本和平均可变成本趋于下降，所以平均成本也趋于下降。以后，随着产量的上升，平均固定成本在平均成本中所占的比重越来越微不足道，平均可变成本由于边际报酬递减而随着产量的增加而增加，这时平均成本随平均可变成本的变动而变动。平均可变成本达到一定点之后将趋于上升，平均成本也随之而上升。平均成本最小的产量在 U 曲线的底部，这种产量被称为企业的有效规模。

AC 曲线和 AVC 曲线之间的垂直距离为平均固定成本，由于平均固定成本随产量的增加而下降，所以 AC 曲线和 AVC 曲线之间的垂直距离随产量的增加越来越接近。

7. 短期边际成本 SMC 曲线也是 U 型曲线

如图 5 - 1（b）所示，SMC 曲线呈 U 型的原因与平均可变成本的变动原因相似。因为短期内固定成本不变，企业每增加一单位产量所增加的成本是可变成本，因而边际成本的变动取决于可变成本。比如当雇佣较少数量的工人时，增加劳动要素的投入使得工人之间开展分工协作从而带来劳动效率的提高，劳动的边际报酬递增，边际成本呈下降趋势。然而，在厂房和设备既定时，随着工人人数的增加，太多的工人在一个空间干活会出现"窝工"现象，劳动的边际报酬递减规律发生作用，从而边际成本上升。边际成本先下降而后上升，构成 U 型边际成本曲线。

8. 边际成本曲线一定在平均成本曲线和平均可变成本曲线的最低点与它们相交

先来看边际成本与平均成本的关系。从图 5 - 1（b）中可以看出，SMC 曲线与 SAC 曲线相交于 SAC 曲线的最低点 E_1。在 E_1 点之左，SMC 小于 SAC，SAC 趋于下降；在 E_1 点之右，SMC 大于 SAC，SAC 趋于上升。因此，两条曲线在平均成本曲线的最低点相交。举例来说，平均成本可看成是某电脑公司的平均年薪，边际成本可看成是新增加员工所得到的年薪。假定该公司原有员工的平均年薪为 10 万元，今年公司聘用了一名保安，其年薪为 4 万元，低于原来的平均年薪，会使平均年薪减少。若公司聘任了一名总经理，其年薪为 30 万元，高于原来的平均年薪，会使平均年薪增加。

再来看边际成本和平均可变成本的关系。与上述道理相同，SMC 曲线与 AVC 曲线的交点也一定位于 AVC 曲线的最低点 E_2。见图 5 - 1（b）。在 E_2 点之左，SMC 小于 AVC，AVC 趋于下降；在 E_2 点之右，SMC 大于 AVC，AVC 趋于上升。在 AVC 曲线的最低点，SMC 等于 AVC。

第三节
长期成本函数

长期来说，企业的生产要素都是可变的，因而没有固定成本，所有的长期成本都是可变成本。所以，企业的长期成本曲线不同于其短期成本曲线。长期成本可以分为长期总成本、长期平均成本、长期边际成本三种。

一、长期总成本

长期总成本（LTC）是指长期中生产一定量产量所需要的成本总和。如图 5-2 所示，LTC 为长期总成本曲线。该曲线从原点出发，向右上方倾斜，表示长期总成本是产量的函数，产量为零，不存在长期总成本，随着产量的增加，长期总成本也增加。只不过先是以递减的速度增加，而后以递增的速度增加。LTC 曲线的形状主要是由规模报酬的变动决定的。在开始生产阶段，要素投入量大，而产量小，生产要素没有得到充分利用，这时成本增加的比率大于产量增加的比率，LTC 曲线比较陡峭。当产量增加到一定程度后，生产要素开始得到充分利用，这时成本增加

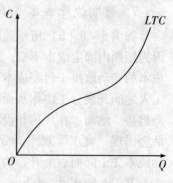

图 5-2　长期总成本曲线

的比率小于产量增加的比率，表现为规模报酬递增，LTC 曲线比较平坦。最后由于规模报酬递减，成本增加的比率又大于产量增加的比率，LTC 曲线又比较陡峭。可见，长期总成本曲线的形状是由规模报酬先递增后递减决定的。

二、长期平均成本

长期平均成本（LAC）是指长期中平均每单位产品所消耗的成本。由于长期中所有的成本都是可变的，所以，长期平均成本曲线不同于短期平均成本曲线。我们可以根据短期平均成本曲线推导出长期平均成本曲线。

1. 长期平均成本曲线的形状

图 5-3 表明长期平均成本曲线的形成与短期平均成本曲线相关。图中 SAC_1、SAC_2、SAC_3 是三条短期平均成本曲线，它们分别代表小型工厂、中型工厂、大型工厂。长期内，企业可以根据产量大小选择生产规模，其目标是平均成本最低。例如，当产量为 Q_1 时，要选择小型生产规模，因为这时平均成本 OC_1 是最低的。当产量为 OQ_2 时，则要选择中型生产规模，这时平均成本 OC_2 是最低的。若仍选择中型生产规模，企业将付出 OC_3 的成本。同理，要生产 OQ_3 的产量，企业将选择大型生产规模。

在长期平均成本中，企业可以根据它所要达到的产量来调整工厂的规模，以使它付出的平均成本最小。既然每个产量水平上平均成本都达到了最低，那么，长期平均成本也就达到了最低。所以，长期成本曲线位于所有的短期成本曲线之下。短期平均成本曲线是无数的，长期平均成本曲线就是一条与无数条短期平均成本曲线相切的线。它表明长期平均成本是在每一产量水平下可能达到的最低平均成本。如图 5-3 所示。

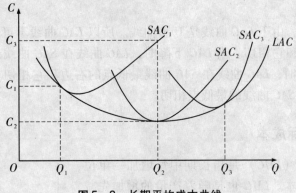

图 5 –3　长期平均成本曲线

2. 规模经济

　　长期平均成本曲线与短期平均成本曲线的形状相似,都是一条 U 形曲线。但从图 5 –3 中可以看出,与短期平均成本曲线相比,长期平均成本曲线是一条底部比较平坦的 U 形曲线。这是因为,引起这两条曲线呈 U 形的原因有所不同。如前所述,短期平均成本曲线呈 U 形是可变投入要素的边际报酬先递增后递减的变动规律决定的;而长期平均成本曲线的形状与规模经济的变动有关。

　　规模经济是指长期平均成本随着产量的增加而下降的情况。当存在规模经济时,长期平均成本曲线向右下方倾斜。它表明,给定投入要素的价格,此时产量增加的幅度大于投入增加的幅度,因而长期平均成本呈下降趋势。规模经济的产生可能是企业通过专业化来获得成本优势。相比之下,小企业可能需要每个工人完成许多不同的工作,完成每项工作的效率较低。再则,大企业可以采用大型的专业性较强的设备,大型设备的制造成本和运行费用更低,因而其效率较高。还有,大规模的企业管理者、技术人员和工人可在长期的生产工作中积累产品生产、产品设计及管理方面的经验,从而导致平均成本下降。

　　规模不经济是指长期平均成本随产量增加而上升的情况。当存在规模不经济时,长期平均成本曲线向右上方倾斜。它表明,在投入要素价格既定时,随着企业规模的扩大,产量增加的幅度会小于投入增加的幅度,从而长期平均成本呈上升趋势。规模不经济发生的原因主要是大规模的生产使管理机构变大,层次增多,信息传递不畅,滋生文牍和官僚主义,对市场反应迟钝,死板的管理制度扼杀人们的创造力,等等,这些都会降低管理机构的效率,引起平均成本上升。

　　由于长期中企业可以调整工厂的规模,从规模报酬递增到规模报酬递减之间有一个较长的规模报酬不变的阶段。而在短期中,规模报酬不变的阶段很短,甚至没有。因而 LAC 曲线虽然是 U 型曲线,但它比 SAC 曲线平坦得多。这说明 LAC 曲线无论是上升还是下降都比较缓慢。

需要说明的是，由于 *LAC* 曲线是 U 型曲线。所以 *LAC* 曲线不可能在任何时候都在 *SAC* 曲线的最低点和它相切。当 *LAC* 下降时，*LAC* 曲线在 *SAC* 曲线最低点的左边和它相切；当 *LAC* 上升时，*LAC* 曲线在 *SAC* 曲线最低点的右边和它相切。只有在 *LAC* 曲线的最低点，它才与 *SAC* 曲线的最低点相切。

三、长期边际成本

长期边际成本（*LMC*）是指长期中每增加一单位产量所增加的总成本。*LMC* 也是随着产量的增加先减少而后增加，因此，*LMC* 曲线也是一条先下降而后上升的 U 型曲线，但它也比 *SMC* 曲线要平坦。如图 5 - 4 所示。

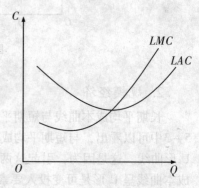

图 5 - 4　长期边际成本曲线和长期平均成本曲线的关系

LMC 曲线与 *LAC* 曲线的关系和 *SMC* 曲线与 *SAC* 曲线的关系一样，两者相交于 *LAC* 曲线的最低点。即在 *LMC* 小于 *LAC* 时，*LAC* 曲线下降；在 *LMC* 大于 *LAC* 时，*LAC* 曲线上升。在 *LAC* 曲线的最低点，*LMC* 等于 *LAC*。图 5 - 4 表明了这种关系。

第四节
收益和利润最大化

企业的目标是实现利润最大化，利润等于总收益减去总成本。因此，在讨论了企业的成本以及成本与产量之间的关系之后，为了说明企业如何进行利润最大化的产量决策，我们还要了解企业的收益以及收益与产量的变动关系，然后从成本和收益的比较中说明企业如何作出利润最大化的决策。

一、收益的概念和种类

收益是企业出售产品所得到的收入。在经济分析中，通常使用以下三个收益概念。

总收益（*TR*）是指企业销售一定量产品所得到的全部收入。它等于产品价格和销售量的乘积。用公式表示为：$TR = P \cdot Q$。

平均收益（*AR*）是指企业平均出售每一单位产量得到的收入。它等于总收益除以总销售量，即 $AR = TR / Q = P \cdot Q / Q = P$，可见，平均收益等于产品的价格。

边际收益（MR）是指企业每增加一单位产量销售所增加的收入。可表示为 $MR = \Delta TR / \Delta Q$。

二、收益曲线

收益曲线反映了收益与产量的关系。在现实中，不同的市场，随着企业产品销量的增加，价格的变动趋势不同，企业的收益曲线也具有不同的形状。

1. 价格不变条件下的收益曲线

在竞争市场，单个企业只是市场价格的接受者，它们无法改变市场价格而只能按既定的价格销售一定量的产品。因为如果某企业把销售价格提到市场价格之上，消费者将不购买他的产品而购买别的企业的产品。例如，李大叔的家庭养鸡场可以看成一个竞争市场的企业。李大叔的养鸡场与世界鸡蛋市场相比是微不足道的，所以，他接受鸡蛋市场既定的价格，这意味着，不论李大叔生产的产量是多少，鸡蛋的价格都是相同的。假定鸡蛋的市场价格为6元，表5-2表示李大叔家庭养鸡场的总收益、平均收益和边际收益。

表5-2的前两栏表示养鸡场生产的产量以及鸡蛋的市场价格。可以看出，在每一销售量水平上，养鸡场都按既定的市场价格6元出售其产量。第三栏是总收益，随着鸡蛋销售量的增加，养鸡场的总收益不断增加。在价格不变时，总收益与产量同比例变动。

表的第四、第五栏分别表示平均收益和边际收益。由于价格不变，平均收益保持不变，平均收益等于价格为6元；边际收益也保持不变，边际收益等于价格为6元。根据表5-2可画出价格不变条件下企业的收益曲线，如图5-5所示。

表5-2　李大叔家庭养鸡场的总收益、平均收益和边际收益

产量（Q）	价格（P）	总收益（TR）	平均收益（AR）	边际收益（MR）
1	6	6	6	6
2	6	12	6	6
3	6	18	6	6
4	6	24	6	6
5	6	30	6	6
6	6	36	6	6
7	6	42	6	6
8	6	48	6	6

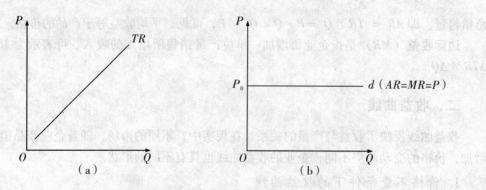

图 5-5 价格不变条件下企业的收益曲线

图 5-5（a）是价格不变条件下的总收益曲线。横轴表示销售量 Q，纵轴表示价格 P。如图所示，在价格不变时，总收益曲线的斜率不变，等于既定的市场价格 P。所以总收益曲线是一条从原点出发向右上方倾斜的直线。

图 5-5（b）表明，在价格不变的条件下，企业的平均收益曲线和边际收益曲线重合，都是等于价格的水平线。这是因为，对于竞争企业来说，在既定市场价格下的任何销售量上，平均收益等于边际收益并且等于价格。

2. 价格递减条件下的收益曲线

在不完全竞争市场，单个企业不再是价格的接受者，而是价格的制定者。这时企业要想增加产品的销售量，必须降低价格。现以某服装厂为例，服装厂可以看成一个不完全竞争市场。企业生产的服装款式与众不同，因此可以自行定价。服装的销售量增加，服装的价格必须下降。表 5-3 表示某服装厂的总收益、平均收益和边际收益。

表 5-3 某服装厂的总收益、平均收益和边际收益

产量（Q）	价格（P）	总收益（TR）	平均收益（AR）	边际收益（MR）
0	11	0	0	0
1	10	10	10	10
2	9	18	9	8
3	8	24	8	6
4	7	28	7	4
5	6	30	6	2
6	5	30	5	0
7	4	28	4	-2
8	3	24	3	-4

表的前两栏是服装的产量和价格。可以看出，随着服装销量的增加，服装的价格是递减的。表的第三栏是总收益，在价格随着产量的增加逐渐下降的情况下，总收益是一个先增加后减少的变动趋势。第四栏和第五栏分别为平均收益和边际收益，正如我们前面已说明的，平均收益总是等于价格。这一点竞争企业和不完全竞争企业都是一样的。边际收益小于其物品的价格。这是因为，为了增加销售量，服装厂必须降低服装的价格，因此，每多出售一件服装，服装厂得到的收益低于以前出售的每一件服装。

根据表 5 - 3 可以画出价格递减条件下企业的收益曲线，如图 5 - 6 所示。

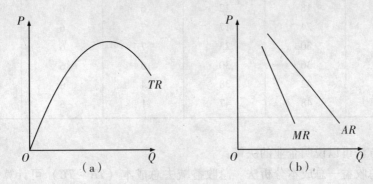

图 5 - 6　价格递减条件下企业的收益曲线

图 5 - 6 (a) 是价格递减条件下的总收益曲线。图 5 - 6 中，当产量为零时，总收益为零，随着产量的增加，总收益增加，当产量增加到一定程度之后，价格接近于零，总收益减少。因此，总收益曲线是一条从原点出发先上升而后下降的曲线。

图 5 - 6 (b) 表明，在价格递减的条件下，企业的平均收益仍然等于价格，即平均收益曲线是一条向右下方倾斜的曲线。由于价格递减，边际收益小于价格，所以，边际收益曲线是一条位于平均收益曲线之下向右下方倾斜的线。边际收益和平均收益的关系类似于边际产量和平均产量的关系。当平均产量或平均收益下降时，边际产量或边际收益小于平均产量或平均收益。在不完全竞争市场，平均收益曲线向右下方倾斜，即平均收益随着销量的增加而下降，这时边际收益一定小于平均收益。

三、利润最大化原则

在分析了企业的成本和收益之后，我们考察企业如何实现利润最大化。

我们用表 5 - 4 的例子来分析企业利润最大化的决策。该表各栏表明的是李大叔家庭养鸡场短期的产量、成本和收益。需要注意的是，第三栏的总成本包括固定成本和可变成本，固定成本在这个例子中是 3 元，可变成本取决于产量。

表5-4 李大叔家庭养鸡场利润最大化的决策

产量（公斤/天） （Q）	总收益 （TR）	总成本 （TC）	利 润 （π）	边际收益 （MR）	边际成本 （MC）
0	0	3	-3	6	
1	6	5	1	6	2
2	12	8	4	6	3
3	18	12	6	6	4
4	24	17	7	6	5
5	30	23	7	6	6
6	36	30	6	6	7
7	42	38	4	6	8
8	48	47	1	6	9

有两种方法可以说明企业的决策：

第一，总收益—总成本分析法。总收益减去总成本（$TR - TC$）可计算出利润。表5-4的第四栏表示养鸡场的利润，如果养鸡场没有产量，它就有3元的亏损。如果生产1公斤鸡蛋，就有1元的利润。从表5-4可以看出，当养鸡场生产4公斤或5公斤鸡蛋时，实现了利润最大化，因为这时总收益超过总成本的值最大。因此，用总收益—总成本法分析企业利润最大化的实现，是总收益超过总成本的值最大时的产量。

第二，边际收益—边际成本分析法。考察养鸡场决策的另一种方法是：李大叔可以比较每生产一单位产量的边际收益和边际成本来寻找利润最大化的产量。表5-4的后两栏为边际收益和边际成本。养鸡场生产的第1公斤鸡蛋的边际收益为6元，而边际成本为2元，因此生产第1公斤鸡蛋时利润增加了4元。生产第2公斤鸡蛋的边际收益为6元，而边际成本为3元，生产这一公斤鸡蛋利润增加了3元。以此类推，只要边际收益大于边际成本，即$MR > MC$，表明企业每多生产一单位产量所增加的收益大于生产这一单位产量所增加的成本，这时增加产量会使总利润增加，企业增加生产是有利的。但是，当李大叔养鸡场的产量超过5公斤鸡蛋时，情况就不同了。第6公斤鸡蛋的边际收益为6元，而边际成本为7元，此时，总利润减少了1元。因此，如果边际收益小于边际成本，即$MR < MC$，表明企业每多生产一单位产量所增加的收益小于边际成本，这时增加产量会使总利润减少，企业增加生产是不利的。在我们的例子中，李大叔养鸡场的产量不会超过5公斤。

以上分析说明，无论边际收益大于边际成本还是小于边际成本，企业都没有实现利润最大化，都必须增加或减少产量。只有在边际收益等于边际成本时，总利润达到最大。企业把该赚的钱都赚到了，他将不再调整产量。因此，利润最大化原则就是边际收益等于边际成本，即 $MR = MC$，企业要根据这一条件来确定自己的产量。

边际收益和边际成本分析法也可以用图形表示。如图 5-7 所示。

在图 5-7 中，边际成本曲线 MC 和平均成本曲线 AC 都是 U 形的，价格 P_0 为一条水平线，表示企业是价格的接受者，这条水平线也是平均收益 AR 和边际收益 MR 曲线。我们可以在图中找出利润最大化的产量。

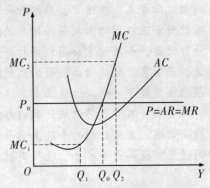

图 5-7　边际收益和边际成本分析法示意

假定企业的产量在 Q_1，这时边际收益大于边际成本，这就是说，如果企业继续增加一单位产量，总利润会增加。因此，企业可通过增加生产来增加利润。

假定企业的产量为 Q_2，这时边际收益小于边际成本，这就是说，如果企业减少一单位产量，节约的成本将大于失去的收益。因此，企业可通过减少生产而增加利润。企业对产量的调整一直到产量达到 Q_0 为止。这时，边际收益等于边际成本，企业实现了利润最大化的产量水平。

需要说明的是，当企业根据 $MR = MC$ 的条件选择最优产量时，并不意味着企业一定能获得利润。从更广泛的意义上讲，实现 $MR = MC$ 的条件，可以使企业处于既定的成本状况和既定的收益状况所给定的最好的境况中。也就是说，如果在 $MR = MC$ 时，企业能够获得利润，则它所得到的一定是相对最大的利润；相反，如果在 $MR = MC$ 时，企业是亏损的，那它所遭受的一定是相对最小的亏损。

边际收益等于边际成本的利润最大化实现条件具有普遍意义，无论在竞争市场，还是在不完全竞争市场，企业都是遵循这一原则进行决策的。

案例分析　为什么民航公司愿意向顾客提供折扣机票

经常坐飞机的人可以发现，有的航班满员，而另一些航班空座很多。当航班有空座时，民航公司总是以向乘客提供折扣机票的办法作为竞争的基本手段。民航公司的行为是理性的吗？我们可以用边际分析理论来回答这一问题。

从理论上说，短期内民航公司的成本分为固定成本和可变成本。固定成本包括飞机购置费（即购置飞机的贷款利息和折旧费）、乘务员工资、检修费用及机场设施和地勤人员费用等等。这部分费用是必须支出的。可变成本主要由燃料和服务费（安检、饮食、清洁）构成，这部分费用随着乘客人数的增加而增加。显然，就航空业而言，它的成本大部分是由固定成本构成的。当民航公司的一些航班空座很多的情况下，能否把机票的价格降低出售呢？边际分析告诉我们是可行的。因为根据边际分析法，决策不应当考虑全部成本，而应当考虑每增加一位乘客而额外增加的成本，这种额外增加的成本叫做边际成本。在这里，每增加一位乘客而引起的边际成本是很小的，它只包括乘客的餐饮费和飞机因增加载荷而增加的燃料支出。而航空公司多卖一张票而增加的收入叫做边际收益，如果航空公司机票打折后每多卖一张票所增加的边际收益大于边际成本，那么，多卖客票就能增加公司的总利润。否则，如果机票没有灵活性，因票价过高使一些航班被虚糜了座位，造成浪费，这对航空公司是不利的。

当然，航空公司仅用让利的办法争取乘客是不够的，因为如果不能改进内部管理，提高效率，光用让利的手段去竞争，也会造成企业的亏损。所以，机票打折后，航空公司还应该提高业务水平，既提高航空公司收入，又降低乘客负担。

案例分析　　　　　为什么银行晚上不营业

在我国，许多大商场和超市晚上仍开门营业，给白天工作繁忙的市民的购物带来了极大的方便。但是，我们很少见到银行把工作时间延长到晚上。对此，有市民在报纸上刊文批评，但仍没有见到情况有所改善。为什么银行晚上不营业呢？我们仍可用边际分析理论解释这一问题。

我们知道，银行每延长1小时营业时间，就要支付1小时所耗费的成本，这些成本包括直接的物耗，比如水、电等，也包括由于延长工作时间而支付的银行员工的加班费，这些由于延长工作时间而增加的成本就是边际成本。假如某银行营业时间延长1小时增加的成本为1万元，在延长的1小时里银行由于办理各种业务而增加的收益小于1万元，表明该银行每多延长1小时所增加的收益小于延长1小时营业时间所增加的成本。这时，对该银行来说，在不考虑其他因素的情况下，延长营业时间就是不明智的了，因为营业会造成亏损。相反，如果它延长1小时营业时间增加的成本是1万元，增加的收益大于1万元，这时，对该银行来说，延长营业时间会使利润增加。作为一个精明的经营者他一定会将营业时间延长到晚上，把该赚的钱赚到手。

银行客户主要是企事业单位和居民。银行为每一客户办理存贷款业务所付出的成本基本相同。但是，由于企事业单位每次所办理的存贷款数额较大，银行为它们办理存贷款业务所得到的收益显然要大于为居民办理小额存贷款业务的收益。企事业单位办理存贷款事项多在白天的上班时间。出于安全等因素的考虑，一些办理较大数额存贷款事项的居民会选择白天的时间，这样，晚上去银行的客户通常是一些办理小额存贷款的居民，银行为他们办理各种业务所得到的收益不足以抵偿晚上营业所增加的成本，这就是为什么银行不愿晚上营业的经济学上的道理。

本章小结

(1) 与企业决策有关的成本是机会成本。生产的机会成本包括所使用的所有要素的价值，分为显性成本和隐性成本两部分。显性成本是企业从外部获得资源付出的费用。隐性成本是企业使用自有资源应该付出的费用。

(2) 短期成本分为固定成本和可变成本。固定成本不随产量的变化而变化，可变成本随着产量的变化而变化。

(3) 当边际成本小于平均水平时，平均成本递减；当边际成本大于平均成本时，平均成本递增；边际成本曲线和平均成本曲线相交于平均成本曲线的最低点。该点代表了最低成本生产。

(4) 长期中不存在固定成本，生产规模是可变的。长期平均成本曲线说明了长期中企业可以根据其产量目标选择最低平均成本的生产规模。

(5) 规模经济是指扩大生产规模可以降低最小平均成本。如果最小平均成本随着规模扩大而上升，则存在规模不经济。

(6) 企业的收益分为总收益、平均收益和边际收益。在不同的市场条件下，收益的变动规律是不同的。

(7) 当企业把产量调整到边际收益等于边际成本（$MR = MC$）时，企业的总利润达到最大，这就是利润最大化的实现条件。

关键概念

机会成本 显性成本 隐性成本 沉没成本 正常利润 经济利润 总成本 固定成本 可变成本 平均成本 平均固定成本 平均可变成本 边际成本 规模经济 规模不经济 总收益 平均收益 边际收益

练习与思考

一、判断正误

(1) 机会成本是指生产一定量产品时所支付的实际成本费用。（   ）

(2) 厂房的火灾保险是可变成本。（   ）

(3) 企业的固定资产折旧费属于固定成本。（   ）

(4) 企业增加一单位产量时所增加的可变成本等于边际成本。（   ）

（5）边际成本曲线一定在平均成本曲线的最低点与它相交。（　　）

（6）规模经济意味着长期平均成本曲线的右下方倾斜。（　　）

（7）企业实现利润最大化与亏损最小化的条件是一致的，即边际收益等于边际成本。（　　）

二、单项选择

（1）当政府把 10 亿元用于修一条高速公路时，每年收益为 10 亿元。这时，修高速公路的机会成本是（　　）。

    A. 修一个机场，每年收益 9000 万元

    B. 修建大型娱乐中心，每年收益 9500 万元

    C. 建大型商场，每年收益为 9300 万元

    D. 贷款给国外，每年利润为 9100 万元

（2）企业使用自有资金也应计算利息收入，这种利息从成本角度看是（　　）。

    A. 固定成本　　　B. 隐性成本　　　C. 会计成本　　　D. 显性成本

（3）已知产量为 9 单位时，总成本为 95 元，产量增加到 10 单位时平均成本为 10 元，由此可知边际成本为（　　）。

    A. 5 元　　　　　B. 10 元　　　　　C. 15 元　　　　　D. 20 元

（4）在短期成本分析中，随产量的增加而减少的是（　　）。

    A. 平均成本　　　B. 平均固定成本　　　C. 平均可变成本　　　D. 边际成本

（5）假定某种商品的价格是 5 元，某企业生产某一数量这种产品所支付的边际成本是 6 元，要取得最大利润，企业应当（　　）。

    A. 增加产量　　　B. 减少产量　　　C. 停止生产　　　D. 不能够决定

（6）企业的边际收益曲线与平均收益曲线重叠的条件是（　　）。

    A. 商品价格不变　　　　　　　　B. 商品价格不断上升

    C. 商品价格不断下降　　　　　　D. 商品价格不确定

三、问答题

（1）下面是某企业所支付的各项成本，指出哪一项是会计成本，哪一项是机会成本，并说明为什么。

    A. 支付原材料费用共 20 万元。

    B. 使用自己拥有的厂房，如这个厂房出租可获租金 25 万元。

    C. 投资 100 万元，其中向银行借贷 50 万元，自筹资金 50 万元，利率为 5%。

    D. 自主开发一项新技术，企业为此支出 50 万元，如果委托科研机构开发须支付 80 万元。

    E. 支付税金 12 万元。

F. 老板自己兼总经理，如果他把企业交给别人管理，自己外出工作，年工资为 5 万元。

(2) 计算下列情况中的会计利润或亏损，以及经济利润或亏损。

A. 总收益 1.5 亿元，显性成本 0.90 亿元，隐性成本 0.40 亿元。

B. 总收益 1.25 亿元，显性成本 1.00 亿元，隐性成本 0.30 亿元。

C. 总收益 1.00 亿元，显性成本 0.90 亿元，隐性成本 0.20 亿元。

D. 总收益 25 万元，显性成本 27.5 万元，隐性成本 5 万元。

(3) 某企业打算投资扩大生产，其可供选择的筹资方法有两种，一是利用利率为 10% 的银行贷款，二是利用企业利润。该企业的经理认为应该选择后者，理由是不用付利息因而比较便宜。你认为他的话有道理吗？

(4) 你正考虑建一个汽水店。该店本身价值 2000 元，每杯汽水的材料值 1 元。

A. 你经营的固定成本是多少？每杯的可变成本是多少？

B. 作一个表说明你从 0 到 10 加仑变动产量水平时的总成本、平均成本和边际成本。（提示：1 加仑有 16 杯）。画出这三条成本曲线。

(5) 某出租汽车公司有小轿车 20 辆，大轿车 3 辆。当司机人数分别为 15 人、20 人、25 人、30 人、35 人时，每月营业收入分别为 11 万、11.75 万、12.25 万、12.5 万、12.6 万元。如果司机每月平均工资为 400 元，因增加一名司机而引起的其他支出（如燃料费等）为 100 元。问：该公司应聘用多少司机，才能使公司利润最大。

(6) 填写下表所有的空格数字：（产量单位：件；其他指标单位：元）

产量	固定成本	可变成本	总成本	边际成本	平均固定成本	平均变动成本	平均成本
0	120						
1	120		154				
2	120	63					
3	120		210				
4	120	116					
5	120		265				
6	120	180					
7	120		350				
8	120	304					

第六章

市场理论

本章将向你介绍的重点内容

◎ 什么样的市场是完全竞争市场

◎ 完全竞争企业如何决定产量

◎ 完全竞争企业的停止营业决策

◎ 完全竞争企业进入或退出一个市场的决策

◎ 垄断形成的基本原因是什么

◎ 垄断企业如何决定产量和价格

◎ 垄断企业为什么要实行价格歧视

◎ 垄断竞争企业之间的竞争

◎ 垄断竞争市场的效率

◎ 寡头垄断的特征是什么

◎ 寡头之间勾结的好处是什么

◎ 为什么卡特尔是不稳定的

如果你们当地的某家面包店把面包的价格提高20%，该店面包的销售量会大幅度下降，它的顾客会很快转而去买其他面包店的面包。与此相比，如果你们当地的电力公司把电价提高20%，电力公司电的销售量只有微不足道的减少。人们会采取些节电措施，换一只节电的灯管，把空调的温度调高一些，但他们很难让用电量大幅度减少。面包市场和电力市场的差别是很明显的：有许多企业卖面包，但只有一家企业卖电。正是这种市场结构的差别影响了企业的定价与生产决策。

本章将考察不同市场结构下的企业行为。也就是分析在不同的市场条件下，企业如何确定自己的产量和价格，以实现利润最大化的目标。经济学家根据市场的竞争程度把现实中的市场分为四种类型：完全竞争市场，完全垄断市场，垄断竞争市场和寡头垄断市场。市场理论就是研究以上四种不同市场结构中的企业行为。

第一节
完全竞争市场

一、完全竞争的概念和条件

完全竞争市场是指一种竞争不受任何阻碍和干扰的市场结构。把一个市场定义为完全竞争市场，必须具备以下四个条件：

第一，市场上有大量企业。大量企业为销售产品而竞争。但每个企业所占有的市场份额很小，好比是一桶水中的一滴水，所以任何一个企业都无力影响市场价格。

第二，产品同质。每个企业提供的产品都是无差异、同质的产品。买者无法区别不同企业的产品，因此人们对其购买的产品来自哪个特定的企业毫不关心，从而企业也就无法通过自己产品的差别来控制市场。

以上两点决定了完全竞争企业是既定市场价格的接受者。价格接受者是指企业只能按照当前市场价格销售产品。从这一意义上说，一个完全竞争企业没有控制其产品价格的能力。

第三，企业可以自由进入或退出市场。也就是说，企业进出一个市场不存在任何障碍（比如资本、技术、法律等等），所有资源都可以随着需求的变化在行业之间自由流动。

第四，市场信息是畅通的。市场中每一个买者和卖者都掌握与自己的经济决策相关的商品和市场的全部信息，不存在生产者对消费者的欺骗，每一个人都可以根据自己所掌握的完全的信息，确定自己的最优购买量或最大生产量，从而获得最大的经济利益。

在现实经济生活中，完全符合上述条件的完全竞争市场是不存在的，通常可把农产品市场看成是接近于完全竞争的市场。以小麦为例。小麦是由众多的农民提供的，消费者也很多，但每个买者和卖者都是小麦市场价格的接受者，而无法对价格施加影响。不同小麦生产者生产的小麦可以看成是同质的。资源可以自由流入或流出农业。政府可向小麦生产者提供市场供求信息。所以，小麦市场接近于完全竞争市场。

二、完全竞争市场的需求曲线

在说明这一问题时，需要区分市场需求曲线与某一企业面对的需求曲线。

对整个市场来说，需求曲线是一条向右下方倾斜的曲线，表明商品的市场价格下降，需求量增加，需求曲线与供给曲线的交点决定了商品的市场价格。如图6-1（a）所示。

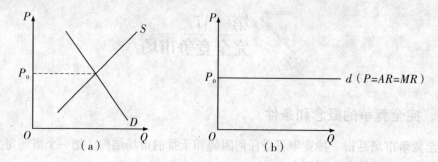

图6-1　市场需求曲线与企业需求曲线

对个别企业来说，情况就不同了。市场价格一旦确定，无论企业如何增加产量都不能影响市场价格。也就是说，企业在既定的市场价格下可以出售任何数量的产品。所以，对单个企业来说，需求曲线是一条从既定市场价格出发的平行线，如图6-1（b）所示。

水平的需求曲线表明，企业无论如何移动自己的供给曲线，也不可能改变市场的均衡价格。在既定的市场价格下，他可以卖出愿意卖出的产量。

上一章我们已经说明，在完全竞争市场，由于价格不变，企业的平均收益等于边际收益并且等于价格。价格水平决定需求曲线的位置，所以需求曲线、平均收益曲线和边际收益曲线重叠为一条水平线，如图6-1（b）所示。

三、完全竞争企业的短期均衡

1. 短期均衡及其条件

短期内，企业来不及调整生产规模，只能在既定的生产条件下，通过改变可变要素的投入量来实现其产量，新旧企业也来不及加入或退出该行业。现在，我们来看短期内企业如何在既定的生产规模下确定最优产量。

在短期内，尽管企业生产利润最大化的产量，但其结果并不一定能获得利润。它可能有利润，也可能收支相抵（有正常利润），或处在亏损状态。企业究竟处在哪一种情况，这与每个企业的技术水平和经营状况有关。技术水平和经营状况不同的企业，其成本也会不一样。因而短期内即使各企业面临的需求曲线是相同的，但它们获取利润的情况也会不一样。图 6-2 表示短期内企业有三种可能的利润情况：①有超额利润；②收支相抵；③有亏损。

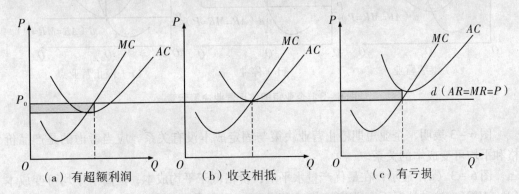

图 6-2 短期内企业面临三种可能的利润情况

在图 6-2（a）中，企业的技术水平和经营状况比较好。由于其生产效率较高，每单位产量的价格高于平均成本，MR 曲线和 MC 曲线的交点在 AC 曲线的上方，短期内企业获得了经济利润，即图中阴影部分的面积。

在图 6-2（b）中，企业的技术水平和经营状况一般，每单位产量的价格等于平均成本，MR 曲线和 MC 曲线的交点正好与 AC 曲线的最低点重合，企业收支相抵，可获得正常利润，经济利润为零。

在图 6-2（c）中，企业的技术水平和经营状况比较差，由于其每单位产量的价格低于平均成本，MR 曲线和 MC 曲线的交点在 AC 曲线的下方，企业发生了亏损，即图中阴影部分的面积。

由此可见，完全竞争市场企业的短期均衡条件是：$MR = MC$。企业按照这一条件决定产量，有利润时就一定是相对最大的利润。有亏损时就一定是相对最小的亏损。所以，$MR = MC$ 的利润最大化的均衡条件有时也被称为利润最大或亏损最小的均衡条件。

2. 企业短期停止营业决策

短期内，当 $MR = MC$ 时，如果企业是亏损的，它还会继续生产吗？我们用图 6-3 来说明这一点。

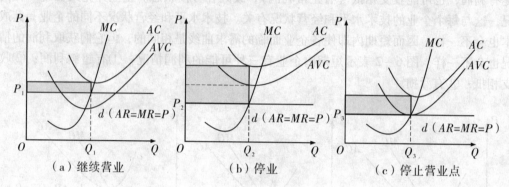

图6-3　企业短期停止营业决策示意

图6-3表明，企业短期停止营业决策与固定成本没有关系，应当考虑的是产品价格和平均可变成本的关系。

图6-3（a）显示，在最优产量水平上，价格低于平均成本，但高于平均可变成本（$P > AVC$），这种情况下企业应该停止营业吗？答案是否定的。因为固定成本已经投入，无论是否生产都要支出，如果停止营业，企业的损失等于总固定成本。继续营业，其收益除了弥补可变成本之外，还可以弥补部分固定成本。所以，当价格大于平均可变成本但小于平均成本时，企业生产比不生产亏损会小一些。

图6-3（b）显示，如果价格下跌太多，不仅低于平均成本，而且低于平均可变成本（$P < AVC$），企业在这种情况下生产，连可变成本都无法完全弥补，更谈不上弥补固定成本。故此时应该停止生产，这样做只会亏掉固定成本，可变成本没有损失。所以，当价格小于平均可变成本时，企业应该停止生产。

图6-3（c）显示，当价格等于平均可变成本最低点（$P = AVC$）时，企业的收益刚好可以补偿可变成本，其亏损等于其总固定成本。在此情况下，企业生产与不生产都一样，亏损的都是固定成本，可变成本则不会有亏损，所以，$P = AVC$ 被称为停止营业点。

根据以上的分析，我们可以得出结论，短期内，在企业亏损的条件下，企业继续生产的条件是 $P \geqslant AVC$，即价格必须大于或等于平均可变成本最低点。

3. 企业的短期供给曲线

从完全竞争企业的短期均衡分析中，可以得到企业的短期供给曲线。

第二章说明，供给曲线是指在每一价格水平下企业愿意并且能够提供的商品数量。以上完全竞争企业短期产量决策的分析表明，追求利润最大化的企业，会根据边际收益等于边际成本的条件，随着价格的变动来调整其均衡产量。对于竞争性企业来说，价格和边际收益是相同的。因此，只有当价格大于或者至少等于边际成本时，企业才愿意提供产量。

图 6-4 表明了供给量对价格变动的反应。当价格为 P_1 时，企业生产产量 Q_1，Q_1 是使边际成本等于价格的产量。当价格上升到 P_2 时，企业发现，在 Q_1 的产量水平时边际收益大于边际成本，因此，企业增加生产。新的利润最大化产量是 Q_2，这时的边际成本等于更高的价格 P_2。

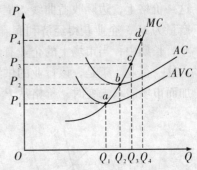

图 6-4　供给量对价格变动的反应

其余依此类推，在价格大于平均可变成本最低点（停止营业点）之后，供给量由 MC 与价格相等的点来确定。边际成本曲线等于和高于 AVC 曲线最低点的部分，实际给出了价格与企业利润最大化产量之间的对应关系，这种对应关系就是竞争企业的短期供给曲线。因此，竞争企业的短期供给曲线就是 MC 曲线等于和高于 AVC 曲线最低点的部分。由于边际成本曲线在 AVC 曲线最低点以上部分是递增的，竞争企业的短期供给曲线一定是向右上方倾斜的。这表明，当价格上升时，企业的供给量增加。

至此，我们从完全竞争企业追求利润最大化的经济行为中推导出了竞争企业的向右上方倾斜的短期供给曲线，从而对第二章所描绘的单个生产者的供给曲线向右上方倾斜的现象作出了解释。这一解释说明，企业所提供的产品数量是在既定价格水平下能够给它带来最大利润或最大亏损的产品数量。

4. 完全竞争行业的供给曲线

任何一个市场的供给量都是该市场中所有企业供给量的总和，完全竞争市场也是如此。假定生产要素的价格是不变的，那么，完全竞争市场的短期供给曲线就是由市场内所有企业的短期供给曲线的水平加总而构成的。或者说，把完全竞争市场内所有企业的 SMC 曲线在 AVC 曲线最低点以上的部分水平相加，便构成该市场的短期供给曲线。

四、完全竞争企业的长期均衡

我们已经知道，在短期均衡时，企业可能获得经济利润，也可能面临亏损或收支相抵（有正常利润），这三种情况的每一种都是短期均衡，但是长期均衡只有其中的一种情况。这是因为，在长期中，企业可以选择进入或退出市场，也可以调整其生产规模。现在我们来看在企业能够进入或退出的市场，情况会有什么变化。

我们先来看当新企业进入一个市场时的情况（如图 6-5 所示）。假设某市场所有的企业都掌握相同的技术，拥有同样的成本曲线。图 6-5（a）表示，当该市场需求曲线 D 与市场供给曲线 S_1 相交于 E_1，决定产品的均衡价格为 P_1。图 6-5（b）表示，在这一价格上，边际收益曲线 MR 与边际成本曲线 MC 相交于 E_1，决定了企业最大利润的产量为 Q_1，企业获得经济利润。

长期中，当市场上的企业有经济利润时，企业会扩大生产，其他行业的企业也会涌入这一行业。于是，该行业的供给增加，市场供给曲线 S_1 将向右移动到 S_0，当供给增加而市场需求未变时，价格从 P_1 下降到 P_0，经济利润消失了，企业获得正常利润。

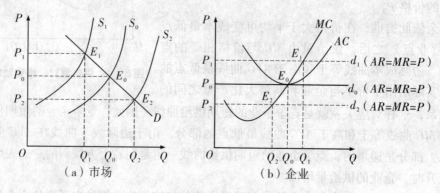

图 6-5　完全竞争市场的长期均衡

再来看当企业退出一个市场时的情况（如图 6-5 所示）。假设企业的成本与市场需求和以前相同，但现在市场供给曲线为 S_2，图 6-5（a）表示，市场需求曲线 D 与市场供给曲线 S_2 相交于 E_2，决定产品的均衡价格为 P_2，这一价格低于 P_0。图 6-5（b）表示，在这一价格上，边际收益曲线 MR 与边际成本曲线 MC 相交于 E_2，决定了企业的均衡产量为 Q_2，企业面临亏损。

当有亏损存在时，企业会缩小生产规模，或者退出该行业。于是，行业的供给减少，供给曲线向左移动到 S_0，市场需求曲线 D 与市场供给曲线 S_0 相交于 E_0，价格从 P_2 上升到 P_0，亏损消失。每个企业都获得了正常利润。

当产品价格等于最低平均成本，既无经济利润又无亏损时，企业既不进入又不退出一个市场，供给曲线停止移动，价格不再调整，每个企业都得到了正常利润。这种状况就是竞争企业和市场的长期均衡。

由此可见，完全竞争市场上企业的长期均衡条件是：$MR = AR = MC = AC$。在图形上，长期均衡的 E_0 点也是收支相抵点，这时总收益等于总成本，企业只能获得正常利润。

从长期均衡条件可以看出，企业进入或退出一个行业的长期决策与企业短期停止营业决策是不同的。长期中，企业退出一个行业虽失去从出售产品中得到的全部收益，但它也没有固定成本和可变成本的投入，所以，只要产品的价格小于平均成本，即 $P < AC$，企业就退出；只要价格大于平均成本，即 $P > AC$，企业就进入；价格等于平均成本，即 $P = AC$，企业才会继续生产。因此，在有自由进入与退出时，竞争市场长期均衡一定是企业在其平均成本最低时运营。

经济学家认为，在完全竞争市场，价格像一只"看不见的手"指挥着整个社会的生产。通过价格机制的调节，每个企业都可以把生产规模调整到平均成本最低点，从而使资源得到最有效配置。

第二节
完全垄断市场

完全竞争市场是一个理想的市场结构。从本节开始，我们来研究真实世界中不太理想的市场条件下的企业行为。

一、完全垄断市场的概念与特征

完全垄断是指市场上只有一家企业生产一种没有相近替代品的产品，并且其他企业难以进入这一市场。根据这一定义，可归纳出完全垄断市场的三个关键特征：

第一，企业是一种产品的唯一卖者。这意味着这个企业就是整个行业，这个企业的产量就是整个行业的产量。

第二，该产品没有相近的替代品。因而企业不存在面临来自替代品生产者竞争的问题。

第三，存在进入障碍。也就是说，垄断市场具有相当高的进入壁垒，以至于别的企业很难进入该市场。

完全垄断在现实生活中也不常见。比较接近于完全垄断的是公用事业部门，如邮政、自来水、煤气公司、有线电视等。

二、为什么会产生垄断

垄断的基本原因是进入障碍。垄断者之所以能在其市场上保持垄断地位，是因为其他企业不能进入市场并与之竞争。进入障碍的形成主要有以下原因：

1. 控制关键资源

如果一家企业控制了生产某种产品所必需的资源，那么它往往就成为该产品的垄断者。垄断者比竞争市场上任何一家企业有大得多的市场力量，即使市场成本很低，垄断者也可以规定极高的价格。一个典型的例子是南非的钻石公司德比尔。德比尔拥有南非最大的钻石矿藏，控制了世界钻石生产的80%左右，虽然不是100%，但也足够成为世界钻石市场的垄断者。每年的钻石交易会，它不许买主拥有讨价还价的权力，谁要不接受它的一口价，下次就不允许参加交易会。虽然关键资源的排他性所有权是垄断的一个原因，但垄断很少产生于这种原因。随着国际贸易的发展，许多产品可以在世界范围内找到相近的替代品，企业因拥有某种关键资源而成为垄断者的情况很少。

2. 政府创造的垄断

当政府给予一家企业排他性地出售某种物品和劳务的权利时，该企业就成为垄断者。政府创造垄断的一种情况是专利和版权法。在中国，如果你发明一种新药并获得政府认可，那么你就在未来15年中拥有排他性生产并销售这种药品的权利。同样，当你写完一本小说时，你可以拥有这本书的版权，它使任何一个人在没有得到你同意时不能出版这本著作。政府通过专利和版权的方式使一个生产者成为垄断者，并允许这些垄断者收取较高的价格并赚取较多的利润，这是对人们创造性活动的激励。

另一种情况是政府授予一家企业经营特权，使其成为某种物品或劳务的唯一提供者，例如烟草、盐、邮政、广播电视等。这些特殊行业和公用事业通常受到政府的严格管制并且设有很高的进入壁垒。由于政府特许是由行政性权利赋予经营特权而导致的垄断，因而也被称为行政性垄断。与专利权和版权所形成的垄断相比，行政性垄断往往会带来效率的扭曲，企业没有竞争的压力，也就缺乏降低成本和关注消费者利益的动力，甚至缺乏市场竞争环境下最基本的服务意识。

3. 自然垄断

当一个企业能以低于两个或更多企业的成本为整个市场提供一种物品或劳务时，这个行业为自然垄断。自然垄断产生于规模经济，在这种情况下，一个企业可以以最低成本提供整个行业的全部产量，而这时价格又是有利可图的，如果此时有更多的企业进入该行业，企业数量越多，每个企业的产量越少，平均成本必然上升。例如固定电话的运营。其规模收益递增阶段可以持续到很高的产量，以致一家企业向整个市场提供服务的成本要比几家企业来瓜分市场的成本低得多。

当企业处在自然垄断状态时，它不太关心有损于其垄断地位的新企业进入行为。因为自然垄断市场没有吸引力，想进入者知道，他们无法达到垄断者的低成本水平，因为在进入后，每个企业的市场份额都小了。显然，"自然垄断"的进入障碍并非人为创造的。现实经济中，许多公用事业，如自来水、电力、煤气的供给都是典型的自然垄断行业。

案例分析　　　　　　　　　微软垄断案

　　美国富可敌国的、有金漆招牌的微软公司，最近在一件被称为20世纪最大的反垄断官司案中，被法官杀得落花流水！虽然要待明年才判案，但此判案，凶多吉少，而庭外和解总不会得到甜头。据说微软打算上诉，但上诉既不能拿出新证据，成功的机会是不大的。

　　说反垄断的官司判案历来武断，有点乱来，微软目前的官司就是例子。要不是微软赚那么多钱——要不是盖茨那么富有——何罪之有？要是你和我在美国试行微软做生意的手法，但赚不到钱，或亏大本，那么就算你和我跪地恳求被起诉，美国政府也必定视若无睹。换言之，微软的问题，是钱赚得"太多"，在竞争中所向无敌。令人费解的是，在反垄断法例中，赚钱多少从来没有被提及。

　　我认为除了赚钱，今天微软在这场官司上所遇到的困境，还有三个原因。

　　其一，他们不选用陪审团。微软的案件极为复杂，但我认为选用陪审团是上策，这是因为好些人买了微软的股票——或起码有不少朋友买微软而赚了钱——而在一般市民的心目中，微软的形象实在好。这家公司把西雅图的经济搞上去，也是美国今天以科技雄霸天下的一个大功臣。

　　其二，微软在这场官司中，雇佣的律师虽然绝对一流，但经济理论的阐释却是不足。竞争与垄断的概念，竟然没有人对法官解释清楚。

　　其三，把软件连带硬件一起出售，可以防止软件被盗版或盗用。这是个重点：微软可以说他们坚持软件、硬件搭销，不是为了垄断，而是要为软件防盗。我认为起码在某种程度上，这是事实，但为什么微软没有把这重点说出来？

　　垄断的成因有三种。从社会经济利益的角度来衡量，只有一种是不可取的。

　　第一种是垄断者有特别的天赋，像邓丽君那样的歌星，或多或少有垄断权。这种垄断是不应该被禁止的。要是邓丽君还在，你要把她杀头，还是让她笑口常开地唱下去？

　　第二种垄断是有发明的专利权或版权，或商业秘密。这种也不应该被禁止。没有发明权利，世界上不会有爱迪生，虽然此公最后因为专利官司打得太多而近于一贫如洗。

　　第三种是最难明白的，而也是美国反垄断法例最通常针对的垄断。这就是在竞争中把对手杀下马来。这种垄断有垄断之貌而无垄断之实。一万个竞争者中只有一个不被淘汰，但这生存的"适者"，分分秒秒都惧怕众多的败军之将卷土重来，所以，他的产品价格不可能是垄断之价。这是"微软"的垄断，有貌无实，是不应该禁止的。

　　据我所知，赞成自由市场、高举竞争有道的经济学者，反对的垄断只有第四种，那就是由政府管制牌照的数量，或由政府立法来阻止竞争而产生的垄断。这种垄断中国香港特区政府是专家，也难怪几年前消费者委员会提出的反垄断建议遭到漠视了。

——缩编自张五常：《垄断可能是竞争的结果》，《经济学消息报》，2003 年。

三、完全垄断企业的需求曲线和收益曲线

在完全垄断市场上，一家企业控制了某种产品的生产，它是价格的制定者，而不是价格的接受者。它所面临的需求曲线就是整个市场的需求曲线。如图 6 - 6 所示。垄断企业面临的是一条向右下方倾斜的需求曲线。这就意味着如果它提高价格，需求量会减少；而它想出售更多的产品，就得降低价格。

正如上一章所介绍的，企业的平均收益等于价格。在垄断市场，企业出售每单位产品所得到的价格也就是它的平均收益。所以，企业的需求曲线与平均收益曲线重叠为一条线。但是，由于垄断企业面临的是一条价格递减的需求曲线，这意味着企业要多销售 1 单位产品必须降价，这会使企业得到的收益低于以前出售的每一个产品。因此，垄断企业的边际收益要小于价格（如图 6 - 6 所示）。垄断企业的需求曲线是平均收益曲线向右下方倾斜的线，边际收益曲线则是位于平均收益曲线之下的向右下方倾斜的线。

四、完全垄断企业的产量与价格决策

可以用图 6 - 7 来分析完全垄断企业的均衡。

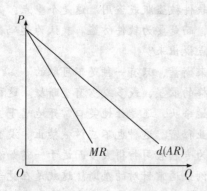

图6-6　垄断企业的需求曲线与边际收益

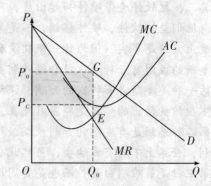

图6-7　垄断企业的最优产量、价格和利润

首先假设，企业在低产量水平上生产，例如小于 Q_0，这时边际收益大于边际成本，如果企业继续增加产量，增加的收益将大于增加的成本，企业的总利润将增加。因此，

这时企业增加生产是有利的。同理，如果企业的产量大于 Q_0，这时边际收益小于边际成本，如果企业减少产量，节省的成本将大于失去的收益，企业减少产量则可以增加利润。最后，企业调整其产量水平达到 Q_0 为止，这时边际收益等于边际成本，总利润达到最大。因此，垄断企业的利润最大化产量是由 MR 曲线和 MC 曲线的交点 E 所决定的，将 EQ_0 延伸到与需求曲线相交的 G 点，这样就决定了均衡价格为 P_0。由此可见，垄断企业均衡的条件是：

$$P > MR = MC$$

对比完全竞争企业，其均衡时有：

$$P = MR = MC$$

可以看出，垄断企业和竞争企业一样，通过生产边际收益等于边际成本的产量使利润最大化。但是，这两类企业有一个重要差别：在竞争市场上，价格等于边际成本；在垄断市场上，价格大于边际成本。这一点对于理解以后将要分析的垄断对社会福利的损害非常重要。

现在我们来看垄断企业会得到多少利润。在图 6 – 7 中，总收益为价格与产量的乘积，即 P_0OQ_0G 的面积，总成本是平均成本与产量的乘积，即 P_cOQ_0E 的面积。显然，总收益大于总成本，其差额为垄断企业的经济利润，即图 6 – 7 中阴影部分的面积。

在竞争市场，如果企业获得了经济利润，会吸引新企业进入，因而企业不能长久获得经济利润。这种情况在垄断市场不会出现，进入障碍阻止了其他企业的进入，因此，垄断企业总是能够获得经济利润。在经济学中，垄断企业的经济利润也称为垄断利润，表明垄断企业无论短期和长期都有可能获得经济利润。

五、垄断的福利代价

经济学家认为，垄断企业的价格较高，产量较低，因而造成了某种程度的社会福利损失，我们称之为无谓损失。可以通过比较垄断企业和竞争行业的长期均衡说明垄断造成的无谓损失（如图 6 – 8 所示）。

图 6 – 8 是垄断和竞争条件下长期均衡的价格和产量。为了分析的简便，假定垄断企业和竞争企业的成本不变，平均成本曲线和边际成本曲线重合并且是水平的。在长期中，垄断企业选择边际收益曲线和边际成本曲线相交的产量水平

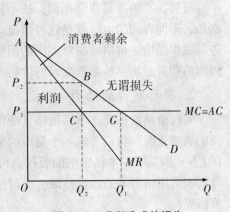

图 6 – 8 垄断造成的损失

Q_2，并且索取价格 P_2，这是需求曲线上与产量 Q_2 对应的价格。竞争企业选择需求曲线与边际成本曲线相交（即平均收益等于平均成本）的产量水平 Q_1，显然，垄断企业的产量 Q_2 小于竞争企业的产量 Q_1。在竞争条件下，价格 P_1 等于边际成本；而在垄断条件下，价格 P_2 大于边际成本。

在竞争市场，消费者按照等于边际成本的价格 P_1 购买 Q_1 的产品，将得到三角形 P_1AG 面积表示的消费者剩余。而垄断者收取高于边际成本的价格 P_2 时，消费者剩余只有 P_2AB 面积，所减少的消费者剩余的一部分（矩形 P_1P_2BC 的面积）转化为垄断者的利润，所减少的另一部分消费者剩余（三角形 CBG 的面积）则是由垄断所引起的社会福利损失。这一部分消费者剩余消费者没有得到，垄断企业也没有得到，它是一种无谓的损失。

六、价格歧视

1. 价格歧视的含义

在以上的分析中，垄断企业对产品只制定一个价格。但在很多情况下，垄断企业并不是仅采取单一价格经营，而是实行价格歧视。

价格歧视是指企业对同一种物品或劳务向不同购买者收取不同价格的行为。价格歧视广泛存在于现实生活中。例如，自来水公司把水分为生活用水和生产用水；电力公司将电分为居民用电、商业用电、工业用电，并收取不同的费用；长途电话夜间的收费低；商店对大量购买者实行的价格优惠；汽车制造商在出口市场上的销售价格往往低于在国内市场销售的价格；等等。现实中大多数实行价格歧视的企业并不是垄断者，但是垄断者在实行价格歧视的时候就是这样做的。

当然，有的产品非常相似，按不同的价格出售是因为成本不同，而不是价格歧视。例如，不同时间的电价就是这种情况。对高峰期的用电收取高价，是因为这时发电的边际成本递增。价格歧视对不同的消费收取不同的价格，不是因为成本不同，而仅仅是因为消费者对物品的愿意支付的价格不同。

2. 价格歧视的动力

实行价格歧视要比单一价格复杂得多，为什么垄断企业愿意花费精力去区别对待不同的消费者呢？我们考虑一个简单的例子。假定你是一位出版公司的老板，最近支付了 100 万元购买了一本畅销书的版权，再假定印刷该书的成本为零，因此，出版公司的计算利润可用销售书的总收益减去支付给作者的 100 万元。那么，你对这本书收取多高的价格呢？

首先，你要估计这本书的需求量。假定这本书有 10 万名崇拜者，每人愿意为这本书支付 40 元。其次，这本书有 20 万名不热心读者，每人只愿为这本书支付 10 元。那么，你如何定价才能使公司的利润最大化呢？

可以有两种选择。一种选择是把书的价格定在 40 元，这样，出售 10 万本，总收益为 400 万元，利润为 300 万元。若是把价格定在 10 元，出售 30 万本，总收益为 300 万元，利润只有 200 万元。因此，出版公司会收取 40 元并放弃出售给 20 万名不热心读者的机会而使利润最大化。但是，这样做引起了无谓的损失，那些愿意以 10 元价格买书的读者不能如愿，出版公司损失了 100 万元的利润（如图 6－9 所示）。为了分析的简便，假设边际成本曲线是水平的，出版公司收取高于边际成本的单一价格，一些支付意愿高于边际成本的潜在乘客没有购买，垄断引起了无谓损失，正如图 6－9 中浅色三角形所示。

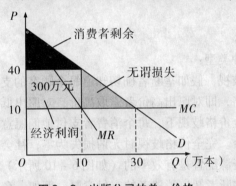

图 6－9　出版公司的单一价格

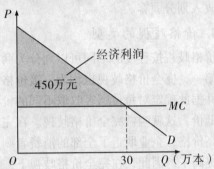

图 6－10　出版公司的完全价格歧视

另一种选择是公司先发行精装本，定价 40 元，然后再发行平装本，每本 10 元。假定这两种版本印刷成本的差别为 5 元。这样，公司对 10 万名崇拜者出售精装本，总收益为 400 万元，对 20 万个不热心读者出售平装本，总收益为 200 万元。这时总利润为 450 万元 [＝600 万元－（100 万元＋50 万元）]，高于公司收取 40 元单一价格时所赚到的 300 万元（如图 6－10 所示）。无谓的损失消失了，出版公司把能该赚到的钱都赚到了手，价格歧视增加了社会总福利，但增加的是出版公司的利润。读者获得的是购买书的权利，他们的福利为零，因为每个读者都是按照自己的支付意愿支付的价格，市场的全部剩余以利润的形式归出版公司所有。

以上分析说明，垄断企业愿意选择价格歧视战略，因为通过对不同读者收取不同价格，增加了企业的利润。

3. 价格歧视的条件

企业实行价格歧视的目的是为了增加其利润，实现这一目标必须具备以下条件：

第一，必须对价格具有一定的控制力。虽然价格歧视并不只存在于垄断市场，但是能够实行价格歧视的企业必须拥有我们所说的市场力量。也就是说，在完全竞争市场，企业无法实行价格歧视，因为竞争市场的价格不是企业决定的，企业可以在既定市场价格下出售所有的产量，没有必要实行价格歧视，因为任何形式的价格调整都会损害企业自身的利益。只有在非完全竞争的市场上，企业不再是市场价格的接受者，它们具有市场力量可以影响价格。这时企业定价就需要考虑市场需求，从而实行策略定价。

第二，必须区分具有不同支付意愿的顾客。也就是说，垄断者必须知道不同层次的消费者购买产品的意愿和能力。在这种情况下，他才能根据不同的需求意愿对同一种产品制定不同的价格，把能赚的钱都赚到手。在我们的例子中，出版商是通过先出版精装本，再出版平装本区分了两类读者。垄断者也可以选择其他方式划分顾客，例如，以年龄或收入划分顾客。

4. 价格歧视的类型

价格歧视按程度的不同可以划分为两种类型：

第一，完全价格歧视也称为一级价格歧视。假如垄断者确切知道每个顾客的支付意愿，并据此确定对每位顾客收取不同的价格，即对愿出高价者索取高价，对愿出低价者索取低价，这就叫做完全价格歧视。在完全价格歧视下，每个消费者支付他们愿意支付的最高价格，企业取走了全部的消费者剩余。完全价格歧视时无谓损失为零，社会福利水平提高了。因此，在完全价格歧视下，资源配置是有效率的（如图 6 - 10 所示）。

完全价格歧视存在于购买人数较少，垄断者知道消费者的支付意愿。例如，乡村医生按照不同病人的能力和支付意愿，对相同的治疗收取不同的医疗费用。在这种情况下，消费者剩余完全转变为垄断企业的利润。

第二，不完全价格歧视。大多数价格歧视是不完全的，因为企业很难确切了解每一位顾客的支付意愿。在这种情况下，企业可以采取两种方法把具有不同支付意愿的顾客大致划分开来。

一种方法是企业把商品购买量分为两个或两个以上的等级，对不同等级的消费者索取不同的价格，这被称为二级价格歧视，或称为数量折扣。例如，电力公司在收费价目上把每月用电量规定三个等级，用电越少的等级价格越高（如图 6 - 11 所示）。图 6 - 11 中，D 代表一个城市家庭对电力的需求。收费价目表是这样的：每月消费的最先一部分电力 Q_1，按 P_1 收费；当消费量从 Q_1 增加到 Q_2 时，增加消费的

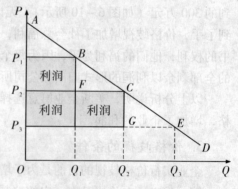

图 6 - 11　二级价格歧视

部分按 P_2 收费；当消费量超过 Q_2 时按 P_3 收费。如果电力公司按统一价格收费，在出售电量为 Q_3 时，价格只能是 P_3，这时消费者剩余为 P_3AE 的面积。但电力公司按三个等级收费，使消费者剩余减少为 P_1AB、FBC 和 GCE 三个三角形面积的总和，其余的部分，即图 6-11 中阴影部分的消费者剩余转变为电力公司的利润。

另一种方法是企业根据消费者对同一产品需求价格弹性的差别把消费者区分为两个或两个以上的类别，对需求富有弹性者收低价，对需求缺乏弹性者收高价。这被称为三级价格歧视。例如，度假乘客和公务乘客对乘飞机旅行具有不同的需求价格弹性。度假乘客比公务乘客对机票价格更敏感，他们可以选择坐火车而不是乘飞机，因此，度假乘客乘飞机旅行的需求价格弹性较高。公务乘客对机票价格不敏感，当一项重要的工作需要他们立即飞往一个城市的时候，他们没有更多的选择，因而公务乘客乘飞机旅行的需求价格弹性较低。当航空公司了解到公务乘客和度假乘客对乘飞机旅行的需求价格弹性的差别后，它就可以对公务乘客收取较高的票价，而对度假乘客收取较低的票价。航空公司采取的方法之一是"提前购票"。公务乘客总是临时决定旅行计划，而度假乘客则能够比较早的安排旅行计划。因此，航空公司通常会规定提前购票的时间，对愿意提前购买机票的人收取较低的费用，而对那些不想提前购买机票的人则收取较高的费用。

在不完全价格歧视的情况下，购买同一数量商品和同一类别的消费者对一种商品愿意支付的价格也不同，垄断企业只是把支付意愿较高市场上的消费者剩余转化为利润。

案例分析　　　民航机票定价的另一种思路

近些年来，中国民航总局已经放弃了机票"禁折令"。允许各航空公司以向乘客提供折扣机票的方式参与市场竞争。但是，由于各民航公司的业务水平没有相应提高，民航公司的效率没有太大改善。航班或者满员，或者乘客寥寥无几的现象依然存在。许多航空公司长期亏损的状态也没有得到明显改善。

现在机票可以打折了，票价越低，可以出售的客票数越多，但降低了票价也就降低了营业收入。如果不打折，票价过高，乘坐飞机的人难以增加。如何通过提高民航公司的业务水平，利用价格调剂余缺，既能让更多的人乘坐飞机，又能提高航空公司的收入呢？

国外民航业常用的一种定价方法是价格歧视，即对不同的乘客收取不同的票价。例如，有的民航公司对两城市间的往返机票收取两种价格：全价与折扣价。对周六在所到达城市住一晚的乘客收取折扣价，对周六不在所到达城市住的乘客收全价。民航公司实行价格歧视的一个重要条件是把乘客区分为不同的集团，区别哪些乘客是不计较票价的，他们不论票价高低都会坐飞机，对他们可以收取高票价；哪些乘客只有在票价低的条件下才会坐飞机旅行，对他们只能收取低价。实行价格歧视的关键是要能用一种客观标准区分这两类乘客。美国的民航公司用的方法就是周六是否在所到达城市住一晚上。通常公务出差者由于是公费支出，他们只考虑时间的合适性，很少考虑价格变动，因此他们不愿为省几个钱而放弃周末与家人的团聚。航空公司对他们收取高票价，乘客不会减少（需求缺乏弹性），来自这部分乘客的收入也不会减少。而私人乘客乘飞机是去玩，对他们来说时间是否合适不重要，他们更看重买折扣机票能节省自己的费用支出。航空公司对他们收取低票价，由于需求富有弹性，乘客增加的百分比大于机票降价的百分比，来自这部分乘客的收益增加，这样，总收益增加了。而且，灵活性的票价也起到了优化资源配置的作用，公务乘客和私人乘客在选择上各得其所，航班乘客过多或过少的现象因此而消失。

价格歧视的形式很多。例如，美洲航空公司 1992 年将纽约至伦敦的经济舱分为高低不同的五种价格，最高票价无任何限制，最低票价则有必须提前购买、适用于周末、不退票等限制。这两者之间又有不同的价格限制条件。这种方法把乘客区分为不同的收入集团，高收入者购买方便的高价票，低收入者也可买低价票到伦敦一游。

我国民航业在机票定价方式上一直陷入再削价竞争和用行政手段限制降价的怪圈。走出这一怪圈需要另辟蹊径，在民航机票定价方式上不妨借鉴国外行之有效的价格歧视的做法。市场经济需要灵活的头脑和灵活的经营方式，经济学就是使你的头脑更加灵活的学问。

——改编自梁小民：《微观经济学纵横谈》，读书·生活·新知三联书店 2000 年版。

第三节
垄断竞争市场

完全竞争市场和完全垄断市场在现实生活中较为少见。现实中更为常见的是介于这两种极端之间的情况，也就是说，经济中大部分市场既存在某种程度的竞争，又存在某种程度的垄断。我们把这种竞争和垄断兼而有之的市场分为两种类型；垄断竞争和寡头垄断。本节考察垄断竞争市场的企业行为。

一、垄断竞争的概念与特征

垄断竞争是指许多出售相似而不相同的产品的企业的市场。垄断竞争市场具有以下特征：

第一，企业众多。这一点与完全竞争市场相同。每个企业在市场中的份额很小，对市场的影响几乎可以忽略不计。这意味着单个企业的产量和价格变动，不会引起竞争对手的注意和反应，企业也不必担心自己会受到竞争对手任何报复措施的影响。

第二，产品差别。这里所说的产品差别是指同种产品之间在质量、包装、外观、商标、广告、企业地理位置、服务态度等方面的差别。正是这种产品差别的存在引起了垄断，因为每种带有自身特点的产品都是唯一的，这使生产者成为自己产品的垄断者，企业可以自行定价，从而使市场带有垄断的因素。产品差别程度越大，垄断的因素也越大。但是，由于有差别的产品之间又是很相似的替代品，相似的产品之间存在着激烈的竞争，因此，市场中又具有竞争因素。这种既有垄断又有竞争的市场是垄断竞争市场的基本特征。

第三，自由进出。这表明垄断竞争市场没有进入障碍，因为企业的生产规模比较小，企业进入或退出一个市场比较容易。

在现实中，垄断竞争市场普遍存在于服务业和零售业，如服装、餐馆、药店、电影院等等。

案例分析　　经济学教科书的特色化经营

在国内外的教科书市场上，经济学教科书可谓品种繁多。然而，1998年当美国哈佛大学教授曼昆推出《经济学原理》之后在美国初次印刷发行即达20万册，1999年该书中文版问世后不到半年内也销售了8万册。在竞争激烈的经济学教科书市场上，曼昆的《经济学原理》为什么能一枝独秀，这是因为经济学教科书市场是垄断竞争市场结构。

经济学教科书之所以是垄断竞争市场就在于这些教科书是有产品差别的市场。就国外比较流行的经济学教科书来说，有的以历史悠久和内容全面而著称，比如萨缪尔森和诺德豪斯写的《经济学》。该书1948年出版第一版，以后的同类教科书均以其结构为范本；有的以理论体系严谨、内容有一定深度而受到欢迎，比如迈克尔·帕金的《经济学》；有的以通俗易懂，与电脑运用密切配合而畅销，比如奥沙利文和谢夫林的《经济学》等等。这类书的品种很多，但每一种都有自己的特色，并以这种特色占有一定份额市场，受到一部分消费者的欢迎。但由于这些教科书属同类产品，它们之间的竞争也十分激烈。曼昆的《经济学原理》能在这竞争激烈的市场上获得成功就在于他创造出了自己产品的特色。他注意到一些经济学教科书求全求严谨的缺点，因此在书中以通俗的事例、故事、政策来分析介绍深奥的经济学原理，使沉闷的经济学让人读起来轻松、愉快。与其他同类经济学教科书相比，《经济学原理》具有简明性、通俗性和趣味性的特色，曼昆以他那幽默风趣、流畅简练的文风写出了这样一本书，也就创造了自己的产品差别，出版后很快得到读者的认可，并在经济学教科书市场上大获成功。

曼昆《经济学原理》成功的事例告诉我们：只有市场不欢迎的产品，没有卖不出的产品。只要你能创造出自己有特色的产品就不怕没有市场。这个道理适合所有企业。

——改编自梁小民：《微观经济学纵横谈》，读书·生活·新知三联书店 2000 年版。

二、垄断竞争企业的需求曲线

在垄断竞争市场上，由于产品存在差别，企业可以自行定价，可以在高价少销和低价多销之间进行选择，因此，垄断竞争企业和完全垄断企业一样，面临着向右下方倾斜的需求曲线。所不同的是，由于各垄断竞争企业的产品是相似的，各产品之间具有一定的替代性，市场中的竞争因素使得垄断竞争企业所面临的需求曲线具有较大的弹性。因此，垄断竞争企业向右下方倾斜的需求曲线是比较平坦的。这条需求曲线同时也是企业的平均收益曲线，边际收益曲线位于平均收益曲线之下。

三、垄断竞争企业的均衡

1. 短期均衡

短期内，垄断竞争企业的均衡与垄断企业的均衡非常相似。因为在短期内，新企业不容易进入该市场，每一个企业对自己所生产的产品都具有垄断性。企业也是按照边际收益等于边际成本的原则确定产量水平，然后在其需求曲线上找出与这一产量相对应的价格。图 6 – 12 描述了两种典型的短期均衡情况。

在图 6 – 12 中，边际收益曲线和边际成本曲线的交点决定了企业利润最大化的产量。在图 6 – 12（a）中，价格高于平均成本，因此企业有经济利润。在图 6 – 12（b）中，价格低于平均成本，企业有亏损。

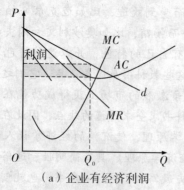
（a）企业有经济利润

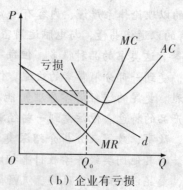
（b）企业有亏损

图 6–12　垄断竞争企业的短期均衡

2. 长期均衡

可用图 6－13 来说明垄断竞争市场企业的长期均衡。

在垄断竞争市场，企业之间存在着激烈的竞争，如果短期内企业有经济利润，必然引起新企业的进入，这种进入增加了买者可以选择的商品数量，减少了市场已有的每家企业面临的需求。因此，需求曲线 d 向左移动，直至与长期平均成本曲线（LAC）相切于 G 点时为止。反之，如果企业存在亏损，亏损的企业会选择退出，顾客可选择的商品少了。企业数量的减少增加了留在市场上的企业面临的需求，因此，需求曲线向右移动直至与 LAC 曲线相切于 G 点。在需求曲线与 LAC 曲线相切时，总收益为 OP_0GQ_0，总成本也是 OP_0GQ_0，两者相等，没有经济利润存在，企业既不再进入又不再退出，从而实现了长期均衡。

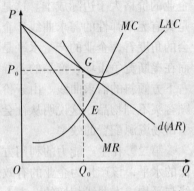

图 6－13　垄断竞争市场企业的长期均衡

从图 6－13 可以看出，垄断竞争市场上企业的长期均衡条件：

$$P = MR = MC, \quad AR = AC = P$$

和垄断市场相同，垄断竞争市场的价格大于边际成本，这是因为利润最大化要求边际收益等于边际成本，而向右下方倾斜的需求曲线使边际收益小于价格。和竞争市场相同，垄断竞争市场的价格等于平均成本，这是因为企业的自由进入和退出使经济利润为零。所以，垄断竞争市场是一种既有垄断又有竞争，既不同于完全垄断又不同于完全竞争的市场结构。

四、垄断竞争与完全竞争的比较

可以根据图 6－14 对垄断竞争的长期均衡与完全竞争的长期均衡进行比较。

在图 6－14 中，d_1 是竞争市场的需求曲线，也是平均收益曲线 AR_1 和边际收益曲线 MR_1，E_1 为完全竞争下的长期均衡点，其均衡价格为 P_c，均衡数量为 Q_c。d_2 为垄断竞争市场的需求曲线，也是平均收益曲线 AR_2，MR_2 为边际收益曲线。在长期均衡点 E_2，价格为 P_m，数量为 Q_m。比较图中的两个市场，

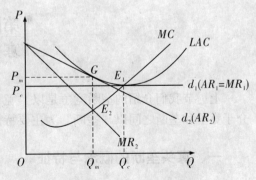

图 6－14　垄断竞争企业与完全竞争企业的比较

可以看出以下几点差别：

第一，在价格和边际成本之间的关系上，竞争企业的价格等于边际成本，垄断竞争企业的价格大于边际成本。这是因为在竞争市场，每个企业都是价格的接受者，面对的是具有无限弹性的需求曲线，企业的产量确保在价格等于边际成本的水平。这说明从社会的角度看，企业的产量水平是有效率的产量，资源在各种产品之间的分配是最优的。而在垄断竞争市场，产品的差异化使企业有一定的市场控制力量，企业面临的是一条向右下方倾斜的需求曲线。由于价格较高，一些对物品的评价高于边际成本但小于价格的顾客买不到物品，这说明从社会资源合理分配的角度看，企业生产不足，垄断竞争降低了市场资源配置的效率。

第二，在生产能力的利用方面，竞争市场上的自由进入使企业的产量在平均成本最低的水平，该产量为企业的有效规模。而垄断竞争市场上的进入和退出一直达到需求曲线与平均成本曲线相切的一点上，这一点时的产量小于平均成本最低时的产量，企业的生产在平均成本最低点左上方的一点（G）。这说明垄断竞争企业的产量低于有效规模，企业存在过剩的生产能力。

由于以上两个方面的原因，垄断竞争市场的价格、成本都比完全竞争市场高，而产量比完全竞争市场低。但这并不能得出完全竞争市场优于垄断竞争市场的结论。因为垄断竞争市场的低效率与企业产品的差异化使企业拥有一定的垄断力量有关。若要使所有的产品市场都是完全竞争市场，市场将充满着毫无风格和个性的同质产品，消费者多样化的需求不能得到充分满足。所以，经济学家认为，如果从消费者福利的角度看问题，虽然垄断竞争企业的生产效率较低，但消费者可以得到丰富多彩的有差别产品；而企业由于生产差别化的产品在短期内可以获得超额利润，从而激发了企业在长期内进行创新的内在动力和愿望，这对整个社会来说是有利的。因此，为了更多创新，以满足不同消费者的需求而放弃部分效率是值得的。

第四节
寡头垄断市场

上一节我们介绍的垄断竞争是以"竞争"为主要特征的市场结构。本节继续介绍介于竞争和垄断之间以"垄断"为主要特征的市场。这种市场被称为寡头垄断。

一、寡头垄断的概念与特征

寡头垄断是指只有少数几家企业的市场。在寡头市场上，少数几家企业供给该市场大部分产品，这几家企业的产量在该市场的总产量中占有较大的份额，所以对市场的价格和产量具有举足轻重的影响。比如世界石油市场，中东少数几个国家控制了世界大部分石油储藏。现实经济中很多行业具有寡头垄断市场的特征，如汽车制造、家电、石油、钢铁、通信、航空、超市零售等行业。因此，寡头垄断市场是经济社会十分重要的市场结构。

寡头垄断市场具有以下特征：

第一，行业内的企业屈指可数。当企业数量很少的时候，它们的产量在市场占有相当大的份额，因此对市场具有明显的影响力。

第二，进入障碍。寡头垄断市场的企业数目少，每家企业的规模很大，其他企业的进入相当困难，因为新企业在生产规模、资金、信誉、原材料、专利等方面很难竞争得过原有企业，也就难以进入这种行业。

第三，企业之间相互依存。这是寡头垄断市场最显著的特点。由于寡头垄断市场企业为数不多，每个企业都要考虑到其他企业的行动，因为每个企业的利益都要受到其他企业行动的影响。一个企业在价格、产量上的变动，新的研究开发计划及广告等活动都会影响其他企业的利益。其他企业不会不对这些行为作出反应。所以，在每家企业作出重大决策时，不仅要考虑自身的成本和收益情况，还要考虑到竞争对手对它的决策的反应。它们制定的竞争策略是否有效，很大程度上要看其他企业采取的是什么行动。

由于寡头垄断企业之间行为相互不独立，对策不确定，企业的任何决策都必须考虑对手的反应。对对手的反应方式作不同的假设可以得到不同的寡头垄断市场模型。因此，要想建立一个统一的分析框架来解释寡头的最优产量与价格决定是很困难的。我们只能依据寡头企业之间相互联系的不同形态建立不同的理论框架来进行分析。

通常情况下，我们依据寡头企业在竞争中是否存在合谋把寡头的均衡分为两大类：一类是有合谋的寡头，另一类是非合谋的寡头。

二、合谋情况下的寡头

寡头企业之间的相互依存关系使产量和价格决策具有不确定性，为了避免在价格战和争夺市场份额中造成各方俱伤的局面，寡头企业有强烈的倾向趋于合作（合谋），由于寡头垄断市场企业的数量较少，企业之间的合谋比较容易达成。寡头企业的合谋模型主要有公开的合谋和默契合谋两种类型。

1. 公开的合谋

公开的合谋也称为卡特尔。卡特尔是以正式协议的形式限制产量提高价格的企业联盟。参加卡特尔的成员企业愿意放弃对价格和产量的单独决定权，它们通过签订公开协议的方式就价格、产量、广告支出等方面达成一致，采取共同行动，以获得各成员共同利润的最大化。

以下我们通过一个双寡头的例子来说明企业之间的合谋如何实现均衡。假定一个小镇上只有张三和李四两个居民拥有水井。为了分析的简便，我们假定每吨水的边际成本为零。

表6-1是水的需求量、价格和利润。表的第三栏为总利润。在每吨水的边际成本为零的假设下，总利润也可以看成是总收益。

表6-1 水的需求量、价格和利润

数量（吨）	价格（元）	总利润（元）
0	120	0
10	110	1100
20	100	2000
30	90	2700
40	80	3200
50	70	3500
60	60	3600
70	50	3500
80	40	3200
90	30	2700
100	20	2000
110	10	1100
120	0	0

从表6-1可以看出，如果是竞争市场，每个企业生产价格等于边际成本时的产量，水的均衡价格和数量应该是0和120吨。如果是垄断市场，企业会把产量确定在60吨，每吨水向消费者收取60元的价格，从而使利润最大。如果是双寡头市场，且张三和李四为了避免竞争带来的两败俱伤，通过签订协议就水的产量和价格达成一致，他们会像一个垄断者一样，把水的产量定为60吨，每吨水向消费者收取60元，从而得到了

3600 元的行业垄断利润。可见，一旦形成卡特尔，市场上实际就是一个垄断者在提供服务，合谋的结果与完全垄断的市场结果相同。

但是，卡特尔是一种不稳定的垄断联盟，它至少面临两方面问题：一是合法性问题。许多国家在法律上禁止任何公开或秘密的垄断联盟，合谋在这些国家属非法行为。在美国，根据反托拉斯法，任何合谋行为都会被判处重罪，包括巨额的罚款甚至是对企业垄断者的监禁。我国 2007 年出台的《反垄断法》包含有不允许企业之间相互串通、操纵市场价格行为的条款。二是卡特尔成员企业存在着背叛的激励。这是因为，卡特尔要求所有成员把产量限制在自己的份额以内，做到这一点是非常困难的，卡特尔成员的利己之心使它们可能采取欺骗其他成员的手段，私下违背卡特尔的产量和价格协议，比如私下降低价格，增加销售份额等。这种行为最终会导致卡特尔的破产。因此，卡特尔的稳定是以很高的道德要求为基础的，以理性人为假设的经济学理论通常认为卡特尔是不稳定的。

案例分析   "欧佩克"和世界石油市场

"欧佩克"即世界石油输出国组织（OPEC）是世界上最著名的卡特尔。在 1960 年最初成立时，欧佩克包括伊朗、伊拉克、科威特、沙特阿拉伯和委内瑞拉。到 1973 年，又有其他八个国家加入：卡塔尔、印度尼西亚、利比亚、阿联酋、阿尔及利亚、尼日利亚、厄瓜多尔和加蓬。这些国家控制了世界石油储藏量的四分之三。和其他卡特尔一样，"欧佩克"力图对其成员国的石油政策进行协调，以通过控制产量来维持石油价格的稳定，从而保证各成员国在任何情况下都能获得稳定的石油收入。1973 年和 1974 年，在阿拉伯—以色列战争过后，"欧佩克"把石油价格从每桶 3 美元左右提高到每桶 12 美元以上。1979 年之后，石油价格进一步由每桶 15 美元左右提高到每桶 40 美元。

然而，"欧佩克"并不能完全控制国际石油市场。自对原油生产实行限产并分配产量定额以来，"欧佩克"从未有效杜绝过其成员国的超产行为。"欧佩克"的成员受到增加生产可得到更大利润份额的诱惑，他们常常就减少产量达成协议，然后又私下违背协议，生产超过分配他们限额的产量。为限制成员国超产，"欧佩克"不得不一再调低生产限额，形成了一个"超产—限产—再超产—再限产"的怪圈。

现在，"欧佩克"依然每两年开一次会，但作为一个各怀想法的利益聚合体；"欧佩克"很难再通过达成或实施协议来控制产量和价格了。其成员国基本上是独立地做出生产决策。世界石油市场具有相当大的竞争性。在稳定世界石油市场价格方面，"欧佩克"已不再能起到任何实质性的作用。

2. 默契合谋

由于公开的合谋行为会受到法律的制裁，寡头企业往往采取默契合谋的方式来减少竞争。**默契合谋**是指企业之间为避免竞争，特别是为避免恶性竞争而就价格达成的一种默契。它通过采取暗中勾结的手段来获取垄断利润。

默契合谋的一种形式是价格领导者。价格领导者是当企业生产同质产品时，由行业中某企业作为价格领导者率先确定产品价格，其他企业作为追随者接受价格并确定自己的产量。价格追随者之所以愿意接受价格领导者的定价，其原因是追随者的生产成本高于价格领导者，价格领导者的定价通常会低于追随者的最优定价，因此追随者不会自己制定更低的价格。

价格领导模型是寡头企业之间的一种默契，它实际上具有价格串谋的作用。然而，在这种情况下，很难证明企业之间进行了勾结。当公众批评它们的合谋行为时，寡头企业总是以根据市场变动来调整价格为理由为自己辩解。

默契合谋的另一种形式是寡头企业"全市最低价"的承诺。我们通常会见到大型超市承诺如有顾客在其他地方发现更低价格的相同产品，愿凭发票补偿数倍差价。在一般消费者印象中，这是企业竞争性很强的促销行为，对购买者是好事。然而，从经济学角度分析，它可能会使消费者以较高的价格买到商品，这实际上是一种暗中合谋的手段。因为这个看似充满竞争火药味的口号同时向竞争者传递一个不要降价的信号。你可以把自己设想为一个做最低价承诺家电销售商的竞争者。如果那个家电销售商将成本为2 800 元的彩电以 3 000 元出售，可获得 200 元的销售利润。如果你想与对方抢生意，你会以 2 900 元出售同样的彩电吗？显然不会！因为你会想到，对方已经做出承诺，如果你降价，那么，他也一定会跟着降价。因而你的降价并不能使你获益。所以，"全市最低价"的承诺有可能产生默契合谋，抬高市场价格的结果。

三、无合谋情况下的寡头

如前所述，寡头企业之间的合谋会受到许多因素的限制，因此现实中更为常见的是寡头企业之间的非合作竞争。经济学常以博弈论为理论工具，分析不合作的寡头竞争。

博弈论又称对策论，它是研究多个决策主体在互动关系中的决策行为。在博弈论看来，每一决策主体的利益不仅依赖它自己的行动选择，而且依赖于他人的行动选择，因此每个人在决定采取什么行动时，必须考虑他人对这种行动做出什么反应。博弈论的目的是分析每个博弈者面临的选择，并对其他博弈者的每个行动做出反应，以采取利润最大化的行动或策略。由于寡头垄断市场企业数量很少，每个企业都知道，它的利润不仅取决于它生产多少，而且还取决于其他企业生产多少。在作出价格和产量决策时，寡头市场上的每个企业都必须考虑它的决策会引起竞争对手什么样的反应。所以，博弈论用来分析企业竞争对手可能的反应，并探讨寡头企业的决策行为十分有用。

以下我们通过一个标准型博弈形式来说明寡头企业的竞争过程（非合作性博弈）和最终结果。

以双寡头为例。在图6-15中，假设X和Y为两家电信运营商。这两家企业的成本相同，市场需求是既定的。为争夺市场，两家企业都面临着两种选择：维持原价或降价。显然，每一家企业在进行选择时都要考虑另一家企业的选择对它的影响，以及它的选择对对方的影响和对方对它的选择的反应等问题。图6-15表示竞争寡头的利润将取决于它们选择的策略。

		X 的决策	
		降价	维持
Y 的决策	降价	各获利16亿元	X 获利20亿元 Y 获利15亿元
	维持	X 获利15亿元 Y 获利20亿元	各获利18亿元

图6-15 竞争寡头的策略选择

让我们来看X会怎么选择。X会考虑：如果Y维持原价，X降价，则Y获利20亿元，X可获利15亿元，而X在维持原价时获利18亿元；如果Y选择降价，X降价则可获利16亿元，而X在维持原价时则获利20亿元。显然，无论Y怎么选择，X选择维持原价要比降价更好。在博弈论中，无论其他参与者选择什么战略，对一个参与者都为最优的战略被称为**占优策略**。也就是说，占优策略是指无论对手如何选择，自己的选择都是最好的。在这个例子中，降价是X的占优策略。再来考虑Y的决策，Y面临着和X同样的选择，而且，他的推理与X相似，因此，降价也是Y的占优策略。该博弈的均衡是，X和Y选择降价，各得16亿元。每个企业自认为的占优策略使它们得到了最坏的结果。

进一步，我们还可以考虑，当X知道Y选择降价后，X会把价格提高到原来的水平吗？显然不会。同理，当Y知道X选择降价之后，Y也不会再改变价格。当每一个博弈者的选择都是占优策略时，就实现了占优策略均衡。一旦博弈实现了均衡，两个企业都没有改变这一均衡状态激励，每个企业现有的价格水平是一个稳定的状态，这样的均衡状态被称为纳什均衡。**纳什均衡**是指这样一种均衡状态，在这种状态下，如果其他参与者不改变策略，任何一个参与者都认为自己选择的策略是最优的，因而不会改变自己的策略。

上述非合作性博弈的结果就是寡头垄断的市场均衡，只要这两家电信运营商从自身利益出发，就会选择降价。在这种情况下，市场均衡的价格政策就是收取较低的电信资费。所以，在寡头企业相互竞争的情况下，它们的产量通常大于垄断企业的产量，其价格低于垄断企业的价格。但产量和价格永远不会达到竞争市场的水平。

参考资料　　博弈论：囚犯的两难处境

博弈论中最著名的案例是"囚犯的两难处境"。这个博弈说明了即使合作对双方有利，维持合作也是困难的。

囚犯的两难处境是一个关于两名警察捉住的犯罪分子的故事。A和B因入室盗窃而被捕，等待他们的是为此而判刑一年。警察怀疑此前未破的一些盗窃案也是他俩干的，但是没有证据。于是警察把他们两人分别关押审讯，并分别告诉每一个囚犯：若两人都不承认，各关押一年；若两人都坦白，则各关押8年；若一个坦白，一个不坦白，则坦白的人予以释放，不坦白的人判刑10年，如图6-16所示。

囚犯A

		坦白	不坦白
囚犯B	坦白	每人8年	A：10年 B：自由
	不坦白	A：自由 B：10年	每人1年

图6-16　囚犯的两难处境

在这个博弈中，每个囚犯都有两种战略可供选择：坦白或不坦白。首先考虑A的决策。他的推论如下：如果B不坦白，我最好的战略是坦白，因为我将被判释放；如果B坦白，我最好的战略仍是坦白，因为这样我将被判8年而不是10年。因此，无论B怎么选择，A选择坦白优于不坦白，坦白是A的占优策略。再来考虑B的决策，B面临着和A同样的选择，而且，他的推理与A相似，因此，坦白也是B的占优策略。该博弈的均衡是，A和B选择坦白，各自被判8年。

一旦博弈实现了均衡，两个囚犯都没有改变这一均衡状态激励，也就是说，A和B都认为在对方选择坦白的策略给定的情况下，自己目前所选择的坦白策略是最好的，谁也不愿单独背离这个状态，这就实现了纳什均衡。

原本对双方都有利的策略（抵赖）没有出现。利己的动机使他们共同选择了并非最优的策略。这说明两个囚犯之间的合作是难以维持的，因为从个人看合作是无理性的。

囚犯的两难处境说明了博弈论的运用，结果是一种"不合作"解，即两个人分别从自己的利益出发决策时的结果。类似的分析方法在社会生活中得到了广泛的应用。小到夫妻吵架、邻里争端，大到国家对立、政策调整都可以用博弈论进行解释。经济学通常用博弈论分析寡头的经济行为。

本章小结 🔊

(1) 完全竞争是指一种竞争不受任何阻碍和干扰的市场结构。在这个市场上，企业是既定市场价格的接受者。企业的需求曲线、平均收益曲线和边际收益曲线都是水平线并且重合。为了实现利润最大化，企业选择使 $MR = MC$ 的产量。在短期，如果企业亏损，且 $P < AVC$，企业将选择停止营业。在长期，如果 $P > AC$，正的经济利润会吸引新企业进入；如果 $P < AC$ 价格，负的经济利润将使企业选择退出。长期均衡时，经济利润为零。此时价格等于最低平均成本，所有企业在有效规模生产，而且，企业产量的调整满足在这种价格时的需求量。

(2) 垄断是指只有一个卖者的市场。当一个企业拥有某种关键资源，或政府授予一家企业排他性地生产一种物品的权利，或者某一企业能比其他同行企业以较少的成本供给整个市场时，垄断就产生了。由于垄断者是其市场的唯一卖者，它可以自行定价。企业的需求曲线与平均收益曲线重合并且都向右下方倾斜，边际收益曲线位于平均收益曲线之下，也向右下方倾斜。垄断企业也通过生产边际收益等于边际成本的产量来实现利润最大化。这时垄断者根据需求量选择价格。与竞争企业不同，垄断企业的价格高于它的边际收益，因此，它的价格高于边际成本；这时，一些对物品评价大于其边际成本的消费者不购买这种物品，这导致了无谓损失。垄断企业可以通过根据消费者的支付意愿对同一种物品收取不同的价格来增加利润。这种价格歧视的做法可以通过使一些本来不想购买的消费者得到物品而增加经济福利。

(3) 垄断竞争市场有三个特点：许多企业、有差别的产品以及自由进入。垄断竞争市场在两个方面不同于完全竞争市场。第一，每个企业有过剩的生产能力。这就是说，它在平均成本曲线向右下方倾斜的部分运行。第二，每个企业收取高于边际成本的价格。这使企业的生产不足，从而降低了市场配置资源的效率。但与此相对应，垄断竞争企业提供的差异性产品满足了消费者多样化的需求。

（4）在寡头垄断市场上，由于寡头企业之间的行为是相互影响的，通常寡头企业的产量和价格决定是一个很复杂的问题。寡头企业之间的合谋能够增加各自的利润，但这样的合谋往往是不稳定的。但如果寡头独立地做出生产决策，结果是产量大于垄断的产量，而价格低于垄断价格。

关键概念

完全竞争　停止营业点　短期供给曲线　长期均衡　完全垄断市场　自然垄断
价格歧视　垄断竞争　产品差异化　寡头垄断　卡特尔　默契合谋　价格领导者
博弈论　占优策略　占优策略均衡　纳什均衡

练习与思考

一、判断正误

（1）在完全竞争市场，没有一个企业能对物品的市场价格有任何重要的影响。（　　）

（3）在完全垄断市场，企业是价格的接受者而不是制定者。（　　）

（3）在完全竞争市场，如果边际收益大于边际成本，企业就可以通过减少产量来增加利润。（　　）

（4）在完全竞争市场，如果价格低于平均成本，企业就停止营业。（　　）

（5）在垄断市场上，由于企业数量少，价格高，所以在长期均衡中不能实现资源的最优配置，造成资源配置的无效率。（　　）

（6）当垄断企业实行不完全价格歧视时，可以获取每个消费者的全部消费者剩余。（　　）

（7）寡头垄断市场的价格高于完全竞争市场的价格，低于完全垄断市场的价格。（　　）

（8）垄断竞争与竞争的关键差别是前一种情况下存在产品差别。（　　）

二、单项选择

（1）下列哪一种说法不是完全竞争市场的特征（　　）。

　　A. 存在许多企业　　　　　　　B. 每个企业都生产有差别的产品

　　C. 进入该市场行业不存在限制　D. 企业是产品价格的接受者

（2）在完全竞争市场，平均收益曲线（　　）。

A. 和需求曲线一样，边际收益曲线在需求曲线之下

B. 在需求曲线之上，边际收益曲线在需求曲线之下

C. 和边际收益曲线都与需求曲线相同

D. 在需求曲线之上，边际收益曲线与企业的需求曲线相同

(3) 如果一个竞争企业的产量使价格等于平均成本（　　　）。

　　A. 将停止营业　　　　　　　　B. 收支相抵

　　C. 仍然会获得经济利润　　　　D. 处于亏损状态

(4) 为了增加一单位产品的销售，垄断企业的所有产品都要降价。其原因是（　　　）。

　　A. 边际收益小于平均收益　　　B. 垄断者从未降价

　　C. 垄断者不能使利润最大化　　D. 边际成本曲线的右上方倾斜

(5) 完全垄断的企业实现利润最大化时（　　　）。

　　A. $P = MR = MC$　　B. $P > MR = AC$　　C. $P > MR = MC$　　D. $P > MR = AC$

(6) 下面都是垄断竞争的特征，其中哪一种不是寡头的特征（　　　）。

　　A. 每个企业面临向右下方倾斜的需求曲线

　　B. 企业以利润最大化为目标

　　C. 一个企业的销售量对其他企业没有什么影响

　　D. 该行业中不止一家企业

(7) 在长期中要维持卡特尔是困难的，最重要的原因是（　　　）。

　　A. 每个企业都有违约的刺激

　　B. 其他企业将进入该行业

　　C. 卡特尔中的企业都想退出，并不再勾结

　　D. 消费者最终会决定不买卡特尔的产品

三、问答题

(1) 为什么说完全竞争市场企业是市场价格的接受者？

(2) 鸡蛋市场是竞争的。每个农户每年生产1000斤鸡蛋。每斤鸡蛋的平均成本为2元，并按2.5元出售。

　　A. 一斤鸡蛋的边际成本是多少？

　　B. 这个行业处于长期均衡吗？为什么是或不是？

(3) 下列表述对或错，还是不确定？解释你的答案。

　　A. 当价格超过 AVC 时，竞争企业实际上是盈利的。

　　B. 竞争企业的供给曲线就是其 MC 曲线。

　　C. 在竞争市场，企业永远在最低平均成本上进行生产。

(4) 在完全竞争市场中，在什么条件下企业将暂停营业？在什么条件下企业将退

出市场？请说明原因。

(5) 为什么垄断企业在长期中也可以获得经济利润？

(6) 如果垄断者实行完全价格歧视，消费者剩余、经济利润和产量会发生什么变动？

(7) 我国某些航空公司同一航线早上和晚间航班票价低于白天，请说明为什么航空公司对不同时间段的航班收取不同的价格？

(8) 某公司考虑在一条河上建一座桥。修桥的成本为 200 万元。没有维修费用。下表表示该公司对桥的使用期中需求的预期：

  A. 如果公司建桥，它的利润最大化的价格应是多少？是有效率的产量水平吗？为什么是或不是？

  B. 如果公司关心利润最大化，它应该建桥吗？它的利润和亏损各是多少？

  C. 如果政府要建桥，应该收取多高的价格？

  D. 政府应该建桥吗？

P（每过桥 1 次，元）	Q（过桥次数，千次）
8	0
7	100
6	200
5	300
4	400
3	500
2	600
1	700
0	800

(9) 垄断竞争市场的特征是什么？在这样一个市场，如果一个企业推出一种新型的、改进的产品，对均衡价格和产量会产生什么影响？

(10) 如果双寡头达成共谋的协议，双方都承诺按照协议行事，也都相信对方会守信，他们会把总产量定在什么水平？这是稳定的状态吗？

第七章

分配理论

本章将向你介绍的重点内容

◎ 竞争市场企业的生产要素需求

◎ 竞争市场劳动、资本、土地的供给

◎ 为什么均衡工资等于劳动的边际产量价值

◎ 为什么工资水平的差异普遍存在

◎ 资本和土地如何得到报酬

◎ 如何衡量社会收入分配不平等的程度

当你参加工作后，你的收入高低将主要由你从事哪一类工作来决定。如果你成为一个软件工程师，你赚的钱比保安要多。这个事实并不让人吃惊，但为什么是这样并非显而易见。

进一步说，一国一年的居民总收入是一个庞大的数额，人们以各种方式赚到这些收入。工人的工资和福利津贴通常在总收入中占较大比例，其余部分则以租金、利润和利息形式归土地所有者和资本所有者。什么因素决定总收入在工人、土地所有者和资本所有者之间的分配？为什么一些工人的工资比另一些工人的要高？为什么一些土地所有者赚的租金比另一些土地所有者要高？特别是，为什么软件工程师赚的钱比保安多？

对上述问题的回答仍取决于供求关系。劳动、土地和资本的供给与需求关系，决定了支付给工人、土地所有者和资本所有者的报酬，即这些生产要素的价格。

本章分析的分配理论，又称生产要素价格理论，主要说明劳动、土地和资本这三种生产要素价格是如何决定的，并在此基础上介绍衡量社会收入分配均等程度的洛伦斯曲线和基尼系数。为了使分析简便些，我们只考察完全竞争的要素市场。

第一节
收入分配的原理

一、生产要素的需求

1. 生产要素需求的性质

我们知道，产品的价格是由产品的需求和供给决定的。同样，生产要素的价格是由生产要素的需求和供给决定的。但是，企业对生产要素的需求不同于消费者对消费品的需求。

在消费品市场上，消费者对消费品的需求是直接的需求，是为了满足自身吃、穿、用的需要。而在生产要素市场上，企业对生产要素的需求不是直接的，也就是说，企业之所以购买生产要素不是为了满足自身需要，而是为了用它生产并销售产品，实现利润最大化。例如，香蕉园的老板之所以雇佣摘香蕉的工人，是为了向市场提供香蕉，市场对香蕉的需求引起了企业对摘香蕉工人的需求。由此可见，消费者对产品的需求引发了企业对生产要素的需求，所以，在经济学中，把企业对生产要素的需求称为派生的需求，或间接需求。

生产要素的需求不仅是派生的需求，而且是一种联合的需求，或相互依赖的需求。

这就是说，生产要素往往不是单独发生作用的。在大多数情况下，多种生产要素组合在一起，被一起使用。比如，只有摘香蕉的工人，无法生产出香蕉。只有把摘香蕉的工人、土地、香蕉树、摘香蕉的工具、运送香蕉的卡车等生产要素相互结合起来，才能生产出香蕉。

2. 企业使用生产要素的原则

既然企业对生产要素的需求是派生的需求，那么，企业并不直接关心它的生产要素的数量，它只关心利润，企业对生产要素的需求要服从于它的利润最大化目标。因此，企业在确定生产要素的使用量时也要遵循利润最大化原则，即使要素的边际收益等于要素的边际成本。在生产要素使用量的决定中，生产要素的边际收益就是要素的边际产量价值，生产要素的边际成本就是要素的价格。

（1）生产要素的边际收益——边际产量价值。现以劳动市场为例。可通过表7－1说明竞争企业如何决定雇佣多少劳动量。

表7－1 竞争企业如何决定雇佣工人的数量

劳动 (L)	产量 (Q)	劳动的边际产量 (MRP_L)	劳动的边际产量价值 (VMP_L)	工资 (W)	边际利润 ($M\pi$)
1	100	100	1000	600	600
2	180	80	800	600	400
3	240	60	600	600	200
4	280	40	400	600	−200
5	300	20	200	600	−400

表7－1的第一栏和第二栏描述了企业的投入产出关系。比如，企业雇佣1个工人时，这个工人的产量为100。如果企业雇佣2个工人，2个工人的产量为180，等等。表的第三栏为劳动的边际产量（MRP_L），即增加一单位劳动所引起的产量增加量。例如，当企业把工人数量从1个增加到2个时，产量由100单位增加到180单位，第2个工人的边际产量为80。从表7－1可以看出，随着工人数量增加，劳动的边际产量是递减的。表的第四栏为劳动的边际产量价值（VMP_L），它是劳动的边际产量的货币形态。一种投入的**边际产量价值**就是每增加一单位生产要素使用量所增加的收益，它等于边际产量与该产品价格的乘积，即 $VMP = MP \cdot P$。在表7－1中，假设产品的价格为10元，如果一个工人生产80单位产品，那么劳动的边际产量价值 $VMP_L = 80 \times 10 = 800$ 元。显然，劳动的边际产量价值就是企业每增加一单位劳动要素投入所带来的收益。在价格不变的条件下，劳动的边际产量递减，劳动的边际产量价值也是递减的。

（2）生产要素的边际成本——要素价格。企业在确定劳动要素的最优使用量时还要考虑它的边际成本，生产要素的边际成本是指企业每增加一单位生产要素投入所增加的成本。在完全竞争的要素市场上，生产要素以不变的价格出售，即企业购买和使用某种生产要素并不影响该要素的价格，因而增加一单位要素投入所增加的成本等于该要素的价格。如表7-1所示，假定工人的市场工资为600元，这600元就是企业每增加一个工人所增加的成本。

（3）生产要素的使用原则。现在考虑企业如何确定最大利润的劳动雇佣量。如表7-1所示。在摘香蕉工人的市场工资为600元的情况下，企业雇佣第1个工人是盈利的，第1个工人产生1000元收益，或400元利润；同样，第2个工人产生800元新增收益，或200元利润；第3个工人产生600元新增收益，等于他的市场工资水平，新增利润为零，这意味着总利润达到了最大。再雇佣工人就不盈利了。比如，第4个工人只生产400元新增收益，由于工人的工资是600元，雇佣第4个工人意味着总利润减少了200元。因此，企业只雇佣3个工人。

以上分析表明，在完全竞争市场，企业使用要素的利润最大化原则是：要素的边际产量价值等于要素的价格。即：

$$VMP = P$$

企业会根据这一原则选择劳动投入量。劳动要素的价格可用工资 W 代表，如果 $VMP_L > W$，就意味着增加一单位劳动所增加的收益大于企业为此支付的成本，增加该单位劳动会增加企业的总利润，于是企业会增加劳动使用量；反之，如果 $VMP_L < W$，则表明增加的劳动所带来的收益增加量小于企业为此而支付的成本，增加该单位劳动会使企业的总利润减少，企业就会减少劳动的使用量。这说明企业选择劳动量的决策原则是边际产量价值等于工资。

3. 企业对生产要素的需求曲线

图7-1不仅直观地表示了企业使用生产要素最优数量的条件，而且表示了企业对生产要素的需求曲线。

我们先通过图形考察企业的决策。图7-1描绘出了劳动的边际产量价值曲线。这条曲线向右下方倾斜是因为在产品价格不变时，劳动的边际产量随工人数量增加而递减。在竞争市场上，市场工资为一条水平线。为了使利润最大化，企业雇佣工人的数量必须

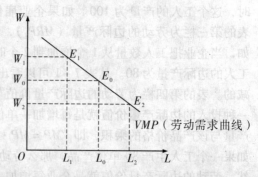

图7-1 竞争企业对劳动的需求曲线

在这两条曲线相交的 E_0 点上，企业会在 E_0 点选择劳动投入量 L_0。低于这一劳动要素的投入量，边际产量价值大于工资，再雇佣一个工人会增加总利润；超过这一劳动要素投入量，边际产量价值小于工资，边际工人是不赢利的。这表明，对应于劳动的价格 W_0，企业对劳动的需求量为 L_0。

同样，在工资为 W_1、W_2 时，企业根据 $VMP_L = W$ 的原则，在劳动的边际产量价值曲线上决定相应的劳动使用量 L_1、L_2。因此，要素的边际产量价值曲线反映了要素价格与企业对要素需求量之间的对应关系。在竞争市场上，对一个利润最大化的企业来说，这条向右下方倾斜的要素的边际产量值曲线就是要素的需求曲线。

4. 生产要素的市场需求曲线

以上得到的是单个竞争企业对生产要素的需求曲线，将所有企业对生产要素的需求曲线水平相加可得出生产要素的市场需求曲线。由于单个企业的生产要素需求曲线向右下方倾斜，因而由单个生产要素沿横向相加得到的要素市场需求曲线也向右下方倾斜。需要说明的是，把所有企业对生产要素的需求曲线横向加总只能近似地得出要素的市场需求曲线，严格来说，当考虑整个要素市场情况时，单个企业的边际产量价值曲线与其要素的市场需求曲线是不同的，它们的加总也不再代表整个市场的要素需求曲线。

二、生产要素的供给

生产要素的供给来自居民。居民掌握有各种生产要素如劳动、资本、土地等等。居民向企业提供多少生产要素取决于他们所获得的生产要素的报酬，这些报酬是要素所有者的收入，也是生产要素的价格。任何一种生产要素的供给量都取决于其价格。一般来说，一种生产要素的价格越高，其供给量也越多。当然，劳动供给可以看成是这个供给规律的一个例外。以下我们就从劳动供给开始说明居民的要素供给决策。

1. 劳动的供给

（1）个人的劳动供给。个人劳动供给的选择是基于效用最大化的。每个人的一天可分为闲暇时间和工作时间。闲暇产生直接效用，工作带来收入，产生间接效用。个人劳动供给的实质就是如何将其时间资源在闲暇和劳动供给两种用途之间进行选择。工作的代价是放弃闲暇，闲暇的价格是工资。

如果一个人从闲暇中得到的边际效用大于工资，他将会选择享受更多闲暇；反之，他将选择更多的工作。

如图 7 - 2 所示，横轴为劳动的供给量 L，纵轴为工资水平 W，S 为个人劳动供给曲线。该曲线向后弯曲，反映了个人劳动供给量变动的特殊规律。一般来说，当工资较低时，增加工资会增加劳动的供给量。但是当工资上升到一定程度后，继续增加工资，劳动的供给量不但不会增加，反而会减少。

个人的劳动供给曲线向后弯曲是因为当工资提高时，对劳动供给量会产生两种相互抵消的效应：替代效应与收入效应。

替代效应是指，工资的提高意味着闲暇变得相对昂贵，这时人们愿意减少闲暇，增加劳动。所以替代效应使得劳动的供给量增加。

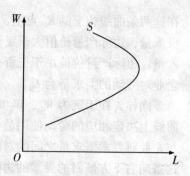

图7-2 个人的劳动供给曲线

收入效应是指，工资的提高使得劳动者的收入提高。收入提高将使劳动者购买更多的商品，其中也包括购买更多的闲暇。闲暇增加意味着劳动减少，所以收入效应使得劳动的供给量减少。

替代效应与收入效应按相反的方向发生作用。在工资较低时，替代效应大于收入效应，这样，随着工资的提高，劳动的供给量趋于增加，所以劳动的供给曲线向右上方倾斜。但当工资继续提高时，收入达到了使替代效应和收入效应互相抵消的水平，这时工资的变动对劳动的供给量就没有影响了。如果工资继续提高，收入效应就要大于替代效应，从而劳动的供给量减少了，这时劳动的供给曲线呈现向后弯曲的形状。

（2）劳动的市场供给曲线。整个市场的劳动供给量是所有单个劳动供给量的总和。市场劳动供给曲线是单个劳动供给曲线的总和。如图7-3所示。

应当说明的是，尽管单个劳动者的劳动供给曲线向后弯曲，但市场供给曲线却通常不向后弯曲。这是因为，当市场工资提高时，会吸引更多劳动者源源不断地流入。随着新工人的加入，市场劳动供给量会增加。因此，劳动的供给曲线是向右上方倾斜的。

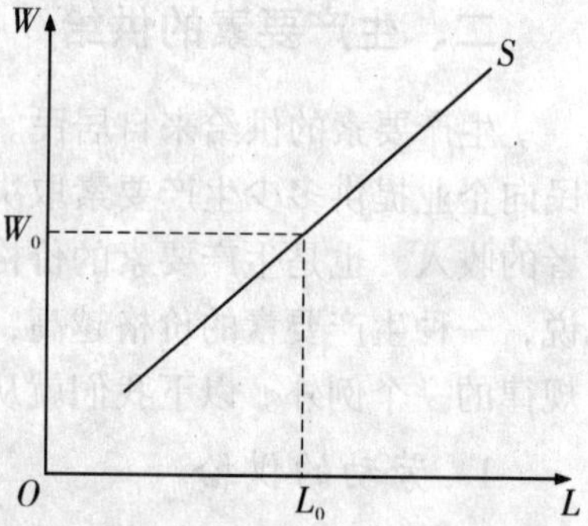

图7-3 市场的劳动供给曲线

2. 资本的供给

资本通常表现为用于生产物品和劳务的设备和建筑物存量。但是这些实物形态的资本是企业向居民借钱购买的。企业通常通过金融机构筹集货币资本。企业所能筹集的货币资本主要取决于居民的储蓄，储蓄越多意味着借贷资本的供给越多。

决定居民储蓄的重要因素是利息率。利息率是为了诱使人们抑制或推迟眼前消费，进行储蓄以提供资本的一种报酬。经济学家用来说明利息合理性的一种说法是，人们具有一种对时间的偏好，即在未来消费与现期消费中，人们偏爱现期消费。由于对未来难以预测，人们认为，现在多增加一单位消费所带来的边际效用大于将来多增加一单位消费带来的边际效用。例如，现在购买一辆汽车和几年以后购买同样一辆汽车给消费者带来的效用是不一样的。人们认为几年以后拥有汽车的人会很多，不如现在带来的满足程度大。所以，人们总是喜爱现期消费。放弃现期消费，把货币作为资本就应该得到利息作为补偿，这种补偿随放弃现期消费量的增加而递增。利率越高，资本供给者得到的补偿越多，人们愿意更多的储蓄，资本的供给量也就越多。因此，资本的供给曲线是一条向右上方倾斜的曲线（如图7-4所示）。在横轴 K 为资本数量，纵轴 r 为利息率的坐标图中，向右上方倾斜的 S 为资本的供给曲线。它描述与每一利率相应的储蓄者愿意提供的资本量。

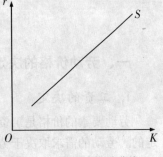

图7-4 资本的供给曲线

资本的市场供给是所有居民供给的总和。因此，把所有居民的资本供给曲线横向加总就是资本的市场供给曲线。

3. 土地的供给

土地是自然资源，并非人类劳动的产物，它很难通过人类的劳动增加其供给量，它具有数量有限，位置不变，以及不能再生产的特点。所以土地的供给是有限的。单个土地所有者可以改变自己拥有的土地量，但一个土地所有者得到的土地量是另一个土地所有者出售的，任何个人的决策都无法改变一个地方的土地供给总量。因此，土地的供给被认为是没有弹性的，土地供给曲线是一条垂线。

如图7-5所示，横轴 N 代表土地数量，纵轴 R 代表使用土地的价格，即地租，垂直线 S 为土地的供给曲线。

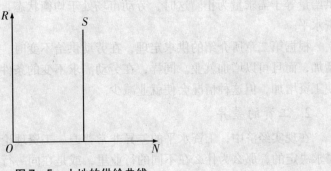

图7-5 土地的供给曲线

第二节
各种生产要素价格的决定

一、劳动价格的决定

1. 工资的决定

劳动要素的价格是工资。在完全竞争市场，**工资**是由劳动的需求和劳动的供给所决定的。劳动的需求取决于劳动的边际产量价值，由于劳动的边际产量价值是递减的，所以劳动的需求曲线向右下方倾斜。劳动的市场供给曲线是向右上方倾斜的。将劳动的需求曲线和劳动的供给曲线结合起来，即可得到市场均衡工资水平（如图 7-6 所示）。

在图 7-6 中，D 为劳动的市场需求曲线，S 为劳动的市场供给曲线，它向右上方倾斜。当 D 和 S 相交于 E 点时决定了均衡的工资水平 W_0，均衡的劳动数量为 L_0。

如果劳动价格为 W_1，高于市场均衡工资 W_0，这时，劳动的供给量大于劳动的需求量，有些劳动者找不到工作，从而愿意以更低的工资提供劳动，结果，市场工资水平下降；反之，如果市场工资为 W_2，它低于市场均衡工资 W_0，这时，有些企业就得不到所需要的劳动，从而愿意以更高的工资使用劳动，结果市场工资上涨。市场工资的调整一直到劳动的供给量等于需求量为止。这时，劳动市场处于均衡状态，并相应地决定了市场的均衡工资水平。

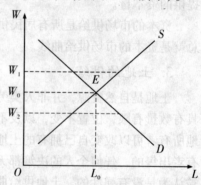

图 7-6　劳动市场的均衡工资水平

根据第二章所介绍的供求定理，在劳动供给不变时，劳动需求增加，不但可使工资增加，而且可以增加就业。同样，在劳动需求不变的条件下，通过减少劳动供给也可以使工资增加，但这种情况会使就业减少。

2. 工资的差异

在现实经济中，工资水平的差异非常普遍。工资理论解释了工资是由劳动的供给与需求决定的，那么为什么在不同的行业里，或是在同一行业不同类型的工作里，劳动的供给和需求会有所不同呢？经济学家认为，工资的差异是由以下因素造成的：

（1）补偿性的工资差别。各种职业的工作条件、工作内容和危险程度是不同的，因而它们对人们的吸引力是不同的。通常那些工作艰苦、枯燥而又危险的职业的劳动供给小于那些轻松、有趣而安全的职业。因此，"坏"工作往往比"好"工作的均衡工资高。经济学把这种单纯用于补偿职业之间非货币特性的工资差别称为补偿性的工资差别。它说明了为什么井下挖煤的工人比井上发矿灯的工人工资高，企业中夜班工人的工资比同类白班工人的工资高，律师比享受教育时间相同的教师收入高，等等。

（2）人力资本不同的工资差别。**人力资本**是指对人的教育和培训投资的积累。最重要的人力资本类型是教育。与所有资本形式一样，教育是为了提高未来的生产率的投资支出。但是，与对其他资本形式的投资不同，教育投资是与特定的个人相联系的，这种联系使教育投资成为人力资本。

一般情况下，人力资本较多的劳动者平均收入高于人力资本少的劳动者。较高的工资收入是对获得人力资本的补偿。在其他条件不变的情况下，一个人提供的人力资本越多，其收入也越高。准确地衡量人力资本比较困难。大致的指标有三个：接受正规学校教育的年限、工作年数和工作中断的时间。其中，对收入影响最大的是受教育的年限。例如，美国20世纪50年代高中毕业生与大学毕业生的工资差别为42%左右，80年代这一差距已扩大为84%左右。在我国，文化程度较高群体收入增长也较快。最高文化群体（研究生）和最低文化群体（未上过学）收入差距在拉大，2003年，其收入比为2.1:1，2004年则上升到2.6:1。调查显示，2004年，收入高的前三种职业依次为专业技术人员、机关党群企事业人员和办事管理人员。在知识经济和全球经济一体化时代，这一差距还在扩大。

还可以从供给和需求的角度说明为什么教育能够提高人们的工资水平。企业是劳动的需求者，它们之所以愿意向受教育程度高的劳动者支付较高的工资，是因为受教育程度高的劳动者具有较高的边际生产率。而劳动者作为劳动的供给者，也只有在受教育的费用得到回报时才愿意支付受教育的成本。所以，受教育不同的劳动者之间的工资差别可以理解为对受教育成本的补偿性差别。人力资本不同的工资差别说明了为什么拿手术刀的医生比拿剃头刀的理发师挣得多，研究导弹的专家比卖茶叶蛋的小贩挣得多，工程师比生产线上的工人收入高，等等。

3. 市场不完全性的工资差别

以上说明了不同职业和同一职业中不同工作的工资差别，市场的不完全性则能够解释同一职业和同一种工作的工资差别。市场的不完全性表现在以下三个方面：

第一，地区差异造成的劳动不流动性。劳动者在某地区出生和成长，他们往往不愿意离开自己熟悉的环境而迁移到别的地区。劳动由于地区差异而形成的不流动性造成了不同地区的同一职业和同一工作的工资差别。

第二，工会对工资决定的影响。在工会力量比较强大的企业，工会为了维持较高的工资标准，往往通过限制非会员受雇、限制移民、限制使用童工、缩短工时、实行强制退休等方法来减少劳动的供给，或者通过提倡关税保护扩大出口等办法扩大产品销路，增加企业对劳动的需求。这两种情况都可能使工资高于劳动的边际生产率。在美国，从事相同工作的工会会员与非工会会员的工资差别在 10% ~ 25% 之间。例如，属于美国航空驾驶协会的飞机驾驶员的工资比具有同样技术水平的非会员驾驶员高 25%。

第三，歧视造成的市场不完全性。歧视是某些个体对某个社会群体的偏见。当企业仅仅由于种族、宗教、性别、年龄等个人特征不同，而向那些具有同样的技能、教育和职业道德的劳动者支付不同的工资水平时，就是歧视。歧视造成从事同一个职业和同一种工作的女工、有色人种和异教徒的工资较低。

参考资料　　　　　　　漂亮的收益

美国劳动经济学家丹尼尔·哈莫米斯与杰夫·比德尔在 1994 年底第 4 期《美国经济评论》上发表了一份调查报告。根据这份调查报告，漂亮的人收入比长相一般的人高 5% 左右，长相一般的人又比丑陋的人收入高 5% ~ 10% 左右。最近，美国联邦政府发行的"地区经济学家季刊"的一项研究报告也指出，长相美丑真的跟个人待遇有关。胖子在薪水的待遇上最惨。胖女人平均薪水要少领 17%，身材高挑者，每高出平均一寸，薪水上涨 2% ~ 6%。

如何来解释由漂亮造成的收入差别呢？

根据经济学家关于工资收入差别原因的分析（工资收入是个人收入的主要部分），个人的工资差别与个人的能力、努力与机遇相关。由漂亮引起的工资差别正是因为它在某种程度上反映了个人的能力、努力与机遇的差别。

个人能力包括先天的禀赋与后天培养的能力。长相与人在体育、艺术、科学方面的能力一样是一种天赋，它可以使漂亮的人从事其他人难以从事的职业，因此供给十分有限。漂亮也可以通过后天培养，这主要指人的气质和教养。在调查中，漂亮由调查者打分，实际上包括了长相与气质的综合。气质是人内在修养与文化的表现，它在很大程度上取决于个人所受的教育。两个长相相似的人，所受的教育不同，表现出的气质不同。所以，漂亮是个人能力的间接标准之一。能力强的人具有较高的边际生产率，企业当然愿意为其支付较高的工资。

漂亮也可以衡量人工作的努力程度。一个工作勤奋，充满自信的人往往打扮得体，举止文雅，有一种向上的朝气。所以，漂亮也是衡量努力程度的一个间接标准。努力的人劳动贡献多，工资自然较高。

漂亮的人机遇也比一般人高。通常演员、模特、空姐这类高收入职业，需要漂亮的人。就是在一般人也能从事的工作中，漂亮的人也更有利。漂亮的人从事推销更容易为人们所接受，当老师更容易受到学生的欢迎，当医生更让病人觉得可亲。在劳动市场上，漂亮的人找工作更容易，机会更多，以外表来决定一个人，在职场中是常见的事实。参加工作后，长相好的人也有较多的升迁机会。据统计，美国男性的平均身高为175厘米，但有1/3的企业领导人身高在188厘米以上。显示相貌堂堂加上身高修长，更能显现出领导人的气势。有些经济学家把漂亮的人机遇多称为一种歧视。但对这种长相歧视，人们是无能为力的。这是一种无法克服的社会习俗。

经济学家把漂亮的人比一般的人多得到的收入称为"漂亮贴水"。

——改编自梁小民：《微观经济学纵横谈》，生活·读书·新知三联书店2000年版。

二、资本价格的决定

这里分析的是个人为在有限时期内使用资本要素而支付的价格，这一价格称为利息。利息是资本要素所提供生产服务的价格，资本所有者提供了资本，得到了利息。利息的计算方法与工资不同，它不是用货币的绝对量来表示，而是用利息率来表示，利息率是指对借入的资金所付的价格，它等于利息与借入资金的数额即本金的比率。例如，王先生向银行借款10 000元，利息为一年1 000元，则利息率为10%，或称年息10%。这10%就是王先生在一年内使用借入资金所付出的报酬，即这一定量货币资金的价格。

在资本市场上，利率是由资本的需求和供给双方共同决定的。资本的需求主要是企业投资的需求，企业之所以要借入资本进行投资，是因为资本的使用可以提高生产效率，即资本具有净生产力。根据生产要素需求原理，企业对资本的需求量取决于资本的边际生产率，即资本的边际产量价值，企业总是根据资本的边际产量价值等于借贷资本利率的原则确定资本的需求量。因此，资本的边际产量价值曲线就是资本的需求曲线。由于资本的边际产量价值随投资增加而递减，所以，资本的需求曲线是一条向右下方倾斜的曲线。

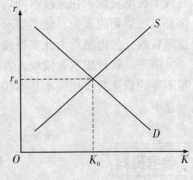

图7-7 利息的决定

它表示与每一借贷利率相应的投资者对投资资金的需求量（如图7-7所示）。

图7-7中，资本的需求曲线就是资本的边际产量价值曲线，资本的供给取决于其

价格，即利息率，供给曲线向右上方倾斜。两条曲线（D 和 S）相交于 E 点，均衡利率为 r_0，它表示利率为 r_0 时，投资者对资本的需求量恰好等于储蓄者愿意提供的资本量，两者均为 K。

当利率高于 r_0 时，资本需求量小于供给量，资本市场上存在资金的过剩供给。在这种情况下，银行渴望增加贷款，就要降低利率。随着利率的下降，企业增加借款并增加购买设备、原材料，资本需求量增加；而资本供给者则会减少储蓄，以增加现期消费，资本供给量减少。当资本的需求量与供给量相等，即银行按照现行利率把它们希望借出去的钱刚好借完，利率不再下降。相反，如果利率低于 r_0 时，资本供给量小于需求量，银行不能提供足够的贷款，就要提高利率。利率的提高一直到资本的需求量等于资本的供给量为止，这时，所有的借款都得到了满足，利率水平处于均衡状态。

由资本供求关系决定的利率是一种纯粹利率，它是一种理论分析的利率水平。在现实生活中，由于不同的资本借贷市场的特点不同，它们的资本的需求与供给也不同，因此，各种资本实际利率与纯粹利率并不完全相同。利息率的差异主要由以下原因造成：

第一，贷款的风险程度。在资本市场上，债权人对债务人所收取的利息中包括有贷款风险的收入，例如，不能偿还的风险、通货膨胀使货币贬值的风险等，对这些风险，债权人要收取一定的费用。而且，贷款风险越大，债权人为弥补风险所要求的利息率就越高。通常公司债券的利息率高于政府债券的利息率，其原因是政府债券有较高的信誉，其风险小，一般不会发生到期不能还本付息的情况；而公司债券的风险较大，一旦公司倒闭，债权人将受到损失。

第二，贷款的期限长短。贷款的时间越长，利息率就越高。这是因为，债权人一旦发放了长期贷款，在这段时间内即使存在更有利的机会，他也不能收回这笔贷款。为了弥补可能受到的损失，他会要求更高的利息率。而债务人由于能够在较长的时间内使用这笔贷款，他也愿意为此支付较高的利息率。

第三，管理成本。债权人发放任何一笔贷款都要付出一定的成本，而且，每一笔数量不等的贷款的管理成本基本相同。这样，数额较小的贷款利息率高于数额较大的贷款利息率。

参考资料　　　　　　　　资本收入的各种形式

当讨论资本所有者最赚得的收入时，我们假设家庭拥有资本，企业使用的全部资本都是租借的。这一假设使我们关于资本所有者如何得到报酬的分析简单化，但在现实经济生活中却并非完全如此。

企业使用的资本通常有以下来源：一是从银行获得贷款，二是以发行企业债券向公众借钱，三是通过发行股票筹集资金。企业使用资本所得到的收入最终要以各种方式支付给家庭。一些是以利息的形式支付给银行储户和债券持有者，这是他们把钱借给企业应得的报酬；一些以股息的形式支付给股东。股东购买了部分企业所有权，因而有权分享企业利润。企业从资本中得到的收入，并非以利息和股息的形式全部支付给家庭，它还保留一部分收入用于增加资本。虽然这部分自留利润没有支付给股东，但股东仍然可以从中获益。因为自留利润增加了企业拥有的资本量，它们会增加未来的收入，从而提高了企业股票的价值。

尽管资本的收入形式是多样的，但这并没有改变资本所有者赚到收入的结论。无论资本的收入是以利息或股息的形式转移给家庭，还是作为自留利润留在企业内，都是根据资本的边际产量价值来向资本支付的报酬。

——改编自曼昆《经济学原理》，北京大学出版社 1999 年版。

三、土地价格的决定

同资本的价格一样，这里所分析的土地价格也是指个人为在有限时期内为获得土地要素的使用权而支付的价格，这一价格称为地租。地租是土地这一生产要素所提供生产服务的价格，土地所有者提供了土地，得到了地租。这里讲的土地可以泛指生产中使用的自然资源，地租也可以理解为使用这些自然资源的租金。

地租的高低由土地的需求和供给决定。与劳动、资本的需求曲线相似，租地人对土地的需求取决于土地的边际生产率，即土地的边际产量价值。土地的边际生产率是递减的，所以，土地的需求曲线是一条向右下方倾斜的曲线。如前所述，土地的供给是固定不变的，土地的供给曲线是一条与横轴垂直的线。两条曲线的交点决定地租水平（如图 7-8 所示）。

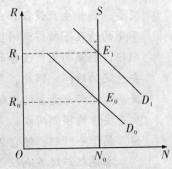

图 7-8 地租的决定

在图 7-8 中，横轴 N 代表土地量，纵轴 R 代表地租，垂线 S 为土地的供给曲线，表示土地的供给量固定为 N_0，D 为土地的需求曲线，D_0 与 S 相交于 E_0，决定了均衡的地租 R_0。

随着经济的发展，对土地的需求呈上升趋势，而土地的供给不能增加，因此地租率有上升的趋势。在图 7-8 中，当对土地的需求增加为 D_1 时，土地的供给曲线仍然是 S，这时 D_1 与 S 相交于 E_1，决定了均衡的地租水平由 R_0 提高到 R_1，说明随着对土地需求的增加，地租上升了。

参考资料　　　　　　　经济租金与准租金

如果生产要素所有者所得到的实际收入高于他们所希望得到的收入，则超过的这部分的收入就被称为经济租金。

土地所有者得到的地租是经济租金。土地的供给量是固定的，不管地租怎么变化，土地的供给量仍然保持不变。换句话说，土地是自然的赠予，即使地租降到接近于零的水平，土地所有者也会提供土地。如果他们不提供土地，那么，他们将什么也得不到。因此，地租不是经济社会为得到土地而必须支付的报酬，它是土地所有者得到的超过愿意接受的收入部分，因而是一种生产者剩余，是土地所有者得到的额外部分，该收入是土地所有者实际收入的增加。类似的情况还有超级明星现象。为美国 NBA 打球的姚明每年的收入为 1000 万美元，他所以能得到如此高的收入，是因为像他这样的专门人才的供给极少，而对他的需求却增长很快，因而，他的收入大大超过了使他留在篮球界所必须支付的最低报酬，其剩余的部分就是经济租金。

准租金是指在短期内供给固定不变的生产要素的报酬。所有一切人为形成的实物资本和人力资本，其供给量在短期内是固定的，而在长期中却是一个可变量，例如生产设备、出租的房屋、各种专业人才等资源。它们在短期内供给不变的情况下所得到的报酬就是准租金。我们以生产设备为例作一分析。在短期内，企业的生产设备的供给量是固定不变的，要生产一部分新的机器设备需要一定的时间。因此，在这段时间内，如果需求增加了，生产要素的报酬就要提高。这部分资金的报酬就是准租金。但是，在长期中，准租金将消失。这种生产要素的报酬所以称为"准租金"，是因为它在短期里和租金的特点极为相似，属于一种租；但它又不是真正的租，它在长期中将消失。

准地租与经济地租是不一样的，准地租仅在短期内存在，而经济地租在长期中也存在。

第三节 收入不均等

一、不平等的衡量

1. 洛伦斯曲线

洛伦斯曲线是美国经济学家 M. O. 洛伦斯提出的，是用以反映社会收入分配平等程度的曲线。我们可以通过该曲线直观的观察一个经济的收入分配状况。

如果把社会上的人口分为五个等级，各占人口的 20%，按他们在国民收入中所占份额的大小可以作出表 7 - 2：

表 7 - 2 个人收入分配

级 别	占人口的百分比（%）	合 计	占收入的百分比（%）	合 计
1	20	20	6	6
2	20	40	12	18
3	20	60	17	35
4	20	80	24	59
5	20	100	41	100

将表 7 - 2 中人口合计百分比和收入合计百分比的对应关系描绘在图上即得到洛伦斯曲线（如图 7 - 9 所示）

在图 7 - 9 中，横轴代表人口累计的百分比，纵轴代表收入累计的百分比，OY 直线为 45°线，在这条线上，每 20% 的人口得到 20% 的收入，表明收入分配绝对平等，称为绝对平等线。OPY 曲线表示最后一个家庭占总收入的 100%，其余家庭收入为零，它代表收入分配绝对不平等，称为绝对不平等线。OY 曲线就是反映实际收入分配状

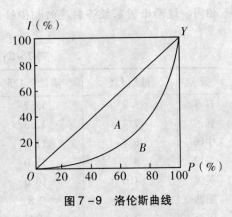

图 7 - 9 洛伦斯曲线

况的洛伦斯曲线，它位于绝对平等线和绝对不平等线之间。洛伦斯曲线表示在现实经济

社会，占人口一定百分比的人究竟得到了多少百分比的收入。经济学家认为，洛伦斯曲线越接近于 OY 对角线，收入分配就越平等；洛伦斯曲线越接近于 OPY 曲线，收入分配就越不平等。如果将收入改为财产，洛伦斯曲线反映的就是财产分配的平均程度。

运用洛伦斯曲线可以对各国收入分配的平等程度进行比较，也可以对各国政策的收入效应进行比较，如图 7－10 所示。

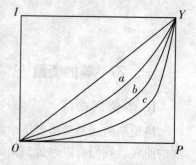

图 7－10　洛伦斯曲线的应用

在图 7－10 中，a，b，c 是三个不同国家的洛伦斯曲线。可以看出 a 国收入分配最平均，b 国的收入分配平均程度次之，而 c 国收入分配最不平均。

如果将 a，b 这两条曲线作为政府实施某项政策前后的洛伦斯曲线，假如 b 是执行该政策前的洛伦斯曲线，a 是执行该政策后的洛伦斯曲线，可以看出，在实行该项政策后，社会收入分配更加平等了。

案例分析　　　　　　一些国家的收入不平等

表 7－3 比较了美国和其他 6 个主要国家的收入分配。这些国家的排序从最平等到最不平等。该表的最上端是日本，最富的 1/5 人的收入只是最穷的 1/5 人的 4 倍左右。该表的最下端是巴西，最富的 1/5 人的收入是最穷的 1/5 人的 30 多倍。虽然所有国家都有相当大的收入不平等，但各国的不平等程度并不一样。

当各国根据不平等排序时，美国大约排在中间。美国最穷的 1/5 人赚到了总收入的 4.7％，相比之下日本为 8.7％，巴西为 2.1％。美国的收入分配几乎和英国的收入分配相同。这两个国家经济制度的相似性反映在收入分配的相似性上。

表 7－3　一些国家的收入不平等

国别	最低 1/5	第二个 1/5	中间 1/5	第四个 1/5	最高 1/5
日本	8.7	13.2	17.5	23.1	37.5
韩国	7.4	12.3	16.3	21.8	42.2
中国	6.4	11.0	16.4	24.4	41.8
美国	4.7	11.0	17.4	25.0	41.9
英国	4.6	10.0	16.8	24.3	44.3
墨西哥	4.1	7.8	12.3	19.9	55.9
巴西	2.1	4.9	8.9	16.8	67.3

资料来源：*World development report*：1994，pp. 220－221。

表 7 - 3 说明每个 1/5 家庭在收入分配中得到的税前收入的百分比。

——转引自曼昆《经济学原理》，北京大学出版社 1999 年版。

2. 基尼系数

基尼系数是根据洛伦斯曲线计算出来的反映收入分配平等程度的指标。如果我们用 A 表示图 7 - 9 中洛伦斯曲线与绝对平等线之间的面积，用 B 表示洛伦斯曲线和绝对不平等线之间的面积。那么计算基尼系数的方法是：

$$基尼系数 = \frac{A}{A + B}$$

当 $A = 0$ 时，基尼系数等于零，这时洛伦斯曲线与绝对平等线重合，表示收入分配绝对平均。

当 $B = 0$ 时，基尼系数等于 1，这时洛伦斯曲线与绝对不平等线重合，表示收入分配绝对不平均。

实际的基尼系数总是大于零而小于 1。基尼系数越小，收入分配越平均；基尼系数越大，收入分配越不平均。

按国际通用标准，基尼系数小于 0.2 表示绝对平均，0.2 ~ 0.3 表示比较平均，0.3 ~ 0.4 表示基本合理，0.4 ~ 0.5 表示差距较大，0.5 以上表示收入分配差距悬殊。

我国改革开放以后收入分配的不平等程度逐渐加大。根据世界银行估计，中国城乡合并的基尼系数，1984 年为 0.3，1989 年为 0.35，可以说那个时期的收入差距还不太大。亚洲开发银行的研究表明，2007 年中国的基尼系数为 0.473，这说明近年来我国收入分配的不平等程度加大了。

二、收入不均等的原因和对策

1. 收入不均等的原因

根据经济学家的解释，收入不均等的原因有以下几个方面：

第一，要素所有权的分布不均。如前所述，市场经济是按照生产要素的边际生产率决定个人收入的。而生产要素所有权分布不均，必然会造成收入分配的不均等。

第二，个体差异。每个人的先天能力、努力、受教育程度不同。人有着不同的智力、体力和艺术的天赋。有较高天赋的人可以从事较高收入的职业；天赋一般但勤奋努力而又吃苦耐劳，愿意从事较为艰苦的工作，也愿意从事较多工作的人，收入自然也高。特别是，人的受教育程度与个人收入之间具有极大的相关性。受教育越多，能力越强，收入水平越高，这已是一个不争的事实。

第三，其他因素。例如，地区之间经济发展不平衡、二元经济结构的存在、经济政策的倾斜、经济体制的不完善以及市场经济中风险与机遇的存在，都可能导致人们收入上的巨大差异。

参考资料　　　　　我国收入不平等的基本情况

改革开放以来，我国居民收入不平等程度表现出逐渐扩大的趋势。在改革开放之初，我国还是一个收入分配相当平均的社会，不平等水平远远低于世界平均水平，基尼系数仅为 0.33。而到 2000 年，我国的基尼系数已经高达 0.458，并且逐年呈上升趋势。居民收入不平等程度虽然仍低于大多数拉美国家和撒哈拉以南非洲国家，但已经超过大多数转轨经济国家（如前苏联和东欧国家）和发展中的亚洲人口大国（如印度、巴基斯坦和印度尼西亚）。

导致我国居民收入不平等的一个重要因素是我国巨大的城乡差距，这也是二元经济和城乡分割的一个必然结果。根据我国学者的研究，我国收入差距的40% 左右来自于城乡之间的收入差距。其他国家城乡收入比在 1.5 以下，很少超过 2.0；而在我国，2000 年城乡收入比达到 2.79。

我国巨大的地区差异也是全国居民收入不平等的一个重要影响因素。与美国、日本经济高速增长时期相比，我国的地区经济差距幅度过大。例如，1880年，美国最富地区（新英格兰地区）的人均收入是最穷地区（东南部地区）人均收入的 4.23 倍；1920 年降为 2.40 倍。日本最富地区（关东临海地区）的人均收入是最穷地区（东北地区）人均收入的 2.66 倍，1981 年降为 1.47倍。而在我国，1978 年，上海市人均国内生产总值是贵州省人均国内生产总值的 14.3 倍，到 1999 年仍高达 11.1 倍。

根据我国学者的研究，我国农村居民收入的不平等程度明显高于城市，1995 年农民工资性收入的地区间基尼系数为 0.54。但是城市居民收入不平等上升更快，近年来已经逐渐逼近农村居民的收入不平等水平。在农村内部，农民人均收入地区差距大的主要原因是，各地区农村劳动力从非农产业中获得收入的机会很不一样。在城镇内部，不同文化程度、不同行业和所有制单位、不同性别的劳动者之间的工资性收入差距以及居民个人之间的财产性收入差距的持续扩大，是使城镇居民收入差距的扩大速度超过农民收入差距扩大速度的主要原因。

我国居民收入不平等程度加大具有一定的合理性。例如，城市非国有经济和农村非农产业的较快发展是导致居民收入差距扩大的两个重要因素。苏联和东欧国家在20世纪90年代的制度转型中也出现了基尼系数的上升。因此，我们不能因为居民收入差距扩大而否定改革的方向。对符合市场经济发展要求、有利于资源优化配置和经济效率提高的合理的、有序的居民收入差距，我们必须予以肯定，并在政策上予以更多支持。同时，也应该积极打破城乡分割和地区封锁，努力建立全国统一、开放的劳动力市场，促进劳动力更加自由的流动，使城乡居民特别是农村劳动力获得更多的就业机会。

——改编自易纲、张帆：《宏观经济学》，中国人民大学出版社2008年版。

2. 缓解收入不均等的政策

以上分析表明，市场经济可以有效地配置资源，但不能保证公平的分配资源。因此，许多经济学家认为，政府应该实施收入再分配政策来缓和收入分配不平等现象。这里介绍一些常见的政策选择。

第一，所得税。政府实行累进的所得税可以影响社会成员的收入分配状况。累进的所得税是根据收入的高低确定不同的税率，对高收入者按高税率征税，对低收入者按低税率征税。例如，我国实行的是九级超额累进税制度。最低的税率（减去免征额后，月收入不超过500元）为5%，最高税率（月收入超过10万元）为45%。不同国家累进所得税的差别仅在于具体的税率等级不同。

许多经济学家建议用负所得税来补贴穷人的收入。负所得税是指向高收入家庭收税并给低收入家庭转移支付的税制。根据这种政策，每个家庭都要向政府申报自己的收入。高收入家庭根据他们的收入纳税，低收入家庭将得到补助。换句话说，他们将"支付"一种"负税"。

例如，假定政府可用以下公式计算一个家庭的税收负担：

$$应缴税收 = （1/3 \ 收入）- 10000 \ 元$$

若按上述公式，当一个家庭年收入6万元时，将缴1万元税，而一个收入为9万元的家庭将缴3万元税。收入3万元的家庭不缴税。而收入1.5万元的家庭"应缴" -5000元税。换句话说，这个家庭将从政府那里得到5000元的转移支付。

显然，负所得税使低收入家庭的生活得到帮助。它较好地体现了税收的公平原则。但也有经济学家对这一政策提出批评，认为负所得税补贴了那些由于懒惰而陷于贫穷的人。在美国，一种和负所得税有相同作用的税收条款是劳动收入税收减免。这一政策只适用于有工作的穷人，它使贫穷的劳动家庭一年中得到的所得税返还大于所缴纳的税收。所以它不会鼓励得到补贴的人不干活。但它不能缓解由于失业和没有劳动能力而引起的贫困问题。所以，没有一种政策是完美的，政府只能在各项政策的利弊权衡中作出选择。

第二，社会福利政策。福利是政府通过给穷人补助来提高他们生活水平的一种方法。政府的福利政策有多种形式。比如失业补助、养老金、残疾人补助、失去工作能力的人的补助、对收入低于贫困线的家庭和个人的补助、对有未成年人家庭的补助等。补助金主要是货币形式，也有发放食品券和给穷人提供医疗保健的形式。其资金来源，或者是个人或企业缴纳的保险金，或者是政府的税收。

第三，提供低于成本的物品与劳务。在美国，大量的再分配是通过由政府提供物品与劳务来实现的。例如，政府对教育的资助，包括兴办国立学校，为每位学生支付一部分学费，设立奖学金和大学生贷款，帮助学校改变教学条件，等等。再如，政府以低房租向穷人出租国家兴建的住宅；资助无房者建房，如提供低利息率的长期贷款，低价出售国家建造的住宅，实行住房房租补贴；等等。

📖 本章小结

(1) 生产要素的需求是派生的需求，市场对产品的需求决定了企业对生产要素的需求。

(2) 在完全竞争市场，利润最大化的企业按照要素的边际产量价值等于要素价格的原则确定生产要素的使用量。

(3) 当劳动、资本和土地的供给和需求处于均衡状态时，工人、资本所有者和地主根据各自对物品和劳务生产的边际贡献的价值得到报酬。

(4) 在劳动市场上，有许多因素影响劳动的边际产量值。企业对那些从事较艰苦、乏味的工作，较有才能、较勤奋、较有经验而受教育较多的劳动者支付较高的工资，因为这些劳动者的边际生产率较高。

(5) 洛伦斯曲线和基尼系数是衡量收入分配平等程度的有用的指标。

(6) 政府可以采取许多不同的政策帮助穷人。比如，累进的个人所得税、负所得税、福利、提供低于成本的物品和劳务等。

⚒ 关键概念

劳动的边际产量　边际产量价值　劳动的替代效应　劳动的收入效应　资本利息　地租　补偿性工资差别　人力资本　歧视　洛伦斯曲线　基尼系数　负所得税

📚 练习与思考

一、判断正误

(1) 利润最大化企业所使用的要素数量要使要素的边际产量值等于要素的价格。

（　　　）

(2) 生产要素的需求是派生的需求。（　　　）

(3) 劳动的供给和其他商品的供给一样，价格越高，供给越多，因此，提高工资可以无限增加劳动的供给。（　　　）

(4) 某种要素的边际产量价值曲线就是企业对该要求的需求曲线。（　　　）

(5) A、B两国的基尼系数分别为0.25和0.30，那么，A国的收入分配要比B国平等。（　　　）

(6) 如果工资提高，替代效应就会引起劳动者增加劳动，而减少闲暇。

(7) 如果工资提高，收入效应就会使劳动者增加对闲暇的需求。（　　　）

(8) 资本供给曲线表明了利率与资本供给量之间的关系。（　　　）

(9) 熟练工人的边际产量价值高于不熟练工人。（　　　）

二、单项选择

(1) 派生需求的例子是（　　　）。

    A. 对经济学学生派生的衬衣的需求　B. 对劳动和资本生产的衬衣的需求

    C. 生产衬衣中使用的劳动的需求　　D. 对钮扣的需求

(2) 假定一个利润最大化的企业在竞争的劳动市场上雇佣劳动。如果劳动的边际产量值大于工资，企业将（　　　）。

    A. 提高工资　　　　　　　　　　B. 降低工资

    C. 增加雇佣的劳动量　　　　　　D. 减少雇佣的劳动量

(3) 企业产品价格的上升将引起（　　　）。

    A. 劳动的供给增加　　　　　　　B. 所用的投入量减少

    C. 边际产量增加　　　　　　　　D. 边际产量价值增加

(4) 在完全竞争市场上，企业对劳动的需求主要取决于（　　　）。

    A. 劳动的价格　　　　　　　　　B. 劳动的边际产量价值

    C. 劳动在生产中的重要性　　　　D. 劳动替代资本的程度

(5) 生产要素和需求曲线之所以向右下方倾斜是因为（　　　）。

    A. 要素的边际产量递减　　　　　B. 要素生产的产品的边际效用递减

    C. 要素的边际效用递减　　　　　D. 要素参加生产的规模报酬递减

(6) 在其他条件不变的情况下，如果教育的成本大幅度增加，我们就可以预测到（　　　）。

    A. 熟练工人的边际产量价值减少　B. 不熟练工人的供给减少

    C. 熟练工人得到的工资增加　　　D. 所雇佣的熟练工人的人数增加

(7) 下列哪一种情况不是引起工资差别的原因（　　　）。

    A. 是否加入工会　　　　　　B. 家庭人口多少

    C. 受教育程度差异　　　　　　D. 性别歧视

（8）使地租不断上升的原因是（　　　）。

    A. 土地的供给和需求共同增加　　B. 土地的供给不断减少而需求不变

    C. 土地的需求日益增加而供给不变　D. 土地的需求日益增加而供给减少

三、问答题

（1）利用下表中的数据回答下列问题。假设产品市场是完全竞争的。

劳动的数量	产品的数量
0	0
1	7
2	13
3	18
4	22
5	25

    A. 计算每单位产品价格3元时每单位劳动增量的边际产量价值。

    B. 根据表中的数据和每单位产品3元的价格，画出劳动的需求曲线。

    C. 如果工资率为15元/小时，那么劳动的雇佣量为多少？

    D. 运用C的答案，比较企业的总收益与雇佣劳动的总支出。谁获得了二者之间的差额。

（2）解释为什么利润最大化企业对一种生产要素的使用要达到该要素边际产量值等于其价格那一点，而不是能得到更大边际产量值的较小使用量。

（3）说明下列每一个事件对电脑制造业劳动市场的影响：

    A. 更多的大学生选学计算机专业

    B. 电脑企业建立新的工厂

（4）改革开放以来，外国资本大量流入中国，例如，通用、宝洁、摩托罗拉和其他很多外国公司在中国建立了工厂。

    A. 用资本市场图来说明这种流入对中国资本使用量和利息率的影响。

    B. 用劳动市场图说明资本流入对中国工人得到的平均工资的影响。

第八章
市场失灵与政府干预

本章将向你介绍的重点内容

◎ 垄断者的决策如何影响社会福利

◎ 解决垄断问题的公共政策

◎ 什么是外部性

◎ 为什么外部性会使市场结果无效率

◎ 人们如何通过界定产权自己解决外部性问题

◎ 为什么产权界定不能完全解决外部性问题

◎ 政府解决外部性的各种方法

◎ 公共物品和公有资源的定义

◎ 什么是"搭便车"问题

◎ 政府应该如何决定是否提供一种公共物品

◎ 信息不对称给市场交易双方带来的问题

◎ 逆向选择和道德风险的防范

第二章的供求理论告诉我们，市场经济利用供给和需求的力量配置稀缺资源。供给和需求共同决定了经济中许多物品与劳务的价格；价格又是稀缺资源配置的信号。价格的调整使供求趋于均衡，供求均衡是一种有效率的资源配置。因此，市场通常是一种组织经济活动的好方式。但是，在现实经济中，市场并非在任何时候都能有效地配置资源。比如，市场不能纠正垄断企业的低效率；市场不能阻止化工厂污染我们呼吸的空气；市场不能提供给国家和公民带来安全的国防；市场也难以制止和约束欺诈行为。我们把市场在某种场合不能提供有效率的产品和劳务的情况称为"市场失灵"。

本章考察引起市场失灵的重要因素：垄断、外部性、公共物品和信息不对称。本章还要说明，政府解决市场失灵的公共政策，以及政府干预的有限性。

第一节
垄 断

第六章的分析说明，垄断企业没有有效配置资源。垄断者向消费者收取高于边际成本的价格，其产量小于社会有效率的产量。因此，垄断通常被认为是低效率的，这种低效率使社会付出了代价。本节探讨垄断的社会代价以及政府应采取的公共政策。

一、垄断的社会代价

1. 垄断的福利代价

可以用比较竞争和垄断的情况说明垄断造成的福利损失。

图8-1表明，在竞争市场，价格由供给和需求决定。需求曲线代表消费者愿意为商品支付的价格，它衡量产品对消费者的价值。供给曲线就是企业的边际成本曲线，它反映了生产需要付出的代价。在需求曲线与供给曲线相交之处为对社会有效率的产量。这时，消费者剩余为价格线以上，需求曲线 D 以下的面积。我们把价格线以下和供给曲线 S 以上的面积称为生产者剩余，它是指企业生产某种产品的边际成本与实际得到的价格之差。这两块面积之和为总剩余，等于产品对消费者的价值减去企业生产该产品的成本，它代表社会福利水平。在竞争市场的产量水平时，消费者对最后一单位产品的主观评价刚好等于企业生产它所付出的代价，社会福利达到最大，因为在这个产量之下，意味着消费者对产品的主观价值评价大于生产的代价，增加产量将增加总剩余；在这个产量之上，意味着消费者对产品的主观价值评价小于生产的代价，减少产量将增加总剩余。因此，该产量表明资源的利用是有效率的。

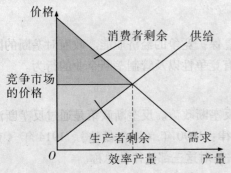

图8-1 消费者剩余与生产者剩余

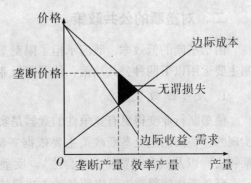

图8-2 垄断引起的社会福利损失

图8-2为垄断企业的情况。垄断者选择边际收益曲线与边际成本曲线相交的产量水平，显然，垄断者的产量小于社会有效率的产量。当垄断者收取高于边际成本的价格时，一部分虽不愿意接受垄断价格，但愿意按照高于边际成本的价格购买商品的消费者得不到满足，从整个社会的角度看，该结果是无效率的。图8-2中的阴影部分就是垄断定价引起的社会福利损失，这一损失称为无谓损失，它是由于垄断企业价格高、产量低而造成的总剩余的绝对损失。

2. 寻租成本

垄断的低效率还表现在垄断企业为维持其垄断地位不得不把资源花费在非生产性活动上。我们把企业为获得和维持垄断权的活动称为寻租。这是因为垄断企业的利润也被称为租金，通过寻求或维持在行业内的垄断地位来寻求或维持业已存在的租金的活动就是寻租。为寻租所花费的成本被称为寻租成本。

垄断企业为了得到或维持其垄断权，就必须使用资源。例如，有些地方企业通过各种手段取得当地政府的支持，禁止外地产品进入本地市场，甚至通过非法手段取得某个政府项目的承包权或经营权。又如，许多欠发达国家在全国范围内授予某家企业生产某种产品的特权，而且不允许从国外进口这种产品。在这种情况下，企业会向说客和政治家赠款，以便维持高额利润。从社会角度看，这些活动是一种浪费，有限资源被用于获得有利的规则，而不是用于生产物品或劳务。所以，经济学家通常反对政府创造行政性垄断限制竞争，它将会鼓励企业把资金用于寻租活动，而不是花在生产更好的产品上。

为了获得和维持垄断地位，企业愿意花费多少钱呢？企业用于获得和维持垄断权的资源的价值就是凭借这种垄断权力所得到的垄断利润。因此，企业用于寻租的资源价值的上限等于所能获得的全部垄断利润。寻租活动所造成的浪费可能远远大于低效率产量所造成的损失。

二、对垄断的公共政策

由于垄断的低效率，政府承担了限制垄断、保护竞争的经济职能。政府对垄断的限制主要运用以下两种公共政策：使垄断行业更有竞争性以及管制垄断企业的行为。

1. 反垄断政策

使垄断行业变得更有竞争性的武器是实施反垄断政策。反垄断政策是通过反垄断法实现的。美国制定反垄断政策主要依据三部法律：1890 年《谢尔曼法》、1914 年《克莱顿法》以及《联邦贸易委员会法》。反垄断法是对这三部法律的总称。

反垄断法使得政府可以用各种方法保护竞争。它们允许政府阻止大企业合并以形成垄断地位。在美国，假设通用汽车公司和福特汽车公司想合并，一定会受到联邦政府的严格审查。如果政府认为这两家大汽车公司的合并会削弱美国汽车市场的竞争性时，则会阻止这两家公司的合并。1994 年微软与图文公司的合并就受到了反垄断法的阻止。此外，政府还可依据反垄断法分解大型公司，只要政府有足够的证据认为其存在影响了竞争。一个典型的例子是 1994 年美国电话电报公司（AT&T）被强行分解为八个较小的公司。最后，反垄断法禁止公司以降低市场竞争性的方式协调行动。例如，少数大企业为避免竞争就产量和价格达成协议，组成联合行动的垄断组织；或者某些企业串通制定本行业产品的固定价格；等等。

中国的垄断企业多是政府创造的行政性垄断。在《中华人民共和国反垄断法》（以下简称《反垄断法》）出台之前，政府大多依靠行政力量实施反垄断措施，其特点是见效快。自 20 世纪 90 年代以来，由政府推动的电信拆分、电力改革、民航重组等改革措施均以打破垄断为目标，并且取得了一定成效。在 2007 年底出台了《反垄断法》之后，我国的反垄断有了法律依据。借助于法律依据打破行政性垄断将会取得更加有效的结果。

反垄断法的执行也会付出代价。因为并非所有的公司合并都会削弱竞争，有些公司的联合降低了生产成本。比如近年来许多美国银行合并，通过联合经营可以减少行政人员。因此，在美国，如何把握竞争企业合并的标准，成为经济政策中最有争议的问题之一。主张更宽松标准的人认为，在当今国际市场上，激烈的竞争足以保持低价和经济效率。任何试图通过索取高价控制市场的垄断行为或者忽视降低成本的企业都将面临竞争的猛烈冲击，这类企业至多只能在短期内具有垄断地位。例如，理光、佳能以及其他许多公司使施乐失去了在复印机市场上的垄断地位；富士目前正在挑战柯达在胶卷市场上的主导地位。此外，他们还认为，对国内垄断的限制抑制了公司利用规模经济的能力。由于其他国家政府对自己的企业没有采取类似限制，这不利于美国公司参与世界市场竞争。

2. 管制

政府解决垄断问题的另一个方法是管制垄断者的行为。在自然垄断行业，比如自来水和电力公司中，这种解决方式是常见的。政府不允许它们任意收取高价格，而是对它们的定价进行限制。图 8－3 表明政府对自然垄断企业的价格管制。

在图 8－3 中，向右下方倾斜的 AC 曲线和 MC 曲线表明了自然垄断企业成本递减的特点。图中，A 点是垄断企业利润最大化的产出点。这时，可以看到产量低、价格高，企业得到大量的垄断利润。政府对垄断企业实行价格管制后，垄断企业只能按平均成本定价。这时，企业的价格 P_2 定在需求曲线与 AC 曲线的相交处 B 点，产量为 Q_2。

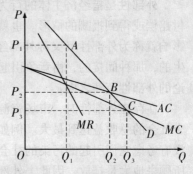

图 8－3　对自然垄断行业的管制

这种解决办法的好处有多大呢？首先，由于价格由 P_1 下降到 P_2，垄断利润转化为消费者剩余，消费者的社会经济福利得到了增进，垄断企业赚到零利润。其次，由于产量由 Q_1 增加到 Q_2，所增加的产量带给消费者的边际收益大于其在社会中消耗的边际成本，垄断者的低效率状况得到一定程度的改善。但是，按平均成本定价仍然存在问题。价格管制只是减少了价格与边际成本的差异。由于价格仍大于边际成本，按平均成本定价引起了无谓的损失。

理想的管制方案应当是要求企业按边际成本定价，只有在价格等于边际成本时，资源才能得到最有效的利用。然而，自然垄断是平均成本递减。当平均成本递减时，边际成本小于平均成本，如果管制者制定等于边际成本的价格，价格就将低于平均成本，企业将会亏损。企业不会长期在亏损状态下经营，政府又不愿意对成本递减的企业进行补贴，所以，这一理想的管制方案很少使用。

第二节　外部性

一、外部性的概念

生活中我们经常会观察到这样的现象：周末的晚上，小李邀朋友在家中唱卡拉

OK，高音频的歌声、音乐声扰乱了邻居们的宁静，但他不会因此向邻居们支付任何形式的补偿；造纸厂在生产过程中排放的污水给附近的居民造成了损害，但是它却没有给受害者应有的补偿；超市把门前的烂泥路整修一新，在方便自己的同时也方便了街道上过往的行人，但这些行人并不会为此向超市做出任何支付。这些现象都属于外部性问题。

外部性是指经济主体的行为给无关者带来危害或利益，而该经济主体并没有因此支付赔偿或得到报酬的情形。也就是说，当一个人的行为直接影响了其他人的利益，这种影响就称为外部性（又称外部经济）。需要注意的是，这里讲的对他人的影响是直接发生的，那种间接的，由竞争引起价格下降，从而使竞争对手受到损失的情况不在我们讨论的外部性范畴之内。

在存在外部性时，市场资源配置并不是有效率的，也就是说，市场均衡并没有使整个社会的总收益达到最大。例如，造纸厂排入河流的污水引起污染，利己的造纸企业并没有考虑它们引起的污染的社会代价，如果没有政府对其行为的阻止或限制，它们会无所顾忌地大量排放。因此，外部性是导致市场失灵的重要原因。

二、外部性的分类

按照经济主体的行为对无关者造成的是损失还是收益，我们可以把外部性分为负外部性与正外部性。**正外部性**是某个经济主体的行为使他人受益，自己并没有得到受益者补偿的情况。例如，王大爷在自己的房前屋后养花种树，美化了环境，净化了空气使邻居们受益，但邻居们并没有为此而向他支付报酬。同样地，一个养蜂人在果园养蜂，果园主的果树因蜜蜂传授花粉而产量大增，但果园主并没有为此而付费。这些事例都是正外部性。**负外部性**是某个经济主体的行为使他人受损，但自己并没有为此而承担成本的情况。例如，造纸厂向河流排放污水影响了附近居民的健康，增加了社会治理污水和医疗的费用，但造纸厂并不承担污染的成本就是负外部性。又如，建筑工地噪音的侵扰，汽车废气对空气的污染都是明显的例子。

在考察外部性问题时，我们还需要对成本重新定义。成本分为私人成本和社会成本。**私人成本**是指企业从事生产活动所承担的成本，也就是企业的生产成本。而**社会成本**是指企业从事生产活动所发生的成本由全社会承担的情况。社会成本和私人成本的差额称为**外部成本**，即某企业的一项生产活动，该企业不承担的费用部分。例如，造纸厂排放废水，社会成本为10000元，其中，直接由工厂承担的私人成本为3000元，两者之差为7000元，即是该企业间接危害他人所产生的外部成本。

下面我们将运用福利经济学的一些理论，分析以上两类外部性问题如何引起市场资源配置无效率。

1. 负外部性

为了使分析更加具体，我们以硫酸市场为例。图8－4为硫酸市场的供给和需求曲线。

供给和需求曲线包含了有关成本和收益的重要信息。硫酸的需求曲线反映了消费者对硫酸的主观价值评价，这种评价用他们愿意支付的价格来衡量。在任何一种需求量水平下，需求曲线的高表示边际买者的支付意愿。换句话说，它表示购买最后一单位硫酸的价值。同样，供给曲线反映了每一个既定数量上，硫酸生产者愿意为生产硫酸花费的成本。在任何一种供给量水平下，供给曲线的高反映了硫酸生产者的边际成本，即表示增加一单位硫酸所增加的成本。

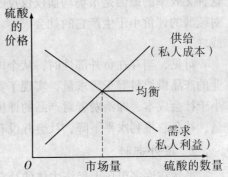

图8－4　硫酸市场的供给和需求曲线

如图8－4所示，市场均衡时的生产量和消费量使生产者和消费者剩余之和达到最大，因此，市场的资源配置是有效率的。这就是说，市场的资源配置实现了购买硫酸的消费者的总价值和销售硫酸的生产者的总成本的差额（总剩余）达到了最大。

现在我们假设硫酸厂生产一吨硫酸会产生一定量烟尘进入大气。由于这种烟尘对于那些呼吸空气的人造成健康危险，它是负外部性。这种外部性将如何影响市场效率呢？

由于这种外部性，生产硫酸的社会成本大于硫酸厂的私人成本。生产每一吨硫酸，社会成本包括硫酸厂的私人成本加上受到污染影响的附近居民所承受的成本（外部成本）。图8－5表示生产硫酸的社会成本。社会成本曲线在供给曲线之上，是因为它考虑到了硫酸厂给社会带来的外部成本。这两条曲线的差别反映了排放污染的成本。

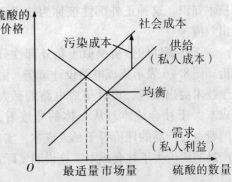

图8－5　生产硫酸的社会成本

从社会角度看，生产硫酸的成本包括生产者的私人成本和污染的外部成本；因此，使市场总剩余最大化的产量应该选择需求曲线和社会成本曲线相交时的产量水平。这个交点决定了硫酸的最优数量，因为低于这一水平时，硫酸消费者的价值（用需求曲线的高来衡量）大于生产它的社会成本（用社会成本曲线的高来衡量）。于是增加产量会增加社会总剩余。同样，高于这一水平也不是最优的，因为生产硫酸的社会成本大于消费者的价值。

从图8-5可以看出，硫酸的均衡数量（市场量）大于社会的最适当量（最适量），这种无效率的原因是市场均衡仅仅反映了生产的私人成本。在市场均衡时，边际消费者对硫酸的评价小于生产它的社会成本。这就是说，在市场量时，需求曲线在社会成本曲线之下。

可见，当存在负外部性时，从个体角度看，消费者对产品的评价等于私人成本，企业的产品供给量等于需求量，实现了资源配置最优。但从社会角度看，企业的私人成本小于社会成本，即消费者对产品的评价小于社会成本，这说明实际产量大于社会最优产量，社会总福利水平下降，社会并没有达到最优经济效率。

2. 正外部性

虽然在许多市场上经济主体的社会成本大于私人成本，但也有一些市场情况相反。在这些市场上，外部性使他人收益，因此，生产的社会成本小于私人成本。集成电路设计就是一个例子。

集成电路设计迅速发展的IT核心产业。只要一种新的集成电路设计出现，就有发现新的、更好设计的机会。这种新的设计不仅有利于这个企业，而且也有利于整个社会，因为这种设计增加了技术知识。这种正外部性被称为技术溢出效应。

正外部性的分析类似于负外部性分析。图8-6表示集成电路设计市场。由于技术溢出效应，设计集成电路的私人成本大于社会成本。从个体的角度看，

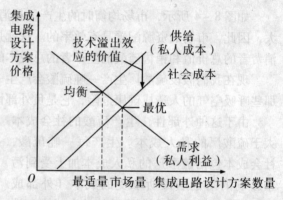

图8-6 集成电路设计市场示意

消费者对产品的评价等于私人成本，实现了资源配置最优。但从社会角度看，消费者对产品的评价大于社会成本，这说明实际产量小于社会最优产量，社会福利水平没有达到最大。

三、解决外部性问题的方法

1. 产权与科斯定理

产权是一个权利束，它包括所有权、受益权、转让权和处置权等。产权学派的经济

学家认为，许多外部性的案例都是因为产权没有得到明晰的界定而产生的，因而通过明确产权可以解决外部性问题。著名的科斯定理概括了这一思想。根据科斯定理，只要产权明确界定，且交易成本等于零，那么，无论最初的权利如何分配，经济主体之间总可以通过协商解决他们的外部性问题。并有效地配置资源。

为了说明科斯定理如何解决外部性问题，我们以造纸厂和居民为例。假定处在河流上游的造纸厂污染河水，下游的居民受到损害，存在负外部性。解决这个问题有两种方法：一是由造纸厂购买净化设备对废水进行净化处理，其费用为 10 万元，二是由居民们购买设备对污染的河水进行过滤，费用为 15 万元。显然，第一种解决方法费用较低，是有效率的解决方案。下面我们来看在不同的产权安排下，双方如何通过自由交易形成解决办法。

假定造纸厂拥有向河流排放废水的权利，它给下游居民带来了污染，如果企业施加的外部成本超过消除污染的成本，那么结果是居民出钱购买上游企业的污染权。于是居民们联合起来，共同出钱给企业安装一套净化设备，因为净化设备的费用低于过滤设备。负外部性消除。

如果产权在河流下游居民一方，即居民拥有对清洁河水的明确产权，则居民们可以对上游企业破坏水质的行为进行起诉，要求企业赔偿水质污染给他们带来的损失。如果罚款超过了企业施加的外部成本，企业不愿受罚，可通过与下游居民谈判的方式从他们手中购买使用优质水的权利，于是企业购买净化设备对废水进行净化处理。这样，负外部性也会消除。如果造纸厂认为，承担了污染的外部成本后生产无法经营下去，那就只有关门大吉，负外部性也消除了。

以上分析表明，无论产权是划归居民，还是划归造纸厂，只要产权明确，有关各方总可以达成一种协议，这种协议的实施使经济最后都达到了最有效率的结果：造纸厂进行净化处理。交易双方的状况都变好了。

尽管科斯定理的逻辑很吸引人，但私人主体自身经常不能解决外部性所引起的问题，原因在于生活中的许多经济活动都存在明显的交易成本。**交易成本**是各方在达成协议和遵守协议过程中所发生的成本。比如信息成本、谈判成本、订立和执行协议的成本、防止交易参与者在议价时欺骗的成本、维持所有权的成本、监督和执行成本等。

考虑到谈判过程中存在交易成本，即使产权明确界定，市场仍无法有效地解决外部性问题。在我们的例子中，如果河流下游的居民人数很多，除居民之外还有渔场、食品厂等，这样，造纸厂的污染波及大众，无论是这些利益主体分别与造纸厂谈判，还是自己先达成协议再与造纸厂谈判，要达成有效的协议非常困难，因为协调各方的利益以便与造纸厂协商几乎是不可能的。

在交易成本太大、私人协商无效时，政府的调节有时能够起到作用，政府是公共利益的代表。在上例中，当受污染损害的一方不能协调和维护自己的利益时，可以寻求政府干预。在下面的分析中，我们要考察政府如何努力解决外部性问题。

案例分析　　　　科斯定理的例证

科斯定理认为，如果产权明确，人们可以用较低的成本或不费成本进行谈判的话，外部性问题可以通过市场来解决。我们可以用一个数字例子说明科斯定理。假设有一工厂，它的烟囱冒出的烟尘使得居住在工厂附近的 5 户居民所洗晒的衣服受到损失，每户的损失为 75 元，从而 5 户损失为 375 元。为了解决这一问题假设有两种治理的办法可供选择：一是在工厂的烟囱上安装一个除尘器，其费用为 150 元；二是为每户提供一个烘干机，使他们不需要去晒衣服，烘干机的费用假设为每户 50 元，成本为 250 元。显然，在这两种解决办法中，第一种是比较节约的，它的成本较低，代表最有效率的解决方案。

根据科斯定理，在上述例子中，不论给予工厂以烟囱冒烟的权利，还是给予 5 户居民晒衣服不受烟尘污染的权利，只要工厂与 5 户居民协商时期协商费用为零，（即上述的交易成本为零），那么，市场机制的作用可以使双方选择最有效率的办法解决烟尘污染问题。

让我们来分析为什么如此。假定工厂拥有排放烟尘的权利，在烟尘污染带来的外部成本大于治理成本的情况下，5 户居民会考虑买进工厂烟囱冒烟的权利，即他们会选择共同给工厂义务安装一架除尘器。因为，除尘器的费用低于 5 架烘干机，更低于晒衣服所受到的烟尘之害（375 元）。如果 5 户居民被赋予晒衣服不受烟尘污染的权利，那么，工厂会考虑，与其向 5 户居民赔偿烟尘污染的全部损失（375 元），不如向居民购买他们的衣服不受污染的权利。于是工厂会选择自动地给自己安装除尘器。因为在两种解决办法中，安装除尘器的费用较低。总之，不管哪一方的当事人被赋予财产权，结果都是相同的。这些当事人都会选择最低的成本解决烟尘污染问题。

当然，科斯定理只有在交易成本为零时才会有效。如果不是如此，结果便会不同。在上例中，假设在工厂具有排放烟尘权利的条件下，如果 5 户居民联合在一起共同行动的费用很大，假如为 125 元，那么，为了共同行动给工厂安装除尘器，总支出是 275 元（125＋150＝275）。在这样的情况下，5 户居民便会各自去购买一架烘干机，因为烘干机的费用只有 250 元。显然，这不是一个有效率的结果。同样的，如果 5 户居民共同行动的费用为 250 元，那么，无论是给工厂安装除尘器还是给自己购买烘干机，总支出都大于总污染的成本，居民晒衣服受到烟尘污染的问题根本无法解决。居民就会把烟尘污染的问题留下不解决了。科斯定理的意思大致就是如此。科斯本人并没有对该定理加以精确的证明，仅仅使用了类似上述的数字例子加以说明。

——改编自高鸿业：《私有制、科斯定理与产权明晰化》，《当代思潮》1994 年第 5 期。

2. 针对外部性的公共政策

经济学家认为，当外部性降低了市场资源配置的效率，而交易成本的存在使得市场在解决外部性问题时又无能为力的情况下，政府可通过以下方式解决外部性问题。

（1）管制。政府可对企业的负外部性实行强制性限制。例如，环境保护部门规定各企业可以允许的排污量，若企业违反这些规定则环保部门给予重罚，迫使企业自己限制其负外部性行为。类似的情况还有：食品法中规定糖精含量的最高限额，城市公路管理部门规定卡车只能在夜间进入市区，环境保护部门要求企业采用某项减少排污的技术，等等。但是，政府通过管制控制负外部性也有难处，为了设计良好的管制规则，政府需要调查研究，确定社会所能承受的各种负外部性程度，并对所管制行业使用的技术有详细的了解，而政府要得到这些信息需要付出极大的成本。

此外，政府的管制还包括把施加和接受外部成本或外部利益的企业合并。例如，一家化工厂给附近一家小餐馆造成了污染，那么由政府出面协调，以合适的价格把餐馆卖给这家化工厂，这样外部性被"内部化"了，合并后的企业为了自己的利益，会考虑化工厂对餐馆污染的成本。

（2）征税和补贴。政府解决外部性问题也可以不采取管制的方式，而是通过对那些有负外部性的活动征税和补贴那些有正外部性的活动来使外部性内在化。用于纠正负外部性影响而开征的税被称为"庇古税"，以纪念最早提出这种税收用法的英国经济学家阿瑟·庇古（Arthur Pigou）。

庇古认为，政府对有负外部性活动的企业征税时，其征税额应该等于该企业给他人造成的损失额，这就把负外部性内在化了，即把负外部性引起的外部成本转给引起负外部性的企业，这样，外部成本就成为企业私人成本的一部分，使私人成本增加到与社会成本相等。企业如果不想缴纳这种税，就要自己治理负外部性。如果企业不治理，就由政府用这笔税来治理负外部性。对企业来说，如果征税之后，企业成本增加，收益减少，它也会自动减少生产；如果税收足够高，工厂将停止生产，负外部性为零。

对于正外部性的一般做法是政府向引起外部性的企业给予补贴，其补贴额应该等于该企业给他人带来的收益额。给予补贴也是把正外部性内在化，即把正外部性引起的收益转给引起正外部性的企业，这样，外部收益就成为企业收益的一部分，使私人收益增加到与社会收益相等。企业收益增加就会增加能够增进社会经济福利的正外部性活动。

征税和补贴的方法在理论上能够解决外部性问题，但是在实际操作上比较困难。政府要确定适当的征税额和补贴额，就必须确切知道外部成本和外部收益，而政府是很难得到这种信息的。即使是受外部性影响的一方也不能确切知道自己受到了多大的损害和收益，就算是知道，也不一定会正确地向政府提供。受外部成本损害者常常会夸大损害的程度，要求政府尽可能地减少这种损害。只要政府不能确切知道外部成本和外部收益，税收和补贴的方案在现实中就很难有效实施。

（3）排污权交易。如前所述，政府通过管制可以控制企业的排污量。但是，管制要求每个工厂减少等量的污染，而等量减少并不是控制污染的最省钱的办法。因为不同企业降低排污量的成本各不相同。例如，假定造纸厂减少1吨污物的成本为3000元，化工厂减少1吨污物的成本为5000元，若政府要求这两个企业各减少1吨污物，那么，消除2吨污物的社会成本为8000元。进一步假定，造纸厂消除第二吨污物的成本是4000元。如果要求造纸厂减少2吨污物，而对化工厂不加以限制，那么，整个社会的排污量仍然是2吨，但实现这一目标的总成本却降低为7000元。显然，靠政府管制控制污染需要花费较大的费用。

降低控制污染成本的一个好办法是建立排污权交易市场。它是由政府确定一个排污标准，然后向污染企业发行或拍卖污染许可证（即排污权），污染许可证可以在市场上进行交易，各企业可以根据自己的需要购买这种污染许可证。这种方法可以减低排污的成本。在我们的例子里，假设政府规定造纸厂和化工厂每年的排污量各为2吨，这样，社会的总排污量为4吨。若排污权不允许交易，如前所述，两个企业各减少1吨污染物，成本分别为3000元和5000元。现假设政府允许排污权自由买卖，两家企业之间进行了一笔交易：化工厂向造纸厂购买1吨污物的排污权，价格为4500元。这样，两家企业的排污总量没变，对环境污染的程度也没变。但是，双方在这种交易中都得到了好处。对化工厂来说，它以低于污染治理成本的价格向造纸厂买入1吨的排污权，节省的污染治理成本（5000元）大于购买1吨排污权的费用支出（4500元），其差额（500元）构成了化工厂的收益。而对造纸厂来说，它以高于污染治理成本的价格向化工厂卖出1吨的排污权，那么，出售1吨排污权所获得的收入（4500元）大于其治理第二吨污染物的成本支出（4000元），其差额就构成了造纸厂的收益。这样，在排污总量不变的情况下，由于企业之间的排污权交易，两家企业的收入都增加了，这等于降低了排污成本。消除污染的社会成本从原来的8000元减少为7000元。显然，借助市场调节减少负外部性是有效率的。这种方法在美国的实施是成功的。

参考资料　　　　排污权交易日渐红火

自1996年始，美国环保学会中国项目办公室在中国开始了二氧化硫排污交易实验的准备及推广工作。2000年，江苏南通和辽宁本溪开展了中国最早的排污权交易项目。在前期的试验项目取得成功后，美国环境保护协会又联合中国国家环保总局，从2002年开始，在中国实施排污权交易项目的第二阶段试验，选取了江苏省、山东省、河南省、山西省、上海市、天津市、柳州市和华能发电集团作为试点。截至 2004 年，我国已有 25000 吨二氧化硫的排放权在中国的四省三市进行了交易，交易额超过 2000 万元。这表明我国利用市场机制解决环境问题已经迈开了一大步。

与此同时，为什么排污权也可以买卖？排污权可以买卖，是不是意味着有钱就可以随意污染环境？种种有关排污权交易的问题，也引起了越来越注重环保的人们的高度关注。

从经济学角度看，排污权交易实质上是利用经济手段解决环境问题。进行排污权交易，首先确定一个地区的污染物排放总量，然后将这一总量在各个排污单位之间分配。各个排污单位所得的"配额"既可以自己用，也可以节约下来参与交易。

通过排污权交易，社会可获得"双重红利"。因为在排污权可以交易时，各企业会想方设法减少排放，以争取少买指标或出售指标，从而削减了整个区域的排放总量。而企业为了达到少污染的目标，就要不断提高生产效率和技术水平，这样，一方面环境污染减少了，另一方面整个社会的技术和经济效益也提高了，从而形成"双重红利"。而且，由于通过这种市场机制自动发挥着减少排污的作用，政府也可以从中节约大量费用，使社会总体污染控制费用大幅下降。

排污权对治理环境污染的作用，在国际上早有例证。1990 年，美国引入了针对大污染源二氧化硫排放的交易系统，这是最早的一次大规模的排污权交易行动，其目的是通过排污权交易，到 2000 年将美国的二氧化硫排放量削减到 1980 年水平的一半。结果，在开始实施的两年里，企业平均比规定数减少了 35% 的二氧化硫排放量，而每年花费的代价还不到 10 亿美元，远远低于预计的成本。

允许排污权有偿转让，会不会导致一些企业宁愿花钱买排污权也不积极治理污染，甚至肆无忌惮的排污呢？这样的担心是不必要的。排污权交易在制度设计上就已考虑到了这一点。因为总排污量多少是建立在对环境容量科学评估的基础上的，而可转让的排污权则是以总量控制和浓度控制为前提的，就算一个"污染大户"有能力买下所有的排污权，这些排污权的总量和排放浓度都仍然在限额之内，因而不可能出现总体污染加重、企业通过购买排污权肆无忌惮排污的现象。当然，对企业排污量是多少、浓度如何等，政府在这方面仍然要加强监督，并确定企业已经用了多少排污指标，这也是排污权交易的前提。

当然，在治理环境污染中，排污权交易仍然只是辅助手段。因为排污权交易只适用于某种特定的污染，要从根本上解决环境污染问题，最终还是要靠综合治理。而且，排污权交易在操作上也存在一定的难点，比如，排污配额如何公平分配等。我国要推广排污权交易的做法，相关的法律法规也有必要进一步完善。

——载《羊城晚报》中财网，2004 年 10 月 12 日。

第三节
公共物品和公有资源

在现实生活中，有一些物品是可以免费享用的。比如，河流、山川、海洋、街心公园、路灯等。当一种物品可以免费得到时，市场配置资源的作用就不存在了。在这种情况下，政府的公共政策可以解决市场失灵，并增进社会福利。本节考察两类特殊物品：公共物品和公有资源。说明为什么市场不能有效提供公共物品，人们为什么会过度使用公有资源，以及政府如何解决这些问题。

一、不同类型的物品

在考虑经济中的各种物品时，为了便于经济分析，经济学家通常根据两个特点来对物品进行分类：排他性和竞争性。如果可以阻止人们使用某种物品，则称该物品具有排他性；当一个人在使用某种物品时，其他人无法同时使用同一物品，则称这种物品具有竞争性。

根据上述两个特点，可把物品分为四类：

1. 私人物品

私人物品既有排他性又有竞争性。例如，考虑一个馒头。一个馒头之所以具有排他性，是因为可以阻止别人吃你的馒头——你只要不把馒头给别人就行了。一个馒头之所以具有竞争性，是因为如果一个人吃了一个馒头，另一个人就不能吃同一个馒头。经济中大多数物品都是像馒头这样的私人物品。

2. 公共物品

公共物品既无排他性又无竞争性。也就是说，不能排除人们享用一种公共物品，而且，一个人享用一种公共物品并不减少另一个人对它的享用。例如，国防是一种公共物品。一旦要保卫国家免受外国人入侵，就不能排除任何一个人不享有这种国防的好处。而且，当一个人享用国防安全时不会影响另一个人对国家安全的享用。属于公共物品的例子还有基础科学研究、贫困家庭的生活补助、节日的焰火表演等。

3. 公有资源

公有资源有竞争性但没有排他性。例如，海洋中的鱼是一种竞争性物品：当一个人捕到鱼时，留给其他人捕的鱼就少了。但这些鱼并不是排他性物品，因为几乎不可能对渔民所捕到的鱼收费。相似的例子还有公共草场、新鲜空气、拥挤的不收费的道路，等等。

4. 俱乐部产品

当一种物品具有排他性但没有竞争性时，这类物品在一定范围内具有公共物品的性质，通常被称为**俱乐部产品**。例如，考虑一个城市的有线电视。要排除享用这种物品是容易的：只要实行收费制，就可以阻止不付费者对有线电视的享用。但有线电视并没有竞争性，多一个用户并不减少其他用户对有线电视的享用。换句话说，一旦有关部门建立了有线电视网络系统，多一个用户的额外成本是微不足道的。同样的例子还有桥梁、高速公路、天气预报等。

上述四类物品中，私人物品和俱乐部产品的供给都已经得到解决。现在的问题是，公共物品和公有资源具有非排他性的特征，非排他性意味着无法通过收费的方式限制任何一个消费者对物品的消费。因此，如何解决公共物品的供给和公有资源的保护，是值得经济学研究的问题。

二、公共物品和"搭便车"问题

公共物品的非排他性和非竞争性的特点决定了人们不用购买仍可以进行消费，由此便给市场经济社会带来了问题。我们以楼梯上的灯为例分析这一问题。假设你在公寓的楼梯上装了一盏灯，这种物品没有排他性，你要排除楼梯上下的住户借光是不可能的。而且，它也没有竞争性，因为一个人享受路灯的好处，并不妨碍其他人享受路灯的好处。这样，就产生了"搭便车"问题。所谓搭便车是指一个人得到一种物品的收益但避开为此支付成本的行为。

如果人人都想搭别人的便车，那么，即使楼梯上的灯给上下楼的住户带来的好处大于它的成本，但从私人来看无利可图，结果，没有人在楼梯上安装电灯，夜晚楼梯上下漆黑一片，人们上下楼梯既不方便又不安全，从社会来看，这是一种效率损失。

上述事例说明，由于公共物品不能进入市场交易，从而也没有价格，私人企业不愿意向社会提供，而且，一般来说，公共物品覆盖的社会成员越多，"搭便车"的问题就越严重，公共物品由私人市场提供的可能性就越小。市场不能提供充足的公共物品，表现出市场对公共物品配置是无能为力的。

三、公共物品的供给以及供给方式的选择

1. 公共物品的供给

公共物品是任何一个经济都不能缺少的，是维持社会正常运行和经济发展所必需的。因此，当市场不能提供足够的公共物品时，政府的干预就是必要的。政府提供公共物品的方法是向居民征税，并用这些税收来购买公共物品。例如，国防由中央政府提供，其成本则通过税收筹集。街灯、地方治安由地方政府安排，其费用也是靠税收来支付。一些居民大楼的路灯、楼梯灯由物业管理委员统一安装维护，费用由各家各户分摊。尽管"搭便车"问题使私人企业不愿提供公共物品，但政府可以解决这个问题，只要政府确信公共物品给社会带来的好处大于其成本，就可以提供公共物品，并用税收为它支付，从而可以帮助社会达到有效率的结果。

在解决公共物品难题的问题上，政府的作用不仅仅是在私人市场不能生产有效率的数量时提供公共物品，还应该考虑提供哪些公共物品，以及提供多少。

假定政府正在考虑一个公共项目，如修一条新的高速公路。为了制定要不要修这条高速公路，政府必须比较所有使用这条高速公路的人的总收益与维修的成本。这称为成本—收益分析。但是政府很难获得成本—收益分析所必需的价格信号。因为所有的人都可以免费使用高速公路，没有判断高速公路所值的价格。通过询问的方式给高速公路估价是不可靠的，因为那些要用高速公路的人为了修这条路，很可能会夸大他们所得收益，而那些受高速公路伤害的人为了阻止修这条路很可能会夸大其成本。因此，有效率地提供公共物品是很困难的。通常政府对公共项目成本和收益的分析只是近似的估计而已。

2. 公共物品供给方式的选择

以上分析说明，由于存在搭便车问题，现代市场经济社会需要政府提供公共物品。那么，政府采取什么方式向社会提供公共物品呢？实际上，政府可以在不同方式中进行选择。

（1）政府直接提供。政府可以直接经营那些不能由市场提供的物品和劳务。例如，国防涉及一国国民的安全，但由于其公共物品的性质以及它所涉及的国家机密，需要政府来提供。由政府提供公共物品的一个好处在于，政府建立的税收机构能够以征税的方式为某种公共物品筹集资金，那么它也能够为其他的公共物品筹集资金，因而资金筹集的成本较低；此外，政府向社会成员征税收，实际上使每个纳税者承担了公共物品的成本，从而避免了只想消费公共物品而不愿付款的情况。

现实经济中，甚至有些私人物品也由政府提供。这类产品被称为由公共部门提供的

私人产品。医疗和廉租房是两个典型的例子。如果政府认为医疗市场化会损害老年人和低收入者和工薪阶层的利益，可以对医疗部门国有化。就我国来说，虽然近些年来出现不少国有医院改制的现象，民营医院也开始出现，但大多数医院仍然是国有的。还有，如果政府认为由市场提供廉租房不利于解决穷人的住房问题，就会由政府投资，为低收入者提供廉租房。新加坡的廉租房基本上都是由该国政府提供的。

（2）私人部门提供，政府以补贴的方式给予激励。在任何社会，政府都不是公共物品的唯一提供者。事实上，很多公共物品是由私人部门提供的，只要私人部门能够筹集到资金，他们也愿意向社会提供公共物品，因此政府可以通过补贴的方式，激励市场按照政府希望的方式运行。例如，在基础教育方面，可采取对私立学校提供补贴的方式，鼓励私人办学，从而满足消费者对基础教育的多样化需求；在住房建设上，政府可以向开发商提供补贴，使他们有激励为穷人建造廉租房；在医疗保健方面，政府可以通过税收优惠的方式，为企业向员工支付健康医疗保险提供激励。

一项物品和劳务到底由政府提供还是由私人部门提供，主要考虑以下几个方面的因素：① 政府提供和私人部门提供的相对成本。一般来说，私人部门通常有激励降低成本，因此，从社会效率的角度看，由私人部门提供更有效率。20 世纪 80 年代，西方国家出现一轮国有企业私有化的浪潮，英国政府把多年来由政府经营的铁路实行了私有化。在中国，职业介绍原来大多是由劳动部门提供的，而现在，越来越多的私营职业介绍所替代政府提供这项服务，其原因是由私人部门运作成本更低。② 产品或服务提供的范围。一般来说，范围越大，政府以税收的方式筹集资金，会使越多的消费者共同分担公共物品的成本，政府提供优势较大。而范围较小，私人部门可以收费，由私人提供就更为可行。例如，在居民小区里，环境卫生和绿化是由小区业主缴纳物业管理费，由专为居民提供服务的物业管理公司提供的。在这种情况下，小区的环境卫生和绿化已成为俱乐部产品，严格来说已不是公共物品，所以由私人部门提供更为有效。③ 考虑公平分配。如果一个社会的低收入阶层居住条件恶劣，或者看不起病，孩子上不起学，那么，虽然住房、医疗和教育由私人提供更有效率，但是从社会公平的角度考虑，政府仍然要提供廉租房、最低医疗保障和义务教育给低收入群体。经济学家认为，这实际上是向社会提供一种非常重要的公共物品，即收入和消费的均等。

四、公有资源

公有资源与公共物品一样没有排他性，想要使用公有资源的人都可以免费使用。但是，公有资源有竞争性，当一个人使用公有资源时，他减少了其他人对这种资源的享用。因此，国有资源产生了负外部性问题，这使公有资源往往被过度使用。我们以"公共地的悲剧"为例说明公有资源如何经常被滥用。假设一个小镇有一块公共草场。

镇上的人们全要靠养羊维持生活。草场是小镇的公有地，人人都可以自由放牧，人人都觉得自己多放一头羊没什么了不起的，然而这样做的结果是，随着镇上的人口增加，公共草场的羊不断在增加，从而导致对草场的掠夺性破坏。最终使小镇的许多家庭失去了生活的来源。公共草场悲剧的原因是在资源为公共所有的情况下，必然产生负外部性：当一个家庭的羊群在公共地上吃草时，他降低了其他家庭可以得到的土地质量。由于人们在决定自己有多少羊时并不考虑这种负外部性，结果羊的数量过多，公共资源被过度使用。

解决"公共地悲剧"问题最简单而有效的办法是明确界定公有资源产权。产权界定明确可以改进资源配置的效率。在产权无法界定的情况下，政府还可以通过法律或行政手段进行严格控制。比如，政府可以通过对羊征税使每个家庭自己控制羊的数量，从而使外部性内在化；或者拍卖有限量的牧羊许可证，用解决污染问题的方法来解决放牧过度的问题。

第四节
信息不对称

一、信息不完全与信息不对称

完全竞争市场有一个重要假定，即信息充分。也就是说，市场上买卖双方对所交易的物品具有充分信息。买者知道每种物品的成本和质量，不会上当受骗，卖者也了解自己产品应当运用的生产技术，所雇佣的每一个工人生产效率，自己产品在市场上现在的卖价和将来可能的卖价。在这种情况下，交易没有任何欺诈，价格就能够真实地传递市场信息和协调供求，从而能够实现社会资源的合理配置。然而，信息充分的假定不符合现实。实际上信息是不完全、不对称的。

信息不完全是指市场参与者不能获得所需要的全部信息。例如，消费者不知道同一种物品在不同商店的不同卖价，以及所要购买的物品的质量等信息；生产者无法确切了解市场价格的所有变动情况，以及所有消费者的偏好。信息不完全的原因是：一方面，市场的范围极大，且信息千变万化，人们无论花费多大的时间和精力，也难以从中准确地获得所需要的全部信息；另一方面，搜集信息需要花费成本，如果信息搜集的成本太高，甚至超过从搜集来的信息中获得的收益的话，那么，不如不搜集。同时，某些市场参与者出于商业目的，故意制造和传播假信息，也使人们不能获得所需要的全部真实信息。

在信息不完全的市场中，各种信息不能准确而又及时地传递给每一个市场参与者，消费者的购买决策和企业的生产决策都很可能发生失误，市场难以发挥优化资源配置的功能。这就是我们说的市场失灵。

信息不对称是指经济活动中某些参与者拥有但另一些参与者不拥有信息的情况。有些市场，信息不对称表现为卖方掌握的信息较多，买方掌握的信息较少。例如，装修公司比客户更了解装修材料的品质和房屋装修的质量；雇工比雇主更了解自己的劳动能力和技术水平。有些市场，买方掌握的信息多些，卖方掌握的信息少些。例如，医疗保险的购买者比保险公司更了解自己的身体状况；信用卡的购买者比提供信用的金融机构更了解自己的信用状况。

由于经济活动中买卖双方拥有的信息是不同的，拥有信息优势的一方，就可能产生机会主义行为，为获得更有利于自己的交易条件，故意隐瞒某些对自己不利的信息，甚至制造虚假信息，这就会损害正常的市场交易。当人们对信息欺诈的担心严重影响交易活动时，市场机制的作用就会丧失，市场配置资源的功能也失灵了。这就是信息不对称导致的市场低效率。

二、信息不对称导致的低效率

1. 逆向选择

逆向选择是指在买卖双方信息不对称的情况下，差的商品总是将好的商品驱逐出市场。在交易中，当交易中的一方对交易可能出现的风险状态比另一方知道更多时，便会产生逆向选择问题。

以经典的旧车市场模型为例。假定某旧车市场有 200 辆旧车，其中高质量旧车和低质量旧车各占 50%。再假定买卖双方信息对称，买方和卖方都知道哪一种车是高质量的，哪一种车是低质量的。高质量的车主要在较高的价格上才愿意出售，买主也愿意为高质量的车支付更多的钱。当市场供求相等时，高质量的车会在较高的价位上成交，比如 10 万元；低质量的车会在较低的价位上成交，比如 5 万元。每种车出售的数量都是 100 辆，旧车市场供求平衡。

但在现实生活中，买卖双方对旧车质量的信息不对称，卖者对车况了如指掌，买者则对旧车的质量并不了解，他们只知道高质量的车和低质量的车各占 50%，每个买主买到高质量旧车的可能性是 50%，因此，在购买时，买主会把所有的车看成是"中等"质量的，愿意支付的价格为 7.5 万元（$10 \times 0.5 + 5 \times 0.5$）。显然，高质量车不会按 7.5 万元卖掉，而 100 辆低质量车可以卖掉。如果买主知道 7.5 万元价格买不到高质量车，他们会把每一辆旧车都看做为低质量车，只愿出最低的价格（5 万元）购买旧车。在价格如此低时，任何高质量车的车主都不愿把自己的车拿到这种市场上出售，旧车市场上只有低质量车。这种低质量商品把高质量商品驱逐出市场的情况被称为逆向选择。

逆向选择的问题在其他市场也同样存在，最典型的是保险市场。在任何一个国家，超过65岁的老年人都很难以任何价格买到医疗保险。老年人患严重疾病的可能性比其他年龄的人大得多，为什么私人保险公司不为老年人提供健康保险呢？原因在于信息的不对称，即使保险公司坚持要做医疗检查，购买保险的老年人对自己的健康状况也要比保险公司知道得多。结果就像旧车市场一样，出现了逆向选择。保险公司如果按照平均健康状况收取保险费，购买者只能是那些身体不健康的老年人。那些身体健康的老年人知道自己的低风险，不会购买保险。这将减少保险公司的收入而增加保险公司的支出。保险公司将提高老年人的保险费，这又使购买保险者进一步减少，而这又迫使保险费进一步上升，如此下去，直到所有想买保险的人都是不健康的人，保险公司无利可图，自然难以建立老年人健康保险的私人市场。

除了上述旧车和保险市场，不对称信息在其他许多市场都广泛存在。各种物品和劳务，大到房屋、家用电器，小到鞋帽和日用化工产品，还有电器维修、旅游等，企业和零售商对他们生产和销售的物品和劳务的质量知道的比消费者多得多。如果销售者不向购买者提供有关产品质量的信息，那么低质量的物品和劳务就会把高质量的物品和劳务驱逐出去，从而出现市场失灵。我国在市场化改革初期假冒伪劣商品泛滥，劣品驱逐良品的现象就是信息不对称下逆向选择的例子。

2. 道德风险

道德风险是指拥有私人信息的一方可以以损害缺乏私人信息的一方为代价而获得自己的利益。在保险业中，这种情况最常见。例如，买了家庭财产保险的人对财产失窃疏于防范：他可能不愿花钱装防盗门，或者仅仅安装不太结实的防盗门。他的这一行为不会为保险公司所知。这与他在未买失窃保险时的行动完全不一样。在未买家庭财产保险时，个人必须承担失窃的全部费用，因此他一定会采取谨慎的防盗措施，比如说买昂贵的结实的防盗门。如果保险公司对财产失窃实行全额补偿，个人在其财产失窃后，只需向保险公司提出报告，就可从保险公司得到补偿全部损失的保险金。因此，个人就会采取不防范、少防范的行为。这种行为是低效率的。如果没有相应的措施和适当的激励机制，投保人的这种行为将使保险业难以生存。类似的例子还有：买了医疗保险的人会让医生多开一些不重要的贵重药；买了火灾险的大楼业主不再费心查看每一层楼的灭火设备是否完好齐全；低质量车的卖主把旧车装饰一新当做高质量车卖出去。更广义地说，领取失业救济金的人（可看成购买了"失业保险"）不急于寻找工作；吃"大锅饭"的人（可看做买了"就业保险"）不愿努力工作。所有这些行为，都在利己的同时降低了市场资源配置的效率。这些行为也称为败德行为。

三、克服信息不对称的方法

1. 信号发送

市场机制本身会自发产生出克服由信息不对称造成的逆向选择问题的方法。例如，在旧车市场，中间商的出现使它能够获得卖者的私人信息，并把这种信息传递给买者，使买卖双方的信息对称，逆向选择问题就不会发生了。在信贷市场，金融机构可以利用电脑化的信用史来区分低质量和高质量的借款。而在零售市场，书画、邮票、钱币、古董、维修、饭店、装修等市场，则可通过"信号发送"机制来解决逆向选择问题。**信号发送**是指企业向购买者提供有关产品和服务质量的信息行为。发送信号的作用在于纠正、至少缓解信息不对称，以避免追逐劣品。

比较常见的发送信号的方式有以下几种：

（1）声誉或品牌。声誉和品牌是企业以自己过去产品的质量来发送信号逐渐树立的。在信息不对称的情况下，购买者通常根据以往的经验和口碑来作出判断，因此，声誉或品牌给购买者提供了在购买前不易判断质量的产品质量信息，因而是一个企业最为宝贵的无形资产。而对整个经济活动来说，则是对付逆向选择的有效方式。例如，麦当劳快餐店的成功经营使它成为了一个著名品牌。当你出差旅行走到一个陌生的地方，不知道哪里的饮食比较可靠时，自然会选择到麦当劳就餐。麦当劳的品牌向你发出优质产品的信号使你可以判断出你要买的食品质量。因为它在各地的连锁店都实行标准化的生产和服务，无论哪个店的配料和食品都是一样的，麦当劳的品牌使人们相信它的食品质量。一般来说，愿意建立良好声誉的卖者往往是那些具有固定营业场所的企业，比如大型超市或专卖店。在这类场合，买卖双方并非只进行一次性交易，这种交易关系会长期维持下去，于是，企业会发现为自己高质量的产品建立某种声誉能够吸引更多买者。这就是大型超市或专卖店的产品为什么具有较好声誉的原因。因为相似的道理，你最好不要到"一锤子买卖"的场合购买什么贵重的东西，这种场合，消费者上当受骗的可能性较大。

（2）免费保修。企业免费保修的承诺实际上是向买方发出产品质量优良的信号。例如，在二手车市场，那些高质量产品的卖方可以向买方承诺一年之内二手车出现问题可以免费保修，以此向买方发出产品质量优良的信号，也会减少因信息不对称而带来的逆向选择问题。而对于那些低质量车的卖者来说，做出保修承诺是不划算的，它会导致亏本，所以，低质量旧车的卖者不可能发出这样的信号。

（3）中间商或经纪人。中间商或经纪人是指具有信誉的商人或机构，由他们利用自己的专长来鉴别优质产品和劣质产品，从而获得卖者的私人信息，并把这种信息传递给买者，使买卖双方信息对称，市场就可以正常运行了。通常在买者无法直接观察产品质量，或产品鉴定专业知识要求较高的市场，如旧车市场、房屋市场、艺术品市场等，中间商或经纪人的活动尤为活跃。市场竞争使中间商既不能欺骗卖者也不能欺骗买者，因为如果专业知识不精鉴定不出二手汽车的真实质量状况，或是职业道德差欺骗买卖任何一方，中间商都会被淘汰出局。所以，市场上的中间商通常都能够获得卖者的私人信息，并如实告诉买者。

此外，企业向消费者赠送产品、展示样品、做广告、赠质量保证书、防伪标记、标准认证等也是常见的信号发送的方式。

2. 政府干预

市场一般不能完全自行解决逆向选择问题。这时，为了保证市场的正常运行，需要政府加以干预，以消除信息不对称带来的不利影响。例如，就人寿健康保险来说，如前所述，由于存在逆向选择，保险市场的运行机制会失灵，其结果是低风险的客户被排除出了市场，高风险的客户则踊跃购买保险。市场的自由选择导致了低效率，其根源是信息不对称。当自由选择与效率不相容时，政府实施强制性的措施能够在一定程度上维持市场机制的有效性。这样的措施通常由政府以制度化的方式实施。例如，通过要求每一个人都参加保险，就相当于排除了一部分投保人退出市场的可能，再按照可预见的、总人口的平均风险概率规定保费，每个人的境况都会改善。高风险的人境况改善是因为他们交纳的保险费比他们实际面临的风险概率更低；而低风险的人也能够买到比"逆向选择"情况下更为"便宜"的保险，境况也比以前有利。

在很多国家，为了防止低风险者不愿投保问题，政府对汽车保险、医疗保险、交通安全保险等险种规定强制保险。例如，在美国，许多州的汽车保险是强制性的，每个开车的人在领取驾驶执照之前，必须至少参加最低限额的责任保险，从而避免了保费太高而不少低风险者不愿购买导致的逆向选择。另外，美国有些州早已通过废车法，该法规要求：如果在售后的一段时间内旧车出现特殊的性能问题，卖主须对旧车进行检查并保修，这在很大程度上减少了买旧车的不确定性。在我国，政府要求所有的城镇职工缴纳医疗保险金、失业保障金、强制的交通安全保险，要求所有新入学的学生集体投保人生安全险、健康险等，都能够纠正保险市场的市场失灵。

3. 建立激励或约束机制

道德风险的防范主要可通过设计适当的激励或约束机制使双方的利益一致，以避免交易一方利用多于另一方的信息，损害另一方的利益使自己获益的行为。道德风险防范的方法主要有以下几种。

（1）限额赔偿。保险业的道德风险很大程度上产生于全额保险，也就是说，由保险公司承担全部不可预料的成本，因而投保人缺乏采取提防措施的激励。针对这种情况，保险公司通常采用部分赔付的办法减少道德风险问题。例如，保险公司可以制定1 000元扣除额政策。一旦发生汽车相撞事故，保险公司只需赔偿维修成本中超出1 000元的部分。这种部分赔付政策减轻道德风险问题的内在机理是，让投保人承担一部分维修成本，从而使他们增强防范意识。因为若出现大的碰撞事故，生命的安全更加重要。小的碰撞事故，小的损失是要完全自己承担的，这就使人们有激励改变道德风险行为。

（2）建立事故记录。即人们把自己的事故记录交给保险公司，如果一个司机能够向保险公司证明自己很少发生事故，保险公司允许有良好驾驶纪录的人按较低的价格购买保险；反之，有多次交通事故记录的司机就要交纳高额的保险金。这就使投保人有直接的经济激励采取防范措施。

（3）签订合同。即通过签订合同的方式，确定交易的各种条件，并且明确规定如果违反合同规定要承担经济上的责任，以此解决激励问题。但是，合同在执行过程中，很可能会出现事先未预料到的事情。例如，当供货方发现若按时交货的成本很高，因而可能会以某种借口延迟交货。为了激励供货方按时交货，大多数合同通常允许延迟交货，但同时会附加惩罚条款。惩罚条款就是使供货方及时交货的激励，它使得供货方必须在及时交货和支付罚金之间作出选择。一般来说，合同的条款越详尽，就越能够限制拥有信息优势又有道德风险可能性一方的自由行动，从而减少或避免道德风险。

（4）建立企业内部激励机制。在企业所有权和经营权分离，股东们不能直接观察到经理的行为的情况下，股东可以在企业内部建立激励机制来控制经理的道德风险行为。常见的做法是将经理的报酬与企业的经营业绩挂钩，只要企业的经营绩效与经理的努力有关，就给予相应的奖金或红利。这类机制作用的机理是，股东把自己的利益"植入"经理的利益之中，从而使经理的行为符合股东的利益。

此外，企业和员工之间也存在类似的情况。企业通过实施效率工资、"薪外福利"（如假日工资、津贴和鼓励奖）或年工序列工资（工资与工龄正相关），将员工的利益和企业的利益结合起来。如果员工偷懒，他就有可能被企业开除，员工失去的不仅是名义工资，还有各种薪外福利或日后的工资补偿。考虑到这些因素，员工将更倾向于努力工作而不是偷懒。

道德风险广泛存在于许多行业中，为了减少道德风险，保证市场机制的有效运行，人们进行着各种尝试和探索，试图找出克服道德风险的各种方法。但由于道德风险的具体形式在不同的交易中是不一样的，因而克服道德风险的方式也是各有千秋。

以上分析说明，市场经济会出现市场失灵的情况。解决这一问题需要政府的干预，现代经济是市场调节和政府干预的混合体。但是，由于现实经济社会的复杂性，政府也不是万能的，政府调节机制也存在着内在的缺陷，有可能造成政府失灵。

一、政府失灵的主要原因

1. 有限信息

一般来说，相对于企业而言，政府的特殊地位使它具有信息优势。但是，现实生活是相当复杂而难以预料的，政府也很难做到掌握充分信息，政府"犯错"的情况并不少见，一再修改自己的决策甚至否定过去的做法也是常事。

2. 有限控制

政府对私人市场的控制有限。当政府采取某些公共政策后，对私人市场可能的反应和对策往往无能为力。例如，政府采取医疗保险或公费医疗政策，却无法控制医疗费用急速上升；政府为吸引外资对外来资本实行税收优惠政策，却没料到许多不应享受优惠的投资者也钻了空子；一些国家的政府为使收入均等化而对高收入者征收高额累进税，却把一些人力资本和资产赶到了低税率国家。

3. 经济人行为

政府官员同样存在经济人行为。他们所追求的是自己任期内的最大政绩，随着政绩的增加，政府官员可以获得职位、权限以及随之而来的特权、名誉等个人利益。与企业的经理人比，政府官员的行为缺乏有效的行为约束。例如，没有明确的考核指标；公共物品生产难以进行有效的成本分析；不存在市场竞争以及对官员监督的困难；等等。所以，政府官员有可能追求个人利益最大化，而不管这些个人利益是否符合公共利益。如果政府官员出于自身的利益考虑扩大公共物品的提供，使公共物品的供给与社会需求不一致，就会造成资源配置的失误。

4. 公共决策的局限性

政府有限决策的原因主要有两个：一是在少数人做出影响多数人利益的决策时，不管这少数人是选举产生还是其他方式指定的，他们在决策时会自觉不自觉地倾向于自己所代表的阶层或集团的偏好和利益。二是政府官员自身在知识、经验和能力上的局限性也决定了政府的智慧是有限的，以有限的智慧调节无限影响的社会经济，难免会对经济形势作出错误的判断和决策。错误的决策也会引起资源配置失误，这时就出现了"政府失灵"。

案例分析 政府失灵："抢着管"与"无人管"

先看什么是"抢着管"。据《中国青年报》载："前不久，湘潭大酒店推出了'鳄鱼宴'。岂料，食客获悉这一消息才5天，便引发了该市林业、农业渔政两部门对此'宴'的管理权之争：林业局认为，鳄鱼在陆上生存，当然归我们管；渔政管理站却说，鳄鱼是水生的，我们来管，天经地义。由于各执一词，目前'官司'已打到国家相关主管部门。"

再看什么是"无人管"。据中央电视台《焦点访谈》节目报道：在北京一些报刊亭出售的《都市新招聘》、《人才868》等非法出版物上，刊载着大量虚假的招聘信息，下岗失业者和外地打工人员根据这些信息前去应聘，不仅找不到任何工作，还要被强行收取报名费、介绍费，饱受不法分子的敲诈和欺骗。受骗者们先后跑遍管理违法广告的工商行政管理部门、管理报刊亭的报刊亭公司、管理劳动力市场的劳动管理部门及管理出版物的新闻出版部门投诉，却被人像踢皮球那样推来推去。

两个事实，一个是"鳄鱼宴"引来政府不同部门抢着管；另一个是弱势群体受骗、权利受损，虽多方反映指望有人能为民作主，但却没有一个政府部门愿意站出来为民作主。两个事实放在一起，折射出来的是什么呢？是政府失灵。

对于"鳄鱼宴"，为什么会有两个政府部门抢着管呢？很显然，这是因为"鳄鱼宴"中含有大量的"租"。"租"从何来？因为鳄鱼原属珍稀动物，鳄鱼上宴会表明鳄鱼被开发进入商业领域，这使鳄鱼在人工繁殖、驯养与经营的产业化过程中，每一环节都会带来可观的经济收益，争得管理权的政府部门将获得一定比例的"提留"，这是鳄鱼宴给政府官员带来的正外部性。这还不算什么，更重要的是从养殖、运输，直到酒店经营，每一环节"许可证"的发放都控制在政府管理部门的手中；对每一环节的违规经营的经济处罚，也控制在政府部门的手中，这就难怪两个政府部门为争夺鳄鱼宴的管理权而打起"官司"来。

而在后一个"无人管"的事实里，《都市新招聘》与《人才868》等非法出版物在市场上只顾自己收益不惜欺骗失业打工者，他们给穷人带来的是负外部性，但并不改变政府官员的收益状况。任何一个政府部门即便投入时间与精力替穷人伸张了正义，既不会使政府部门预算扩大，也不会使官员的收益增加，更无"租"可寻。这就是上述几个政府部门不约而同选择"踢来踢去"策略的原因。

"抢着管"与"无人管"的事实，反映出进入政府或政府部门的官员，并非就成为只知道追求公共利益，一心为公众谋福利的利他主义者。政府或政府部门也是由具有个人动机、追求个人利益的个人所组成。官员们之所以会做出有利于公众的事，取决于他们所处的约束条件和制度环境，一旦制度约束变动，他们的"经济人"的一面就会清晰起来，以致不惜利用手中的权力以换取巨额利益。反之，当他们发现无利可图时，便会不约而同地选择"踢来踢去"策略，由此形成政府失灵。湘潭大酒店的"鳄鱼宴"被"抢着管"，北京街头对穷人的敲诈"无人管"，正是政府失灵的体现。

——刁仁德：政府失灵："抢着管"与"无人管"，载《经济学消息报》，2004 年 11 月 5 日。

二、自由与干预

经济学家们认为，需要政府干预是由于市场机制在很多场合不能充分有效地配置稀缺资源。也就是说，需要政府干预是由于在配置资源过程中存在着市场失灵。因此，现代社会经济制度的一个主要内容是经济决策权在政府部门和私人部门之间的配置。这种配置关系不仅体现在个人经济生活中，也体现在企业的经营上，比如什么事情可以由个人和企业自行决定，哪些事情可以由政府决定。

政府干预经济的方法主要有三种。首先，政府通过法律进行干预。法律代表了政府意志，告诉人们在经济活动中哪些可以做，哪些不可以做。其次，政府可以直接参与经济活动。例如，政府可以从事市政建设，可以对教育、医疗保健、航空、铁路等存在市场失灵的行业实行国有化，或者对这些行业中令人不满的部分实行国有化，并且由政府自己来经营。最后，政府通过制定规章制度规范企业行为。例如，商业银行的许多行为规范都要受到政府制定的有关规章制度的约束，甚至商业银行的一些重要的业务活动也要受到政府机构（中央银行）的指导和监督。

既然市场在资源配置的过程中会失灵，那么，政府能否完全替代市场呢？前面的分析表明，完全以政府的决策来替代市场配置资源，其结果有时也未必有效，政府在配置资源中也存在缺点，也会在一些问题的处理上失灵。要防止和减少政府失灵必须有一套民主科学的政治制度，但任何制度都不可能是完善的。而且，政府干预本身也是有成本的，其资金来源主要是靠税收，税收会干扰私人经济部门的选择，还会带来额外的效率损失，即税收的额外负担。只有在市场失灵导致的效率损失大于这些税收成本的情况下才需要政府干预。因此，现代社会经济不可能是一个极端自由的无政府状态，也不可能是一个完全由政府极端管制的经济。社会只有在市场失灵和政府失灵之间选择其弊小者作为平衡点。

本章小结

(1) 垄断引起社会福利损失，政府可用反托拉斯法、价格管制等方式来对垄断者行为的无效率进行调整，但对这些方法的有效性存在争论。

(2) 外部性是一个经济主体的行为对无关者的影响。如果经济中存在正的或负的外部性，它会引起社会收益大于或小于社会成本，使生产偏离有效率的产量。外部性可以由市场上利益各方通过签订合约来解决问题。根据科斯定理，在产权明确的情况下，如果人们没有成本谈判，那么，他们总可以达成一个资源有效配置的协议。当市场无法解决时，政府可通过征税、管制或发放可交易的排污证解决。

(3) 公共物品既无排他性又无竞争性。由私人提供公共物品存在"搭便车"问题，因此，它的生产必须依靠政府。政府以成本—收益分析为基础作出供给决策。公共物品可以由政府提供，也可以由私人部门提供。

(4) 市场上买卖双方的信息不对称引起逆向选择和道德风险问题。逆向选择问题源于拥有私人信息一方类型的不可观察性。可通过"信号发送"机制来解决逆向选择问题。当市场不能完全自行解决问题时，需要政府的适当干预。道德风险问题源于拥有私人信息一方行动的不可观察性。可通过设计适当的激励或约束机制防范道德风险。

(5) 市场失灵引起政府干预，但政府干预又引起政府失灵，如何在经济自由和政府干预之间选择平衡点，是经济学的一个永恒课题。

关键概念

市场失灵　私人物品　公有资源　俱乐部产品　公共物品　非竞争性　非排他性　搭便车　外部性　科斯定理　交易成本　信息不对称　逆向选择　信号发送　道德风险　政府失灵

练习与思考

一、判断正误

(1) 垄断存在社会福利损失是市场失灵的表现之一。（　　　）

(2) 负外部性的存在意味着社会成本大于私人成本。（　　　）

(3) 当存在外部成本时，私人市场提供的产量就会高于有效率时的产量。（　　　）

(4) 化工厂排放废气使附近的农民遭受损失，所以化工厂的全部成本应该是其生

产成本加上由于污染给农民造成的损失费用。（　　　）

（5）如果上游的造纸厂污染了下游居民的饮水，按照科斯定理，只要污染权利可以交换，不管交易成本有多大，问题即可妥善解决。（　　　）

（6）公共物品的存在引起"搭便车"的问题。（　　　）

（7）市场信息不对称是指买者和卖者掌握的市场信息有差别。（　　　）

（8）在二手车市场上，如果没有确切的信息，买者只愿以低价购买，因为他们把所有二手车都看成是最破的。（　　　）

二、单项选择

（1）垄断造成低效率的资源配置是因为其产品价格（　　　）。

　　A. 大于竞争市场的均衡价格　　　　B. 小于竞争市场的均衡价格

　　C. 等于竞争市场的均衡价格　　　　D. 以上情况都存在

（2）在现实经济生活中，政府较多采用下述方法确定自然垄断企业的价格（　　　）。

　　A. 垄断定价法　　　　　　　　　　B. 平均成本定价法

　　C. 边际成本定价法　　　　　　　　D. 自由放任

（3）某一经济活动存在正外部性是指该活动的（　　　）。

　　A. 私人收益大于社会收益　　　　　B. 私人成本大于社会成本

　　C. 私人收益小于社会收益　　　　　D. 私人成本小于社会成本

（4）能够通过的明确私有产权有双方谈判解决负外部性的情况是（　　　）。

　　A. 化工厂的污水污染了一条河流

　　B. 在公共场合吸烟使不吸烟者受害

　　C. 某家庭卡拉OK的噪音打扰了另一家的安宁

　　D. 出版黄色出版物毒害了青少年

（5）下列哪一种不是消除外部性的政府政策（　　　）。

　　A. 管制　　　　　　　　　　　　　B. 征税

　　C. 可交易的排污证　　　　　　　　D. 反托拉斯法

（6）存在"搭便车"问题的物品是（　　　）。

　　A. 收费高速公路　　　　　　　　　B. 学校

　　C. 电影院　　　　　　　　　　　　D. 路灯

（7）如果卖方比买方知道更多关于商品的信息，这种情况属于（　　　）。

　　A. 道德风险　　　　　　　　　　　B. "搭便车"问题

　　C. 信息不对称问题　　　　　　　　D. 逆向选择

（8）在信息不对称的条件下，市场的调节是（　　　）。

　　A. 没有作用的　　　　　　　　　　B. 会起相反作用

C. 不充分的　　　　　　　　D. 充分的

三、问答题

(1) 对垄断的管制之所以必要是因为消费者利益与生产者利益之间关系的紧张，为什么？

(2) 什么是外部性？为什么说外部性会降低市场效率？

(3) 什么是公共物品的非竞争性与非排他性？举例说明。

(4) 试判断下列观点是否正确，并简要说明理由：

A. 当某一污染产业中所有企业控制最后一单位污染成本都相等时，该产业实现某一给定的污染排放减少量的总成本可能最低。

B. 企业有时候仅仅通过将成本转移给外人的方式来降低其生产成本。

(5) 什么是"搭便车"问题？

(6) 钢铁生产会引起污染，从而带来社会成本。假定政府想通过对钢铁生产征收税收来解决污染问题。在纳税后的产量水平时，原来的社会成本低于需求曲线。纳税后的产量水平时有效率的吗？如果不是，钢铁生产应该增加还是减少？

(7) 根据科斯定理，交易成本对于能否实现外部性内在化存在什么影响？例如，某个养牛场的牛损害了邻近农场的农作物，每年给农场带来的损失是3000元。如果谈判的成本是每一方承担500元或3000元费用，界定产权对该问题的解决有什么影响？

(8) 在一个书画市场上，存在张大千的真画与假画，真画的价格为10万元1幅，假画的价格1000元1幅，一个对张大千没有研究的人愿意出多少价钱购买？在什么情况下才愿意出价10万元购买张大千的画？

第九章

衡量宏观经济的主要指标

本章将向你介绍的重点内容

◎ 国内生产总值（*GDP*）的概念和计算方法

◎ *GDP* 分为四个组成部分

◎ *GDP* 与其他相关总量指标的关系

◎ 实际 *GDP* 和名义 *GDP* 的区别

◎ *GDP* 能否全面反映社会福利水平的提高

◎ 用来衡量失业的数据

◎ 如何编制衡量通货膨胀率的物价指数

当你大学毕业后，能否顺利地找到一份工作，将在很大程度上受当时社会经济状况的影响。在一些年份，企业都在扩大生产，就业在增加，找到一份工作很容易；而在另一些年份，企业削减生产，就业减少，找一份好工作要花很长时间。毫不奇怪，任何一个大学毕业生都愿意在经济扩张的年份进入劳动力队伍，而不愿意在经济收缩的年份进入。

由于整体经济的状况影响着每一个人的利益，所以，我们经常可以在新闻媒体上看到新发布的反映经济状况变动的统计数字，比如一国经济的总收入、失业率、通货膨胀率、商品零售总额、外贸收支差额等等。这些统计数字不是告诉我们关于某个家庭和企业的具体情况，而是告诉我们关于整体经济的宏观情况的。

从本章开始，我们进入对宏观经济学的分析。宏观经济学研究整体国民经济的运行。它要说明：为什么一些国家总收入增长率高而另一些国家总收入的增长率低？为什么某个时期物价上涨率迅速而另一个时期物价较为稳定？为什么一些年份生产和就业扩张而在另一些年份收缩？这些问题都是有关宏观经济的，因为它们涉及整体经济的运行。

本章介绍经济学家和决策者用来监测国民经济整体状况的数据，这些数据反映了一国整体经济的变动。

第一节
国内生产总值及其衡量

了解宏观经济的运行状况，可关注这个经济创造出了多少财富，该国国民得到了多少收入。从广义上说，国民收入是指衡量一个经济整体状况的总量指标体系，在这个总量指标体系中，最重要的指标是国内生产总值。我们先来了解国内生产总值的概念，以及说明应该如何衡量这个统计指标。

一、国内生产总值的概念

国内生产总值（*GDP*），是指在某一既定时期一国之内生产的所有最终产品和劳务的市场价值总和。这一定义包括以下几个方面的规定：

第一，*GDP* 是流量而不是存量，通常以年度或季度为单位度量。存量是在某一时点上存在的变量，流量是一定时期发生的变量。比如，蓄水池里面的水是存量，它是在某一时点上观察到的变量；而注入蓄水池里的水是流量，它是在一段时间内观察到的变量。又如，现有企业的厂房、设备是存量，而企业追加的投资是存量。把经济变量分为存量和流量，对我们的分析是很有意义的，因为，GDP 是一个重要的流量变量，是一个时间概念，它衡量的是一国在一年或一个季度中新增加的收入，它只计算当年新流入经济中的价值，而不计算已有的价值存量。例如，某人花了 50 万元买了一套去年建造的住房，这 50 万元不能计入当年的 GDP，因为它们是存量而不是当年的新增投资。

第二，GDP 按国土原则而不按国民原则计算。GDP 衡量的产品市场价值是在一个国家的领土范围之内，这就是说，只要在一国领土之内，无论是本国企业还是外国企业生产的都属于该国的 GDP。

与 GDP 相关的一个总量指标是国民生产总值（GNP）。**国民生产总值**是指在某一时期内，由一国永久居民生产的最终产品和劳务的市场价值总和。这就是说，本国公民无论在国内还是国外生产的都属于一国的 GDP。

国内生产总值和国民生产总值一字之差，但有不同的概念。前者是按"国土原则"计算，强调的是一国领土范围内生产的总产出量；后者是按"国民原则"计算，强调的是一国居民生产的总产出量。例如，宝洁公司在中国境内的产出应计入在中国的 GDP；海尔在美国的产出应计入中国的 GNP 而不应计入 GDP。显然，GNP 强调的是民族工业，即本国人办的工业，GDP 强调的是境内工业，即在本国领土范围之内的工业。在全球经济一体化的当代，各国经济更多地融合，很难找出原来意义上的民族工业。所以，联合国统计司 1993 年要求各国在国民收入统计中采用 GDP 代替 GNP 正是反映了这种趋势。

第三，GDP 统计的是最终产品的价值，而不包括中间产品的价值。最终产品是指最终可供消费和使用的产品，不再用来作为原材料生产其他产品。中间产品是指用来生产其他产品的投入品，它还要经过进一步的加工再次出售。GDP 的计算只包括最终产品的价值，而不包括中间产品的价值，因为中间产品的价值已经包括在最终产品的价值中了，如果再加一遍，就会重复计算中间产品的价值，从而高估 GDP 水平。例如，肉食加工厂花了 100 元从屠宰场买了 20 公斤猪肉，加工成火腿肠后以 200 元的价格卖出，那么，在计算 GDP 时，是该把猪肉的价格加上火腿肠的价格共 300 元呢？还是只算火腿肠的价格 200 元？根据以上的分析，我们只能算火腿肠的 200 元，因为猪肉在这里只是中间产品，而不是最终产品，猪肉的价格 100 元已经包括在火腿肠的 200 元价格里，如果把猪肉的价格 100 元和火腿肠的价格 200 元相加，就会出现重复计算。

第四，GDP 的计算既包括实物产品，又包括劳务产品。实物产品是指有形的产品，比如食物、衣服、书籍、电脑等。劳务产品是指无形的产品，比如旅游、看电影、看病、理发等。当你购买了《英雄》的影碟时，你购买的是实物产品，你的购买是 GDP 的一部分。当你去电影院买票观看《英雄》时，你购买的是劳务产品，电影票价也是 GDP 的一部分。

第五，GDP 统计的是当期所生产而不是所销售的最终产品和劳务的价值。销售的产品可能是当期生产的，也可能是以前生产的。当期生产的产品若在当期全部销售完毕，其价值全部计入当年的 GDP，如果还有一部分没有卖出去，这部分没有卖出的产品价值是否计入 GDP 呢？答案是肯定的。通常我们把没有卖出的产品看做是存货投资，即认为是生产者购买了自己的部分产品，这部分价值应计入当年的 GDP。例如，某房地产公司去年共建房屋价值1000亿元，当年卖掉了价值600亿元的房屋，还有价值400亿元的房屋没有售出。在计算 GDP 时，这价值400亿元的房屋可看做是房地产商自己买下来的存货投资，同样应计入当年的 GDP。这样就保证 GDP 能够准确地反映当年所有产品和劳务的生产情况。第二年房地产商若是卖出了400亿元的存货，这400亿元存货作为负值（表示存货的减少）计入第二年的 GDP。还有一类产品，以前生产出来的，而且也卖出去了，在当期再次销售，这类产品称为二手货。比如，某人把自有住宅以30万元的价格卖出，住房不是当期生产的，不能计入当期的 GDP，但是，该住宅若是通过房屋中介卖出，在30万元卖房款中，有5万元是必须付给房屋中介的中介费，那么，这笔中介费应计入当期的 GDP，因为它是房屋中介当期付出的劳务新创造的价值。

第六，GDP 按市场价值计算。最终产品的市场价值是用最终产品的价格乘以产量获得的。把所有物品和劳务的市场价值加总，就是 GDP。这样计算 GDP 就引出两个值得注意的问题：①有一些最终产品和劳务不参加市场交易，没有市场价格，该怎么办呢？这涉及两种情况，一种情况是可以通过估算这些产品和劳务的市场价值，大概的计算出来。比如，自有房屋的租金计算。一个人居住自己的房屋，不必支付租金，但是他享受了居住的条件，应该视为向自己购买了服务，发生了劳务价值的增加。其计算方法是按照把这套房子租给别人可能产生的租金来估算这笔价值，并计入 GDP。再如，政府服务不在市场上进行交易，无法计算其价值，通常是根据政府服务的成本进行估算，即按照公务员的工资估算其价值。另一种情况是无法计入 GDP 的。比如，家务劳动很重要，它可以增加家庭成员的福利，但是，人们为自己打扫卫生、洗衣服、做饭、照顾病人所产生的价值难以估算，因而无法计入 GDP。此外，一些自给性产品没有价格，也无法计入 GDP 中。②市场价格是变动的，所以，GDP 不仅要受到最终产品和劳务数量变动的影响，而且要受到价格水平变动的影响。

二、国内生产总值的衡量

国内生产总值的计算方法通常采用生产法、支出法和收入法。这三种方法是从不同的角度来计算同样的最终产品和劳务的市场价值，从理论上讲，得出的结果应当是一致的。

1. 核算方法的理论依据

为什么可以用生产法、支出法和收入法得到 GDP，并且这三种方法得出的结果是一致的呢？这是因为一个经济社会用其生产要素生产的产品，由企业出售给消费者，消费者的全部支出等于企业的全部收入。因此，生产 = 支出 = 收入。

图 9 - 1 是一个只有家庭和企业两个部门的经济。这是一个循环流向图，它描述了一个简单经济中家庭和企业之间的全部交易。在这个简单经济中，家庭和企业之间发生了哪些交易活动呢？首先，流程图的下方是生产要素市场，在这里，家庭把生产要素（劳动、资本和土地）卖给企业，企业以工资、利润和利息的形式向家庭支付货币收入。其次，流程图的上方是产品市场，在这里，企业把产品和劳务卖给家庭，家庭以货币形式支付给企业货款。

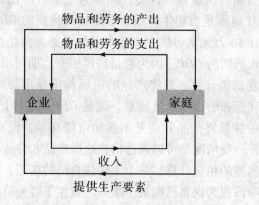

图 9 - 1　简单的循环流向图

从图 9 - 1 中可得出两点结论：第一，一个经济的总收入必然等于总支出。这是由于，在一个公平交易的市场上，对每一笔交易来说，买者支出的货币必定等于卖者收入的货币，否则交易不会实现。第二，一个经济的总产出必然等于总支出。也就是说，从全社会看，一个经济的总产出总是等于购买产品的总支出（企业未卖出的产品称存货投资，可视为企业自己买下来）。

现实经济比图 9 - 1 所说明的经济复杂得多，比如家庭不会支出他们的全部收入。家庭的收入除了用于消费之外，还要用于储蓄、投资和缴纳税收。家庭也不会购买经济中生产出来的全部物品和劳务，企业和政府也会购买其中的一部分。但是，无论是家庭、企业还是政府购买物品和劳务，交易总有买者和卖者。就整个经济而言，总产出、总支出与总收入必然是相等的。

2. 生产法

如前所述，GDP 是经济中各个行业所生产的最终产品的总和。计算时必须剔除掉中间产品的价值，以避免重复计算。但是在现实经济中，有时难以区分中间产品与最终产品，所以，可以用生产法核算 GDP。

生产法也称为增值法。是指把各个生产阶段的增加值加总核算 GDP 方法。其计算方法为：统计各个企业生产的最终产品价值和支付的中间产品的成本，两者相减就是该企业在产品生产中发生的增加值，把各个企业的增加值加总，就得到国内生产总值。例如，如果生猪的价格为 200 元，猪肉的价格为 300 元，火腿肠的出厂价为 400 元，零售商的销售价为 500 元。用生产法计算 GDP 时，可把各生产阶段的增值额加总。比如生猪的增值额为 200 元，把生猪变为猪肉增值额为 100 元，把猪肉做成火腿肠增值额为100 元，零售商销售火腿肠的增值额为 100 元，把这些增值额加总计算的结果为 500 元（ = 200 + 100 + 100 + 100）。刚好等于零售商的火腿肠销售价格（最终产品价值）。

3. 支出法

用支出法核算 GDP 是通过核算一定时期整个社会购买最终产品和劳务的支出来计算 GDP 的方法。它通常是根据最终产品的使用方向，把最终产品的全部支出分为消费支出、投资支出、政府购买支出、净出口四项。将这四项相加就可计算出 GDP。

消费支出（C）是指家庭购买各种最终产品和劳务的支出。可细分为三类：**耐用消费品**是指使用寿命较长的消费品，如汽车和电脑等。需要注意的是，居民购买新建住宅的支出不是耐用消费品，它被视为投资的一部分。**非耐用消费品**是指使用寿命较短的消费品，如巧克力和爆米花等。**劳务**包括各种服务形式，如旅游、电影、法律、金融和教育等。劳务支出在消费支出中占有很大的比重。绝大多数国家的统计资料都显示"消费支出"占 GDP 的比重在 60% 左右，是总支出的重要组成部分。

投资支出（I）是指资本的形成。资本包括固定资产投资和存货投资两大类。**固定资产投资**包括商业固定资产投资和居民住宅投资。前者是指企业对新厂房、新设备、新商业用房的购买；后者是指居民对新住宅的购买（出于计算 GDP 的考虑，居民购买新住房被视为投资而不是消费）。**存货投资**是指企业已经生产出来但未销售的产品存量的增量（或减量）。它可视为企业购买了自己的产品。比如年初全国企业存货为 1000 亿元而年末为 1200 亿元，则当年的存货投资为 200 亿元。存货投资可以是正值，也可以是负值，因为年末存货价值可能大于也可能小于年初存货。引入存货投资的概念很重要，把卖不出去的产品视为企业购买了自己的产品，是企业的一项支出，才保证了总支出等于总产出，我们才能用支出法计算 GDP。

理解投资支出，还应当注意两个问题：一是投资支出不包括对股票、债券、土地、二手房屋的购买，因为这些购买只是产权的转移，并未使社会资产有任何增加，所以，不能算作投资。二是私人投资包括净投资和重置投资两部分。重置投资即折旧，是为了更换磨损、报废的机器设备及厂房而发生的投资，净投资是总投资减去重置投资后的部分。

政府购买支出（G）是指政府购买物品和劳务的支出。例如，政府花钱提供国防设施、向公务员支付薪金、设立法院、开办学校、修建体育馆、修筑高速公路等方面的支出。政府购买支出是政府支出的一部分，这部分支出要计入 GDP 之中。

政府支出的另一部分是政府的转移支付（TR），它包括社会福利支出和救济金支出。这部分支出不计入 GDP 之内，因为转移支付只是把货币从政府转移给居民，没有相应的物品和劳务的交换发生。转移支付只是改变了家庭收入，但并没有增加经济中物品和劳务的产出，而 GDP 是要衡量从物品和劳务生产中得到的收入，所以，转移支付不同于政府购买支出，不能计入 GDP 之中。

净出口（NX）是指出口减去进口的差额。反映了国外对本国物品（包括消费品和投资品）和劳务的需求。进口（M）是向国外购买物品和劳务；出口（X）是国外购买本国的物品和劳务，出口减去进口就是净出口。之所以减去进口是因为进口的物品和劳务已经包括在 GDP 的其他部分中。例如，李先生买了一瓶 100 元的法国红酒，这种交易增加了 100 元的消费支出，因为购买红酒是消费支出的一部分。由于红酒是外国的产出，它还减少了净出口 100 元。因此，当国内的家庭、企业或政府购买了国外物品和劳务时，这种购买减少了净出口，但由于它还增加了消费、投资或政府购买，所以，并不影响 GDP。

把上述四个项目相加，用支出法计算 GDP 的公式可写为：

$$Y = C + I + G + NX$$

上式中，Y 为总支出，它是用支出法衡量的 GDP。该等式被称为国民收入核算的恒等式。由于我们给出了各个变量的相应的定义，这个等式是必然成立的。GDP 中的每 1 元支出都包括在 GDP 任一个组成部分之中，所以，四个部分的总和必然等于 GDP。

表 9 - 1 是用支出法计算的 2007 年中国的 GDP 及其构成。其中，"**最终消费**"包括居民消费和政府消费（或政府购买支出 G）。居民消费是指人们日常衣食住行所要购买的商品和劳务。大多数国家的居民消费占 GDP 的比重在 60% 左右，是总支出的重要组成部分。"**资本形成总额**"即指投资，包括固定资本和存货两部分。固定资本又分为非住宅投资和住宅投资。"**货物和服务净出口**"为正值，说明中国从出口中赚的钱大于用于进口外国物品和劳务的支出。

表 9 - 1　2007 年中国的 *GDP* 及其组成部分

	总　量（亿元）	总量中的百分比（%）
国内生产总值	263242.5	100
最终消费	128444.6	49
资本形成总额	111417.4	42
货物和服务净出口	23380.5	9

数据来源：《中国经济年鉴（2008）》。

4. 收入法

收入法是从收入的角度计算 *GDP* 的方法。企业生产出物品和劳务后，一旦售出，从中获得的收入要在为生产所提供劳动、资本、土地的所有者和政府之间进行分配。因此，把所有生产要素所有者的收入加总得到的总收入，就是用收入法计算的 *GDP*。具体包括：

劳动收入是指劳动者因提供劳动而获得的收入，包括工资、薪金、福利津贴以及自我雇佣的收入。按税前值计算，劳动收入大约占 *GDP* 的 2/3。

资本收入是指资本所有者的收入。包括企业主赚取的利润、资本折旧补偿或者出租土地、房屋、机器设备等实物资产时所取得的租金、债券持有人获得的利息，以及版权或专利所有人得到的版税或专利许可费，都属于资本收入范围。按税前值计算，资本收入大约占 *GDP* 的 1/3。

政府收入是指政府因提供良好的市场环境（如法制环境、公共物品、市场监管和行业引导等）而向企业和个人以征税的方式取得的收入。如果把市场环境因素也视为一种"生产要素"，那么政府的税收收入也是要素收入。需要说明的是，政府出于调节收入分配差距，或鼓励技术进步、调节产品结构的目的，通常会以转移支付的方式给穷人或企业发放补贴，因此政府收入是指扣除转移支付之后的净税收收入。

生产要素所有者的收入是上述三项的混合。其中，劳动收入和资本收入是一个经济社会私人部门的收入（包括居民、企业），私人部门的收入体现为个人可支配收入（Y_d）。政府收入是政府部门的收入，政府部门的收入体现为政府收入。由于政府收入中有一部分以转移支付的形式转化为个人可支配收入，政府收入为扣除转移支付之后的净税收收入（$T - TR$）。所以，收入法核算 *GDP* 的公式为：

$$Y = 个人可支配收入（Y_d）+ 政府净税收收入（T - TR）$$

以上三种方法从不同角度衡量与计算 *GDP*，从理论上来说，三种方法计算的 *GDP* 是相等的，但由于存在统计误差，实际结果难免有出入。一般把支出法作为 *GDP* 统计的基本方法。

三、另外四个相关的总量指标

在国民收入核算中，除了国内生产总值之外，还有其他各种衡量国民收入的总量指标，这里介绍这些收入衡量指标中的最重要的四种。

1. 国内生产净值

国内生产净值（NDP），是指一定时期一国之内新创造的价值，它等于国内生产总值减去折旧后的余额。

$$NDP = GDP - 折旧$$

资本折旧是经济活动的成本，从 GDP 中减去折旧得到的就是净价值。

2. 国民收入

广义的国民收入泛指 GDP、GNP 等经济活动总量。宏观经济学中"国民收入决定"指广义国民收入。从狭义的意义上讲，国民收入（NI），是指一国一年内用于生产的各种生产要素所得到的全部收入，即工资、利息、租金和利润的总和。用公式表示为：

$$NI = NDP - 企业间接税 + 政府对企业的补贴$$

企业间接税不是居民提供生产要素后应得的收入，所以应该把它从 NDP 中减去。对企业的补贴是政府对企业的馈赠，它增加了企业的收入，在计算中应加入这一部分。国民收入中仍包括各种所得税，它们是要素所有者从其报酬中拿出来用于公共支出的收入。

3. 个人收入

个人收入（PI），是指个人从各种来源得到的收入总和。其计算公式为：

$$PI = NI - 未分配利润 - 公司所得税 + 转移支付 + 国债利息收入$$

未分配利润是企业赚到的没有分配给生产要素所有者的收入，所以在计算 PI 时应把它从 NI 中减去。同理，公司所得税个人也没有得到，也应该把它从 NI 中减去。但是，家庭从政府转移支付项目中得到的收入，例如福利补贴、社会保障收入以及国债利息收入，是个人得到的收入，所以应该加上这部分转移支付。

4. 个人可支配收入

个人可支配收入（DPI），指个人收入中进行各项社会性扣除之后（如税收、养老保险等）剩下的收入。可通过个人收入减个人所得税和其他非税收支付得到。

$$DPI = PI - 个人所得税 - 非税收支付$$

四、名义 GDP 与实际 GDP

如前所述，GDP 是用市场价格计算的，因此，如果 GDP 增加了，可能有两种原因，一是经济中生产了更多的物品和劳务；二是价格水平上升了。由产量的增加所引起的 GDP 的变动是真实的，而价格水平上升所引起的 GDP 的变动是虚假的。为了使 GDP 的变动能够准确反映产量的变动情况，从而使不同年份的 GDP 的比较能够反映出生产实际变动的情况，经济学家把 GDP 区分为名义 GDP 和实际 GDP。

名义 GDP 是按当年价格计算的 GDP。实际 GDP 是按不变价格计算的 GDP。也就是说，我们可用过去某一年的价格来评价今年生产的物品和劳务市场价值的多少，用固定在过去水平上的价格来评价现期生产，因此，实际 GDP 反映了经济中产量的实际变动。在计算实际 GDP 时，一般首先要把某一年确定为基年，以该年的价格为不变价格，然后用价格指数来调整按当年价格计算出来的名义 GDP，就可以得出按不变价格计算出来的 GDP。即：

$$实际 GDP = \frac{名义 GDP}{GDP \ 平减指数}$$

从实际 GDP 的计算公式可知，如果知道了名义 GDP 数据，同时又知道实际 GDP 数据，则可得出另一个经济指标，即 GDP 平减指数。GDP 平减指数是名义 GDP 和实际 GDP 的比值。它衡量的是和基期相比，现期物价水平的变动。

$$GDP \ 平减指数 = \frac{名义 GDP}{实际 GDP}$$

为了说明如何计算实际 GDP 和 GDP 平减指数，我们来看一个简单经济的例子（见表 9 - 2）。

表 9 - 2　一个简单经济的例子

物品	2000 年			2001 年		
	价格（元）	产量（公斤）	GDP	价格（元）	产量（公斤）	GDP
白菜	2	100	200	3	150	450
萝卜	3	150	450	4	200	800

表 9 - 2 是一个只生产白菜和萝卜的经济。该表说明在 2000 年和 2001 年两种物品的产量和价格。

根据表中的数据，我们用白菜和萝卜的数量乘以价格可计算出这个经济的总支出。

计算名义 GDP：

2000 年　（每公斤白菜 2 元 × 100 公斤白菜）＋（每公斤萝卜 3 元 × 150 公斤萝卜）

　　　　＝650 元

2001 年　（每公斤白菜 3 元 ×150 公斤白菜）＋（每公斤萝卜 4 元 ×200 公斤萝卜）
　　　　＝1250 元

可以看出，用当年的价格乘以当年的产量，然后进行加总，即可计算出名义 GDP。从 2000 年到 2001 年，名义 GDP 增加了。这种增加部分是由于白菜和萝卜的产量增加了，而部分是由于白菜和萝卜的价格上升了。

计算实际 GDP：

2000 年　（每公斤白菜 2 元 ×100 公斤白菜）＋（每公斤萝卜 3 元 ×150 公斤萝卜）
　　　　＝650 元

2001 年　（每公斤白菜 2 元 ×150 公斤白菜）＋（每公斤萝卜 3 元 ×200 公斤萝卜）
　　　　＝900 元

实际 GDP 是用基年的价格来计算以后各年的物品与劳务的价值。在上述计算中，以 2000 年为基年，基年的价格就是当期的价格，所计算出的实际 GDP 与名义 GDP 是相等的。但是用基年的价格乘以 2001 年的产量，实际 GDP 由 2000 年的 650 元增加到 2001 年的 900 元。这种增加完全是由于生产的产量增加了，因为价格被固定在基年的水平上。

根据以上所计算出的各年名义 GDP 和实际 GDP 的数据，可以计算出，从 2000 年到 2001 年，名义 GDP 增长了 1250/650 – 1 ＝92％，而实际 GDP 增长率仅为 900/650 – 1 ＝38％，这是因为实际 GDP 不受价格变动的影响，它衡量的是在价格不变时，由产量的变动所引起的 GDP 的变动。因此，实际 GDP 的变动能够准确地反映一国经济实际增长的情况。实际 GDP 是各国常用的经济增长的衡量指标。

把所计算出的名义 GDP 比上实际 GDP，可以算出，2000 年的 GDP 平减指数为 650/650 ×100 ＝100（基期的平减指数都是 100），2001 年的 GDP 平减指数为 1250/900 ×100 ＝139，表明 2001 年的物价水平比 2000 年上升了。

五、GDP 指标的缺陷及纠正

在宏观经济研究中，GDP 是最为常用且重要的指标。它能够反映一国经济的整体水平。比较不同国家之间的经济发展水平，常常是看这些国家的 GDP、人均 GDP 的大小。它还是反映一国贫富状况和人们生活质量的重要指标，通常富国与穷国人均 GDP 差异极大，人均 GDP 较高的国家，人们的预期寿命、受教育程度较高，拥有电器的家庭多，婴儿死亡率较低；一个国家衡量经济增长速度，也是看两个时期之间的 GDP 增长了多少。但是，GDP 在衡量各国经济活动时，并非一个完美无缺的指标，因为它不能完全准确地反映出一国的实际经济状况。

1. GDP 指标的缺陷

第一，存在低估。在 GDP 计算中，有些经济活动是无法计入的。首先，非市场交易活动得不到反映。GDP 的数据是按照市场价格计算的，但那些没有经过市场交易，又的确能够增加实际产出的经济活动无法计入 GDP。例如，家务劳动、自给自足的生产、自愿的社会服务，等等。这些活动也提供物品与劳务，但由于不通过市场，没有市场价格，GDP 并没有因此而增加。有一个经典的例子说明了这一点：某位男士雇用了一位保姆为其处理日常生活事务，并向她支付工资，这部分价值要计入 GDP。后来该男士爱上了这位保姆，并和她结婚了，虽然新的女主人还在做同样的工作，但她不能再为 GDP 作贡献了，因为她的工作变成了自给性服务。其次，地下经济也无法计入 GDP。地下经济是指那些没有纳入官方统计的交易活动。地下经济既包括合法的经济活动（如按小时计价的房屋清洁工作），也包括非法的经济活动（如黄、赌、毒等）。在不同的国家，这部分未计入 GDP 的活动差别很大，高者达 1/3，低者也有 10% 左右。

第二，GDP 不能衡量人们经济福利的真实状况。GDP 衡量的是一个国家的产出，但是产出的增加并不等于能够改善人民的经济福利状况。例如，用于战争的军火生产增加能够增加 GDP，但并不能给人们带来福利；引起污染的生产也带来了 GDP，但污染大大降低了人们的生活质量；汽车创造了庞大的价值，增加了 GDP，但 GDP 从来不计算严重的交通堵塞占用了人们多少生命；人们加班加点的工作就能增加 GDP，但闲暇的减少引起的福利损失也许抵消了生产更多的物品和劳务所带来的福利。

第三，GDP 不能反映增长的代价。采伐树木可以增加 GDP，过度放牧也可以增加 GDP，把污染物越多的排放到空气和水中，GDP 就越高。GDP 反映了产量的增长，却不能反映经济增长带来的资源消耗和环境损失。

第四，GDP 不能衡量实际国民财富。例如，洪水泛滥破坏了堤坝、房屋和道路，但 GDP 并不会因此而下降，而灾后重建的大量投资增加了 GDP；城市不断修路修桥盖大楼，由于质量规划等原因，没多久就要推倒拆除重建或翻修；马路"拉链"每次豁开，挖坑填坑，GDP 都增加。但是国家总财富并没有随之而增加。

第五，GDP 不反映收入分配的差距。两个生产同样 GDP 的国家，一国贫富严重不均，另一国收入分配比较平均，显然，两国的人们并不同样幸福。

由于 GDP 指标的上述缺陷，一些经济学家和联合国都提出对 GDP 的统计项目进行调整，既衡量生产带来的好处，也衡量生产带来的坏处。

2. GDP 指标的纠正

由于 GDP 指标的上述缺陷，一些经济学家和联合国都提出对 GDP 的统计项目进行调整。到目前为止，人们所提出的纠正 GDP 缺陷的衡量指标主要有以下几个：

（1）经济福利尺度（MEW）和纯经济福利（NEW）。这是在 20 世纪 70 年代，由美国经济学家托宾、诺德豪斯和萨缪尔森提出的概念。这些经济学家认为，经济活动的最终目的是家庭福利的增进，而福利更多地取决于消费，而不是生产。GDP 是对生产的衡量。而 MEW 和 NEW 是要衡量对人类福利作出贡献的消费。因此，MEW 和 NEW 是在 GDP 的基础上减去那些不能对福利作出贡献的项目如国防、警察等，减去对福利有负作用的项目如污染、环境破坏、都市化的影响等，加上那些对福利作出贡献却又没有计入 GDP 的项目，例如家务劳动、自给性生产等，加上闲暇的价值（根据闲暇的机会成本计算）。当然，这些项目应如何进行计算还是没有完全解决的问题。经济学家根据美国的统计资料指出：人均 MEW 或 NEW 的增长要比 GDP 慢，为了取得 MEW 和 NEW 的增长，往往要牺牲一些 GDP 的增长。

（2）绿色 GDP。为了纠正 GDP 的不足，1993 年联合国提出了"绿色 GDP"的概念，要求把环境改善等因素考虑到经济发展中来。绿色 GDP 是在 GDP 的基础上减去经济增长对环境和生态的影响后得出的数值。它能够比较真实地反映人们福利水平的变化。

参考资料　　　　　　　　**什么是绿色 GDP**

绿色 GDP 的概念是衡量一国可持续发展能力的指标，1993 年，联合国经济和社会事务部统计处在修改后的《国民经济核算体系》中，首次提出这一新的统计概念。

绿色 GDP 是在传统 GDP 概念的基础上，考虑外部影响和自然资源等因素后得出的新 GDP 数值，它能够比较真实地反映一国经济发展所带来的福利水平的变化，也被称为可持续发展的国内生产总值。其计算方法可以表示为：

$$绿色\ GDP = GDP - 环境成本$$

在上述等式中，环境成本包括环境污染带来的价值损失和生态破坏带来的价值损失。按照这一计算方法，当绿色 GDP 的增长快于 GDP 时，意味着自然资源得到节约、环境条件得到改善，这种发展方式具有可持续性，有利于福利水平的不断提高；反之，当 GDP 的增长快于绿色 GDP 时，则意味着经济的发展是以自然资源过度消耗、环境条件不断恶化为条件的，这种发展方式是不可持续的，不利于福利水平的提高。

当前绿色 GDP 核算体系的实行仍然存在一些技术上的难题，主要是它涉及对无形成本的估价问题。如人们很难为环境恶化和由自然资源消耗造成的生态破坏确定一个合理的价格，因此难以准确地统计绿色 GDP 的数值。到目前为止，还没有哪个国家正式公布绿色 GDP 的数据。2004 年，中国环保总局提出了一个量化环境成本的标准，即通过公众对环境质量、空气质量、饮用水质量变化的评价，以及森林覆盖率、公众对环境问题的投诉等方面确定环境成本。这可看成是对解决环境成本计算问题的有益尝试。可以肯定地说，采用绿色 GDP 的指标是发展的必然趋势。

（3）国民幸福总值（GNH）。这一概念最早是由邻近中国的小国不丹提出的。它涵盖了政府善治、经济增长、文化发展和环境保护四个方面。经济学家们认为，这一指标是一个国家的经济是否成功的最好指示器。它使我们在对国家间进行比较时不再依据所生产的物品和劳务水平，而是依据一国国民的幸福程度来判断。幸福生活的基础不只是金钱和健康，人们在工作、乘公交车上下班、做家务时可能并不快乐。通过计算幸福总值，可弥补 GDP 的不足。最早提出 GNH 的不丹，人均 GDP 仅 700 美元，但在追求 GNH 而非 GDP 的指导思想下，竟然成为国民满意度最高的国家之一。目前，美国联合经济学家和心理学家组成研究小组，正在确定国民幸福总值的具体组成元素。

第二节
失业与通货膨胀的衡量

在我们生活的经济社会中，失业和通货膨胀对每个人都影响甚大。人们通过观测相应的统计数据来了解失业和通货膨胀的严重程度。用来衡量失业状况的指标是失业率，衡量通货膨胀严重程度的指标是价格指数。

一、失业的衡量

1. 人口劳动力分类

按照各国劳动就业统计的惯例，一个经济的总人口分为两个部分：劳动年龄人口和非劳动年龄人口。劳动年龄人口通常是指 16 岁以上，退休年龄以下（各国不同）的人口。年龄太小不能工作者和退休者属非劳动年龄人口。

劳动年龄人口又分为劳动力人口和非劳动力人口。劳动力是劳动年龄人口中正在工作的人以及那些没有工作但正在寻找工作的人。而军人、在校学生、家务劳动者、丧失劳动能力者、犯人等不是劳动力人口，他们被列入非劳动力人口。

劳动力人口也分为两部分：就业者和失业者。就业者是指一个成年人在规定时间内的大部分时间有工作的人。有工作可有两种情况：一是受雇于企业或政府部门；二是处于自我雇佣状态，劳动者以个人或家庭为单位进行劳动。比如大学毕业后开一家网络公司。劳动力人口中除去就业者的部分就是失业者。联合国国际劳工局给失业者下的定义是：在一定年龄范围内，有工作能力、愿意工作，正在寻找工作的人。这一定义对失业者给出三条界定标准：①一定年龄以上没有工作；②愿意工作；③近期正在积极寻找工作。这三条必须同时成立，才能被列为失业者。

2. 失业率的计算

一旦统计部门把劳动年龄人口归入不同类别，就可以计算出概括劳动力市场状况的各种统计数字。

劳动年龄人口中减去非劳动力人口是劳动力。劳动力是有劳动能力而且愿意就业的人，在现实生活中，并不是所有的劳动力都能找到工作，总有一部分人无事可做。所以，劳动力通常定义为就业者和失业者之和，于是有：

$$劳动力人口 = 就业者人数 + 失业者人数$$

失业率被定义为失业人口在劳动力中所占的比例，即：

$$失业率 = \frac{失业人口}{劳动力} \times 100\%$$

除了失业率之外，劳动力参与率也是衡量劳动市场状况的指标。劳动参与率被定义为劳动力在劳动年龄人口中所占的比例，它告诉我们劳动年龄人口中选择参与劳动市场的人数。其公式为：

$$劳动参与率 = \frac{劳动力}{劳动年龄人口} \times 100\%$$

根据美国劳动统计局资料，2005 年 4 月美国的劳动年龄人口为 22544 万人，其中就业人口 14110 万人，失业人口 766 万人，非劳动力人口 7668 万人。根据我们前面的分析和定义，在 2005 年 4 月，美国的劳动力人口为：

$$劳动力人口 = 14110 + 766 = 14876 万$$

失业率为：

$$失业率 = \frac{766}{14876} \times 100\% = 5.2\%$$

劳动参与率为：

$$劳动参与率 = \frac{14876}{22544} \times 100\% = 66.0\%$$

以上统计数据表明，在 2005 年 4 月，美国有 2/3 的劳动年龄人口参与了劳动市场，这些劳动市场参与者中有 5.2% 的人没有工作。

事实上，能够提供一个具有国际可比性的失业率数据是件很困难的事情。主要原因是各国统计数字的来源不同。一些国家采用定期抽样调查的方法获得信息，一些国家利用领取失业救济人数等社会保险数据，还有的利用官方就业数据和劳动力数据推算失业数据。

目前，我国的官方失业统计仅仅包括城镇登记失业人员（指非农业人口、在一定劳动年龄内、有劳动能力、无业而要求就业并在当地就业服务机构进行求职登记的人员）。这一失业统计制度存在许多问题，并不能真实反映我国失业问题的严重情况：一是失业统计范围仅包括城镇经济而没有包括农村，即失业统计体系尚未覆盖经济整体。二是失业统计对象仅包括有城市户口的失业人口，没有包括失去工作的"农民工"。更没有把农村大量过剩劳动力考虑在内（从事农业生产的人口是作为"实现就业"来统计的）。这实际上低估了我国的就业压力。三是失业统计中判断人们是否失业，是以是否在就业服务机构求职登记为标准，有些没有工作并积极寻找工作但没有在相关机构正式登记的人员就会被失业统计所遗漏。四是官方失业统计没有包括下岗人员。由于上述原因，我国现有的失业统计数据存在低估经济人口中失业人员数量的问题。即使是城镇失业人口规模也存在低估问题。

二、通货膨胀的衡量

1. 价格指数

当经济中出现了价格水平的持续上涨时，我们说发生了通货膨胀。价格水平的高低可通过各种价格指数来衡量。各国使用较多的物价指数可分为以下三类：

（1）消费物价指数（CPI）。这是最为常用的物价指数。该指数衡量普通消费者所购买的物品和劳务的费用变动指标。它通常是根据与人民生活直接相关的食物、衣服、住房、燃料、交通、教育、医疗等物品和劳务的价格变动状况而编制的。CPI 的编制过程为：

第一，选择基年，固定基年"篮子"，确定权数。如果我们想把今年家庭的生活费用和 2005 年相比，那么就把 2005 年作为基年（或基期），即其他各年与之比较的基准。然后确定基年普通消费者所消费的一篮子物品和劳务（我们无法把一个国家人们所消费的所有物品和劳务都作为比较对象，这在操作上是不可行的），这被形象地称为固定基年篮子。不仅要确定品种，而且要确定权数，即确定哪些物价对消费者是最重要的。

第二，确定基年篮子里物品和劳务的现期价格。基年那一年一篮子物品和劳务的价格水平为基准价格。要比较以后各年与基年相比消费者生活费用的变动情况，还要找出每个时点上篮子里每种物品和劳务的现期价格。

第三，计算指数。*CPI* 的计算是先用现期价格计算消费者当年购买一篮子物品和劳务的费用，然后用当年购买一篮子物品和劳务的费用除以基年购买同样一篮子物品和劳务的费用，再把这个比率乘以100，所得出的数据就是 *CPI*。对任一给定年份的 *CPI*，其计算公式为：

$$CPI = \frac{基年一篮子物品和劳务的当年费用}{基年一篮子物品和劳务的基年费用} \times 100$$

表9－3说明了 *CPI* 的计算（假设消费者购买白菜、萝卜、茄子三种物品）：

表9－3

物 品	基 期			当 期	
	数量（公斤）	价格（元）	支出（元）	价格（元）	支出（元）
白 菜	5	0.8	4	1.2	6
萝 卜	6	11	66	12.5	75
茄 子	200	0.7	140	0.75	150
总支出			210		231

在表9－3的例子中，用每一种物品和劳务的基年价格乘以基年数量，可得出基年一篮子物品和劳务的总费用是210元。然后，用每一种物品和劳务的现期价格乘以基年数量，可得出基年一篮子物品和劳务在现期的总费用为231元。现期 *CPI* 为：

$$现期的\ CPI = \frac{231}{210} \times 100 = 110$$

计算结果表明，消费相同一篮子物品和劳务，从基年到现期普通消费者的生活费用上升了。

（2）生产物价指数（*PPI*）。该指数是衡量企业购买的物品和劳务的价格变动的指标。它是根据企业所购买的原材料、中间产品及最终产品在内的各种物品和劳务的批发价格的变动状况编制的，因此，它反映了企业经营成本的变动。由于企业经营成本的上升最终要在消费品的零售价格上反映出来，所以生产物价指数在一定程度上预示着消费物价指数的变动。

（3）*GDP* 平减指数。如前所述，该指数是一个覆盖面更广的价格水平指标，它衡量的是一国之内生产的所有最终物品和劳务价格变动状况的指标，反映了相对于基期物价水平的当期物价水平。

 **案例分析**　　　　　　　　美国总统赚多少钱

1931 年，当时的美国总统胡佛年薪是 7.5 万美元，1995 年美国总统克林顿的年薪是 20 万美元。他们谁赚得多呢？

如果仅仅从货币量来看，美国总统的工资当然是增加了。但是我们在比较收入时，重要的不是货币量是多少，而是这些货币能买到多少东西，即货币的购买力。用货币来衡量的工资是名义工资，用货币的实际购买力衡量的工资是实际工资。我们在比较不同年份美国总统的工资时应该比较实际工资，而不是名义工资。

比较不同时期的收入时，重要的不是名义收入是多少，而是实际收入（货币购买力）。当名义收入既定时，实际收入由物价水平决定，即实际收入＝名义收入/CPI。衡量物价水平的是价格指数，要比较不同年份美国总统的工资，首先要知道这一时期物价水平的变动。

根据实际资料，以 1992 年为基年，这一年的消费物价指数为 100，则 1931 年的消费物价指数为 8.7，而 1995 年的消费物价指数为 107.6，这就是说，在这 64 年间，物价水平上升了 12.4 倍（107.6÷8.7）。我们可以用价格指数来计算以 1992 年为基年的胡佛与克林顿的工资。

1931 年时胡佛总统的实际工资＝75000 美元/8.7＝8620 美元

1995 年时克林顿总统的工资＝200000/107.6＝1858.7 美元

计算结果显示，胡佛的工资是克林顿的 4.6 倍，克林顿的工资仅仅是胡佛的 21%。这 60 余年间美国总统的实际工资大大下降了，其原因是克林顿的工资只是名义上的提高，并没有与通货膨胀保持同步。

2. 通货膨胀的衡量

在以上介绍的三个最重要的价格指数中，CPI 是国际通用的衡量一国通货膨胀水平的基础数据。计算 CPI 的主要目的就是衡量通货膨胀的严重程度。这一衡量很有用，可作为工资水平调整的依据，也可用于确定养老保险金的调整。

宏观经济学把价格水平的持续上涨称为通货膨胀。通货膨胀的严重程度可用通货膨胀率来衡量。**通货膨胀率**（π），是指从一个时期到另一个时期物价水平变动的百分比。其计算公式为：

$$\pi = \frac{(今年\,CPI - 去年\,CPI)}{去年\,CPI} \times 100\%$$

在前面的例子中，基年的 CPI 为 100，现期的 CPI 为 110。因此，现期的通货膨胀

率是：

$$\pi = \frac{(110-100)}{100} \times 100\% = 10\%$$

计算结果表明，从基年到现期，物价水平上升了10%，这意味着人们收入的1/10被通货膨胀吞噬掉了，没有形成真正的购买力。另外，这也表明，从基年到现期，人们的工资收入增长率应该不低于10%，否则通货膨胀会使其在这段时间的福利状况变得更坏，而不是更好。

还可用另一种方法衡量通货膨胀，即在以上公式中用 GDP 平减指数替代 CPI。由于 CPI 和 GDP 平减指数的统计范围不同，所以用这两种价格指数计算出的通货膨胀率不太一致。但在大多数情况下，这两个衡量指标是相似的。

本章小结

（1）国内生产总值（GDP）是一国之内在某一时期生产的所有最终产品和劳务的市场价值总和。

（2）可以用支出法、收入法和生产法来衡量 GDP。支出法是把消费支出、投资支出、政府购买支出和净出口加总求和。收入法是把税前的劳动收入和资本收入加总求和。生产法是把生产过程中每个企业创造的增加值加总。

（3）名义 GDP 是用当年价格计算经济中物品与劳务的生产。实际 GDP 用不变价格来计算经济物品与劳务的生产。我们用实际 GDP 变动的百分比衡量经济增长率。GDP 平减指数是衡量物价总水平的指标，可用名义 GDP 和实际 GDP 的比率计算。

（4）GDP 是衡量一国经济整体状况的重要指标，但并不是一个完美的指标。例如，GDP 不包括家务劳动的价值和闲暇的价值，不反映增长的代价。

（5）失业率是衡量失业严重程度的指标，可以用失业人口的数量除以劳动力总数计算得到。

（6）消费价格指数（CPI）是度量通货膨胀的基本工具。CPI 衡量的是相对于基年购买一篮子东西的费用，在当年购买同样一篮子东西的花费情况。我们可用 CPI 变动的百分比衡量通货膨胀率。

关键概念

国内生产总值　国民生产总值　消费　投资　政府购买　净出口　最终产品　中间产品　国内生产净值　国民收入　个人收入　个人可支配收入　名义 GDP　实际

GDP　GDP平减指数　失业率　劳动力参与率　消费物价指数　生产物价指数
通货膨胀率

练习与思考

一、判断正误

(1) GDP 等于各种最终产品和中间产品的价值总和。（　　）

(2) 一国海外投资企业的收入应计入 GDP 中。（　　）

(3) 本年生产但未销售出去的最终产品价值不应计入本年的 GDP 之内。（　　）

(4) 居民购买住房是一种消费支出，住宅是一种耐用消费品。（　　）

(5) 假设名义 GDP 从 2000 亿元增长到 2300 亿元，而物价指数从 125 上升到 150，
则说明实际 GDP 在下降。（　　）

(6) 如果两个国家的 GDP 相同，那么，它们的生活水平也相同。（　　）

(7) 如果 1995 年的名义 GDP 高于 1994 年，那么我们知道，1995 年生产的最终产
品与劳务一定多于 1994 年。（　　）

(8) 某人出售一幅旧油画所得到的收入，应当计入当年的 GDP 内。（　　）

二、单项选择

(1) GDP 是一个国家一年内所生产的（　　）。

　　A. 所有产品的市场价值总和　　　　B. 国内各部门新增加的价值

　　C. 境内的最终产品和劳务的市场　　D. 境内外的最终产品和劳务的价值

(2) 下列哪项应计入中国的 GDP（　　）。

　　A. 食品厂购买的面粉　　　　　　　B. 个人购买的 1000 股银行股票

　　C. 国航购买的一架波音飞机　　　　D. 汽车厂购买的轮胎

(3) 用支出法计算 GDP 时，不属于投资的是（　　）。

　　A. 上海大众购买政府债券　　　　　B. 上海大众购买了一台新机床

　　C. 上海大众建立了一条新装配线　　D. 上海大众增加了 500 辆汽车的存货

(4) 实际 GDP 反映的是（　　）。

　　A. 价格水平的变动　　　　　　　　B. 实际产量的变动

　　C. 产品量与价格的交替变动　　　　D. 既是价格水平的变动也是产量的变动

(5) 假定某国在 1991 年至 1999 年间，GDP 从 10000 亿元增加到 15000 亿元，价格
指数从 100 下降到 50，如果以 1991 年价格计算，1999 年的实际 GDP 应是
（　　）。

　　A. 7500 亿元　　　B. 10000 亿元　　　C. 15000 亿元　　　D. 30000 亿元

(6) GDP 与 NDP 之间的差额是（　　）。

A. 直接税   B. 间接税   C. 折旧   D. 补贴

(7) 假设一国人口为 2000 万，就业人数 900 万，失业人数 100 万，这个经济的失业率为（   ）。

     A. 11%   B. 10%   C. 8%   D. 5%

(8) 如果 2000 年的消费物价指数是 128，2001 年底的消费物价指数是 136，那么 2001 年的通货膨胀率是（   ）。

     A. 4.2%   B. 5.9%   C. 6.25%   D. 8%

三、问答题

(1) 下列交易会影响 GDP 哪一部分（如果有影响的话），并解释之。

     A. 购买冰箱

     B. 购买一所新房子

     C. 购买新出的《英雄》影碟

     D. 书店旧书清仓有打折时，你买了一本《红楼梦》

     E. 出门坐公共汽车

     F. 回家帮忙打扫卫生

(2) 计算 GDP 时为什么只计算最终产品的价值而不计算中间产品的价值？

(3) 在 2001 年，某公司生产 100 万个面包，每个售价为 2 元。在 2002 年，这个公司生产 200 万个面包，每个售价为 3 元。计算每年的名义 GDP、实际 GDP 和物价指数（2001 年为基年）。从一年到下一年这三个统计数字的百分比分别提高了多少？

(4) 考虑下表美国 GDP 的数据，并回答：

年份	名义 GDP 110 亿美元	物价指数（1987 年是基年）
1993	6343	124
1994	6738	126

     A. 1993 年到 1994 年间名义 GDP 的增长率是多少？（增长率是一个时期到另一个时期百分比的变动。）

     B. 1993 年到 1994 年间，物价指数的增长率是多少？

     C. 按 1987 年的价格衡量，1993 年的实际 GDP 是多少？

     D. 按 1987 年的价格衡量，1994 年的实际 GDP 是多少？

     E. 1993 年到 1994 年实际 GDP 的增长率是多少？

     F. 名义 GDP 增长率高于还是低于实际 GDP 增长率？为什么？

(5) 假定 A 国 1996 年的成年人中，就业人数为 1.27587 亿，失业者为 0.07221 亿，非劳动力为 0.66645 亿。劳动力有多少？劳动参与率是多少？失业率是多少？

(6) 在长期中，糖果的价格从 0.1 元上升到 0.6 元。在同一时期中，消费物价指数从 150 上升到 300。根据整体通货膨胀进行调整后，糖果的价格变动了多少？

第十章

国民收入决定理论：
简单的国民收入决定模型

本章将向你介绍的重点内容

◎ 宏观经济均衡的含义和实现方式

◎ 总需求的各个部分及其重要性

◎ 消费、储蓄与收入的关系

◎ 平均消费倾向、边际消费倾向与平均储蓄倾向的定义
  与计算

◎ 投资与利率之间的关系

◎ 国民收入的决定问题

◎ 乘数原理与乘数的计算方法

一个经济能够生产多少物品与劳务，一个经济的人们能够获得多少收入？2008 年我国的 *GDP* 总量为 314045 亿元，比上年增长了 9.6％，为什么是这么多？为什么一国的收入水平有的年份高有的年份低？为什么现实经济中会出现生产就业扩张、通货膨胀、失业和经济波动？回答这些问题，需要说明均衡的国民收入是怎么被决定的，这个问题是宏观经济学的核心问题，是宏观经济学的创始人凯恩斯的经济学说的中心内容。

本章从宏观经济均衡的研究开始，说明总需求在国民收入决定中的重要作用。这里暂不考虑货币因素的影响，即假定利率和投资都是不变的，只涉及产品市场上总需求对国民收入的决定，因此被称为简单的国民收入决定模型。

第一节
宏观经济均衡及其实现

均衡是指一个系统内部相反力量的作用互相抵消，不再变动的相对静止状态。宏观经济均衡就是指当各种相互作用的宏观经济变量之间达到某种平衡，彼此不再变动时，经济处于一种相对稳定的状态。本节将说明各种宏观经济变量如何相互作用并达到均衡，以及均衡条件下国民收入是如何决定的。为了分析的简便，假设经济中的价格水平不变，并且价格总水平 $P=1$，这样各种经济变量既是名义值，又是实际值。

一、两个重要的宏观经济变量

在宏观经济学中，总供给与总需求是用来说明均衡国民收入决定，以及通货膨胀、失业等问题的最重要的宏观经济变量。为了说明均衡国民收入水平的决定与变动，有必要解释这两个变量的含义。

总供给（*AS*）是一个经济在一定时期内所生产出来的所有物品与劳务的数量总和，也就是一个经济的总产出，其市场价值总和就是 *GDP*。通常当我们度量总供给水平时习惯使用总产出（*Y*）的概念。总供给的度量也可使用总收入的指标，把所有生产要素所有者的收入加总起来就是经济中的总收入。总产出和总收入都是总供给的衡量指标。这两个量是相等的，它们代表的都是总供给。在我们以后的分析中，我们经常用"总产出（总收入）"的概念，而不是"总供给"的概念，但 *GDP*、国民收入、总产出、总收入、总供给等概念可以相互转换。

可把总产出简单定义为：

$$Y = Y_d + T - TR$$

式中，表示总产出 Y 恒等于总收入。总收入为可支配收入 Y_d 与政府净税收收入 $T - TR$ 之和。

总需求（AD）是指在价格和收入既定条件下消费者、企业、政府和国外愿意支出的数量。愿意的支出是指既有需求的愿望，又有货币支付能力。度量总需求的指标称为**总支出**（AE）。总支出是用支出法计算的 GDP，包括家庭消费（C）、企业投资（I）、政府购买（G）和净出口（NX）。家庭和政府需要购买物品与劳务，企业需要进行投资，这些都构成经济内部的需求，加上来自国外的需求构成经济中的总需求。总需求可以用总支出这个统计指标来度量，因此，可以得到以下等式：

$$AE = C + I + G + NX$$

在总支出的四个组成部分中，消费占的比例最大，在发达国家约占总支出的 2/3。最小的部分是净出口。投资的比例在不同的国家有所不同，通常发展中国家投资的比例大一些。政府购买则取决于政府规模的大小和对经济的干预程度。一般来说，各国政府购买大于投资，并且有上升趋势。

二、总需求决定总供给

当经济中的总供给等于总需求，或者说总产出（总收入）等于人们愿意的支出时，就实现了宏观经济均衡，这时的国民收入既不增加也不减少，处于不再变动的状态，称为均衡的国民收入。既然国民收入水平是由总供给和总需求共同决定的，那么，均衡国民收入决定的基本条件就是：总供给等于总需求。也就是说，当一国一定时期对物品和劳务需求的总和与同一时期的总产出相等时，国民收入处于均衡状态。我们用总产出、总收入度量总供给，用总支出度量总需求，那么，当总供给等于总需求时，总产出、总收入、总支出必然相等，即：

$$Y = 总收入 = 总支出$$

这个恒等式表示当总供给等于总需求，或者说总产出、总收入等于总支出时，国民经济就处于均衡状态。

那么，总供给和总需求这两个宏观经济变量是怎样相互作用的呢？在均衡国民收入的决定中，哪个经济变量处于主导地位，并引致其他变量发生改变以与之相适应呢？

凯恩斯认为，总需求是经济中占主导地位的经济变量，总需求决定总供给，均衡的国民收入是由总需求决定的。凯恩斯观点的理论依据是，在短期内，由于价格难以调整，不能通过价格变动来保持总供给和总需求的平衡，这会造成总需求不足，从而使资本、劳动等各种资源得不到充分利用。因此，凯恩斯认为，短期中，决定宏观经济状况的关键因素是总需求，即总需求决定了总供给，进而决定了短期中国民收入的水平。显然，凯恩斯的国民收入决定理论是短期分析，通常适用于对宏观经济的年度间运行情况的分析。

　　凯恩斯的观点也有其现实依据。20 世纪 30 年代初，西方国家的经济处于大萧条之中，供给过剩，凯恩斯认为这是由于价格不能及时调整带来的总需求不足造成的，他认为解决这场危机的办法是增加总需求。凯恩斯甚至还开玩笑地建议，如果实在没有支出的办法，可以由政府把钱埋在废弃的矿井中，然后让人们投资把这些钱挖出来也可以刺激经济增长。凯恩斯的幽默实际上是在说明一个严肃的命题：增加总需求可以增加国民收入，使经济走出萧条。这正是凯恩斯主义宏观经济学的主题。

三、宏观经济均衡的实现过程

　　宏观经济均衡是在总需求与总供给的相互作用中实现的，当经济中的总供给等于总需求，即总产出等于总支出时，宏观经济就实现了均衡。可用图 10 – 1 说明宏观经济均衡的实现过程。

　　在图 10 – 1 中，横轴表示总供给，用总产出或总收入 Y 度量。纵轴表示总需求，用总支出 AE 度量，45°线表示经济中总供给等于总需求，也就是说，该线上的任何一点都表示经济中的均衡，线外的任何一点都表示非均衡的状态。

　　如图所示，假定经济中的总支出为 80 万元，水平线表示这里不考虑总支出的变动情况。如果企业市场预测失误，总产出达到了 100 万元，总供给大于总需求，存在物品与劳务的过剩，多出的 20 万元产品可以看成是企业存货的非意愿增加，企业会减少生产，非意愿增加的存货减少；如果企业的总产出为 60 万元，则存货非意愿地减少 20 万元，总供给小于总需求，存在物品与劳务的短缺，企业将增加生产，使存货恢复到意愿的水平；只有当实际产出水平为 80 万元，与总支出相等，企业的产出不再调整，存货不再发生变化，这时就实现了宏观经济的均衡，均衡的国民收入为 80 万元。

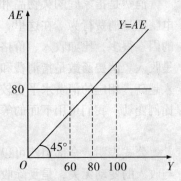

图 10 – 1　宏观经济均衡的实现过程

　　在研究国民收入决定时，需要把均衡的国民收入（均衡的 GDP，实际产出）和潜在的国民收入（潜在的 GDP）区分开来。潜在的国民收入是指经济中既定资源充分利用时所能达到的国民收入水平，通常可用劳动力实现充分就业代表经济中资源实现充分就业的状态。所以又称为充分就业的国民收入。均衡的国民收入是宏观经济均衡时的国民收入水平，但宏观经济均衡时并不一定实现了充分就业，宏观经济均衡也会高于或者低于充分就业均衡。当生产要素被超额使用时，实际产出短期内可能会超过潜在的产出，经济处在繁荣的状态。有的时候生产要素没有充分利用，实际产出小于潜在产出，经济处于衰退的状态。所以，均衡的国民收入并不一定等于潜在的国民收入。国民收入决定理论是要说明总需求与总供给如何使国民收入水平趋于均衡状态。

第二节 消 费

如上所述，凯恩斯的宏观经济学认为总需求是处于主导地位的经济变量。要研究均衡国民收入的决定问题，首先就要研究总需求。在总需求的四个组成部分中，最主要的部分是消费，了解总需求对国民收入的决定作用应该先从了解消费开始。

一、消费函数与消费倾向

1. 消费函数

消费是指家庭购买物品和劳务的行为。我们买一个 U 盘，看一场电影，购置一台电脑都是消费行为。在这里，我们要研究消费如何确定。在现实经济生活中，决定消费的因素很多，比如收入、价格、习惯、利率、消费者年龄构成等等，其中最重要的因素是收入。**消费函数**是指消费和收入之间的依存关系。一般来说，在其他因素不变时，收入越高，相应的消费水平也较高，消费随收入的变动而同方向变动。但它们之间不是同比例变动。我们可用下面的等式描述消费函数：

$$C = a + bY$$

公式表明，全部消费可以分为两部分：自发消费和引致消费。a 代表自发消费，它与收入的变动无关，是受除收入之外的其他因素影响的变量。例如，家庭为了生计必须进行的基本消费，即使没有收入，人们也会通过提取储蓄或举债的方式维持这部分消费。或者，股票市场的突然繁荣让消费者感觉自己拥有的财富增多，因而倾向于增加现期消费。bY 为引致消费，它是由收入决定的消费，会随着收入的变动而变动。在消费函数中，我们重点研究引致消费。可以用表 10 - 1 说明居民的消费函数。

如表 10 - 1 第一、第二栏所示，随着收入的增加，居民的消费支出在整体上表现出一种稳定增加的趋势，当收入为 800 亿元时，居民倾向于把全部收入用于消费，此时收支相抵。当收入低于 800 亿元时，居民为了维持原有的消费水平，消费支出大于收入。当收入高于 800 亿元时，居民的消费支出增加，但消费支出的增加小于收入的增加。

表 10 - 1　居民的消费函数　　　　　　　　　（单位：亿元）

收入（Y）	消费支出（C）	平均消费倾向（APC）	边际消费倾向（MPC）
600	620	1.03	
700	711	1.02	0.91
800	800	1.00	0.89
900	885	0.98	0.85
1000	960	0.96	0.75
1100	1024	0.93	0.64
1200	1083	0.90	0.59
1300	1136	0.87	0.53

2. 消费倾向

为了说明消费与收入的关系，我们需要了解两个概念：边际消费倾向和平均消费倾向。

在引致消费 bY 中，b 是一个常数，代表边际消费倾向。**边际消费倾向**（MPC）是指当可支配收入增加 1 元时，人们愿意增加的消费。凯恩斯认为，一般来说，当收入增加时，人们会增加消费，但是增加的数额少于收入的增加额。也就是说，增加的收入没有全部花掉，有一部分被储蓄起来了。因此边际消费倾向大于 0（收入的增加会引起消费的增加）但是小于 1（消费的增加少于收入的增加）。用 ΔC 代表消费支出的增量，ΔY 代表收入的增量，边际消费倾向的计算公式为：

$$MPC = \frac{\Delta C}{\Delta Y}$$

如表 10 - 1 所示，当收入由 1000 亿元增加到 1100 亿元时，消费支出从 960 亿元增加到 1024 亿元。增加的收入为 100 亿元，增加的消费为 64 亿元。边际消费倾向 MPC 为 0.64（= 64 亿/100 亿）。

平均消费倾向（APC）是指消费在可支配收入中所占的比例。它反映了经济中的消费规模，其计算公式为：

$$APC = \frac{C}{Y}$$

如表 10 - 1 所示，当收入为 1000 亿元时，消费支出为 960 亿元，平均消费倾向 APC 为 0.96（= 960 亿/1000 亿）。

凯恩斯认为，平均消费倾向会随着收入的增加而减少。收入越多的人，储蓄越多。因此，富人收入中用于消费的比例低于穷人。考虑到富人的消费在消费总量中的比例远远大于富人在人口中的比例，富人消费的多少对经济有着举足轻重的影响。富人的消费不足是整个经济消费不足的一个原因。

从表10-1中可以看出，边际消费倾向（MPC）和平均消费倾向（APC）的变化有如下规律：

第一，MPC 和 APC 是递减的。即随着收入的增加，人们的消费支出也在增加，但增加的消费在增加的收入中所占的比例越来越小，这就是凯恩斯著名的 MPC 递减规律。MPC 递减规律决定了消费支出增加的速度慢于收入增加的速度，所以 APC 也是递减的。这就是说，收入越多的人，收入中用于消费的比例越低。

第二，APC 大于 MPC（对比表10-1中的第三栏和第四栏可以看到这一点）。这是因为即使收入为零，也会有自发消费。MPC 总是小于 1 大于零。

可以用图10-2表示短期消费函数。图中横轴表示收入，纵轴表示消费。45°线是收支相抵线，线上的任何一点都表示收入全部用于消费。短期消费曲线 C 在纵轴的截距等于自发消费 a，表示当收入为零时，消费为不依存于收入的自发消费。消费曲线 C 向右上方倾斜，表示消费函数中引致消费部分随着收入的增加而增加。短期消费曲线 C 与45°线相交于 E 点，在该点上消费与收入相等，即全部收入都用于消费，这时 APC=1；E 点左方，消费大于收入，这种情况下会有负储蓄，这时 APC>1；E 点右方，消费小于收入，这种情况下有正储蓄，这时 APC<1。随着消费曲线向右上方倾斜，

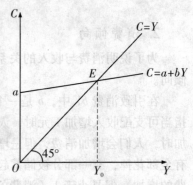

图 10-2　短期消费函数示意

它和45°线的距离越来越大，说明收入的增加引起消费的增加，但是，消费的增加越来越小于收入的增加。所以，边际消费倾向（b）是消费曲线的斜率，随着收入的增加，边际消费倾向呈递减趋势，消费曲线的斜率越来越小。APC 也随收入的增加呈递减趋势。

假定 a 等于 100，b 等于 0.75，则 C=100+0.75Y。表明收入增加 1 元，其中有 0.75 元用于消费。当收入为800元时，全部消费为700元。

在消费函数 C=a+bY 中，如果 a 的值或者 b 的值发生变动，消费曲线的位置会发生移动。自发消费增加，消费曲线会向上平行移动。边际消费倾向发生变动，消费曲线的斜率会发生变化。

二、储蓄函数与储蓄倾向

与消费函数相联系的一个概念是储蓄函数。储蓄是收入中没有被消费的部分，即：

$$S = Y - C$$

代入消费函数 $C = a + bY$，经整理得到储蓄函数：

$$S = Y - a - bY = -a + (1 - b) Y$$

储蓄函数反映的是储蓄与收入的关系。上式中，$-a$ 是自发储蓄。$(1 - b) Y$ 表示收入引致的储蓄，即随收入增加而增加的储蓄。可用表 10 - 2 表示储蓄函数。表 10 - 2 第一、第二、第三栏表明，收入分为消费和储蓄两个部分。收入减去消费就是储蓄。

表 10 - 2　储蓄函数 （单位：亿元）

收入（Y）	消费（C）	储蓄（S）	平均储蓄倾向（APS）	边际储蓄倾向（MPS）
600	620	- 20	- 0.03	
700	711	- 11	- 0.02	0.09
800	800	0	0.00	0.11
900	885	15	0.02	0.15
1000	960	40	0.04	0.25
1100	1024	76	0.07	0.36
1200	1083	117	0.10	0.41
1300	1136	164	0.13	0.47

储蓄与收入关系也可以用平均储蓄倾向与边际储蓄倾向来说明。

在引致的储蓄 $(1 - b) Y$ 中，$1 - b$ 代表边际储蓄倾向。

边际储蓄倾向（MPS）是指收入每增加 1 元所增加的储蓄。用 ΔS 代表储蓄的增量，ΔY 代表收入的增量，其计算公式为 $\Delta S / \Delta Y$。例如，收入增加 1 元，其中 0.75 元用于消费，0.25 元必然用于储蓄。那么边际储蓄倾向（MPS）等于 0.25（=0.25/1）。

平均储蓄倾向（APS）是指储蓄在收入中所占的比例。用公式表示为：$APS = S/Y$。如表 10 - 2 第四栏的数据是根据 S/Y 求得的。

从表 10 - 2 中可以看出，平均储蓄倾向（APS）和边际储蓄倾向（MPS）的变化有如下规律：

第一，MPS 和 APS 是递增的，这是由平均消费倾向（APC）和边际消费倾向（MPC）的递减趋势决定的。

第二，MPS 大于 APS，对比表 10 - 2 中的第四栏和第五栏可以看到这一点。一般来说，MPS 小于 1 大于零。

也可以用图 10 - 3 来说明储蓄和收入的关系。图 10 - 3 中，S 为储蓄曲线，从储蓄

曲线的表达式 $S = -a + (1-b)Y$ 可以看出，储蓄曲线在纵轴上的截距为 $-a$，储蓄曲线的斜率为边际储蓄倾向 $(1-b)$。储蓄曲线 S 向右上方倾斜，表示储蓄与收入同方向变动。S 与横轴相交于 E 点，该点为收支相抵点，这时储蓄为零。E 点之左有负储蓄，E 点之右有正储蓄。

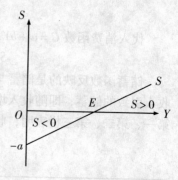

假设，$a = 500$，$b = 0.70$，$(1-b) = 0.3$，则 $S = -500 + 0.3Y$。这就是说，如果收入增加一个单位，其中有30%用于储蓄。只要 Y 为已知，就可以计算出储蓄数值。

图 10 - 3   储蓄和收入的关系

三、消费函数与储蓄函数的关系

由于收入等于消费与储蓄之和，消费函数和储蓄函数存在着一定的联系。

第一，消费函数和储蓄函数互为补数，两者之和总是等于收入。即：

$$C + S = a + bY - a + (1-b)Y = Y$$

可以用图 10 - 4 表现消费和储蓄的关系。图 10 - 4 中，当消费曲线与45°线相交于 E 点时，储蓄曲线必定与横轴相交。因为 E 点意味着收支相抵，这时储蓄必然为零。在 E 点左方，消费大于收入，出现负储蓄，消费曲线在纵轴上的截距 a 等于储蓄曲线在纵轴上的截距 $-a$ 的绝对值，a 为负值表示负储蓄；在 E 点右方，收入大于消费，出现正储蓄，消费曲线与45°线之差也是储蓄曲线与横轴之差，即 $S_0 = S_1$。

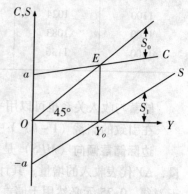

图 10 - 4   消费和储蓄的关系

第二，APC 和 APS 之和恒等于1，MPC 和 MPS 之和也恒等于1。即：

$$APC + APS = 1 \qquad MPC + MPS = 1$$

由此可知：

$$1 - APC = APS, \qquad 1 - APS = APC$$
$$1 - MPC = MPS, \qquad 1 - MPS = MPC$$

根据上述分析，消费函数和储蓄函数中只要有一个确立，另一个就随之确立。当消费函数已知时，即可求得储蓄函数；当储蓄函数已知时，即可求得消费函数。

中国人为什么爱存钱

我国整体居民储蓄水平偏高，20世纪90年代中后期以来城乡储蓄率呈上升趋势。据估算，2007年中国的国民储蓄率高达50%以上，挣100元存下50元。这是一个重要的宏观经济现象，对此很多学者进行了深入研究，目前主要的看法有如下方面：

第一，20世纪中后期包括国有企业员工下岗、教育、医疗、住房和养老体系在内的一系列改革措施，大大提高了居民的收入风险，增加了支出的不确定性。在新的适合我国国情的社会保障体系尚未完善的情况下，未来支出中个人负担部分必定增多，致使人们减少现期消费，增加"预防性储蓄"。

第二，我国的储蓄率偏高还与收入分配差距较大而且还在继续扩大有关。通常在一国的总收入既定时，收入分配越平等，消费倾向越高。就个人而言，消费倾向与实际收入呈反方向变动，即高收入者消费倾向低，低收入者消费倾向高。这样，一个社会收入分配差距越大，消费倾向就越低。因为高收入者得到大部分社会收入，而这些收入的大部分被他们储蓄起来，低收入者消费倾向高，但收入太少，这样，整个社会消费倾向就低。目前在我国的所有就业人员中，相当一部分是低收入阶层，要么是打工仔、蓝领，年收入平均万元左右；要么是还在农村的农民，每年仅3000元。他们的消费倾向很高，储蓄率很低，但在整个经济中，他们收入所占的比重相对较低，每年新增GDP只有40%左右归这些低收入阶层所有，剩下60%的新增GDP被高收入群体所获，而这个群体消费倾向很低，储蓄率很高。平均下来，整体储蓄率很难降低。

第三，我国的金融市场还很不发达，城乡居民缺乏有效的投资渠道。人们只能根据已实现到手的收入决定消费多少，由"过去的收入"决定今天该花多少，而无法根据未来的收入决定今天的消费。因此存在居民过度储蓄和过度投资的可能性。通过深化金融市场和投资体制改革，提高整体投资效率，将有助于在降低储蓄率的同时提高居民的消费水平，改善社会福利。

第三节
均衡国民收入的决定

简单的国民收入决定模型是说明国民收入决定的宏观静态模型，它是在不考虑利率和投资变动的情况下，利用消费函数，考察经济中均衡国民收入的决定问题。我们首先介绍两部门经济中均衡收入的决定问题，然后介绍加入政府部门后均衡收入的决定。

一、两部门经济中国民收入的决定

两部门经济是指只有企业和家庭的经济。两部门经济在现实生活中是不存在的，但对这种简单化的假设经济的分析有助于说明国民收入决定的基本原理。

1. 两部门经济国民收入均衡的条件

如前所述，均衡的国民收入是由总需求和总供给决定的。在两部门经济中，决定均衡国民收入水平的总需求和总供给各包括什么呢？

首先，两部门经济中的总需求包括消费需求和投资需求，用总支出度量，可表示为：

$$AE = C + I$$

其次，两部门经济中的总供给是由各种生产要素提供的，可用各生产要素的收入来表示。这些收入又可分为消费和储蓄两个部分，用公式表示为：

$$Y = C + S$$

在均衡时，总支出必然等于总收入，因此，两部门经济中的均衡条件可以表示为：

$$C + I = C + S$$

或者：

$$I = S$$

这个等式表明只有投资等于储蓄，才能实现经济的均衡。也就是说，投资等于储蓄时的国民收入就是均衡的国民收入。

2. 两部门经济中国民收入的决定

可以用两种方法说明两部门经济中均衡国民收入的决定。一种是消费投资分析法，另一种是储蓄投资分析法。

（1）消费投资分析法。这是用消费曲线和投资曲线相加构成的总支出曲线与45°线的交点说明均衡国民收入决定的方法。如图 10-5 所示。

在图 10-5 中，横轴 Y 表示总收入，纵轴 AE 表示总支出，45°线表示总支出等于总收入，总支出曲线向右上方倾斜，截距为 $a + I$、斜率为 b。总支出曲线与45°线的交点 E 是经济中的均衡点。这时，总支出等于总收入，决定了均衡国民收入 Y_0。E 点之左，总支出大于总收入，实际国民收入小于均衡的国民收入，经济中普遍存在产量不足的现象，这时，企业扩大生产是有利的，这会引起国民收入的增加，并最终趋于均衡状态。E 点之右，总支出小于总收入，实际国民收入大于均衡的国民收入，这时经济中普遍出现了供过于求的现象，企业的产品积压，就会减少生产，从而引起国民收入的减少，并最终趋于均衡状态。在 E 点上，总支出等于总收入，经济中既没有短缺又没有过剩，企业乐意保持现状而不再改变产量，国民收入处于均衡状态。

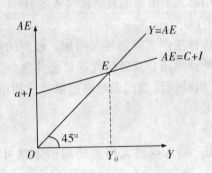

图 10 - 5　消费和投资决定国民收入

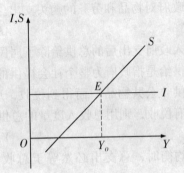

图 10 - 6　储蓄和投资决定国民收入

（2）储蓄投资分析法。这是用储蓄曲线和投资曲线的交点说明均衡国民收入决定的方法。如图 10 - 6 所示。

在图 10 - 6 中，横轴 Y 代表总收入，纵轴 I,S 代表投资和储蓄。S 为储蓄曲线，I 为投资曲线，假定投资不变，投资曲线与横轴平行。S 与 I 相交于 E 点，这时 $S = I$，决定了均衡的国民收入为 Y_0。E 点之左，储蓄小于投资，意味着总支出大于总收入，这时企业会增加生产，经济出现过热的现象；E 点之右，储蓄大于投资，意味着总支出小于总收入，企业会减少生产，经济处于需求不旺的状态。只有在 E 点，储蓄等于投资，才能实现经济的均衡。

（3）消费投资分析法和储蓄投资分析法的一致性。不论是用消费投资分析法，还是用储蓄投资分析法分析国民收入的均衡，所得结果都是一致的。现在把两张图合并成一张图，如图 10 - 7 所示。图中，当 $AE > Y$ 时，$I > S$；当 $AE < Y$ 时，$I < S$；当 $AE = Y$ 时，$I = S$。当总支出曲线与 45° 线相交于 E_1 时，S 与 I 相交于 E_2，这时国民收入都是 Y_0。所以，用上述两种方法分析国民收入的均衡所得的结果是一致的。

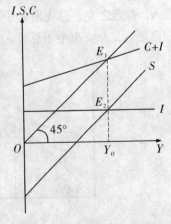

图 10 - 7　消费投资法与储蓄投资法的一致性

二、加入政府支出后的国民收入决定

我们已经讨论了两部门经济中国民收入的决定问题，现在我们加入政府部门，使我们的分析更加接近于现实。

1. 加入政府支出后国民收入的均衡条件

加入政府支出后，总需求在消费需求和投资需求之外又增加了政府需求，政府的需求是指政府对物品和劳务的购买支出。这样，用总支出度量的总需求可表述为：

$$AE = C + I + G$$

加入政府支出后的总供给除了居民提供的各种生产要素之外又增加了政府的供给，政府的供给是指政府为整个社会提供的国防、基础设施、基础研究等"公共物品"。政府因提供"公共物品"而得到税收，所以可以用政府税收代表政府的供给。如果用 T 代表政府税收，则用总收入度量的总供给可表述为：

$$Y = C + S + T$$

在均衡时，总支出必然等于总收入，因此，加入政府支出后的均衡条件可以表示为：

$$C + I + G = C + S + T$$

整理后可得：

$$I = S + (T - G)$$

其中，S 表示私人储蓄，$T-G$ 表示政府储蓄，两者之和为经济中总的储蓄。这个等式表明只有经济中的投资等于储蓄，国民收入才能处于均衡状态。

2. 加入政府支出后国民收入的决定

（1）消费、投资和政府购买决定国民收入。这是用消费曲线、投资曲线和政府支出曲线相加构成的总支出曲线与45°线的交点说明均衡国民收入的决定。如图 10-8 所示。

在图 10-8 中，AE 为两部经济中的总支出曲线，AE' 是三部门经济中的总支出曲线，AE' 与45°线的交点 E 为三部门经济中的均衡点，对应的收入 Y_0 为均衡的国民收入。E 点之左，总支出大于总收入，则国民收入增加，并向均衡国民收入 Y_0 靠近；E 点之右，总支出小于总收入，则国民收入减少，并向均衡国民收入 Y_0 靠近。

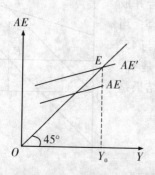

图 10-8　消费、投资和政府购买
决定国民收入

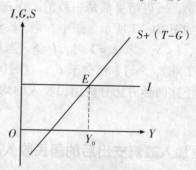

图 10-9　投资、政府购买、储蓄和税收
决定国民收入

（2）投资、政府购买、储蓄和税收决定国民收入。这是用投资曲线和储蓄曲线的交点说明均衡国民收入的决定。如图 10 - 9 所示。

在图 10 - 9 中，I 为三部门经济中的投资曲线，$S + (T - G)$ 为私人储蓄加政府储蓄，两者之和为经济中的总储蓄曲线，它们相交于 E 点，决定了均衡的国民收入为 Y_0。E 点之左，经济中的总投资大于总储蓄，则国民收入增加，并向均衡国民收入 Y_0 靠近；E 点之右，总投资小于总储蓄，则国民收入减少，并向均衡国民收入 Y_0 靠近。

第四节
均衡国民收入的变动

均衡的国民收入是由总支出决定的，因此，总支出的变动必然引起均衡的国民收入的变动。在一个包括企业、家庭和政府的经济中，决定总支出曲线的是自发支出、边际消费倾向和边际税率等因素，也正是这几个因素的变动引起了总支出曲线的变动，进而对均衡的国民收入发生影响。

一、自发支出的变动对国民收入的影响

自发支出是总支出中不随国民收入变动而变动的部分。在三部门经济中，自发支出包括自发消费、自发投资和政府购买支出，三者决定总支出曲线在纵轴上的截距。自发支出的变动会使总支出曲线上下移动，而其斜率不变。这会引起均衡产出或收入的变动。

假定一国新政府的上台使人们对未来充满信心并改变了他们的支出计划，家庭增加了消费支出；企业更多地购买新工厂；国外对本国物品和劳务需求的增加使国内企业增加投资；恐怖主义猖獗使政府增加军费开支；等等。这些都会引起自发支出的增加。这对该经济的总支出有什么影响呢？如图 10 - 10 所示，总支出曲线在纵轴上的截距变大了。自发支出的增加使总支出曲线由 AE_0 向上平行移动到 AE_1。当 AE_1 与 45°线相交于 E_1 点时，国民收入在 Y_1 的水平上达到新的均衡。同理，当自发支出减少时，总支出曲线从 AE_0 向下方移动到 AE_2，国民收入在较低的水平上达到新的均衡。

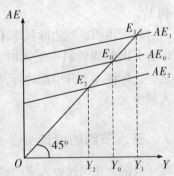

图 10 - 10　自发支出的变动对国民收入的影响

二、边际消费倾向和边际税率的影响

边际消费倾向的变动会引起引致消费支出和总支出曲线斜率的变动。例如，当收入变动时，家庭会改变原来的消费支出计划。这会引起边际消费倾向的波动。边际消费倾向越高，总支出曲线的斜率越大（越陡峭），表明引致消费的增加较多；边际消费倾向越低，总支出曲线的斜率越小（越平坦），表明引致消费的增加较少。

边际税率是增加的收入中要向政府缴纳的税收的比例。边际税率的变动也会影响总支出曲线的斜率。在其他条件不变的情况下，边际税率越高，可支配收入的增加就越少，边际消费倾向下降，总支出曲线就越平坦，即斜率越小；边际税率越低，可支配收入的增加就越多，边际消费倾向提高，总支出曲线就越陡峭，即斜率越大。

现在分析边际消费倾向和边际税率变动对均衡国民收入的影响。

如图 10 - 11 所示。假设政府采取了减税政策，边际税率下降，人们的可支配收入增加，因而家庭会增加他们的消费支出，由于边际消费倾向提高，引起总支出的增加，在自发支出不变的条件下，总支出曲线由 AE_0 向上旋转至 AE_1，AE_1 比 AE_0 更加陡峭。这时，AE_1 与 45°线相交于 E_1，均衡的国民收入由 Y_0 增加到 Y_1。同理，如果边际税率上升，边际消费倾向下降，总支出曲线 AE_0 向下旋转至 AE_2，AE_2 比 AE_0 更加平坦，表明总支出减少了。AE_2 与 45°线相交于 E_2，均衡的国民收入由 Y_0 减少到 Y_2。

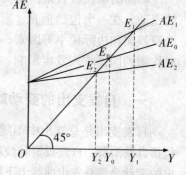

图 10 - 11　边际消费倾向、边际税率变动对国民收入的影响

以上说明，当边际税率下降引起边际消费倾向提高，即总支出曲线的斜率更大时，均衡的国民收入增加；反之，边际税率上升引起边际消费倾向降低，即总支出曲线的斜率较小时，均衡的国民收入减少。

三、节约的悖论

根据上述国民收入变动的分析，还可以进一步研究储蓄与国民收入变动的关系。储蓄即是节约，从一个家庭的角度看，在既定的收入中，储蓄越多，也越富有，因为把储蓄的收入存于银行，或购买有价证券可以获得利息或红利收入。但是，如果所有的家庭都节约，会出现什么情况呢？如图 10 - 11 所示，假定一个经济节约之风盛行，会导致边际消费倾向下降，总支出曲线由图中的 AE_0 向下旋转至 AE_2，总需求减少，均衡的国

民收入由 Y_0 减少到 Y_2。

由储蓄的增加引起的均衡国民收入减少被称为节约的悖论，它之所以是一个悖论，是因为储蓄对个人来说是件好事，但对整个社会来说却是坏事，因为储蓄增加使消费减少，总支出减少，从而使国民收入减少；相反，浪费对个人来说是坏事，但对整个社会来说却是好事，因为挥霍浪费可以使总支出增加，从而使国民收入增加。

应该指出的是，节约的悖论仅仅存在于经济衰退时各种资源大量闲置的情况。这时，储蓄增加引起消费减少，而增加的储蓄又不能转化为投资，经济更加萧条。因此，节约的悖论是一种短期现象。在长期内，当各种资源逐渐得到充分利用时，经济增长主要依靠更多的资本投入和技术进步时，社会需要有较高的储蓄率，这时，提倡节约对社会是有利的。

第五节
投资乘数

一、投资乘数的概念

以上分析说明，总支出决定总收入，总支出的增加必然会带来总收入的增加，那么，一定量的总支出增加会引起总收入多大的变动呢？或者说，总支出增加 100 亿元是不是总收入也增加 100 亿元？什么因素决定总支出变动引起的总收入的变动量呢？乘数理论正是要回答这一问题的。

乘数是指由总支出变动引起的国民收入增加的倍数。或者说是国民收入变动量与引起这种变动的总支出变动量之间的比例。如果总支出中的投资支出增加，则称为投资乘数；如果总支出中的政府支出增加，则为政府支出乘数；等等。凯恩斯重点研究的是投资支出乘数。

如果以 ΔI 代表投资增加量，以 ΔY 代表国民收入增加量，以 K_i 代表投资乘数，则可用下列公式表示投资乘数的概念：

$$K_i = \frac{\Delta Y}{\Delta I}$$

上述公式表明，**投资乘数**是指投资变动引起的国民收入变动的倍数。例如，如果企业增加投资 100，若导致国民收入增加 300，则投资乘数为 $K_i = 300/100 = 3$。

二、投资乘数的形成机制

为什么会产生投资乘数呢？在我们的例子中，为什么投资增加 100，国民收入会增加 300 呢？这是因为投资支出和国民收入之间存在着互动关系。一个部门的投资支出增加，会导致该部门产出的增加，产出的物品和劳务销售后形成经济中的收入。但这些收入并没有就此"沉淀"下来，其中的一部分将形成消费支出，这又会增加生产消费品企业的产出，新增产出又将转化为经济中的收入，更高的收入又刺激了消费支出，如此循环往复，一个部门投资支出的增加会引起产出的多次增长，最后使整个经济总收入的增加数倍于最初投资的增加。

我们可以用一个例子说明投资支出乘数的作用机制。假设某汽车公司投资 1000 万元建立了一条生产线，这 1000 万元投资是总需求的增加，它带来 1000 万元国民收入的增加。但事情并没有到此为止。假定全社会人们的边际消费倾向为 0.8，生产和销售生产线的企业在得到 1000 万元收入时，他们会把其中的 800 万元用于消费支出，这样，总需求又增加了 800 万元，必然会带来国民收入增加 800 万元，新增收入中又有 800 万元 × 0.8 = 640 万元用于消费，从而形成又一轮总需求的增加，总需求的增加又会带来产量和收入的增加，这样下去，汽车公司最初的 1000 万元投资，会引起许多部门的收入支出的增加，最后各部门增加的收入之和一定大于最初增加的 1000 万元投资。

在上面的例子中，乘数有多大呢？可以用高中代数推导出投资乘数的计算公式。在这个公式中一个重要的数字是边际消费倾向（b）——家庭增加的收入用于增加消费的比例。当生产汽车生产线的企业因汽车公司的投资而赚到 1000 万元时，他们增加的消费支出为 0.8 × 1000 万元，即 800 万元。这又增加了生产消费品企业的收入。收入的增加又会增加消费支出，这种反馈效应会继续下去。把所有的这些效应相加，第一轮支出增加为 1000 万元，第二轮支出增加为 1000 万 × 0.80 = 800 万元，第三轮为 800 万元 × 0.8 = 640 万元……加总起来是一个收敛的等比数列，即：

$$\Delta Y = 1000 万 + 1000 万 \times 0.8 + 1000 万 \times 0.8^2 + 1000 万 \times 0.8^3 + \cdots$$
$$= 1000 万 \times (1 + 0.8 + 0.8^2 + 0.8^3 + \cdots)$$
$$= \Delta I (1 + b + b^2 + b^3 + \cdots)$$
$$= \Delta I [1/(1 - b)]$$

上式中最后一列是每轮收入变化的累积值。它告诉我们，无穷轮变化之和等于 $[1/(1 - b)]$ 乘以投资支出的初始变动 ΔI。其中，$1/(1 - b)$ 就是投资乘数的计算公式。在我们的例子中，边际消费倾向为 0.8，代入乘数计算公式，可算出投资乘数为 $k_i = 1/(1 - 0.8) = 5$，说明投资支出增加 1 元，会使得均衡收入增加 5 元。在上例中，汽车公司初始投资 1000 万元，在乘数的作用下，最终使均衡产出变为 5000 万元。

需要指出的是，总需求减少也能产生乘数效应，它会起到成倍减少国民收入的作用。在上述例子中，投资乘数为 5，意味着如果汽车公司的投资支出减少 1000 万元，那么，国民收入也将减少 5000 万元。

三、影响投资乘数大小的因素

在两部门经济中，边际消费倾向 b 决定了每一轮总支出增加的大小，从而决定着投资乘数的大小。每一轮总支出的增加都会小于上一轮，因为有一部分增加的收入没有被消费而成为储蓄，从经济中"漏出"，b 越小，这种漏出就越多，则投资乘数就越小，反之，乘数就越大。在实际生活中，b 一定大于 0 而小于 1，一般多在 0.6～0.7 之间，所以，投资乘数的数值小于 3，通常徘徊在 2.5 左右。

加入政府部门后，也存在乘数效应，但是经济的扩张效应要比两部门经济小，这是因为多出了一项漏出。在有政府部门存在的经济中，家庭需要向政府缴纳税收，每一轮总支出的增加，都会使国民收入增加，收入增加的一部分以税收的形式交给政府，不能形成下一轮的支出，税收成为储蓄之外的另一个漏出。税率越高，则漏出越严重，投资乘数就越小；税率越低，则漏出越少，投资乘数就越大。

以上分析的是投资乘数，实际上，总支出的任何变动，如消费支出的变动、政府购买支出的变动、税收的变动、净出口的变动等，都具有乘数效应，都会引起国民收入数倍的变动。但它们乘数的大小，对国民收入的影响并不相等。

参考资料

中国的乘数是多少

经济学家根据中国 1980—2003 年的资料，计算了中国的消费函数：

$$C = 1545.4 + 0.44Y$$

式中的数据告诉我们，我国全社会的边际消费倾向 MPC 较低，仅有 0.44。这意味着国民收入每增加 1 亿元，消费增加 0.44 亿元。在国民收入为 0 的情况下，消费为 1545 亿元。变量的真实值是按 2003 年价格计算的。由于 MPC 较低，经济学家估算中国的乘数也较低，只有 2.27，表明当自发支出（例如投资支出）增加 1 亿元，最终引致均衡国民收入或 GDP 增加 2.27 亿元。

式中的估算是否符合中国实际的宏观统计数据呢？根据 2006 年的《中国统计年鉴》，1978 年居民消费支出占支出法 GDP 的 48%，2003 年则占 43.4%。这里消费和 GDP 都是按当年价格计算的。应当说，这一估算非常接近消费在 GDP 中所占的比重。

据学者们的研究，我国居民的边际消费倾向 MPC 一度非常高，1952—1977 年间，边际消费倾向高达 0.9853，1978—1986 年，边际消费倾向降至 0.8319。这说明，随着居民可支配收入的提高，居民收入的增量中，用于消费支出的份额在减少，而用于储蓄的份额在增多，这种变化的趋势非常明显。

考虑到自 1992 年我国正式确立建立社会主义市场经济体制的改革目标以来，各项改革措施陆续出台，如教育、医疗、社会保障体制的改革，使得居民对于未来的收入和支出存在大量的不确定性预期，出现了以往所没有的"有钱无处花、有钱不敢花、有钱不愿花"的现象，导致居民现期消费更加谨慎，加大了储蓄的比重，最终使全社会自发支出的乘数效应没有很好地发挥出来。

本章小结

(1) 宏观经济均衡是指当各种相互作用的宏观经济变量之间达到某种平衡，彼此不再变动时，经济处于一种相对稳定的状态。凯恩斯认为，在短期，总需求决定于总供给，当经济中的总供给等于总需求，即总产出等于总支出时，经济就处在均衡状态。

(2) 消费是总支出中最大的组成部分。凯恩斯消费理论的要点是：消费由收入而不是利率决定；边际消费倾向在 0~1 之间；平均消费倾向会随着收入的增加而减少。收入中用于消费之外的部分是储蓄，收入也是影响储蓄的主要因素，两者是正相关关系。

(3) 国民收入在宏观经济均衡中决定，当总支出等于总收入时，就实现了宏观经济均衡。在两部门经济中，总支出包括消费和投资，国民收入的均衡条件为 $I = S$；加入政府购买支出后国民收入的均衡条件为 $I = S + (T - G)$。

(4) 影响国民收入的因素为：自发总支出的变动；边际消费倾向和边际税率的变动。上述因素的变动会引起总支出的变动，进而会引起国民收入的变动。

(5) 投资乘数是总投资增加所引起的国民收入增加的倍数。它等于 $K_I = 1/(1 - b)$。总支出任何部分的变动如消费支出的变动、政府购买支出的变动、税收的变动、净出口的变动都具有乘数效应。乘数产生的原因是国民经济活动的相互关联性。

关键概念

宏观经济均衡　总需求　总供给　总支出　均衡国民收入　消费函数　自发消费

引致消费　边际消费倾向　平均消费倾向　储蓄函数　边际储蓄倾向　平均储蓄倾向　投资乘数

 **练习与思考**

一、判断正误

(1) 在短期内，当居民的可支配收入等于零时，消费需求也等于零。（　　）

(2) 如果边际消费倾向递减，平均消费倾向也将递减。（　　）

(3) 如果某人的月收入为1000元，他当月消费了800元，则他当月的边际储蓄倾向一定是0.8。（　　）

(4) 如果收入增加，消费与储蓄都增加，所以，随着收入的增加，边际消费倾向与边际储蓄倾向都提高。（　　）

(5) 在某一可支配收入水平上，如果消费曲线与45°线相交，储蓄曲线一定与横轴相交。（　　）

(6) 任何引起自发支出变动的因素都会使总需求曲线移动。（　　）

(7) 当边际消费倾向为0.75时，投资乘数为4。（　　）

(8) 边际税率越高，投资乘数的作用越小。（　　）

二、单项选择

(1) 假定某居民户每年的可支配收入为2万元，如果该居民户的消费支出为1.7万元，那么（　　）。

　　A. 边际消费倾向为0.70　　　　　　B. 边际消费倾向为0.85

　　C. 平均消费倾向为0.75　　　　　　D. 平均储蓄倾向为0.15

(2) 根据 APC、APS、MPC、MPS 之间的关系，下面哪一种说法是正确的（　　）。

　　A. 如果 MPC 增加，那么 MPS 也增加

　　B. $MPC + APC = 1$

　　C. $MPC + MPS = APC + APS$

　　D. $MPC + MPS > APC + APS$

(3) 消费函数的斜率取决于（　　）。

　　A. APC　　　　　B. APS　　　　　C. MPC　　　　　D. 自发消费

(4) 自发支出的增加将引起（　　）。

　　A. 总支出曲线向上方移动，其斜率不变

　　B. 总支出曲线向上方移动，而且更加倾斜

　　C. 总支出曲线向下方移动，其斜率不变

　　D. 总支出曲线向下方移动，而且更加倾斜

（5）边际税率下降将引起（　　　）。

    A. 总支出曲线更加平坦，而乘数变大

    B. 总支出曲线更加平坦，而乘数变小

    C. 总支出曲线更加倾斜，而乘数变大

    D. 总支出曲线更加倾斜，而乘数变小

（6）当所有家庭为了增加财产而增加储蓄时，国民收入就减少了。这种现象被称为（　　　）。

    A. 节约的悖论　　　　　　　　　　B. 支出的悖论

    C. 负的乘数效应　　　　　　　　　D. 自发储蓄效应

（7）投资支出使国民收入增加120亿。如果乘数为3，企业的投资应该增加（　　　）。

    A. 30亿　　　　　B. 40亿元　　　　C. 120亿元　　　　D. 360亿元

（8）可以使投资乘数增大的因素是（　　　）。

    A. 企业投资增加　　B. MPC上升　　C. 企业赋税增加　　D. MPS上升

三、问答题

（1）什么是宏观经济均衡，宏观经济均衡是怎样实现的？

（2）什么是自发消费，对于富裕程度不同的国家来说，自发消费会有什么不同？

（3）已知某社会的消费函数为$C = 50 + 0.85Y$，投资I为610元，试求：

    A. 均衡收入Y_0、消费C和储蓄S；

    B. 其他条件不变，投资$I = 550$元时的均衡收入Y_0、消费C和储蓄S。

（4）假设一个两部门经济具有以下特征：

    第一，自发消费支出为100亿元；

    第二，投资为100亿元；

    第三，边际消费倾向为0.75；

    A. 这个经济的自发总支出是多少？

    B. 作出这个经济的总支出曲线以及45°线。

    C. 均衡的国民收入是多少？

    D. 企业决定增加投资100亿元，新的均衡国民收入是多少？乘数是多大？

第十一章

国民收入决定理论：
IS–LM 模型

本章将向你介绍的重点内容

◎ 投资与利率之间的关系

◎ *IS* 曲线的概念与形成

◎ 产品市场的均衡

◎ 引起 *IS* 曲线位置移动的因素

◎ *LM* 曲线的概念与形成

◎ 货币市场的均衡

◎ 引起 *LM* 曲线位置移动的因素

◎ *IS–LM* 模型：两个市场同时均衡

◎ 市场均衡状态的变动

◎ *IS–LM* 分析的政策意义

简单的国民收入决定模型只研究了产品市场上总支出或总需求对总产出或总收入的决定作用，在那里，没有考虑货币和利率的因素。利率和投资是被假定为给定不变的外生变量（也就是不作为模型中的变量），只研究在投资等于储蓄的条件下，总需求对均衡国民收入的决定，没有考虑利率对投资的影响。但是，现实经济中不仅存在产品市场，还存在货币市场，而且这两个市场是互相影响、互相依存的。为了说明货币和利率对总产出的影响，我们需要更复杂一些的模型。

本章介绍的 *IS – LM* 模型通过利率把产品市场和货币市场联系起来，货币市场中的货币需求与利率有关，产品市场的投资也与利率有关，因而就有了 *IS – LM* 模型这样一个分析框架讨论两个市场同时均衡时均衡国民收入和利息率的决定。该模型是宏观经济学的核心模型，它可被用来分析财政政策和货币政策的相对有效性。它涉及政府对经济进行干预，是用财政政策更有效，还是用货币政策更有效的问题。

第一节
IS 曲线：产品市场的均衡

我们首先考察产品市场。在简单的国民收入决定模型中，我们一直把投资作为既定不变的量来对待。实际上，投资作为总需求的一个重要组成部分，是总需求中最为活跃的经济变量，其波动相当大，它是引起总需求变动的关键因素。因此，在引入了货币市场后，我们将说明，货币市场中利率的变动会影响投资，在本章中，我们假设投资不再是外生决定的了，而是由模型中的利率决定。

一、投资函数

在现实经济中，影响投资的因素很多，比如利率、实际 *GDP* 增长率、税收政策、投资风险等等，其中利率是影响投资最重要的因素，两者之间是负相关关系。利率提高，投资就会减少。这是因为，投资的目的是获得利润，或者准确地说是扣除各项投资成本后的净利润。在投资的成本中，利息是最重要的，因为投资主要来自向银行贷款，为这种贷款支付的利息就是投资的成本。在投资利润率不变时，利率提高，企业从投资收入中支付的利息成本会增加，支付利息后剩下的纯利润减少，企业会减少投资。因此，投资与利率具有负相关关系。

需要说明的是，即使企业使用自有资金投资，也会受到利率因素的影响。对企业来说，使用自有资金投资所放弃的利息是投资的机会成本。如果利率足够高，企业完全可能放弃投资，而把资金存入银行或者购买债券以赚取利息收入；如果利息比较低，则会鼓励企业进行投资。

把利率与投资的负相关关系反映在公式上，就可以得到投资函数，即：

$$I = I_0 - dr$$

式中，I 为投资；I_0 为自发投资，这部分投资与利率无关，它是企业为了正常的生产必须进行的投资。$-dr$ 为引致投资，即随着利率变动而变动的投资，其中，r 为利率；d 代表投资对利率变动的敏感程度，即当利率变动 1 单位时（如 1%），投资变动的程度。如果 d 比较大，则表示投资对利率的变动反应灵敏，利率的较小变动导致投资较大的波动；如果 d 比较小，则表示投资对利率比较不敏感，利率的较大变动只能引起投资出现较小的波动。$-dr$ 意味着投资与利率为反向变动关系，即利率上升，投资减少，利率下降，投资增加。

也可以用图形表示投资与利率之间的负相关关系。我们用横轴表示投资，用纵轴表示利率，根据投资函数可得到如图 11-1 所示的投资曲线。投资曲线向右下方倾斜，表明投资是利率的减函数。投资曲线的斜率取决于投资对利率的敏感程度 d。如果投资对利率比较敏感，则投资曲线比较平坦；如果投资对利率比较不敏感，则投资曲线比较陡峭。投资曲线的位置取决于自发投资的大小。自发投资增加，投资曲线就向右平移；自发性投资减少，投资曲线就向左平移。

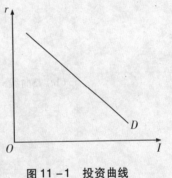

图 11-1　投资曲线

二、IS 曲线及其形成

根据上一章介绍的简单国民收入决定理论，我们知道，在三部门经济中，产品市场的均衡条件可以表示为：

$$Y = C + I + G$$

式中，Y 为总收入，由于各经济主体的收入之和构成了产品的总价值，所以它实际代表着商品市场的总供给。C、I、G 则分别代表消费、投资和政府购买，它们构成了产品市场上的总需求。消费是收入的函数，收入越高，消费意愿越强；投资是利率的函数，利率越高，投资意愿越低。政府购买是由政府的财政政策决定的，所以可以看做是一个外生变量（即不能由模型本身加以解释的变量）。

根据消费函数、投资函数、政府购买函数，以及产品市场的均衡条件，便可以推导出当产品市场上的总支出等于总收入，也就是投资等于储蓄时，国民收入和利率之间存在着反方向变动关系，即 IS 曲线。可用图 11-2 说明 IS 曲线的形成。

在图 11-2（a）中，横轴 Y 代表总收入，纵轴 AE 代表总支出。45°线表明线上各点都是总支出等于总收入，即实现了产品市场的均衡。

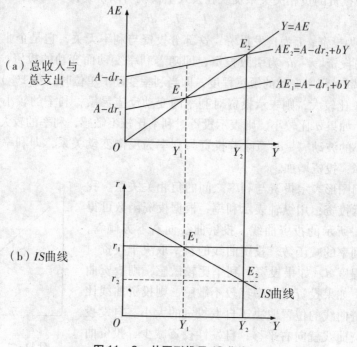

图 11 - 2　从图形推导 IS 曲线

　　由于总支出中的消费支出是随收入的增加而增加的，所以，总支出曲线 AE_1 和 AE_2 都是向右上方倾斜的。它们在纵轴上的截距是自发支出（A）和引致投资（$-dr$）。它们与 45°线的交点就是产品市场的均衡点。当利率为 r_1 时，总支出曲线为 AE_1，均衡点为 E_1，均衡的国民收入为 Y_1。假设中央银行增加了货币供给量，使得利率下降至 r_2，由于投资和利率的反方向关系，投资将增加，从而增加了经济中的总支出水平，总支出曲线向上方平行移动至 AE_2，总支出增加，必然要求总收入增加，均衡点为 E_2，均衡的国民收入由 Y_1 增加至 Y_2。

　　在图 11 - 2（b）中，我们把每一个利率水平和均衡收入水平记录下来，不断改变利率水平，就会有许多这样的均衡点，把它们连接起来，就可以得到一条向右下方倾斜的线，这就是 IS 曲线。IS 曲线包括了所有使得产品市场均衡的利率和收入的组合，它描述在产品市场达到均衡时（即 $I = S$ 时），利率 r 与均衡收入 Y 之间的反方向变动关系。

　　IS 曲线的经济含义很直观：由于利率的上升会引起投资支出的下降，从而使总支出及均衡国民收入也随之下降。所以利率的国民收入之间存在着反方向变动关系。

三、IS 曲线位置的移动

IS 曲线的位置取决于总支出曲线的位置，总支出曲线的位置取决于自发支出。在三部门经济中，自发支出包括自发消费、自发投资和政府购买支出。这些因素的变动都会引起自发支出的变动，从而 IS 曲线的位置发生变动。

1. 自发消费

假定一个经济的人们出于对新政府的信心而增加了他们的现期消费，这意味着在相同的利率水平上，总支出和国民收入都增加了。如图 11-3 （a）所示，自发消费的增加将引起总支出曲线 AE_1 上移至 AE_2，国民收入由 Y_1 增加至 Y_2，反映在 11-3 （b）中，IS 曲线向右方由 IS_1 移动至 IS_2。反之，自发消费的减少将引起 IS 曲线的左移。

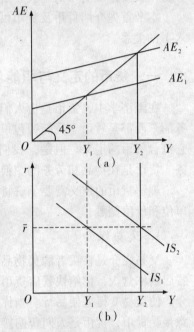

图 11-3　IS 曲线的移动

2. 自发投资

自发投资主要受投资的预期利润率（或预期的资本边际效率）的影响。假设由于企业家对利润预期变得悲观，在同样的利率水平上，投资减少，自发支出减少，这会引起总支出曲线向左下方移动，相应地，均衡产出也由 Y_2 减少到 Y_1，IS 曲线向左方移动。反之，自发投资的增加将引起 IS 曲线的右移。

3. 政府购买支出

在三部门经济中，政府购买支出的变动也会引起 IS 曲线的移动。假设政府决定增加对教育经费的支出，自发总支出增加，在给定利率水平下，均衡产出也由 Y_1 增加到 Y_2，IS 曲线向右方移动。政府的减税政策也有同样的作用效果。相反，减少政府购买支出或增税，则会使 IS 曲线向左方移动。

总之，一切自发支出的变动都会引起 IS 曲线的移动。在其他条件不变的情况下，自发支出增加使 IS 曲线向右方移动，表示利率既定时，利率与更高水平的国民收入组合实现了商品市场的均衡。自发支出减少使 IS 曲线向左方移动，表示利率既定时，利率与更低水平的国民收入组合实现了均衡。决定 IS 曲线位置的是自发支出水平。

第二节
LM 曲线：货币市场的均衡

在讨论了当产品市场均衡时，利率 r 和均衡收入 Y 的关系之后，现在转到货币市场，讨论货币市场均衡时利率 r 和均衡收入 Y 之间的关系。既然是货币市场的"均衡"分析，就要涉及货币的定义、货币的"需求"和货币的"供给"。

本节首先介绍货币及货币供求理论，然后再来探讨货币供求平衡时利率 r 和均衡收入 Y 的关系。

一、货币的定义与职能

在经济学中，**货币**是指人们普遍接受的交换媒介。凡是人们经常用于购买物品和劳务的东西都是货币。我们钱包里的现金可以用来买东西、还债，大家都愿意接受，显然它符合货币的定义。但是，我们不能用所拥有的某家公司的股票或债券购买物品和劳务。货币是在物品和劳务的交换中被广泛接受的财富形式。

理解货币的定义需要了解货币的职能。货币有三个最基本的职能：交易媒介、计价单位和价值储藏。

1. 交易媒介

交易媒介是在买者购买物品与劳务时给予卖者的东西。当你在快餐店买盒饭时，快餐店给你盒饭，你给快餐店货币。货币是买者和卖者交易的媒介。有了货币这种交易媒介，使交易变得方便易行。当你走进商店时，你愿意向商店支付货币，是因为商店总愿意接受货币，货币是人们普遍接受的交易媒介。

2. 计价单位

计价单位是指货币可作为衡量物品价值的标准。正如用公斤表示重量一样，我们用货币的自然计量单位作为衡量物品价值的尺度。当所有的物品和劳务都用统一的货币单位表示价格，一切交易都变得方便了。这是因为，货币作为计价单位，它是衡量物品价值的尺度，不同的物品与劳务都以统一的货币来标价，才能明确表示出其价值的大小，不同物品与劳务之间的价值也才具有可比性，才能确定它们之间的交换比例，使交易变得简单易行。

3. 价值储藏

价值储藏是人们用来把现在的购买力转变为未来的购买力的东西。当卖者把今天从物品和劳务交换中得到的货币保留到明天使用的时候，货币就执行着价值储藏的功能。经济中许多形式的资产都可以成为价值储藏，例如，股票、债券、不动产、艺术品等等。但并不是任何一种资产形式都可以成为货币。哪一种资产可以作为货币取决于这种资产的流动性。所谓**流动性**是指一种资产兑换为交易媒介的容易程度。而货币就是经济中的交易媒介，它是流动性最大的资产，股票和债券必须卖掉才能转变为交易媒介，因此，它们是较有流动性的资产。而出售一座房子、一幅张大千的国画，则需要更多的时间和努力，所以，股票、债券和艺术品这类流动性较小的资产不是货币。

二、货币需求

在现实经济生活中，当某人拥有一定量的财富时，他可以选择多种形式持有该笔财富，除了货币形式外，还可以以股票、债券、不动产、艺术品等其他实物资产持有财富。为了分析的方便，我们把资产分为两部分：货币和有息资产。我们可把有息资产简化，假想为债券。债券是承诺在未来偿还持有者本金和利息的借据。

如何持有资产是一个选择问题。每个人都需要决定如何把财富分摊在不同的资产形式上，即决定持有多少货币、多少债券。持有货币没有收益，而持有债券则可以给人们带来利息收入，债券的利息收入构成了持有货币的机会成本。例如，假设某企业债券的利率为5%，若你选择手持1000元现金而没有购买该企业债券，一年损失的利息是50元。那么，你持有这1000元现金的机会成本就是50元。

人们为什么需要不能生息货币呢？凯恩斯认为，这是因为存在"流动性偏好"。**流动性偏好**是指人们持有货币的偏好。人们之所以产生对货币的偏好，是由于货币是流动性或者说灵活性最大的资产。持有货币，人们在需要购买东西的时候就不愁缺钱花，货币随时可用于日常交易，可应付不测之需，也可作投机之用，因此，人们便产生对货币的需求。所以，凯恩斯假定人们对货币的需求出于以下三个动机。

1. 交易动机

货币的交易动机是指企业或个人为了应付日常交易而愿意持有一部分货币。这是由于货币的交易媒介职能而导致的一部分需求。人们总是在固定的时间取得收入，但是日常支付却需要经常进行，收入和支出有一个时间间隔，在这段间隔内，为了支付时的方便，人们必须持有一定量的货币，而不能把全部流动性资产都转换成债券。例如，当你月初领到工资之后，总会留出一部分工资以货币（现金或支票）的形式保存着，以备日常的开销。企业为应付小额现金周转，也需要经常保持一定数量的货币。出于交易动机所需要的货币取决于人们的收入水平，收入越高，交易数量越大，我们需要购买的商品价值会增加，那么，就需要有更多的货币用于交易，所以对货币的需求就增加了。因此，交易动机的货币需求与收入之间是正相关关系。

2. 预防动机

预防动机是指人们为了应付意外事件而愿意持有的一部分货币。未来是充满不确定性的，企业和家庭都会遇到临时性的不可预料的开支，比如原材料涨价、赊销款不能按时收回、生病、失业，或遇到意外的购买机会（商品减价），因此，人们要在日常的支出计划之外，留出一部分机动的货币以应付不可预见的支付。凯恩斯认为，因预防动机而需要的货币也是同收入成正比的。可以想象，一个下岗工人怎么可能为预防起见而在手头持有大量的货币呢？

3. 投机动机

投机动机是人们为了抓住有利的购买有价证券的机会愿意持有的一部分货币。如前所述，假设人们以货币和债券两种资产形式持有财富，债券能带来收益，人们持有债券不仅能够得到利息收入，还可以通过债券的低买高卖获得价差收入（资本利得），但是债券的流动性较低。闲置货币没有收益，但货币具有较高的流动性，人们持有货币可以方便地用于支付各种交易。投机活动就是人们比较持有这两种财富形式的成本和收益，在适当时机买进和卖出债券以获利。

在实际生活中，债券价格与当期利率之间成反方向变动关系。利率越高，债券价格就越低；利率越低，债券价格就越高。比如一张年利息为 5 元的债券，如果价格为 100 元，则利率为 5%，如果价格为 50 元，则利率为 10%。因此，从资本利得角度看，影响人们是否购买债券的因素，主要是预期债券价格变动。

当人们预计债券价格将上涨（即预期利率将下降）时，就会用货币买进债券以备日后以更高的价格卖出获得价差收益；反之，当人们预计债券价格将下跌（即预期利率将上升）时，就会在高价位卖出债券保留货币以备日后债券价格下跌时再买进。人们期待债券价格下跌（即利率上升）而在手中保留的货币就是货币的投机需求。显然，货币的投机需求与利率成反方向变动，即利率越高，债券价格就越低，人们会用货币买入债券，人们为投机而保留的货币较少；反之，当利率水平很低时，债券价格较高，人们将持币观望，等待债券价格下跌时，乘机购买，人们为投机而保留的货币较多。在极端的情况下，当利率低到所有人都认为它肯定将上升，或者说债券价格肯定将下跌时，人们为投机而保留的货币就可能变得无限大，任何新增加的货币供给都会被人们所持有而不会增加对债券的需求。这时货币的投机需求无限大，这就是著名的"流动性陷阱"。

三、货币需求函数

把以上的分析归纳起来，就可以得到凯恩斯的货币需求函数。我们把由交易动机和预防动机所产生的货币需求称为货币的交易需求，用 L_1 表示，用 Y 表示实际国民收入，则货币交易需求 L_1 与实际国民收入 Y 的关系可以表示为：

$$L_1 = L_1 (Y)$$

把与利率呈负相关关系的投机动机对货币的需求称作 L_2，它随利率的上升而减少，即：

$$L_2 = L_2 (r)$$

把以上两项合起来，便得到凯恩斯的货币需求函数：

$$L = L_1 + L_2 = L_1 (Y) + L_2 (r)$$

式中，L 代表货币的实际需求，即具有不变购买力的实际货币需求量。实际货币需求是从名义货币需求（仅计算票面值的货币量）中扣除价格变动的因素。用 M_d 表示名义货币需求，用 P 表示价格水平，则实际货币需求可以表示为 $\frac{M_d}{P}$。实际货币需求包括两部分：货币的交易需求和投机性需求。因此，实际货币需求与收入 Y 成正相关关系，与利率 r 成负相关关系，可用图 11－4 表示货币需求曲线。在图 11－4（a）中，横轴表示 L，纵轴表示 r，垂线 L_1 表示货币交易需求，它和利率无关，因而垂直于横轴。L_2 表示投机性货币需求，它起初向右下方倾斜，表示货币的投机需求随利率的下降而增加，最后为水平状，表示"流动性陷阱"。此时利率极低，投机性货币需求趋于无限大。图11－4（b）中的 L 线是 L_1 和 L_2 之和，因此是全部货币需求曲线。它向右下方倾斜，表示在收入不变的情况下，货币需求量和利率之间的反方向变动关系，即利率上升，货币需求量减少，利率下降，货币需求量增加。这是因为利率是持有货币的机会成本，一旦你选择持有现金而不购买有利息的债券时，你就失去本来可以赚到的利息。利率提高增加了持有货币的成本，货币需求就减少了。

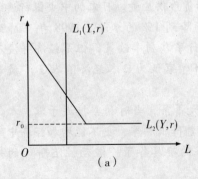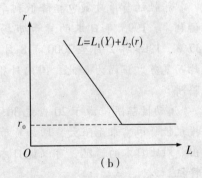

图 11－4　货币需求曲线

如果把货币需求量和收入水平的同方向变动关系表现出来，这就要在同一坐标图上画出若干货币需求曲线，如图 11-5 所示。

图 11-5 中三条货币需求曲线分别代表收入水平为 Y_1、Y_2 和 Y_3 时的货币需求规模。显然，货币需求量和收入之间的同方向变动关系通过货币需求曲线向右或向左移动来表示，而货币需求量与利率之间的反方向变动关系通过每一条货币需求曲线向右下方倾斜来表示。

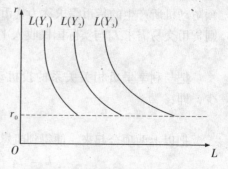

图 11-5　不同收入的货币需求曲线

参考资料　**日本经济是否陷入流动性陷阱**

1991 年，日本的泡沫经济破灭，随后经济陷入长期的萧条之中，经济增长率持续低迷，个别年份甚至出现负的增长率；与此同时，物价水平和平均工资水平也不断下降，导致日本居民的消费能力下降，而国内消费占到日本 GDP 的 60% 左右。国内消费的萎缩使得总需求严重不足，日本经济缺乏增加的动力。

整个 20 世纪 90 年代，日本经济一直处于萧条的状态，日本的国民财富持续下降，2001 年底日本的净资产为 2907.6 万亿日元，比上一年减少了 56.2 万亿日元，以至于有人感叹这是"失去的十年"。

面对这样的情况，日本政府想方设法刺激经济的复苏，其中最主要的措施就是实行扩张性的财政政策和货币政策，但是政策的效果并不明显。

扩张性的货币政策包括降低利率、增加货币供应量。日本的中央银行连续下调利率，1995 年日本的货币市场利率下降到 1% 的水平，1998 年下降到 0.37%，1999 年 2 月至 2000 年 8 月甚至实行了零利率政策，但是经济并没有因此而复苏。正因为如此，国内外很多经济学家认为日本经济陷入了"流动性陷阱"。

"流动性陷阱"源于 20 世纪 30 年代的大萧条，当时利率接近于零，人们的投机性货币需求无限大，增加货币供给不能降低利率，更不能增加经济中的产出。对比日本的情况，可以说日本的经济的确具备了"流动性陷阱"的一些特征。

虽然日本银行不断地降低利率、增加货币供应量，但是并没有刺激经济中的投资，中央银行增发的货币只是在商业银行内部流动，没有进入到经济循环

经济学教程

中，这有两个方面的原因：一是因为经济的不景气，增加了企业破产的风险，银行不愿意向企业发放贷款。这样做的负面影响是比较大的，因为日本企业的融资方式主要就是通过银行进行间接融资，如果银行不愿发放贷款，相当多的企业就难以生存发展。

另一方面，银行为了提高自身的抗风险能力，倾向于增加存款准备金，从而把大量的货币滞留在银行系统内部。这样造成的后果就是货币乘数下降，虽然日本银行不断增加基础货币，但是经济中的货币供应量并不能相应扩张，货币政策归于无效。

四、货币供给与货币市场均衡

为了分析的简便，我们假定名义货币供给由中央银行决定，它与利率变动无关，因而是一个外生变量，用 M_0 表示。价格水平 P 是固定的。因此，实际货币供给就是 M_0/P。货币市场的均衡条件就是：实际的货币供给等于实际的货币需求。即：

$$\frac{M_0}{P} = \frac{M_d}{P}$$

我们把货币供给曲线和货币需求曲线画在图11－6中。图中，横轴表示货币需求和货币供给，纵轴表示利率。货币供给曲线是一条垂直于横轴的直线，表示货币供给量与利率无关。一旦中央银行作出了关于货币供给量的政策决策，无论现行利率是多少，货币供给量都不会变动。货币供给曲线与货币需求曲线相交于 E 点，由 E 点决定的利率就是均衡利率，在这一点上，货币供给恰好等于人们愿意持有的货币量，货币

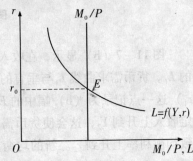

图11－6　货币供给曲线和货币需求曲线

市场达到均衡状态。如果市场利率不等于均衡利率，人们就会调整自己的资产组合，最终会使利率水平趋于均衡状态。

货币需求曲线和货币供给曲线会移动。收入增加会使货币的交易需求增加，货币需求曲线会向右移动，均衡利率水平就会上升；如果中央银行增加了货币供给量，货币供给曲线会平行向右移动，均衡利率水平就会下降。

五、*LM* 曲线的形成

以上分析说明，货币需求主要取决于国民收入和利率。货币的交易需求为国民收入

的函数，与国民收入呈同方向变动关系。货币的投机需求取决于利率，与利率呈反方向变动关系。货币供给由中央银行决定，在一定时期内为既定的常数。当货币需求等于货币供给时，货币市场实现了均衡。根据货币市场的均衡条件，可以推导出当货币需求等于货币供给时国民收入和利率的同方向变动关系，描述这一关系的曲线就是 LM 曲线。

图 11 – 7 表明可从货币市场均衡中推导出 LM 曲线。

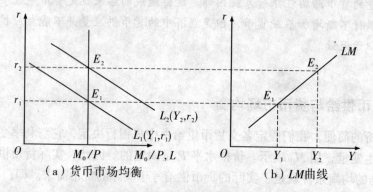

图 11 – 7　LM 曲线图形推导

图 11 – 7（b）显示，在收入水平为 Y_1 时，对应的货币需求曲线为图 11 – 7（a）中的 L_1。货币需求曲线 L_1 与垂直的货币供给曲线的交点决定了均衡利率 r_1。我们将（Y_1，r_1）这一点记录为（b）幅中的 E_1，它是使得货币市场均衡的一组收入和利率。现在假定收入上升到 Y_2，这会使货币需求曲线向右上方移动至 L_2，在货币供给不变时，会导致均衡利率上升到 r_2。新的均衡点为（a）中的 E_2。我们把货币市场这一新的均衡点（Y_2，r_2）记录为（b）中的 E_2。同样，我们可以通过继续改变收入水平来得到新的均衡利率，并把它们记录在（b）中，把这些点连接起来，就可以得到一条货币市场均衡曲线，即 LM 曲线。

LM 曲线有很直观的经济含义：当货币供给不变时，货币需求必须保持与货币供给相等，货币需求与收入正相关，与利率负相关，如果收入上升引起货币需求（L_1）的增加，必须通过由利率上升引起的货币需求（L_2）下降来加以抵消，才能使货币市场继续保持均衡；如果收入减少引起货币需求（L_1）的下降，则必须由利率下降引起的货币需求（L_2）上升来抵消这种影响。因此，在货币市场上实现了均衡时，利率与国民收入之间必然是同方向变动关系。

LM 曲线又称为货币市场均衡曲线，它显示了货币市场均衡时的所有收入和利率的组合。它描述在货币市场达到均衡时，利率 r 与国民收入 Y 之间的同方向变动关系。

六、LM 曲线位置的移动

LM 曲线的位置取决于货币供给曲线的位置，货币供给曲线的位置取决于货币供给量。当货币供给量变动时，货币供给曲线位置移动，从而 LM 曲线的位置移动。

如图 11-8（a）所示，给定初始收入 Y_0 和货币供给 M_0/P，于是有初始均衡点 E_1 和均衡利率 r_1。假设中央银行增加了货币供给量，货币供给量由 M_0/P 增加到 M_0'/P，相应地，货币供给曲线右移，在货币需求曲线不变的情况下，现在对应于初始均衡点 E_1 来说，出现了多余的货币供给。为了使货币市场保持均衡，利率必须下降，才能刺激货币需求。于是，在收入 Y_0 不变时，均衡利率水平由 r_1 下降为 r_2，这一变化反映在图 11-8（b）中，LM 曲线从 LM_1 移动到 LM_2。

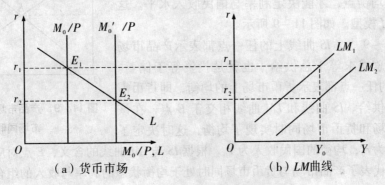

图 11-8　LM 曲线的移动

总之，在其他条件不变的情况下，货币供给量的增加使 LM 曲线向右方移动，表示既定的国民收入与较低利率的组合实现了货币市场的均衡。货币供给量减少使 LM 曲线向左方移动，表示既定的国民收入与较高利率的组合实现了货币市场的均衡。决定 LM 曲线位置的是货币供给量。

第三节
$IS-LM$ 模型

IS 曲线反映了产品市场均衡条件下利率与国民收入之间的负相关关系。LM 曲线反映了货币市场均衡条件下利率与国民收入之间的正相关关系。$IS-LM$ 模型就是把 IS 曲线和 LM 曲线描绘在同一个图上，分析在产品市场和货币市场同时达到均衡时，利率与国民收入的决定问题。

一、两个市场的同时均衡

IS 曲线代表了产品市场均衡时利率和国民收入的关系，此时利率是决定性的变量，利率的变动引起国民收入的变动，两者呈负相关关系；LM 曲线代表了货币市场均衡时利率和国民收入的关系，此时收入是决定性的变量，收入变动引起利率变动，两者呈正相关关系。

显然，两个市场是互为条件、互为前提的，国民收入和利率是相互作用的，仅分析一个市场不能说明国民收入和利率的决定，只有把 IS 曲线和 LM 曲线结合起来，寻找它们的均衡点，才能决定利率与国民收入水平。这就是 IS－LM 模型。如图 11－9 所示。

在图 11－9 中，IS 曲线上的任一点都表示产品市场的均衡，即总需求等于总供给，也就是投资等于储蓄。LM 曲线上的任一点都表示货币市场上的均衡，即货币需求等于货币供给。IS 曲线和 LM 曲线相交于 E 点，在该点上产品市场和货币市场同时实现了均衡，这时决定了

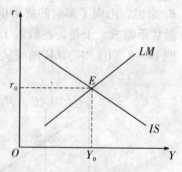

图 11－9　产品市场和货币市场同时均衡

均衡的利率为 r_0，均衡的国民收入为 Y_0。根据 IS 与 LM 曲线的含义，E 点对应的利率与收入水平，代表了产品市场与货币市场同时处于均衡状态的利率与收入的组合。

二、市场均衡状态的变动

当决定 IS 曲线和 LM 曲线的因素发生变动时，IS 曲线和 LM 曲线的位置会发生移动，产品市场和货币市场同时均衡的利率和国民收入也会随之变动。

1. LM 曲线固定不变，IS 曲线移动

假定 IS 曲线和 LM 曲线的交点上同时实现了产品市场和货币市场的均衡。然而，这一均衡产出（实际 GDP）不一定是充分就业产出。如图 11－10 所示，IS_1 和 LM 交点决定的均衡利率和均衡收入是 r_1 和 Y_1，但充分就业的收入（潜在的 GDP）是 Y_f，如何实现充分就业均衡呢？

前面的分析说明，自发消费、自发投资、政府购买和税收的变动会引起 IS 曲线的移动。其中政府购买和税收的影响尤其重要，这两项为政府直接控制，政府可以通过调整支出和税收来影响经济的运行。

如果政府增加购买支出或减少税收，这会增加经济中的总支出水平，IS 曲线向右

移动，引起国民收入的增加，但是国民收入增加的幅度要受到货币市场的约束，如图 11 – 10 所示。

在图 11 – 10 中，原来的均衡点为 E_1，政府增加购买支出将导致 IS 曲线由 IS_1 向右移动到 IS_2，与 LM 曲线相交于 E_2 点，经济回到充分就业的收入水平。在新的均衡点 E_2，均衡收入和均衡利率都上升了。然而，从图中可以看出，国民收入增加的幅度明显小于 IS 曲线移动的幅度，政府购买支出增加使国民收入增加的效应并没有完全体现出来，这是为什么呢？

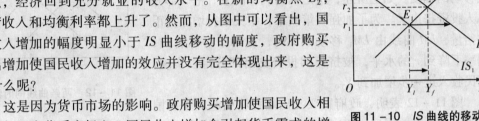

图 11 – 10　IS 曲线的移动

这是因为货币市场的影响。政府购买增加使国民收入相应增加，在货币市场上，国民收入增加会引起货币需求的增加，在货币供给不变的条件下，货币需求增加将带来利率水平的上升，在图 11 – 10 中，表现为均衡利率从 r_1 上升到 r_2。利率上升会使产品市场上的私人投资支出减少，从而部分抵消了政府购买的增加，使国民收入的增加小于 IS 曲线的移动。这种情况被称为政府购买支出对私人投资的挤出效应。在以后介绍政府经济政策的时候会较为详细地讨论这一内容。

如果政府减少购买支出或增加税收，将减少经济中的总支出水平，图 11 – 10 中的 IS_2 曲线将向左移动到 IS_1，国民收入和利率水平共同下降。

2. IS 曲线固定不变，LM 曲线移动

货币供给量的变动会引起 LM 曲线的移动。如图 11 – 11 所示，初始均衡点在 E_1 点，经济处在小于充分就业水平的状态。在 IS 曲线不变的情况下，如果中央银行增加货币供给量，LM 曲线会由 LM_1 向右移动到 LM_2，利率也会从 r_1 下降到 r_2，利率下降刺激投资增加，从而使国民收入增加，最终达到新的均衡点 E_2，经济回到了充分就业的收入水平。

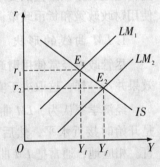

如果中央银行减少货币供给量，LM 曲线会向左移动，将引起均衡利率上升和均衡收入减少。

图 11 – 11　LM 曲线的移动

3. IS 曲线和 LM 曲线同时移动

如果政府购买支出和货币供给量同时发生变动，则导致 IS 曲线和 LM 曲线一起移动，国民收入和货币的均衡也将发生变动。具体会产生什么样的变化，这取决于各种政策的力度和方向。

图 11 – 12 显示的是当 IS 和 LM 曲线移动幅度相同时（各种政策的作用力度相同）

出现的情况。假定其他条件不变，政府增加购买支出使
IS 曲线由 IS_1 右移至 IS_2，均衡国民收入水平从 Y_1 增加到
Y_2，利率从 r_1 上升到 r_2。可以看出，在中央银行没有增
加货币供给量的情况下，国民收入的增加幅度小于 IS 曲
线移动的幅度。如上所述，这是因为利率的上升把一部分
私人投资挤出了。为了加强政策效果，中央银行增加货币
供给量，LM 曲线由 LM_1 移动到 LM_2，从图中可以看出，
利率下降到 r_1 的水平，被挤掉的投资支出部分得以实现，
国民收入进一步增加到 Y_3。

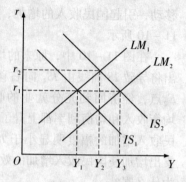

图 11 - 12　两条曲线同时移动

图 11 - 12 表明，政府购买支出增加将引起利率和国
民收入的上升，同理，政府购买支出的减少将引起利率和国民收入的下降。货币供给量
的增加将引起利率的下降和国民收入的增加。反之，货币供给量的减少将引起利率的上
升和国民收入的减少。

三、IS - LM 分析的政策意义

根据以上分析，在公众的消费和投资既定的条件下，IS 和 LM 曲线的变动主要取决
于政府控制的变量。影响 IS 曲线的政府变量主要是政府购买和税收，通过政府购买和
税收的变动而使 IS 曲线移动的政策是财政政策。影响 LM 曲线的政府变量是货币供给
量，通过货币供给量的变动影响 LM 曲线移动的政策是货币政策。因此，政府通常可以
使用财政政策和货币政策调整 IS 曲线和 LM 曲线，以便影响利率和国民收入水平。

1. LM 曲线的形状

尽管政府经常使用财政政策和货币政策干预经济活动，但是它们对国民收入的影响
效果并不一样，这取决于实施政策时经济所处的 LM 曲线的位置。

经济学家认为，LM 曲线从左到右的变化情况
是开始时接近水平，然后趋于上升，最后接近垂
直。相应地，通常把 LM 曲线划分为三个区域：水
平区域、垂直区域和中间区域。如图 11 - 13 所示。

水平区域是 LM 曲线与横轴平行的一段区域。
根据对货币市场的分析，LM 曲线为一条水平线是
因为货币需求处于流动性陷阱的状态。也就是说，
当利率水平很低时，低到所有人都认为它肯定将上
升时，人们对债券的投机交易不感兴趣，投机性的

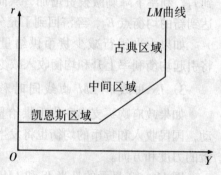

图 11 - 13　LM 曲线的形状

货币需求就可能变得无限大。L_2 成为水平线，LM 曲线相应的部分也将是水平线。这种情况是一种理论分析意义上的可能性，然而，凯恩斯主义学派的经济学家则认为这一情形具有现实可能性。因此，LM 曲线水平区域被称为凯恩斯区域。在凯恩斯区域，利率处于最低水平，经济处于萧条状况，因而这一区域又称为萧条区域。

垂直区域是指 LM 曲线与横轴接近于垂直的一段区域。此时利率很高，高到所有的人都认为不可能更高，即债券价格不可能更低，所以公众将大量购买债券而不保留现金，使货币的投机需求为零，投机需求完全无弹性，L_2 成为垂直线。这种情况也是一种理论分析意义上的可能性，然而，以"古典学派"理论为基础的货币主义者认为这一情形具有现实可能性，因此，LM 曲线垂直区域被称为"古典区域"。在古典区域，利率高，收入高，经济繁荣，通货膨胀较为严重。

中间区域在 LM 曲线的凯恩斯区域与古典区域之间。此时，LM 曲线向右上方倾斜，经济处于正常状况。

2. 宏观经济政策的有效区间

可以用 IS – LM 模型分析财政政策和货币政策的有效性。如图 11 – 14 所示。

当经济处于 LM 曲线的凯恩斯区域时，由于人们的投机性货币需求趋于无穷，利率不可能再下降，这时如果运用增加货币供给量的货币政策，将 LM_1 右移至 LM_2，LM_2 与 IS_1 的交点几乎没有变化，国民收入没有增加，如果运用增加政府购买支出或减税的财政政策，将 IS_1 右移至 IS_2，国民收入水平从 Y_1 增加到 Y_2。这说明，在经济萧条的低收入阶段，财政政策有效，而货币政策无效。

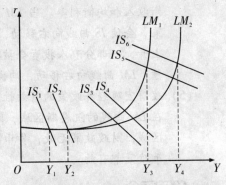

图 11 – 14　宏观经济政策的效果

当经济处于 LM 曲线的古典区域时，由于人们的投机性货币需求为零，如果运用增加政府购买支出或者减税的财政政策，将 IS_5 移动到 IS_6，结果仅仅是提高了利率，国民收入没有增加。但是，如果运用增加货币供给量的货币政策，使 LM_1 右移到 LM_2，则利率较低，国民收入从 Y_3 增加到 Y_4。这说明，在经济繁荣的高利率、高收入阶段，财政政策无效，而货币政策有效。

当经济处于 LM 曲线的中间区域时，财政政策和货币政策都有效。当然越靠近凯恩斯区域，财政政策越有效，而越靠近古典区域，货币政策越有效。一般情况下，政府往往将财政政策和货币政策搭配使用。这是因为，如果政府只使用财政政策，那么国民收入虽然也增加，但利率将上升，政府购买支出会挤出一部分私人支出，这会影响财政政策的效果，因此，政府往往同时增加货币供给量以降低利率。

本章小结

(1) 投资是总需求中最活跃的经济变量。影响投资的主要因素是利率，两者之间是负相关关系。而把投资作为利率的函数以后，总需求也成为利率的函数。利率的变动通过影响投资，进而影响总需求和产品市场的均衡。

(2) IS 曲线又称产品市场均衡曲线，表示在产品市场上总需求等于总供给，即投资等于储蓄时，国民收入和利率成反方向的变动关系。IS 曲线向右下方倾斜，表示利率越高，收入越低。IS 曲线的位置取决于自发支出。

(3) 人们出于交易动机和预防动机的货币需求被称为货币的交易需求，它是收入的增函数；投机性货币需求是利率的减函数。因此实际货币需求取决于收入和利率。LM 曲线又称货币市场均衡曲线，表示在货币市场上货币需求等于货币供给时，国民收入和利率成同方向的变动关系。实际货币供给的变动会使 LM 曲线的位置移动。

(4) IS－LM 模型表示产品市场和货币市场的同时均衡。通过曲线相交可以得到均衡收入和均衡利率。当 LM 曲线不变时，政府实施增加政府购买或减税的政策，会使 IS 曲线向右移动，使得均衡利率上升，均衡收入增加。由于利率的上升，一部分私人投资会被挤出。当 IS 曲线不变时，中央银行增加货币供给量，LM 曲线向右移动，均衡利率下降，均衡收入增加。

(5) 政府宏观经济政策的有效性，取决于实施政策时经济所处的 LM 曲线的位置。在 LM 曲线的凯恩斯区域，财政政策有效，货币政策无效。在 LM 曲线的古典区域，财政政策无效，货币政策有效。在 LM 曲线的中间区域，财政政策的货币政策都有效。

关键概念

投资函数　IS 曲线　货币交易需求　货币投机需求　货币需求函数　LM 曲线　流动性陷阱　IS－LM 模型

练习与思考

一、判断正误

(1) 在 IS 曲线上只有一个点的利率与国民收入的组合实现了产品市场的均衡。
（　　　）

(2) 投资的减少使 IS 曲线向左方移动。（　　　）

(3) 国民收入水平越高，商品交易量就越大，货币的交易需求和预防需求就越大。
（　　）

(4) 货币的投机需求是商人为了低价买进高价卖出而保留的货币量。（　　）

(5) 一个一无所有的穷人希望拥有足以维持温饱的货币，他的这种愿望构成了货币需求。（　　）

(6) *LM* 曲线上任何一点时利率与国民收入的组合都实现了货币需求等于货币供给。（　　）

(7) 货币供给的收缩会使 *LM* 曲线向左方移动。（　　）

(8) 根据 *IS — LM* 分析，假如投资和货币供给同时增加了，利率将趋于上升。（　　）

(9) 当 *LM* 曲线为一条水平线时，扩张性财政政策没有挤出效应，财政政策对国民收入的影响最大。（　　）

二、单项选择

(1) 投资曲线表明了投资与下面哪一项之间的关系（　　）。
　　A. 可支配收入　　B. 国民收入　　C. 预期利润　　D. 利率

(2) 在投资和储蓄相等的条件下，利率和国民收入的变动方向（　　）。
　　A. 相反　　B. 相同　　C. 没有关系　　D. 不能够确定

(3) 在货币供给量等于货币需求量的条件下，国民收入和利率的变动方向（　　）。
　　A. 相反　　B. 没有关系　　C. 相同　　D. 不能够确定

(4) 在 IS 曲线和 LM 曲线相交的时候（　　）。
　　A. $I = S = L = M$　　B. $I = S$，$L = LM$　　C. $I = L$，$S = M$　　D. $I = M$，$S = L$

(5) 假定其他条件不变，投资的增加将导致（　　）。
　　A. 利率上升和国民收入减少　　　　B. 利率下降和国民收入增加
　　C. 利率上升和国民收入增加　　　　D. 利率下降和国民收入减少

(6) 假定其他条件不变，货币供给的增加将导致（　　）。
　　A. 利率下降和国民收入增加　　　　B. 利率上升和国民收入增加
　　C. 利率上升和国民收入下降　　　　D. 利率下降和国民收入下降

(7) 以下哪一项不是引起 *IS* 曲线向右方移动的原因（　　）。
　　A. 对未来利润预期变得悲观　　　　B. 政府决定修建一条高速公路
　　C. 储蓄减少　　　　　　　　　　　D. 政府决定降低个人所得税

(8) 某居民预料债券价格将要下跌而把货币保留在手中，这种行为是出于（　　）。
　　A. 交易动机　　B. 投机动机　　C. 预防动机　　D. 储备动机

(9) 在 *IS — LM* 模型中，财政政策对增加国民收入有效，货币政策不能增加国民收入的区域是（　　）。

A. *IS* 曲线的右下方倾斜，*LM* 曲线向右上方倾斜

B. *IS* 曲线的右下方倾斜，*LM* 曲线为一条水平线

C. *IS* 曲线的右下方倾斜，*LM* 曲线为一条垂线

D. 以上三种情况都对

（10）在 *IS - LM* 模型中，货币政策对增加国民收入有效，财政政策不能增加国民收入区域是（　　）。

A. *IS* 曲线向右下方倾斜，*LM* 曲线向右上方倾斜

B. *IS* 曲线向右下方倾斜，*LM* 曲线为一条水平线

C. *IS* 曲线向右下方倾斜，*LM* 曲线为一条垂线

D. *LM* 曲线向右上方倾斜，*IS* 曲线为一条水平线

（11）在 *IS - LM* 模型中，财政政策与货币政策对增加国民收入都有效的区域是（　　）。

A. *LM* 曲线向右上方倾斜，*IS* 曲线为一条水平线

B. *IS* 曲线向右下方倾斜，*LM* 曲线为一条水平线

C. *IS* 曲线与 *LM* 曲线中一条为水平线，则另一条为垂线

D. *IS* 曲线向右下方倾斜，*LM* 曲线向右上方倾斜

三、问答题

（1）为什么 *IS* 曲线向下倾斜，*LM* 曲线向上倾斜？

（2）在下述情形中，*IS* 曲线或 *LM* 曲线将如何移动？

A. 政府购买增加；

B. 投资者对前景感到悲观，从而减少自发性投资；

C. 政府增加个人所得税；

D. 货币供给增加；

E. 货币需求曲线向右上方移动。

（3）根据 *IS - LM* 模型，分别说明财政政策和货币政策在 *IS - LM* 不同配合区域内的政策效应。

（4）在正常情况下，财政政策会引起不同程度的挤出效应，用 *IS - LM* 模型说明：

A. 在什么情况下，财政政策的挤出效应为零？

B. 在什么情况下，财政政策的挤出效应为1？

C. 如何消除财政政策的挤出效应？

（5）运用 *IS - LM* 模型分析政府购买增加和货币供给量减少对经济的影响。

第十二章

国民收入决定理论：AD–AS 模型

本章将向你介绍的重点内容

◎ 提出一个分析短期经济波动的总需求与总供给模型

◎ 总需求曲线向右下方倾斜的原因

◎ 哪些因素改变总需求曲线的位置

◎ 为什么长期总供给曲线是垂线

◎ 为什么短期总供给曲线向右上方倾斜

◎ 宏观经济的长期均衡

◎ 宏观经济的短期均衡

◎ 总需求与总供给变动如何引起短期经济波动

在 $IS-LM$ 模型分析中，我们假设总供给和价格水平不变，即总供给可以适应总需求的增加而增加，价格水平被视为模型的外生变量，它不能由模型本身加以确定，因此也就没有分析总供给对国民收入决定的影响以及价格水平的决定。但进一步分析，必须要考虑总供给和价格水平的变动对国民收入的影响。因为在现实中，总供给总是有限的，价格水平通常是不断变动的，而国民收入和价格水平的变动是决定宏观经济状况的主要因素。因此，一个能够把总需求分析与总供给分析结合起来，将价格水平和国民收入同时加以确定的模型，对于分析宏观经济中的各种问题，说明整体经济的运行规律是非常必要的，是更有吸引力的。$AD-AS$ 模型便是这样的一个模型。这一模型是分析短期宏观经济状况与问题的基本工具。

本章的总需求－总供给模型放弃了过去总供给和价格水平不变的假设，将经常变动的价格水平与国民收入水平联系起来，研究总需求与总供给如何决定均衡国民收入与均衡价格水平，并以此为基础研究不同宏观经济政策对均衡国民收入和均衡价格水平的影响。

第一节
总 需 求 曲 线

一、总需求曲线的形状

总需求受许多因素的影响，在这里，我们着重分析总需求与物价水平的关系。总需求曲线是表示价格水平与总需求量之间关系的一条曲线。如图 12－1 所示，在以总产量 Y 为横坐标、价格水平 P 为纵坐标的坐标系里，总需求曲线是一条向右下方倾斜的曲线。其经济含义是：在其他条件不变时，总需求与价格水平之间是反方向变动关系，即价格水平下降，总需求量增加，反之亦然。总需求曲线表示在每一价格水平时，全社会愿意购买的产出量。

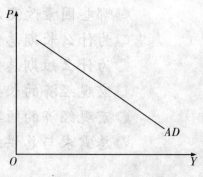

图 12－1　总需求曲线

为什么 AD 曲线向右下方倾斜？宏观经济学家对这一问题已经达成了共识。在说明这一问题之前，我们先回顾一下第十章的的内容，总需求（AD）是消费需求（C）、投资需求（I）、政府需求（G）和净出口（NX）之和。

在这四个组成部分中，政府需求是由政府政策决定的，其他三个组成部分——消费、投资和净出口，则取决于经济状况，特别是取决于价格水平，因此，为了说明总需求曲线的形状，我们必须考察价格水平如何影响消费、投资和净出口的物品与劳务需求量。为简单起见，下面只考察价格水平对消费和投资的影响。

1. 财富效应

可以用财富效应来解释消费与价格水平之间的关系。财富效应是英国经济学家庇古提出的，又称庇古财富效应。它说明价格水平通过对财富的影响而影响消费需求。我们知道，消费取决于收入，也取决于人们拥有的财富，比如货币、基金、股票、债券等。人们的财富可分为名义财富和实际财富。名义财富是用货币数量表示的财富，实际财富是用货币的购买力表示的财富，它取决于名义财富和价格水平，即实际财富 = 名义财富/价格水平。当名义财富不变时，实际财富和价格水平成反方向变动，即价格水平上升，实际财富减少，因为既定的货币这时只能买到较少的物品和劳务；反之，价格水平下降，实际财富增加。因为这时人们可以用既定货币买到更多的物品和劳务。实际财富决定人们的消费需求。价格水平下降时，由于人们的实际财富增加，消费者信心提高，从而消费需求增加，总需求增加。这样，价格水平通过对实际财富的影响而影响总需求。因此，价格水平变动引起实际财富的反方向变动，从而导致消费支出的反方向变动，这就是财富效应。财富效应的结果使得总需求曲线向右下方倾斜。

2. 利率效应

在探讨价格水平和总需求之间的关系时，经济学家最重视价格水平对私人投资的影响。这是因为在总需求的四个组成部分中，投资的波动最大，所以投资是引起总需求变动的关键。引起投资变动的主要因素是利率。研究价格水平与投资之间关系可以用利率效应来解释。利率效应是凯恩斯提出的，因此，人们也把它称为凯恩斯利率效应。

利率效应通过对价格水平如何影响利率进而影响投资的论证，说明了价格水平与总需求之间的反方向变动关系。我们知道，投资取决于利率，利率是由货币需求和货币供给决定的。货币需求量和货币供给量的变动都会影响利率。但是，影响利率的是实际货币量，它等于名义货币量除以价格水平的货币量。利率取决于实际货币需求量和实际货币供给量，在货币需求不变的情况下，利率取决于实际货币供给量。如果名义货币供给量不变，价格水平下降了，实际货币供给量增加，就会引起利率下降，较低的利率又鼓励想为新工厂和设备投资的企业和想为新住房投资的家庭借款，从而私人投资需求将上升，总需求增加。这样，价格水平通过对利率的影响而影响总需求。在宏观经济学中，由价格变动引起实际货币供给量和利率变动，进而导致投资的反向变动，被称为利率效应。由于利率效应的存在，当价格水平下降时，实际货币供给量增加和利率的下降，会使企业的投资支出增加。因而利率效应也会导致总需求曲线向右下方倾斜。

以上分析表明，在其他条件不变时，有两个原因使物价水平下降增加了物品和劳务的需求量：一是消费者感到更富有了，这刺激了消费品需求；二是利率下降，必然刺激对投资的需求。由于这两个原因，总需求曲线向右下方倾斜。

二、总需求曲线的移动

总需求曲线向右下方倾斜表明，价格水平下降增加了物品与劳务的需求量。但是，价格水平之外的其他许多使 IS 曲线或 LM 曲线发生移动的因素也会影响物品与劳务的需求量。当这些因素中任何一个发生变动时，总需求曲线的位置会发生移动，因为它们将使每一个价格水平上对应的均衡国民收入发生变动。

可以用图 12－2 说明以下因素变动引起总需求曲线的移动。

1. 自发消费、自发投资和政府购买的变动

自发消费、自发投资和政府购买的变动会引起 IS 曲线的移动，从而也将使总需求曲线移动。如图 12－2 所示。

（1）人们对经济的未来变得乐观而增加了现期消费，因此减少了他们的储蓄。由于在任何一个既定的价格水平下消费需求增加了，总需求曲线由 AD_0 向右移至 AD_1。

（2）预期利润率的下降使企业减少了投资支出。由于在任何一个既定价格水平时，投资需求减少了，从而使总需求曲线由 AD_0 向左移至 AD_2。

（3）政府实施扩张性财政政策，增加政府购买支出。由于在任何一个既定价格水平时政府购买支出增加了，总需求曲线由 AD_0 向右移至 AD_1。如果政府实施紧缩性财政政策，将使总需求曲线向左移动。

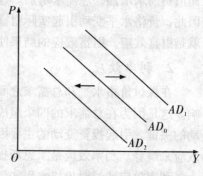

图 12－2　总需求曲线的移动

2. 名义货币供给量的变动

如图 12－2 所示，一国中央银行通过印刷钞票扩大货币供给，人们手里的钞票增加了，会把其中的一些花出去，这表明在任何一个既定的价格水平下物品与劳务的需求量增加了，总需求曲线由 AD_0 向右移动至 AD_1。如果中央银行减少货币供给量，则总需求曲线向左移动。

以上的例子表明，总需求曲线的移动既可以由消费者或企业支出计划的变动所引起，也可以由政府的财政或货币政策的变动所引起。在现实经济生活中，总需求曲线的移动有时产生于私人行为，而有时产生于公共政策。

第二节
总供给曲线

总供给是在每一价格水平时，经济中物品与劳务的总供给量。影响总供给的因素很多，在这里，我们重点分析总供给与价格水平的关系。总供给曲线表示总供给与价格水平之间的关系。由于在长期与短期中，总供给量与价格水平之间的关系不同。为了解释宏观经济的短期波动，以及经济的短期行为如何与长期行为不一致，我们需要区分长期总供给曲线和短期总供给曲线。

一、长期总供给曲线

1. 长期总供给曲线是垂线

长期总供给曲线表明长期总供给与价格水平之间的关系。在长期中，价格水平与总供给无关。这是因为，总供给是一个经济的总产量，长期中，决定一个经济总产量的是资本、劳动、技术和制度，这些因素都与价格水平的高低无关，价格水平的变动不影响长期总供给，所以，如图 12－3 所示，长期总供给曲线是一条垂线。它表明一个经济的资本、劳动、技术和制度决定了物品和劳务的供给量，无论价格水平如何变动，长期总供给都是相同的。

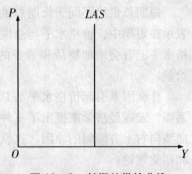

图 12－3　长期总供给曲线

长期总供给曲线的位置所对应的产出水平，也被称为充分就业产出水平或潜在的 GDP。充分就业产出水平是指当劳动的需求量和供给量平衡，从而所存在的失业率是自然失业率或正常失业率时，经济社会所生产出的总产量，它是长期中经济所趋向的产量水平。

2. 长期总供给曲线的移动

经济中任何改变充分就业产出水平的因素的变动都会使长期总供给曲线移动，有许多使长期总供给移动的事件，下面是几个例子：

技术人员开发出了生产物品的新设备，经济中资本存量增加并提高了劳动生产率，充分就业产量，即物品和劳务的供给量增加，长期总供给曲线向右移动。

高等职业教育的普及增强了劳动者的文化素质和工作技能，这对总供给有重要影响，劳动效率提高了，充分就业产量增加，长期总供给曲线向右移动。

发明了新的更好的生产方法可以在投入既定时增加产量。即使资本存量与劳动不变，技术进步也会增加充分就业产量，长期总供给曲线向右移动。

家庭联产承包责任制的建立保证了农民努力劳动的成果可以排他性地由自己占有。这就激励了农民努力从事农业生产活动；专利制度保护了发明者的权益，推动了产业革命和技术创新；按效率分配的制度催生了企业家；现代企业制度使企业家有了用武之地。上述种种制度都会增加充分就业产量，使长期总供给曲线向右移动。

以上事例都能够增加一个经济的长期总供给。当然，如果经济中发生了自然灾害和战争引起资源减少，或者不合理的制度减少了人们的储蓄和投资，充分就业产量减少，长期总供给曲线向左移动。

二、短期总供给曲线

1. 短期总供给曲线向右上方倾斜

短期总供给不同于长期总供给。如图 12 - 4 所示。短期总供给曲线向右下方倾斜，表示在短期中，价格水平与总供给量同向变动。这就是说，在一个一两年的时期中，价格水平上升会增加物品和劳务的供给量，而价格水平下降倾向于减少物品和劳务的供给量。

什么因素引起价格水平与总供给之间的同向变动关系呢？宏观经济学家提出了三种理论解释了短期总供给曲线向右上方倾斜的原因，这就是粘性工资、粘性价格和错觉理论。

（1）粘性工资理论。粘性工资理论是对短期总供给曲线向右上方倾斜的最简单的解释。该理论认为，短期总供给曲线向右上方倾斜是因为工人名义工资调整缓慢，或者说在短期中是"粘性的"。这是因为，工人的名义工资通常是由劳资双方为期 3 年的合约确定的。在合约期内，合约中规定的名义工资不随劳动供求关系的

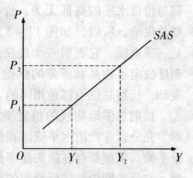

图 12 - 4　短期总供给曲线

变动而变动。在工人与企业进行工资谈判时，双方根据的是未来预期的价格水平，这种预期价格水平为双方认可，成为决定名义工资的基础。如果 3 年中实际价格水平高于预期的水平而名义工资不变，那么，名义工资除以价格水平得出的实际工资就下降了。由于工资是企业生产成本的主要部分，较低的工资意味着企业的实际成本下降，以及企业

实际利润的增加，这时企业的反应是多雇佣劳动，并生产较多的物品与劳务量。换句话说，由于工资不能根据价格水平迅速调整，较高的价格对就业与生产是有利的，这会引起企业增加物品和劳务的供给量。如果每个企业都增加生产，整个经济的总供给就增加了。价格水平与总供给同方向变动。

（2）粘性价格理论。一些经济学家认为，不仅名义工资在某一时期内调整缓慢，一些物品与劳务的价格调整也是缓慢的。短期内，一些物品和劳务的价格也并不随着市场供求和价格水平的变动而变动，即价格也是粘性的。这是因为，企业调整价格是有成本的，例如企业重新印刷和分发价格目录的成本和改变价格标签所需要的时间。这种成本类似于餐馆在改变饭菜价格时需要重印菜单的成本，称为菜单成本。由于有菜单成本，企业根据预期价格水平确定了自己的价格。一旦价格决定之后，当经济经历了未曾预期到的货币供给的扩张，这会提高长期的价格水平。虽然一些企业根据市场供求关系和价格水平的变动迅速提高了自己的产品价格，但还有一些企业不想引起额外的菜单成本，因此暂时不调整价格，从而这些企业的相对价格下降，产品的销售增加，这引起企业增加生产和就业。换句话说，由于并不是所有企业的价格都根据价格水平的变动而迅速调整，未预期到的价格水平上升使一些企业的价格低于合意水平，而这些低于合意水平的价格增加了销售，并引起企业增加它所生产的物品或劳务的供给量。如果每个企业都增加生产，整个经济的总供给就增加了。价格水平与总供给同向变动。

（3）错觉理论。错觉理论认为，价格水平的变动会暂时误导企业对自己出售产品的市场发生变动的看法。也就是说，当价格水平上升到高于企业预期水平时，他们可能只看到自己产品的价格上升，而没有关注整个价格水平的情况，从而错误地认为自己产品的相对价格上升了，并做出增加生产的反应。总之，高价格水平引起相对价格的错觉，这些错觉引起企业对较高价格的反应是增加物品和劳务的供给量。如果每个企业都产生这样的错觉，并增加自己的生产，整个经济的总供给就增加了。价格水平与总供给同方向变动。

以上三种理论对价格水平和总供给之间的关系作出了共同的解释：当价格水平上升到高于预期水平时，总供给增加；当价格水平下降到低于预期水平时，总供给减少。因此，价格水平与总供给同方向变动。但是，价格水平与总供给同方向变动是短期内出现的现象。因为粘性工资、粘性价格或错觉都不会持久存在下去。长期中，随着人们预期的价格水平与实际水平一致，名义工资得到调整，不存在粘性；企业会调整自己产品的价格，也不存在粘性；错觉也会得到纠正。因此，在长期中，价格水平的变动不会影响总供给，长期总供给曲线是垂直的，而不是向右上方倾斜。

2. 短期总供给曲线的移动

短期总供给曲线也会移动，许多使长期总供给曲线移动的因素也会使短期总供给曲线移动。例如，当经济中资本存量增加、就业率提高或技术进步时，长期总供给增加，长期总供给曲线向右移动时，短期总供给曲线也向右移动，表示在短期中，当物价水平不变时，总供给增加了。

但是，还有两种因素只影响短期总供给，而不影响长期总供给。这就是人们对价格水平的预期与原材料价格的变动。

人们对价格水平的预期会影响短期总供给曲线的位置。例如，当人们预期的价格水平较高时，他们就倾向于把工资确定得高一些。高工资会增加企业的成本，在任何一种价格水平时，企业会减少物品与劳务的供给量。因此，高预期的价格水平减少了物品与劳务的供给量，并使短期总供给曲线左移。相反，低预期的价格水平增加了物品与劳务的供给量，并使短期总供给曲线右移。

在短期中，如果原材料价格上升，企业的成本增加，从而在每一个价格水平时，企业减少了物品与劳务的供给量，短期总供给曲线向左移动。反之，如果原材料价格下降，企业的成本减少，从而在任一价格水平时，企业增加了物品与劳务的供给量，短期总供给曲线向右移动。引起原材料价格变动的往往是负面的供给冲击。例如，石油价格上升使成本增加，短期总供给曲线向左移动，表示在价格水平不变时，总供给减少。20世纪70年代石油危机引起了这种变动。

第三节
总需求－总供给模型

一、宏观均衡的决定

在宏观经济中，最重要的是国民收入和价格水平。$AD-AS$ 模型就是从总需求和总供给相互作用的角度来说明国民收入和价格水平的决定。将总需求曲线和总供给曲线描绘在同一个图上，当总需求量和总供给量相等时就实现了宏观经济均衡。但要注意的是，宏观经济均衡不一定是充分就业均衡，也就是说，均衡的国民收入并不一定必然是充分就业的国民收入。宏观经济均衡有长期均衡和短期均衡两种情况。

1. 长期均衡

图 12-5 表示宏观经济处于长期均衡状态，也称为充分就业均衡。均衡国民收入和均衡价格水平是由总需求曲线、短期总供给曲线和长期总供给曲线相交时的 A 点决定的。在这一点时的国民收入为充分就业的国民收入。短期总供给曲线也通过这一点，表

示工资、价格和预期都完全调整到了长期均衡。这就是说，当经济处于长期均衡时，工资、价格和预期的调整必定使总需求、短期总供给和长期总供给在同一点相交。这时经济处于充分就业状态。经济中既无通货紧缩，又无通货膨胀，是宏观经济的一种理想状态。

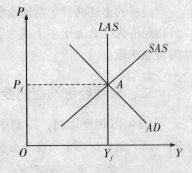

图 12-5　充分就业均衡

2. 短期均衡

在市场机制自发调节的情况下，宏观经济的长期均衡状态是偶然的，并不是必然的常态。当经济中的某种原因引起总需求曲线或短期供给曲线的移动时，就会发生短期均衡对长期均衡的偏离，此时总需求与短期总供给相等，与长期总供给并不相等，即短期均衡在总需求曲线与短期供给曲线的交点，长期总供给曲线则不通过总需求曲线与短期供给曲线的交点。短期均衡时的产出不等于充分就业产出水平。宏观经济的短期均衡会出现两种情况。

图 12-6 的宏观经济均衡低于充分就业均衡。长期总供给曲线在总需求曲线和短期总供给曲线交点的右边，即均衡的国民收入小于充分就业的国民收入，这时经济处于衰退状态，即存在失业或通货紧缩，称为小于充分就业的均衡。

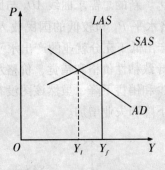

图 12-6　小于充分就业均衡

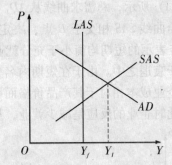

图 12-7　大于充分就业均衡

图 12-7 为大于充分就业的均衡。长期总供给曲线在总需求曲线和短期总供给曲线交点的左边，即均衡的国民收入大于充分就业的国民收入，这表明经济中的生产资源得到了超充分水平的利用，即存在超充分就业的情况，比如工人加班加点、生产设备的过度消耗等等，经济处于过热状态，这被称为大于充分就业的均衡。超充分就业均衡会容易引发通货膨胀，而且资源的过度消耗会影响企业生产的正常运行，不利于经济的长期增长。

经济的上述两种短期均衡状态都不是理想状况。宏观经济学正是要用 $AD-AS$ 模型分析经济为什么处于小于或大于充分就业均衡，以及如何才能使经济实现充分就业均衡的理想状态。

二、宏观经济均衡的变动

$AD-AS$ 模型说明，短期中，国民收入与价格水平是由总需求和短期总供给决定的，以下就从这两个角度来分析国民收入与价格水平的变动。

1. 总需求变动的影响

（1）总需求变动的短期效应。图 12-8 表明，初始经济处于充分就业均衡，即总需求曲线 AD_1 与短期总供给曲线 SAS_1 相交于 A 点，决定了均衡产量和价格水平，这一均衡在长期总供给曲线 LAS 之上，所以，经济实现了充分就业均衡。

假设人们的悲观情绪影响了经济，原因可能是政局不稳、股票市场崩溃或者国外爆发了战争。由于这些事件，许多人对未来失去信心而削减了消费开支，企业也放弃了投资于一些新项目。

人们的悲观情绪对经济有什么影响呢？这会减少对物品与劳务的总需求。也就是说，在任何一种既定的价格水平下，家庭和企业现在想购买的物品与劳务少了。如图 12-8（a）所示，总需求曲线从 AD_1 向左移动到 AD_2。新的总需求曲线 AD_2 与原来的短期总供给曲线 SAS 相交于 B 点，决定了较低的价格水平 P_1 和较低的国民收入 Y_1。显然，B 点表示的短期均衡小于充分就业均衡，均衡产出低于充分就业的产出水平，表明经济处于衰退之中。由于在短期内名义工资不变，导致粘性价格和错觉，价格水平下降意味着企业成本相对于其产品价格而增加，生产减少和销售下降，虽然该图没有反映出来，但此时企业的反应是减少就业，从而引起收入下降和失业增加。

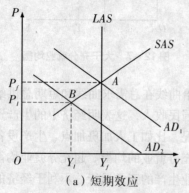 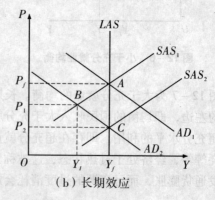

（a）短期效应　　　　　　　　　（b）长期效应

图 12-8　总需求变动的影响

案例分析 人民币不贬值对我国宏观经济的影响

在1997年发生的东南亚金融危机中，我国坚持人民币不贬值，这样做有利于我国的金融稳定，坚定国内外投资者的信心。但是，人民币不贬值对国内经济也会带来不利影响。我们可以用总需求-总供给模型来分析人民币不贬值对我国宏观经济，即GDP和物价水平的影响。

人民币不贬值主要影响总需求，因为它影响出口。我们知道，出口或净出口（出口—进口）是总需求的一个组成部分，所以，人民币不贬值这样的汇率政策主要影响总需求。

人民币不贬值对出口有什么影响呢？我国的出口结构与出口对象与东南亚国家相同（都以劳动密集型产品为主向欧美出口），当东南亚国家汇率贬值，而我国汇率不贬值时，相对于东南亚国家而言，我国的货币就升值了。这样，同样的物品在国外市场上，用外币表示的我国物品的相对价格上升，而东南亚国家物品的相对价格下降，我国的物品竞争能力削弱，出口减少。我们可用一个假设的例子来说明这一点。假设我国与泰国都生产耐克鞋，并向美国出口。在金融危机前，假设泰铢与美元之比为10:1。一双耐克鞋在泰国的价格是1 000泰铢，出口到美国为100美元。人民币与美元之比是8:1，一双耐克鞋在中国的价格为800元，出口到美国为100美元。在美国市场上，中泰两国生产的耐克鞋价格相同，各占一定份额的市场。东南亚金融危机中，泰铢贬值，假设泰铢与美元之比为20:1，一双耐克鞋在泰国的价格为1 000泰铢，但由于泰铢贬值，出口到美国为50美元。人民币没贬值，中国生产的耐克鞋在美国市场上仍为100美元。这样，泰国出口到美国的耐克鞋增加，中国出口到美国的耐克鞋减少。所以，人民币不贬值会使总需求减少。

在东南亚金融危机之前，我国经济实现了充分就业均衡。东南亚金融危机中我国坚持人民币不贬值，在总供给不变的情况下总需求减少，总需求减少引起GDP减少和物价水平下降，经济出现衰退与通货紧缩的状况。东南亚金融危机之后，我国经济确实出现了出口减少、总需求不足、经济增长率放慢和物价低迷的现象。这说明我们用总需求-总供给模型进行的分析与现实是一致的。

人民币不贬值对东南亚国家的经济恢复和保持我国的金融稳定是有利的。但这样做的代价是经济衰退和物价低迷。这说明了经济学中的一个基本原则：天下没有免费的午餐。

——改编自梁小民：《宏观经济学纵横谈》，生活·读书·新知三联书店2002年版。

（2）总需求变动的长期效应。即使没有政府的行动，经济也不会长期处于充分就业水平之下。总有一些力量要迫使实际国民收入回到长期总供给水平，并恢复充分就业均衡。例如，随着时间的推移，人们对价格水平的预期下降，企业与劳动者在签订新合约时，将降低名义工资水平。而且，粘性价格和错觉也会得到调整。企业的成本开始下降，产量也逐渐增加，如图 12 - 8（b）所示，短期总供给曲线从 SAS_1 向右移动到 SAS_2。在长期中，经济达到 C 点，在这一点，新的总需求曲线、新的短期总供给曲线和长期总供给曲线相交，国民收入回到充分就业水平，价格水平下降到 P_2。尽管悲观主义减少了总需求，但价格水平的下降足以抵消总需求曲线的移动。因此，在长期中，总需求的移动影响价格水平，但不影响产量，换句话说，总需求的长期影响是名义变动（价格水平低了）而不是实际变动（产量相同）。

以上所分析的是总需求减少的影响。总需求增加的影响与此类似，但方向相反。这就是说，当总需求增加时，总需求曲线向右方移动，实际产出高于充分就业水平，失业率低于正常水平，价格水平上升。由于名义工资不能得到及时调整，工人的实际工资下降，企业的成本降低，生产扩张，经济中存在通货膨胀。但是在长期中，市场的自发调节最终会导致工资和其他要素价格上升，短期总供给曲线向左上方移动，通货膨胀逐渐自行消失，经济又会恢复到充分就业均衡。

（3）政府的需求管理政策。当经济面临衰退时，政府应该做什么呢？可以有两种选择：一是无所作为，由市场机制的自发调节使经济回到正常状态。如前所述，由于工资粘性，经济从一个非充分就业的均衡状态恢复到充分就业状态是一个缓慢的过程，若是等待价格向下的压力带来经济恢复，需要经历一个长期的痛苦过程。二是政府采取增加总需求的政策。我们已经知道，政府购买支出增加或中央银行增加货币供给量都会增加任何一种价格水平时的总需求，从而使总需求曲线向右移动，由 AD_2 回到 AD_1，并使经济回到 A 点，经济又恢复到充分就业均衡。如图 12 - 9 所示。

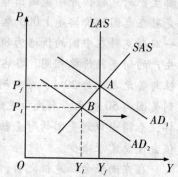

图 12 - 9　面对衰退的需求管理政策示意

2. 短期总供给变动的影响

（1）短期总供给变动的短期效应。图 12 - 10（a）说明了短期总供给变动的短期效应。在图 12 - 10（a）中，假设最初经济处于充分就业均衡。总需求曲线 AD_1 与短期总供给曲线 SAS_1 和长期总供给曲线 LAS 相交于 A 点，实际产出等于充分就业的产出水平。现在假设突然一些企业的生产成本增加了。例如，农业地区的自然灾害摧毁一些农作物，使生产食品的成本上升。或者中东的一场战争中断了原油运输，使生产石油产品成本上升。

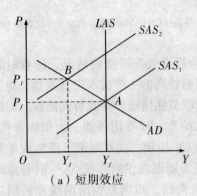
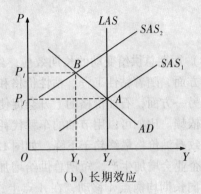

（a）短期效应　　　　　　　　　　（b）长期效应

图 12 -10　短期总供给变动的影响

　　企业生产成本的增加对宏观经济有什么影响呢？在任何一种既定价格水平时，企业愿意供给的物品与劳务量少了。如图 12 - 10（a）所示，短期总供给曲线由 SAS_1 移动到 SAS_2。（这类事件也会使长期总供给曲线移动。但是，为了分析的简便，我们假定长期总供给曲线不变。）由于短期总供给曲线的移动，经济的均衡点沿着总需求曲线从 A 点移动到 B 点。国民收入从 Y_f 减少为 Y_1，而价格水平从 P_f 上升为 P_1。经济中既存在停滞（产量下降），又存在通货膨胀（价格上升），这种情况被称为滞胀。

案例分析　　　　　　　　美国的石油与经济

　　20 世纪 70 年代初，石油输出国组织大幅度提高石油价格。石油是美国生产许多物品与劳务的关键投入，而且，美国相当部分石油来自于中东国家。石油价格上升，美国生产汽油、轮胎和许多其他产品的企业成本增加。根据总需求 - 总供给模型，生产成本增加使短期总供给曲线向左移动，总供给减少，引起 GDP 减少，物价水平上升，经济出现通货膨胀和衰退并存的滞胀现象。从 1973 年到 1975 年，石油价格几乎翻了一番，美国的通货膨胀率几十年来第一次超过 10%，失业率从 1973 年的 4.9% 上升到 1975 年的 8.5%。70 年代末期，相同的情况再次发生，石油输出国组织再次限产以提高价格。从 1978 年到 1981 年，石油价格翻了一番还多，美国的通货膨胀率在已有平息之后又上升到 10% 以上。失业率从 1979 年的 6% 左右在几年之后上升到 10% 左右。

　　当世界石油价格下降时，也会使总供给发生有利的移动。1986 年石油输出国组织的成员发生了争执。成员国违背限制石油生产的协议，价格下降了一半左右。石油价格的这种下降减少了美国企业的成本，这使短期总供给曲线向右移动。结果，美国经济经历了滞胀的反面，产量迅速增长，失业减少，而通货膨胀率达到了多年以来的最低水平。

——曼昆：《经济学原理》．北京大学出版社 1999 年版。

（2）短期总供给变动的长期效应。经济不会长期处在滞涨的情况。随着时间的推移，一方面，随着粘性工资、粘性价格和错觉根据较高的生产成本进行调整，将会压低成本。另一方面，石油价格的上升会促使人们采取节能措施和寻找替代能源，以减少对石油的依赖。比如可以用节油的车替代耗油量大的车，或者用核能、太阳能替代石油，这会导致石油价格最终趋于下降。如图 12－10（b）所示，面对逐渐下降的成本和能源价格，企业会增加生产，短期总供给增加，表现为短期总供给曲线 SAS_2 沿着总需求曲线 AD_1 向长期均衡点 A 移动，在 A 点上，总需求曲线、短期总供给曲线和长期总供给曲线相交，经济又实现了长期均衡。

（3）政府的需求管理政策。当经济存在滞胀时，政府应该怎么办呢？一般有两种选择：一是静观其变，等待市场机制的自发调节使经济回到正常状态。但是，这个过程相当漫长，经济将会面临较长时期的衰退。二是政府可实施扩张性的财政政策和货币政策增加总需求，从而使经济迅速恢复长期均衡。比如政府可以减税或增加对物品和劳务的购买，中央银行可以增加货币供给量，如图 12－11 所示，这将使总需求曲线从 AD_1 移动到 AD_2，正好抵消了短期总供给曲线移动对经济的不利影响，经济直接从 A 点移动到 C 点，产出恢复到充分就业水平，但价格水平从 P_1 上升到 P_2。这意味着，政府以长期价格水平上涨为代价，抵消了短期总供给曲线的移动。

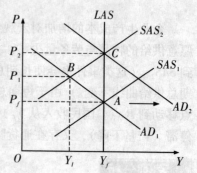

图 12－11　面对滞涨的需求管理政策示意

参考资料　2008 年下半年以来我国的经济衰退与政策调控

自 2008 年 8 月份以来，我国经济出现骤然减速，季度 GDP 增长率逐季下降，第一季度为 10.6%，第一到第三季度为 9.9%，2008 年全年 GDP 增长率为 9%。这个增幅比上一年下降了 4 个百分点。而居民消费价格总水平自 2008 年 6 月起连续下降，2009 年 2 月同比下降 1.6%，这是自 CPI 六年来首度出现负增长。各项数据表明，中国经济步入新一轮的经济衰退。

此次我国的经济下行，既有美国金融危机引发的全球性经济衰退的外部冲击的原因，也与我国经济发展中的结构失衡、体制机制问题和政策失误有关。

外需冲击和内部因素的负面影响使经济中的总需求不足表现为：①出口大幅度下降。在近年我国经济增长的外需依存度超长提升的背景下，世界性的经济衰退给我国的总需求带来极大的冲击。2008 年 11 月份中国出口同比负增长 2.2%，为 2001 年 6 月以来的首次。预期 2009 年我国的出口贸易情况不会太乐观。②国内消费需求不足。由于分配格局失衡，我国消费占总需求的比重多年持续下降，近年只有 50% 左右。而居民消费仅为 36%，可能属世界最低之列。③企业生产能力严重过剩。一是外向型企业出现较大的经营困难。大量企业亏损、停工半停工、倒闭或外迁。这与在人民币升值的背景下，出口退税的调整、原材料成本上升、用工成本的大幅提高以及过于激进的新《劳动法》和金融危机有关。二是重工业和房地产业积累了过量的生产能力。中国过去 5 年经济增长的特点是资源过度流入重工业、机械制造和房地产投资，而对于医疗、卫生、教育、铁路、环保等领域的投入过低。事实证明，结构过度趋重在经济上行时会带来一定程度的扩张，而在下行阶段庞大的生产能力会凸现严重过剩，从而对宏观经济带来较大冲击。④房地产市场和股市泡沫的破灭导致居民消费和投资的下降。2005—2007 年，我国房地产和股价快速上升，吸引货币市场过剩的流动性大量流入，从而导致市场价格的"泡沫"。受金融危机和宏观调控的影响，房地产市场和股市泡沫迅速破灭，价格急速下跌。使得财富效应消失，导致居民消费和投资的下降，加剧了宏观经济困境。

针对经济下滑，中国政府于 2008 年 11 月提出了"积极的财政政策和适度宽松的货币政策"的政策组合。积极的财政政策包括：①大幅度增加政府支出。从 2008 年至 2010 年，中央政府实施 4 万亿元投资计划，其中，中央政府的投资是 1.18 万亿元，带动地方政府和社会投资共约 4 万亿元。4 万亿元主要用于民生工程、基础设施建设、社会事业、节能减排和生态工程、调整结构和技术改造以及地震重点灾区的灾后重建。②实行结构性减税。采取减税、退税或抵免税等多种方式减轻企业和居民税负，初步测算 2009 年将减轻企业和居民税负 5 000 亿元。③安排中央财政赤字 7 500 亿元，同时由财政部代理地方政府发行 2 000 亿元债券。全国财政赤字合计 9 500 亿元，占 GDP 比重在 3% 以内。④增加补贴。其中增加对农民的各项补贴 1 230 亿元，比上年增长 19.4%。增加对企业退休人员和优抚对象的基本养老金和生活补助 2 208 亿元。⑤优化财政支出结构。大力保障和改善民生，严格控制一般性开支，降低行政成本。

适度宽松的货币政策包括：①广义货币供给增长 17%，新增贷款 5 万亿元以上。②优化信贷结构，加强和改进金融监管。③降低利率和存款准备金比率。2008年9月以来，已5次下调金融机构的存贷款基准利率，4次下调存款准备金比率。

密集出台的宏观经济政策明显表现出对经济的拉动态势。2009年，我国经济总体上企稳向上，核算结果显示，2009年第一季度全国GDP增长6.1%，第二季度增长7.9%，第三季度增长8.9%，第四季度增长11.9%，全年GDP增长率达到8.7%。

本章小结

(1) AD－AS模型是经济学家用来分析宏观经济的基本工具。在这个模型中，价格水平和国民收入同时作为内生变量来加以研究，因而可以说明经济中某种事件的发生在多大程度上影响国民收入，在多大程度上影响价格水平。

(2) 总需求曲线表示对总产出的需求量与价格水平之间的关系，表示对应于每一价格水平全社会愿意购买的产出量。财富效应说明，较低的价格水平增加了家庭货币持有量的实际价值，这刺激了消费需求。利率效应说明，当名义货币供给量不变时，价格水平下降，增加了实际货币供给量，在货币需求不变的情况下，引起利率下降，这刺激了投资需求。这解释了总需求曲线是一条向右下方倾斜的曲线。总需求曲线的位置取决于自发消费、自发投资、政府购买和货币供给量的变动。

(3) 总供给曲线表示产品和劳务的数量和价格水平之间的关系。长期总供给曲线是垂线，这说明长期总供给取决于经济中的劳动、资本、技术和制度，而不取决于价格水平。短期总供给曲线向右上方倾斜。粘性工资理论、粘性价格理论和错觉理论解释了短期总供给曲线向右上方倾斜的原因。

(4) 宏观经济均衡有长期均衡和短期均衡两种情况。长期均衡也称为充分就业均衡，它在总需求曲线、短期总供给曲线和长期总供给曲线的交点。这时的国民收入为充分就业的国民收入。短期均衡又有小于充分就业均衡和大于充分就业均衡两种情况。当总需求曲线与短期总供给曲线相交于长期总供给曲线的左边时。国民收入水平小于长期总供给水平，经济处于衰退之中，这就是小于充分就业的均衡；当总需求曲线与短期总供给曲线相交于长期总供给曲线的右边时，国民收入水平大于长期总供给水平，经济处在过热状态，这就是大于充分就业均衡。

(5) 总需求的变动和短期总供给的变动都将导致短期经济的波动，通过市场机制的调节和政府的宏观经济政策，经济可以回到长期均衡。

关键概念

总需求曲线　长期总供给曲线　短期总供给曲线　宏观经济均衡　衰退　滞胀

练习与思考

一、判断正误

(1) 根据庇古财富效应，实际货币量越少，物品和劳务的总需求量就越大。（　　）

(2) 当利率下降时，对物品和劳务的总需求量增加。（　　）

(3) 如果政府增加对物品和劳务的购买支出，那么，总需求曲线向右方移动。（　　）

(4) 在其他条件不变的情况下，随着价格水平的上升，长期总供给曲线会向右方移动。（　　）

(5) 在其他条件不变的情况下，随着价格水平的上升，短期总供给会增加。（　　）

(6) 如果宏观经济均衡处于其长期总供给曲线上，那么，均衡的国民收入等于充分就业的国民收入。（　　）

(7) 一个经济最初实现了长期均衡，企业预期未来利润率下降，这时价格水平上升。（　　）

(8) 在其他条件不变的情况下，如果技术发生了重大的进步，那么价格水平就会上升。（　　）

(9) 任何一种使短期总供给曲线向右方移动的因素都会使长期总供给曲线向右方移动。（　　）

二、单项选择

(1) 总需求曲线表明，随着价格水平下降，（　　）。

  A. 均衡国民收入水平上升   B. 均衡国民收入水平下降

  C. 充分就业国民收入水平上升 D. 充分就业国民收入水平下降

(2) 以下哪一种效应是总需求曲线向右下方倾斜的原因（　　）。

  A. 利率效应   B. 替代效应

  C. 收入效应   D. 预期通货膨胀效应

(3) 下列哪一种情况引起总需求曲线向右方移动（　　）。

  A. 税收增加   B. 货币供给量增加

  C. 物价水平不变时利率上升 D. 物价水平下降

(4) 以下哪一项不是决定长期总供给的因素（　　）。

A. 资本存量   B. 技术进步   C. 制度   D. 物价水平

（5）以下哪一种理论不能解释短期总供给曲线向右上方倾斜的原因（   ）。

A. 利率效应理论   B. 粘性工资理论

C. 粘性价格理论   D. 错觉理论

（6）当宏观经济均衡时（   ）。

A. 总需求曲线与长期总供给曲线相交

B. 总需求曲线与短期总供给曲线相交

C. 均衡国民收入等于充分就业的国民收入

D. 经济实现了充分就业

（7）如果均衡国民收入大于长期总供给，那么，经济（   ）。

A. 没有实现宏观经济均衡   B. 实现了充分就业均衡

C. 大于充分就业均衡   D. 小于充分就业均衡

（8）下列哪一种情况可能是滞胀的原因（   ）。

A. 预期未来利润率上升   B. 收入减少

C. 原料价格上升   D. 资本存量增加

三、问答题

（1）总需求曲线为什么向右下方倾斜？

（2）解释长期总供给曲线为什么是垂线？

（3）解释为什么短期总供给曲线是斜线？

（4）解释为什么以下说法是错的。

A. "总需求曲线向右下方倾斜是因为它是个别物品需求曲线的水平相加"。

B. "长期总供给曲线垂直时因为经济力量并不影响长期总供给"。

C. "如果企业每天调整自己的价格，那么，短期总供给曲线就是水平的"。

D. "只要经济进入一次衰退，它的长期总供给曲线就向左移动"。

（5）解释下列每一事件是使短期总供给曲线移动、总需求曲线移动、两者都移动、还是两者都不移动。对于使曲线移动的每一个事件，用图说明对经济的影响。

A. 家庭决定把大部分收入储蓄起来；

B. 四川的桔园受到冷空气的袭击；

C. 2002 年为生育高峰年。

（6）什么因素引起总需求曲线向左移动？用 AD - AS 模型来探讨这种移动的影响。

（7）什么因素引起短期总供给曲线向左移动，用 AD - AS 模型来探讨这种移动的影响。

第十三章

失业与通货膨胀

本章将向你介绍的重点内容

◎ 失业的两种类型：自然失业与周期性失业

◎ 失业的代价

◎ 通货膨胀的类型

◎ 为什么会发生通货膨胀

◎ 通货膨胀对经济的影响

◎ 决策者面临着通货膨胀与失业的交替关系

◎ 为什么通货膨胀与失业的交替关系在长期中消失了

从长期来看，一个经济社会应该处于充分就业、物价稳定的均衡状态，但是在短期内，由于各种因素的影响，宏观经济均衡总是处在低于或高于充分就业均衡的非稳定状态，宏观经济的短期波动是经济的常态，最为常见的就是发生失业与通货膨胀问题。尤其是 20 世纪 70 年代，许多主要发达国家普遍出现高通货膨胀和高失业并存的滞胀现象。失业率和通货膨胀都曾达到过两位数。在另一些年份或其他国家，或者是高失业低通货膨胀，或者是低失业高通货膨胀。失业和通货膨胀逐渐成为常规性、世界性的现象。中国曾是一个失业率和物价高度稳定的国家。但是在改革开放的高速发展时期，中国经济也受到通货膨胀和失业的困扰，在 20 世纪 80 年代末期到 90 年代初期，通货膨胀都曾达到过两位数，而在 90 年代后期以及 2008 年下半年以来，失业问题又成为困扰经济发展的痼疾。

由于失业和通货膨胀对一国经济和政治产生广泛影响，所以无论是经济学家还是决策者都对它们给予极大的关注。失业和通货膨胀理论也是宏观经济学的重要组成部分。本章将以前面各章介绍的 $AD - AS$ 模型和短期中总需要的重要性为理论工具，分析失业和通货膨胀的原因、影响以及两者之间的相互关系。

第一节 失 业

一、失业的类型和原因

失业是指有劳动能力的人想工作没有工作正在寻找工作的社会现象。也就是说，判断一个人是否处于失业状态可考虑三点：一是处于劳动年龄、具有工作能力；二是愿意工作，但是没有工作；三是正在寻找工作。根据引起失业的原因，经济学通常将失业分为两类：自然失业与周期性失业。

1. 自然失业

自然失业是指经济社会在正常情况下存在的失业。宏观经济学认为，由于经济中一些难以克服的原因，总会存在着一定比例的失业人口，即使经济资源全部得到充分利用，产量达到充分就业水平，也会有一部分愿意工作的人无事可做。引起自然失业的原因很多，例如，劳动力的正常流动，人们不满意现有的工作辞职去寻找更理想的工作，工作的季节性，制度的原因，技术变动，等等。其中最主要的是正常劳动力流动引起的摩擦性失业和技术变动引起的结构性失业。

（1）摩擦性失业。**摩擦性失业**是指劳动力市场供求信息不完全以及劳动力在部门和异地之间流动的成本引起的失业，经济中正常的劳动力流动而引起的失业。在一个动态经济中，人们在不同行业、不同地区或在一生中不同阶段变动工作是经常发生的。比如大学毕业要寻找工作；或者辞去旧工作想找到一个适合个人爱好与技能的工作；为了与亲人团聚而辞掉工作；有的员工被企业辞退；等等。这种种原因使经济中总有一部分人或自愿或被迫离开原来的地区或职业。在劳动力市场，由于找工作的人与工作岗位之间存在信息不对称，劳动者并不知道所有空缺职位的信息，企业也无法清楚了解所有求职者的才能和潜力，双方所获得的信息都是不充分的。这样，劳动者求职过程中需要花费成本，包括时间、精力和一定的财力。此外，劳动者在不同部门和地区间的流动也要花费成本，比如改变专业、离开家人和朋友、异地生活的不习惯等，这些都构成了劳动力流动的障碍。上述原因使得人们从离开旧工作到找到满意的新工作之间总有一段时间间隔，在这一期间，一部分人处于失业状态。这类失业就是摩擦性失业。

摩擦性失业者能否尽快地找到一份合适的工作，主要取决于获取就业信息的难易程度。工人在劳动市场上得到的信息越不充分，就越难以找到理想的工作，寻找工作的时间也就越长，因此，摩擦性失业又称为寻找性失业。摩擦性失业是不可避免的，经济学家认为这种失业是实现劳动力资源合理配置所必经付出的代价。

（2）结构性失业。**结构性失业**是指现有劳动力技能与对劳动力的需求不匹配而造成的失业。这时，劳动力的供求在总量上大体平衡，但在结构上不一致，即一方面存在失业，另一方面又存在劳动力供给不足。出现这种情况，是因为科学技术的发展，传统部门走向衰落而新的部门正在兴起，使得不同行业和不同地区之间对劳动力的需求结构经常发生变动，表现为市场对某一类劳动力的需求增加，而对另一类劳动力的需求减少。与此同时，劳动力的供给结构并没有迅速作出调整，这就形成各种职业或地区间劳动力供求结构的不平衡。例如，随着电子信息技术的进步，人们越来越多地采用手机的方式联系，手机市场具有极大的发展空间，手机厂商迅速崛起，成为朝阳产业，需要吸收更多的劳动力，而一度风光的寻呼机业务则走向衰落，成为夕阳产业，分流出一部分劳动力。可是，由于技能要求存在差异，即使朝阳产业需要大量的劳动力，夕阳产业分流的劳动力也不能完全转入朝阳产业，势必会有一部分人失业。由于这种失业的根源在于劳动力供给结构滞后于劳动力需求结构的变动，所以称为结构性失业。

2. 周期性失业

周期性失业是指由经济衰退引起的失业。这类失业随经济周期而波动。在经济繁荣时期，失业率较低。在经济萧条时期，失业率较高。20世纪30年代经济大萧条时期的大规模失业是周期性失业的典型例子。1930年开始，美国的失业率急剧上升，最高达到25%。而在自2007年发生的美国金融危机中，美国的失业率又急速上升，2009年10

月上升至 10.2%，达到了 26 年来的最高水平。周期性失业的发生不是因为"摩擦"上升或工人技能突然下降。而是与总需求的不足有关，如果实际总需求小于充分就业的总需求，均衡的国民收入就小于充分就业的国民收入，资源得不到充分利用，经济处于衰退之中，企业产量下降，解雇工人，周期性失业就成为普遍存在的现象。

周期性失业在典型的市场经济中的表现很明显，失业率的上升往往与经济衰退同时出现。中国的周期性失业在计划经济下由于"铁饭碗"的普遍就业制度而被掩盖起来。在体制改革过程中，周期性失业又与体制转型相联系的失业交织在一起，不易分清。此外，失业统计数据的不准确也使对周期性失业的识别更加困难。尽管如此，在此次美国金融危机引起的经济衰退中，我们仍然可以观察到失业率的上升。2007 年，当中国经济处于繁荣时期时，城镇失业人数为 830 万人，失业率为 4%；2008 年下半年经济进入衰退时期，全年城镇失业人数为 886 万人，失业率为 4.2%。

二、自然失业率与充分就业

以上分析说明，由于经济社会中某些难以避免的原因，摩擦性失业和结构性失业是不可避免的，是自然发生的。正是在这一意义上，摩擦性失业和结构性失业被称为自然失业。**自然失业率**是指经济社会在正常情况下的失业率。或者说是劳动力市场处于稳定状态时的失业率。这一失业率将会在长期内普遍存在。

自然失业率的高低取决于各国的制度和劳动力的人口构成。例如，劳动力市场是否完善，即有无职业介绍所，就业信息是否畅通，失业保障制度是否合理，一国的劳动力构成中成年人和青年人所占的比例，等等。政府的制度创新可以降低自然失业率。例如，改进劳动市场的服务，提供职业培训，降低最低工资，改进失业保险制度，等等，都能够减少自然失业人口，但不可能消灭自然失业。所以宏观经济学分析的重点以及宏观经济政策所要解决的是周期性失业。

与自然失业率相联系的一个概念是充分就业。充分就业不是指人人都有工作，如前所述，失业可以分为由于需求不足而造成的周期性失业与经济中由某些不可避免的原因造成的自然失业。当实际失业率为自然失业率时，经济中就实现了充分就业。或者说，**充分就业**是指消灭了周期性失业时的就业状态。实现了充分就业时的失业率即是自然失业率，也称为充分就业的失业率。

三、失业的代价

过高的失业率会带来一系列经济、社会、个人和家庭问题，影响经济正常发展，甚至引发社会的不稳定。因此，各国政府都非常重视失业问题，都把失业率控制在"自然"的或"充分"的就业状态作为最主要的政策目标。

1. 经济代价

失业在经济上最大的损失就是实际 GDP 的减少。这是因为，一国经济的就业水平决定产出水平，就业的变动会引起产出的变动。当失业率上升时，意味着参加工作的人少了，这不仅使一部分劳动力资源被浪费了，而且劳动力之外的其他资源也没有得到充分利用，实际产出必然会降低，失业率与实际 GDP 之间存在负相关关系。

美国经济学家阿瑟·奥肯在 20 世纪 60 年代提出了用以说明失业率与实际 GDP 增长率之间这种关系的一条经验规律，这条规律被称为奥肯定理。可以用以下公式描述这个定理：

$$失业率的变动 = -\frac{1}{2} \times （实际 GDP 变动百分比 -3\%）$$

根据这个公式，当实际 GDP 增长率为 3% 时，失业率保持不变。

当实际 GDP 增长率变动时，失业率变动的幅度为实际 GDP 增长率变动幅度的一半。例如，如果实际 GDP 下降 2%（低于正常水平 5%），意味着失业率将上升 2.5%。

$$失业率的变动 = -\frac{1}{2} \times （-2\% -3\%）= 2.5\%$$

如果实际 GDP 在第二年度增长 5%（高出正常水平 2%），奥肯定理预期失业率将下降 1%。

$$失业率的变动 = -\frac{1}{2} \times （5\% -3\%）= -1\%$$

奥肯定理以简明的方式，揭示出失业率与实际 GDP 增长之间存在的关系，对政府制定经济政策具有非常重要的意义。比如，当失业率为 3% 时，根据奥肯定理，需要实际 GDP 增长 9%，才能提供足够的就业岗位，实现充分就业。

奥肯定理是根据美国 20 世纪 50—60 年代的实际 GDP 和失业率的经验数据得出来的，在不同的时期和不同的国家并不是完全相同的。但是，在所有国家中，实际 GDP 变动与失业率变动之间都存在密切的相关性。

2. 个人和家庭的代价

失业给个人带来了人力资本的损失。人力资本是受到的教育和获得的技能的价值。人力资本来源于所受的教育和工作中获得的经验。失业一方面使失业者已有的人力资本得不到运用，另一方面失业者无法通过工作增加自己的人力资本。长期的失业会降低人力资本的价值，因为人力资本闲置不用同样会折旧，即劳动技能因下降或过时而失去其原有价值。

失业还会使个人的自尊心受到伤害。失业不仅意味着生活水平下降，对未来担忧，还会给个人造成心理伤害，使当事人承受沉重的心理压力，这会引发诸如酗酒、家庭暴力、离婚、吸毒、自杀等问题，影响到家庭成员之间关系的和谐与稳定。

3. 社会代价

失业率的上升往往会引起犯罪率的增加，高犯罪率也是高失业率的代价。一项美国经济学家的研究显示，失业上升1个百分点，暴力犯罪上升3.4%，非暴力犯罪上升2.4%。此外，当失业问题严重，社会收入分配悬殊，失业者感到心理极度不平衡时，他们会采取抗议、示威的方式表达对社会和政府的不满，甚至会引发社会动荡。

参考资料　　　　　　　　　**我国失业人员的状况**

按照我国的统计口径，失业人员可以分为城镇登记失业人员、城镇调查失业人员和下岗职工。

国家统计局《中国劳动统计年鉴》（1998）将城镇登记失业人员定义为"有本地非农户口，在一定劳动年龄内（16岁以上及男50岁以下，女45岁以下），有劳动能力，无业而要求就业，并在当地就业服务机构进行求职登记的人员"。城镇登记失业人员主要是初、高中毕业后没有找到工作的青年，以及男50岁以下，女45岁以下的失业人员。由于很多失业者（估计相当于登记失业人数的40%）没有去登记，同时，也有一些登记失业者存在隐性就业的情况，城镇登记失业统计不能完全反映整个社会的失业情况。

国家统计局和劳动部1995年开始统计全国城镇失业人员调查数。全国城镇调查失业人员是城镇常住人口中16岁及16岁以上，有劳动能力，在调查期间无工作，当前有就业可能并以某种方式寻找工作的人员。主要包括两部分人：以失业青年为主的登记失业人员和下岗人员。因而，城镇调查失业人员数明显高于城镇登记失业人员数。1995年，全国城镇调查失业人员790万人，比城镇登记失业人员高51.9%，调查失业率为4.3%。1997年，城镇调查失业人员980万人，比登记失业人员高72%，调查失业率为4.9%。1998年以后，《中国劳动统计年鉴》不再报告调查失业人数。

失业人口调查揭示了我国失业的几个特点。①女性失业率高于男性。1997年，男性失业人员492万人，失业率为4.18%；女性失业人员565万人，失业率为5.64%。在城镇经济活动中，非农业（城镇户口）人口失业率高于农业（农村户口）人口。②来自农村的劳动力1997年占城镇经济活动人口的28%，仅占失业总数的8.5%。这部分是由于进入城镇经济的农村劳动力如果找不工作就会流回农村，部分是由于城镇劳动力市场是分割的，来自农村的劳动力一般从事城里人不愿从事的工资较低、条件比较艰苦的工作，而城市下岗人员不愿进入这部分劳动力市场。③在人口中，随着年龄升高，青少年组的失业率最高。其他市场经济国家也存在这种现象。④我国城镇失业人口的受教育年限高于东亚国家和地区（除日本外）的平均水平。1997年，我国城镇失业人员受教育年限平均为9.9年，而东亚国家和地区（除日本外）的平均受教育年限为6年。大专以上、高中、初中、小学和不识字者的失业率分别为5.7%、16.0%、6.6%、1.4%和0.4%。除大专以外，接受教育年限分组的失业率倒挂，即读书越多失业率越高。当然，不同组所追求的工作是不同的，这也反映了需要不同知识的不同职位对劳动的需求不同。

综上所述，我国城镇失业人口应包括：以刚进入劳动力市场的青年失业者为主体的登记失业人口，下岗职工中为实现再就业的人员（即下岗职工年末累积数），在城镇的农村劳动力中的失业人员。因此，登记失业人口和登记失业率低估了实际失业人口和失业率。建立一个真实反映失业情况的失业统计数据，是进行宏观经济分析和决策的基础。

——易纲、张帆：《宏观经济学》，中国人民大学出版社2008年版。

第二节
通货膨胀

改革开放以来，我国在20世纪80年代后期和90年代前期曾发生过两次较为严重的通货膨胀，通货膨胀率分别达到18%和24%。从世界范围内来看，我国的通货膨胀问题还不是最严重的，20世纪70年代，世界石油价格的上涨使得美国的物价水平每年上升7%，这意味着10年间物价水平翻一番。当时的美国政府把通货膨胀看做是国家面临的头号敌人。进入90年代以来，较为严重的通货膨胀是在巴西，1994年，巴西的通货膨胀率高达每个月40%。更加令人震惊的是，2008年，当全球在经济危机压力下面临通货紧缩威胁时，津巴布韦的通货膨胀率则以"火箭速度"上升，通货膨胀率高达百分之2.31亿。

是什么原因引起了通货膨胀？通货膨胀给社会带来了什么危害？本节的内容将回答这些问题。

一、通货膨胀的概念

我们从解释通货膨胀的定义开始对通货膨胀的研究。这是一个被大多数经济学家认可的定义，即通货膨胀。**通货膨胀**是指物价水平的持续的上升。理解通货膨胀的定义应注意两点：一是通货膨胀是指价格总水平的上升。价格水平就是价格指数，它不是哪一种物品的价格，而是所有物品和劳务价格总额的加权平均数，代表了所有物品和劳务的平均价格水平。如果只是少数几种物品或劳务价格的上升，不能认为经济中发生了通货膨胀；二是通货膨胀是指物价水平的持续上升，某些暂时性的或一次性的价格水平上升也不能算作通货膨胀。持续多久的价格水平上升才能称为通货膨胀呢？这里并没有一个明确的界限，有的经济学家说是 3 年，有的则认为 1 年。

物价水平可能上升，也可能下降。当某些物品和劳务的价格下降程度超过了其他的物品和劳务的价格上升程度，经济中就出现了通货紧缩。通货紧缩是指一定时期内大多数物品和劳务价格水平下降的情况。20 世纪 90 年代中期日本发生了通货紧缩。目前，美国正经历着由金融危机引起的被称为继 20 世纪 30 年代经济大萧条以来最严重的一次通货紧缩。受美国金融危机的影响，中国经济自 2008 年下半年起进入通货紧缩时期。

二、通货膨胀的类型

经济学家依据物价上涨的不同程度对通货膨胀作如下分类：

第一，温和的通货膨胀，又称爬行式通货膨胀。它是指年物价上涨率在 10% 以下的通货膨胀。这也是大多数国家在大多数情况下经历的通货膨胀。这种通货膨胀下价格上涨缓慢且可以预测，对经济的负面影响较小。此时货币不会明显贬值，不会发生大规模的抢购和挤提行为，经济还能够正常地运行。一些经济学家甚至相信温和的通货膨胀能够起到经济增长的"润滑油"作用。

第二，奔腾式通货膨胀，又称严重的通货膨胀。它是指年通货膨胀率达到两位数甚至三位数的情况。许多拉美国家，如巴西和阿根廷，在 20 世纪 70 年代和 80 年代就曾经历过通货膨胀率高达两位数甚至三位数的通货膨胀。一般来说，严重的通货膨胀会使人们对货币失去信任，经济陷入混乱。但有些经济，例如巴西和以色列的经济在这种情况下仍然保持了较高的增长。

第三，超速通货膨胀，也称为恶性通货膨胀。它是指年物价上涨率超过 1000% 的情况。当恶性通货膨胀袭来时，物价会呈现天文数字般的急剧上涨的情形。这种情况下的货币形同废纸，经济将完全瘫痪。国家拼命地开动印钞机印刷货币，公众则觉得"货币烫手"，拼命要把手中的货币花出去，或者换成硬通货，因为它每一分钟都在贬值，20 世纪 20 年代初的德国，40 年代末的中国和 80 年代的玻利维亚都经历过这种物价上涨率数以亿计的恶性通货膨胀。

案例分析　　　**20 世纪 40 年代我国的超速通货膨胀**

20 世纪 40 年代中国经历的通货膨胀是人类历史上的一次有代表性的超速通货膨胀。以 1936 年上半年物价指数为 1，到 1949 年物价上涨幅度竟超过了一万亿倍，物价天文数字的上升幅度远远超出了人们正常理解能力范围。一些中国近代史文献里有对这次超速通货膨胀的描述：100 元法币 1936 年能买 2 头大牛，1941 年能买 1 头猪，1945 年能买 1 条鱼，1946 年能买 1 个鸡蛋，1947 年能买 1/5 根油条，1948 能买 2 粒大米，到 1949 年只能买 100 万分之一粒大米了。

导致这次超速通货膨胀的原因主要有两个：一是连续不断的军阀之战、国共之间的战争和抗日战争破坏了正常生产和经济秩序，政府扩大税基受到限制，而军费开支加大了政府财政支出的压力。面临严重入不敷出的财政不平衡危机，使当时的政府有动机通过滥发钞票来增加收入。二是 1935 年实行了法币改革。这次币值改革的核心是由官方制定三家银行发行钞票，取代之前的银本位货币制度。钞票成为具有"无限偿还能力"的"法币"。币值改革虽然为经济运行提供了更有效率交换媒介的可能性，但是也为政府在短期超越税收和借债能力扩大开支提供了现实可能性。法币流通不久，货币供给量就加速上升。1940 年的法币发行量已经相当于 1937 年上半年的 5.6 倍，只是由于当时公众通货膨胀预期比较低，物价上涨低于货币供给量上升幅度。随着政府后来变本加厉地滥发法币获取收入，通货膨胀便如脱缰之马，货币供给量也不得不随之飞涨，通货膨胀自我锁定在加速上升的螺旋之中，最终导致金融崩溃并加速了国民党统治的结束。

——卢锋：《经济学原理》，北京大学出版社 2002 年版。

三、通货膨胀的原因

解释通货膨胀原因的理论主要有两种，即需求拉上说和成本推动说。现分别加以分析。

1. 需求拉上的通货膨胀

需求拉上的通货膨胀是指总需求超出了充分就业产量水平之后引起的价格水平持续上涨的情形。也就是说，当社会经济接近充分就业的国民收入水平时，由于总需求的过度增长，超出了现行价格可得到的产量水平，引起价格水平上升，从而发生通货膨胀。这类通货膨胀的原因在总需求一方，故称为需求拉上的通货膨胀。可以用图形来说明需求拉上通货膨胀。如图 13-1 所示。

在图 13-1 中，需要注意的是现实的短期总供给曲线可能并不是一条直线，而是一条斜率不断加大的曲线，表明随着未被利用的经济资源逐渐减少，产量的增加越来越慢；实现充分就业后，无论价格水平有多高，产量也无法再增加，长期总供给曲线完全垂直。

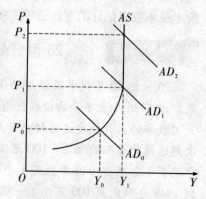

图 13-1　需求拉上通货膨胀示意

现在分析需求拉上通货膨胀的过程。在未实现充分就业之前，总需求增加会拉动产量水平和价格水平同时上升，假设经济初始的总需求曲线为 AD_0，当总需求水平提高，总需求曲线向右移动到 AD_1 的位置，相应地，产量增加到 Y_1 的水平，价格水平提高到 P_1。

越是接近充分就业产量，总供给曲线越陡峭，表明产量水平越接近于充分就业水平，总需求的增加所带来的价格上涨的幅度越大；如果经济已经实现了充分就业，表明所有的经济资源都已得到充分利用，则总需求的增加不能带来产量的任何增加，只会带来价格水平的上升。

如图 13-1，Y_1 已经是充分就业产量，如果总需求继续增加，总需求曲线从 AD_1 向右移动至 AD_2，可以看出，在这一较高的总需求水平，产量不能有任何增加，而价格则从 P_1 上升到 P_2，经济中发生了需求拉上的通货膨胀。

引起总需求过度扩张的因素有两类：实际因素和货币因素。实际因素包括：政府购买支出增加、减税、边际消费倾向增加、投资预期收益率上升以及出口增加等等。这些因素都可能引起总需求曲线向右移动，从而影响价格水平。货币因素是指如果货币供给量增加，也会引起总需求曲线向右移动，在产量已经达到充分就业水平时，会导致需求拉上通货膨胀。

在实际的需求拉上通货膨胀的发生过程中，上述两类因素的影响往往是交织在一起的。因为通货膨胀指的是价格水平的持续上涨，价格水平的一次性上涨，不能称为通货膨胀。但是，在引起总需求扩张的两类因素中，只有货币供给量具有持续扩张的能力，可能引起总需求曲线的持续右移，而其他各种实际因素的变动都有一定限度，不能使总需求曲线持续右移。例如，政府购买的增加要受到一国财政收入的制约，税收的减免不可能越过零的界限，同样，消费支出和投资支出也受到一国国民收入的制约，出口的扩张受到进口国市场容量和贸易政策的限制。因此，仅仅是这些因素的变动，只能导致价格水平一次性上升，而不能导致价格水平的持续上涨。因此，需求拉上的通货膨胀通常是由实际因素和货币因素共同作用而引起的。比如，我国 1993 年至 1994 年的通货膨

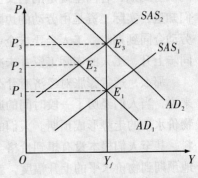

胀，就是在市场经济体制尚不健全的条件下，地方政府和企业存在过旺的投资需求，而银行体系的制度缺陷使得中央银行无法抵制这种过旺的需求，从而导致了货币和信贷的失控。

2. 成本推动的通货膨胀

在现实中，即使经济中还存在大量闲置资源，失业率居高不下时也会出现通货膨胀，这种情况下的通货膨胀显然无法用需求过度来加以解释。因此经济学家转而从供给方向寻找通货膨胀的原因，提出了成本推动的通货膨胀理论。成本推动的通货膨胀是指在没有超额需求的情况下由于成本上升而引起的通货膨胀。引起成本上升的原因很多，但成本推动的通货膨胀理论强调的是由于经济中某些垄断因素引起的成本上升，即存在两种类型的成本推动：工资推动和原材料价格上升的推动。

工资推动的通货膨胀，是指工会作为一个垄断性组织，由于其力量的强大，使得工人可能获得高于均衡水平的工资，这种过高的工资要求推动了总供给曲线的左移，从而造成工资推动的通货膨胀。经济学家将欧洲许多国家在20世纪60年代末70年代初经历的通货膨胀认定为工资推动的通货膨胀，因为在这一时期出现了工资的急剧增加。例如，德国的工资年增长率从1968年的7.5%跃居到1970年的17.5%。在同一时期，美国的工资年增长率也由7%上升到15.5%。

原材料价格上升的推动，是指一些垄断性经济组织控制了某些重要的原材料的生产和销售，他们为了获得高额的垄断利润而提高价格，使总供给曲线左移，从而导致通货膨胀。最为典型的例子是在1973年至1974年，石油输出国组织（OPEC）历史性地把石油价格提高了4倍。到1979年，石油价格又被再一次提高。石油位于产业链中的上游，一旦价格上升，将引发一系列物品和劳务的价格水平提高，从而引发通货膨胀。20世纪70年代的两次石油提价对西方发达国家经济产生了强烈影响，由此导致的经济萧条被称为"石油危机"。

理解成本推动的通货膨胀应注意，在货币供给不变的条件下，由成本上升引起的价格上涨是一次性的，而且市场机制的调节作用最终会导致价格水平恢复到原来的均衡状态。由上述成本因素之所以会引发严重的通货膨胀，其原因在于政府对失业率上升采取的增加货币供给量的反应。可用图13-2说明成本推动通货膨胀发生的过程。

假设开始时经济处于充分就业的均衡点 E_1，由于成本上升，使得短期总供给曲线左移到 SAS_2，均衡点

图13-2　成本推动通货膨胀示意

变成 E_2。此时，若总需求曲线 AD_1 保持不变，则由于国民收入低于充分就业水平，失业的增加最终对工资和价格产生向下的压力，使短期总供给曲线恢复到 SAS_1，经济又回到原来的均衡水平，价格总水平并没有上升。之所以发生持续的物价上涨，是因为在实际 GDP 下降，失业率上升到自然失业率之上时，会有许多要求恢复充分就业的呼声，因而中央银行会采取增加货币供给量的政策增加总需求，使总需求曲线右移到 AD_2。总需求的增加使经济回到充分就业均衡点 E_3，但价格水平进一步上升到 P_3。此时，工人会进一步要求提高工资，短期总供给曲线存在进一步向左移动的压力，政府被迫再一次对高失业作出反应。这样，总供给曲线和总需求曲线一次次交替上移就导致了价格水平的持续上涨。

由此可以看出，成本推动仅仅是物价上涨的最初动因，中央银行为维持就业和产量目标而采取的扩张性货币政策是价格水平持续上涨的必要条件。因此，成本推动的通货膨胀仍然与较高的货币增长率相联系。

以上我们在理论上区分了需求拉上和成本推动的通货膨胀。但在现实经济生活中这两者是很难区分的。因为它们都是在供求的交替作用下产生的，而且都与货币供给量的扩张有关。我们只知道需求拉上的通货膨胀一般发生在经济达到充分就业之后，成本推动的通货膨胀则发生在达到充分就业水平之前，但什么样的失业率代表着充分就业水平（或者说什么样的失业率为自然失业率）通常又是很难确定的。事实上，在通货膨胀发生时，需求拉上和成本推动的作用常常是密切联系交叉一起的。

四、通货膨胀对经济的影响

人们通常认为，通货膨胀之所以不好，是因为它降低了货币购买力，使得人们的实际工资减少了。短期内，如果工人的名义工资是固定的，发生了通货膨胀后，在劳动合同没有到期，合同里规定的名义工资不能调整时，工人的实际工资确实降低了。但是我们知道，实际工资是由劳动的边际贡献决定的，而不是由通货膨胀率决定的。因此，当劳动合同到期时，工人会要求企业增加工资，长期来看，工资水平和物价水平会表现出同步上升，工人的实际工资并未减少。

那么，通货膨胀对经济有什么影响呢？这取决于通货膨胀是否为公众所预期。一般来说，当人们经历了一段时间的通货膨胀后，会根据他观测到的现在的通货膨胀对未来物价水平的走势形成预期。人们的预期有对也有错，如果物价水平的上升超出人们的预料，甚至人们根本没有想到价格会上涨，这被称为未预期到的通货膨胀。如果人们正确地预期到物价水平的上升幅度，就称为可预期的通货膨胀。通货膨胀对经济的影响与其是否被正确预期很有关系。

1. 未预期到的通货膨胀

当通货膨胀的发生出乎意料之外时，未预期到的通货膨胀会引起人们之间任意的财富和收入的再分配。可从以下三方面来分析这一问题。

第一，有利于债务人而不利于债权人。这是因为，债务契约根据签约时的通货膨胀率来确定名义利率。当发生了未预期到的通货膨胀时，债务契约无法更改，从而使实际利率下降，债务人受益，而债权人受损。例如，你以5%的年利率借给别人100元，那么一年后对方连本带息还你105元。但如果一年后价格水平上涨了10%，那么这105元钱的购买力还不如现在的100元。这样你不仅未能得到资金的增值，反而损失了一部分购买力。而借钱者却从这种价格上升中得到了好处。这意味着未预期到的通货膨胀将一部分财富从债权人手中转移到了债务人手中。

经济学家认为，未预期到的通货膨胀造成的财富再分配有助于解释为什么政府总是倾向于发行过多的货币：因为政府是一个巨大的债务人，向公众发行了巨额的国债。政府印刷纸币增加货币供给，引发价格水平上升，这会减轻政府还本付息的负担，而公众的财富则被转为政府的收入。例如，假定你的实际财富为3000元，可以买一台电脑，现在你把这3000元用于购买1年期国债，这等于你的财富被政府用3000元纸币收购了。如果1年后价格水平上涨了一倍，你手里的3000元只能买一台显示器，你的实际财富只有一年前的一半，另一半财富成为政府的收入，这类似于对居民的征税，所以经济学家把政府通过发行货币而对人们的财富的攫取部分称为通货膨胀税。实行浮动利率有助于减少通货膨胀的再分配效应。

第二，有利于雇主不利于工人。未预期到的通货膨胀还会在工人和雇主之间分配财富。工人和雇主之间通常签订长期合同确定工资水平。在合同有效期间，如果通货膨胀率超出了人们的预期，合同里确定的名义工资不变，从而使实际工资下降了，而雇主的利润相应的高于原先的预期，雇主以损害工人的利益而获益。工资的指数化政策（即工资与价格指数挂钩）有助于减少通货膨胀对工人利益的损害。

第三，不利于固定收入者。这是因为，对于那些领取固定收入的人来说，通货膨胀发生了未预期到的上升，而他们的收入固定不变，或者即使也上升但是在时间上滞后或增长幅度赶不上物价上涨，这会使他们的实际收入减少，从而导致实际生活水平下降。比如领取固定养老金、救济金的居民，获取固定租金收入的出租人，都会因通货膨胀而受到利益上的损失。把固定收入改变为浮动收入，如养老金支付的指数化有助于减少通货膨胀的再分配效应。

2. 可预期的通货膨胀

如果通货膨胀是可以预期的，它对经济的影响主要表现为效率的损失。

第一，增加了交易成本。交易成本之一是"皮鞋成本"，它是指人们为了避免货币贬值所引起的损失而花费的时间和精力。当通货膨胀发生时，人们钱包里货币的实际购买力下降，现金变得"烫手"，人们会减少现金持有量以减少损失。但是减少现金持有量并不容易，它要增加人们跑银行的次数。例如，你不是一次性取出足够一个月花费的现金，而是只取出维持一周生活的现金。通过更经常地跑银行，你可以使更多的货币以有利息的存款的形式存在。经济学家把人们为减少现金持有量而花费的大量的时间和精力称为"皮鞋成本。"在温和性通货膨胀的情况下，"皮鞋成本"是微不足道的。但如果通货膨胀非常严重（例如恶性通货膨胀），"皮鞋成本"会相当大。此外，可预期的通货膨胀带来的交易成本还表现为家庭和企业在资产管理和物物交易等方面浪费比较多的资源。比如，在预期通货膨胀率较高时，人们会用美元代替不值钱的本币，这样做的结果使人们不再专心工作，而是时时刻刻密切关注本币和美元之间的汇率，并在外汇市场进行多次成本高昂的交易。甚至人们采取物物交易的方式，而以商品作为支付手段的效率明显低于货币。

第二，引起相对价格扭曲。在通货膨胀的环境下，价格水平频繁变动，引起企业间产品相对价格的变动。市场经济是依靠相对价格配置稀缺资源的，但是，在通货膨胀的情况下，相对价格的变化不仅受到产品供给需求的影响，还会受到平均价格水平变化的影响。因此，当发生了通货膨胀时，企业无法判断价格上涨代表真实的市场需求增加抑或只是通货膨胀导致所有物品或劳务涨价的结果，这就干扰了相对价格的信息传递功能，市场不能把资源配置到最好的用途，从而不可避免地带来效率损失。比较突出的表现是企业为避免风险，往往从生产周期较长的产业转向生产周期较短的产业，经济中各种短期行为、投机行为盛行，这显然不利于经济的长期发展。

第三，引起税收扭曲。很多税收条款都没有考虑到通货膨胀因素，因而通货膨胀倾向于增加人们收入（工资收入、利息收入、资本利得等）的税收负担。例如，预期通货膨胀率的上升会引起名义利率的上升，上升的这部分名义利率是对通货膨胀的补偿，实际利率并没有改变。但由于税率不能及时调整，利息税把名义利率提高后的全部利息作为储蓄所增加的收入看待，政府对这部分收入按不变的税率征税，实际利率下降了，通货膨胀增加了利息收入的税收负担。在这种情况下，人们就会增加当前的消费，减少储蓄，从而使投资者无法得到足够的资金来源。类似的情况还存在于实行累进税的场合，在发生通货膨胀时，企业和个人将因为名义收入的上升而承担较高的税率，这会扭曲税收体系对人们工作、储蓄和投资的激励。由此造成对经济效率的负面影响。

第三节
通货膨胀与失业的关系

通货膨胀和失业是宏观经济中的两个最重要的问题。那么，这两者之间有什么关系呢？这是近半个世纪以来一些最重要的经济学家所关心的问题。说明对于这两者关系认识演变过程，有助于深入而正确地理解通货膨胀和失业的相互关系。

一、短期菲利浦斯曲线

1. 菲利浦斯曲线的产生

1958 年，英国伦敦经济学院的经济学家菲利浦斯（A. W. phillips）在研究了英国 1861—1957 年间货币工资变动率和失业率的统计资料后，提出了一条用以表示货币工资变动率和失业率之间交替关系的曲线。这条曲线表明，当失业率较低时，货币工资增长率较高，在失业率较高时，货币工资增长率较低，甚至是负数。把这种关系描绘在图上就是原始的菲利浦斯曲线。如图 13 – 3 所示。

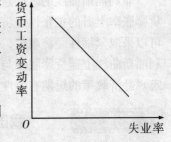

图 13 – 3　原始菲利浦斯曲线

在图 13 – 3 中，原始菲利浦斯曲线为一条向右下方倾斜的曲线，表明货币工资变动率与失业率之间的负相关关系。这种负相关关系可以理解为：当失业率较低时，意味着劳动市场上对劳动的需求较多，在劳动供给相对稳定的情况下，势必引起劳动的价格——货币工资上升；反之，失业率较高时，意味着对劳动需求较少，货币工资下降。

假定工资成本构成产品价格的一个固定比例，则货币工资变动率可以等同于产品价格的变动率（即通货膨胀率）。美国经济学家 P. 萨缪尔森和罗伯特·索洛正是根据这一假定，将货币工资变动率与失业率之间的交替关系转换成通货膨胀率与失业率之间的交替关系。因此，一般我们说的菲利浦斯曲线都是反映这两者之间的关系。菲利浦斯曲线的中心思想是：在其他条件不变的情况下，通货膨胀率越低，失业率越高，通货膨胀与失业率之间存在着反方向变动的关系。图 13 – 4 为菲利浦斯曲线。

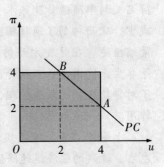

图 13 – 4　菲利浦斯曲线

在图 13-4 中，横轴 u 代表失业率，纵轴 π 代表通货膨胀率。PC 为菲利浦斯曲线。PC 向右下方倾斜，表示通货膨胀率与失业率之间呈反方向变动，在 A 点，通货膨胀率为 2%，失业率为 4%，在 B 点，通货膨胀率为 4%，失业率为 2%，失业率下降时，通货膨胀率上升了。

2. 菲利浦斯曲线的政策意义

通货膨胀与失业率的交替关系为政府的决策提供了一个选择空间，即政府总可以通过牺牲一个目标来换取另一个目标的实现。也就是说，菲利浦斯曲线为政府提供了一个选择的菜单，决策者可以根据自己的偏好，选择任何一个位于这一曲线上的通货膨胀率和失业率的组合。如图 13-4 所示，假设一个经济所能承受的最高失业率和最高通货膨胀率均为 4%，那么位于阴影部分内的菲利浦斯曲线就代表了政府可以选择的策略组合。

菲利浦斯曲线的政策意义是：如果经济中失业率过高，政府可采取在短期内引起通货膨胀率上升的扩张性经济政策降低失业率。反之，如果经济中通货膨胀率过高，政府可以采取紧缩性经济政策，以失业率一定程度的上升为代价，把通货膨胀率降下来。菲利浦斯曲线上通货膨胀率与失业率的不同组合为决策者提供了不同的政策选择。这就是宏观经济政策的短期有效性。

案例分析 　　我国 1988 年的通货膨胀和政策调控

1988 年是我国商品市场和流通体制的改革进入关键期，"价格改革闯关"使老百姓对通货膨胀的预期突然加强，当时在全国范围内出现大面积的挤兑储蓄存款、抢购商品的风潮，从而给经济带来不利的供给冲击，通货膨胀率最高达到 18.5%，创下了改革开放以来的历史新高。

为了消除通货膨胀预期，中国人民银行对当时的三年定期存款实行了保值储蓄，使得名义利率随通货膨胀水平浮动调整，由于老百姓的利益得到了保护，银行的储蓄不再减少，从而抑制了通货膨胀。同时，政府又从财政、信贷等方面采取了十分严厉的经济紧缩措施。在财政方面仍然以压缩地方财政支出为主，用行政手段叫停"楼堂馆所"等非生产性固定资产投资，严格地方投资项目的审批程序。在货币政策方面，重新恢复了对贷款规模的限额管理，对贷款规模实行按月考核，强化了计划手段控制信贷总量的作用。

上述"双紧"政策实施的结果是，通货膨胀率从 1988 年的两位数迅速下降到 2% 左右，过热的经济迅速降温，通货膨胀得到遏制。但另一方面，也使经济增长率陷入低谷，1989 年和 1990 年的 GDP 增长率仅为 4.1% 和 3.8%，1989 年社会商品零售总额开始出现负增长，市场需求的疲软状态一直持续到 1992 年。

经济学家把通货膨胀减少 1% 的过程中每年产量（GDP）减少的百分比称为牺牲率。对牺牲率大小的估算并不相同，但都承认有牺牲率的存在。产量的减少则会引起失业率上升，既要降低通货膨胀又要减少失业的好事是不现实的。这也说明了世界上没有免费的午餐，任何成功都必须付出代价。

二、长期菲利浦斯曲线

1968 年，美国经济学家弗里德曼对菲利浦斯曲线提出了挑战。他认为，短期内，通货膨胀与失业率之间存在交替关系，但从长期看这一关系不能成立，决策者也不能根据菲利浦斯曲线作出政策选择。

弗里德曼在解释通货膨胀率与失业率之间的短期和长期关系时，引入了预期通货膨胀率的概念。预期通货膨胀率是指人们对未来一段时间价格水平变动的预期值。弗里德曼认为，短期内工人对通货膨胀率的预期是既定的，如果中央银行增加货币供给量，通货膨胀率就会发生没有预期到的上升。由于实际通货膨胀率高于预期的水平，工人的实际工资减少，企业增加生产，就业增加。如图 13 – 5 所示。

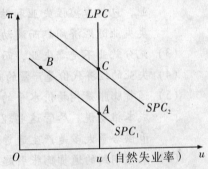

图 13 – 5　预期通货膨胀率的变动引
　　　　　起短期菲利浦斯曲线移动

假设经济的初始状态处于均衡点 A，如果中央银行突然采取增加货币供给量的办法来扩大总需求，短期内，经济由均衡点 A 沿着 SPC_1 移动到 B 点，在 B 点，预期通货膨胀率仍然低，但实际通货膨胀率高，失业率降到自然失业率之下。这就是说，当短期内预期的通货膨胀率低于以后实际发生的通货膨胀率时，通货膨胀和失业率之间存在着菲利浦斯曲线所表示的交替关系。所以，向右下方倾斜的菲利浦斯曲线在短期内是可以成立的。这也说明，在短期中引起通货膨胀率上升的扩张性财政政策与货币政策是可以起到减少失业作用的。这就是宏观经济政策的短期有效性。

但是，在长期中，工人会根据实际发生的情况不断调整对通货膨胀的预期。当预期的通货膨胀与实际的通货膨胀一致时，工人会要求增加名义工资，使实际工资恢复到通货膨胀以前的水平。这时，劳动力成本上升了，企业会减少雇佣工人的数量，从而使产量和失业率都恢复到以前的水平。表现在图形上，预期通货膨胀率的变动使 SPC_1 右移至 SPC_2，经济由 B 点移动到 C 点。在 C 点，预期通货膨胀率和实际通货膨胀率都很高，而失业率回到自然失业率水平，从而通货膨胀就不会起到减少失业的作用。

把长期均衡点 A、C 连接起来就是长期菲利浦斯曲线，它是一条垂直于横轴的直线。表示长期内通货膨胀和失业率之间不存在交替关系，无论通货膨胀率如何变动，失业率总是固定在自然失业率的水平上。

长期内垂直的菲利浦斯曲线有着重要的政策意义，它意味着在长期内高通货膨胀并不能带来高就业，因此通过实施扩张性财政政策与货币政策来维持高就业水平是不可取的。这就是宏观经济政策的长期无效性。

本章小结

（1）失业是指有劳动能力的人想工作没有工作正在寻找工作的社会现象。

（2）失业包括自然失业和周期性失业。自然失业是指经济在正常状态下存在的失业，包括摩擦性失业和结构性失业。周期性失业是经济衰退引起的失业，这类失业随经济周期而波动。

（3）充分就业不是零失业，而是等于自然失业率的失业率。

（4）失业的经济代价是产量的减少。奥肯定理认为失业率上升 1%，产出下降 2%。

（5）通货膨胀是指物价水平的持续上涨。通货膨胀的原因主要有需求率拉上说和成本推动说。尽管这些理论的着眼点不同。但是大多数经济学家都认为，货币供给量太多是产生通货膨胀的一个基本条件。

（6）未预期到的通货膨胀引起了收入与财富的任意再分配。可预期的通货膨胀降低了经济运行的效率。

（7）短期菲利浦斯曲线表示当预期通货膨胀率不变时，通货膨胀和失业之间的替代关系。其政策含义是，政府总可以通过牺牲一个目标来换取另一个目标的实现。

（8）垂直的长期菲利浦斯曲线表示当实际通货膨胀率等于预期通货膨胀率时，通货膨胀率与失业率之间不存在交替关系，失业率等于自然失业率。其政策含义是：长期内政府通过实施扩张性经济政策不能降低失业率，这就是宏观经济政策的长期无效性。

关键概念

失业　自然失业　摩擦性失业　结构性失业　周期性失业　自然失业率　充分就业
奥肯定理　通货膨胀　需求拉上的通货膨胀　成本推动的通货膨胀　菲利浦斯曲线

练习与思考

一、判断正误

(1) 由劳动力的正常流动而造成的失业称为摩擦性失业。（ ）

(2) 由于难以避免的技术变动所引起的失业称为结构性失业。（ ）

(3) 只要存在失业工人，就不可能有工作空位。（ ）

(4) 如果汽油或计算机的价格上升了，经济就一定经历着通货膨胀。（ ）

(5) 只要通货膨胀率发生不可预期的变动，一定是债务人和雇主受益，而债权人与雇工受损失。（ ）

(6) 由政府支出增加而引起的通货膨胀被称为需求拉上的通货膨胀。（ ）

(7) 在总需求不变的情况下，短期总供给曲线向左上方移动所引起的通货膨胀称为成本推动的通货膨胀。（ ）

(8) 菲利浦斯曲线所表明的失业率与通货膨胀率的关系总是正确的。（ ）

二、单项选择

(1) 下列哪种情况属于摩擦性失业（ ）。

　　A. 一个由于技术进步而失去工作的工人

　　B. 被解雇但有希望很快回到原工作岗位的工人

　　C. 一个决定退休的工人

　　D. 一个决定去上学的工人

(2) 周期性失业是指（ ）。

　　A. 由于某些行业生产的季节性变动所引起的失业

　　B. 由于总需求不足引起的短期失业

　　C. 由于劳动力的流动不能适应劳动力需求变动所引起的失业

　　D. 由于生产结构调整使一部分劳动力需求变动所引起的失业

(3) 经济处于充分就业是指（ ）。

　　A. 所有的人都有工作　　　　　　B. 所有的劳动力都有工作

　　C. 只存在摩擦失业与结构失业　　D. 失业率低于3%

(4) 通货膨胀是指（ ）。

　　A. 主要食品价格上升　　　　　　B. 生活必需品的价格上升

　　C. 物价总水平持续普遍上升　　　D. 物价上涨

(5) 如果通货膨胀没有预料到，受益者是（ ）。

　　A. 债权人　　　　B. 退休金领取者　C. 雇主　　　　　　D. 雇工

(6) 进口原材料价格上涨所引起的通货膨胀属于（ ）。

A. 需求拉上的通货膨胀　　　　　B. 成本推动的通货膨胀
C. 结构性通货膨胀　　　　　　　D. 工资利润推动的通货膨胀

（7）菲利浦斯曲线的基本含义是（　　）。

A. 通货膨胀率和失业率同时上升

B. 通货膨胀率和失业率同时下降

C. 失业率上升，通货膨胀率下降

D. 失业率的变动与通货膨胀率的变动无关

（8）弗里德曼认为，从长期来看，在通货膨胀率上升时，工会会按照它对通货膨胀的预期提高工资，因而失业率不会下降。这表明（　　）。

A. 菲利浦斯曲线变为向右上方倾斜　　B. 菲利浦斯曲线变为垂直线

C. 菲利浦斯曲线变为水平线　　　　　D. 菲利浦斯曲线不变

三、问答题

（1）某国的情况如下：人口 2500 万，就业人数 1000 万，失业人数 100 万。

A. 该国的劳动力是多少？

B. 失业率是多少？

C. 如果摩擦失业与结构失业为 60 万人，自然失业率应该是多少？

D. 在实现了充分就业时，该国应该有多少人就业？

（2）哪些因素可能会引起通货膨胀？

（3）如果通货膨胀比预期的低，谁受益——债务人还是债权人？并解释之。

（4）假设某国人预期 1997 年通货膨胀等于 3%，但实际上物价上升了 5%，这种未预期到的高通货膨胀帮助了，还是损害了以下的主体？

A. 政府　　　　　　　　　　　　B. 劳动合约第二年的工人

C. 按固定利率抵押贷款的房主　　D. 投资于政府债券的企业

（5）假设干旱摧毁了农作物并使食物价格上升。对通货膨胀与失业之间的短期交替关系有什么影响？

（6）为什么长期菲利浦斯曲线是垂直的？

（7）假定货币供给量减少，用菲利浦斯曲线说明这种减少的短期和长期影响。

第十四章
宏观经济政策

本章将向你介绍的重点内容

◎ 财政政策工具

◎ 财政政策如何影响总需求

◎ 自动稳定机制

◎ 货币政策工具

◎ 货币政策如何影响总需求

一个经济社会理想的产出应该处于充分就业的产出水平。但是，由于现实中存在各种不确定的风险因素，实际的产出水平总是偏离充分就业水平。在大多数情况下，总供给和总需求总是处于不相等的非均衡状态，失业和通货膨胀就是两种最常见的经济失衡现象。虽然市场经济自我调节机制的作用可使经济由非均衡逐渐向均衡的轨道回归，但这往往需要较长的时间。而政府的需求管理政策则能够在短期内减少经济中各种不确定因素带来的影响，实现国民经济的平稳运行。需求管理是在总供给为既定的前提下，政府通过调节总需求实现整体经济的稳定。政府需求管理的工具主要包括财政政策和货币政策。

人们把政府对经济的调节称为"看得见的手"。第二次世界大战之后，各国政府自觉而普遍地运用宏观经济政策来稳定经济，这其中尽管也有许多失误，引起过不少问题，但国家对经济的调节仍然是利大于弊，与战前相比，战后的经济更加稳定与繁荣，这部分要归功于国家的宏观经济政策，对宏观经济政策的研究也成为宏观经济学的一个重要内容。

本章要说明财政政策和货币政策对总需求的影响，以及政府如何使用他们控制的政策工具来稳定经济。

第一节 财 政 政 策

一、财政政策工具

财政政策是指政府通过改变支出和税收来调节总需求的政策。只要有政府就有财政政策。但是传统财政政策的任务是为政府的各种支出筹资，能够实现财政收支平衡是财政政策的最高原则。而凯恩斯主义的现代财政政策不仅要为政府支出筹资，还要调节经济，实现稳定。财政政策就是运用政府支出和税收调节宏观经济的经济政策。

政府的收入和支出项目都可以用作财政政策工具。政府支出主要包括购买支出和转移支付；政府的收入主要通过税收取得。

1. 政府购买支出

政府购买支出（G）是指政府对物品和劳务的购买。例如，政府兴建水库大坝、高速公路等公共工程的开支，政府对军需品、科技、教育、环保等公共物品生产的投入，以及政府机构建立、维持、运营的费用，比如政府购买办公用品、支付公务员的工资等等。

政府购买支出是总需求的一部分，对总需求水平有直接的影响，是决定国民收入水平的重要因素，因而是政府最常用的财政政策工具。当政府增加对物品与劳务的购买时，将会增加总需求，进而提高国民收入水平；当政府减少购买性支出时，将会减少总需求，进而降低国民收入水平。

2. 转移支付

政府支出的另一项是转移支付。转移支付是指政府在社会福利保险、贫困救济、各项补贴，以及公债利息等方面的支出。例如，政府给失业者发放的失业救济金，对低收入居民发放的猪肉补贴，对农业的补贴，等等。转移支付的特点是，它不是对物品和劳务的直接购买，而是政府单方面把一部分收入的所有权无偿转移给低收入社会成员或企业。或者说，它是政府将收入在不同社会成员之间进行再分配，体现了政府在促进社会公平方面的作用。转移支付对总需求也有影响，但其影响是间接的，影响程度不如政府购买强烈。

政府转移支付间接影响总需求的机理是：通常低收入者的边际消费倾向高于高收入者。当政府以税收的形式从较高收入者那里集中一笔钱款，再以转移支付的形式发放给较低收入者后，就会有较大的一部分用于消费，从而间接提高总需求水平。

3. 税收

税收是财政收入的主要来源，它是政府对家庭和企业收入的一种攫取，也可以被政府用作财政政策工具，来调节经济中的总需求。

政府主要通过税率的调整来影响总需求。税率的高低与变动方向对家庭和企业的收入、消费和投资会产生很大的影响。如果政府提高税率、增加税收，家庭的可支配收入减少，会减少消费支出；企业的收入和利润减少，会减少投资支出，这两方面的作用会造成总需求水平的下降，从而降低国民收入水平。反之，如果政府降低税率、减少税收，就会提高总需求水平，从而提高国民收入水平。

二、财政政策对总需求的影响

1. 政府购买支出的影响

我们已经知道，政府购买支出是总需求的组成部分。当政府改变对物品和劳务的购买时，它会直接影响总需求的规模，进而影响国民收入的变动量。假定政府支出增加100亿元，总需求的增加并不正好是100亿元，有两种宏观经济效应使总需求的增加不同于政府购买的增加，一种是乘数效应，另一种是挤出效应。

（1）政府购买支出的乘数效应。政府购买支出乘数是指政府购买支出变动引起的国民收入变动的倍数。或者说，是指国民收入的变动量与最初政府购买支出变动量的比例。假设政府向 A 公司购买 100 亿元的物品，这会使 A 公司的工人和企业主收入增加，这部分收入被分为消费和储蓄，其中的消费支出继续变成需求，较高的需求引起较高的收入，较高的收入又引起较高的需求，把所有的这些效应加在一起，对物品和劳务需求量的总影响会大于最初政府购买支出的增加，这就是政府购买支出对总需求的乘数效应。

根据第十章对投资乘数公式的推导，如果假定最初增加的不是投资支出而是政府购买支出，那么国民收入的整个变化过程将基本相同。所以，政府支出乘数 k_g 可表示为：

$$k_g = \frac{1}{1-b}$$

例如，如果边际消费倾向 b 为 0.75，政府购买支出乘数就是4[$= 1/(1-0.75)$]。这就是说，如果政府购买支出增加 100 亿元，将会引起国民收入 4 倍（400 亿元）的增加。

（2）挤出效应。乘数效应表明，政府增加对物品和劳务的购买引起的总需求和国民收入变动可能会大于政府最初购买的变动。但是，还有另一种效应在相反的方向发生作用。即：当政府购买增加刺激了总需求时，它也引起了利率上升，而较高的利率会减少私人投资支出，进而减少了物品和劳务的需求，这种现象被称为挤出效应。**挤出效应**是指政府购买支出增加使利率上升所引起的私人投资减少的趋势。

例如，当政府向 A 公司增加 100 亿元购买时，会引起 A 公司工人和企业主收入增加，乘数效应使其他企业和所有者的收入也增加，这使人们计划购买更多的物品和劳务，因此，人们愿意更多的以货币形式持有自己的财富，对货币的交易需求增加。这就是说，政府购买增加引起国民收入增加，进而又引起了货币需求的增加。在货币供给不变的条件下，货币需求增加会引起利率上升，利率上升增加了贷款的成本，这会使投资减少。投资是总需求的一部分，利率上升通过减少私人投资使总需求减少。因此，当政府购买增加引起总需求增加时，它也会挤出私人投资，挤出效应又使总需求减少。

政府购买支出变动对总需求的整体影响取决于乘数效应和挤出效应。在一般情况下，挤出效应小于乘数效应。因此，当政府购买支出增加时，总需求的增加仍然会大于政府购买的最初增加，但不如没有挤出效应时大。

2. 税收变动

财政政策的另一重要工具是税收变动。当政府减税时，个人可支配收入增加。人们把增加收入的一部分储蓄起来，另一部分用于购买消费品。由于减税增加了消费支出，它也增加了总需求，进而使国民收入增加；反之，增税则减少了消费支出，使总需求减少，进而国民收入也随之减少。由税收变动引起的总需求的变动也要受到乘数效应和挤出效应的影响。

税收乘数是指税收的变动所引起的国民收入变动的倍数。当政府减税时，人们的收入增加，这会刺激消费支出的连续增加，这就是税收的乘数效应。税收乘数 k_T 可表示为：

$$k_T = -\frac{b}{1-b}$$

税收乘数为负值，表明税收 T 与国民收入 Y 呈反方向变动。即，税收增加，国民收入减少；税收减少，国民收入增加。

税收乘数通常小于政府购买乘数。这是因为，个人可支配收入分为消费和储蓄两部分，当政府减税使个人可支配收入增加时，居民消费支出的增加总是小于政府的税收变动。假定政府减税 100 万元，人们的可支配收入增加了 100 万元，假定边际消费倾向为 0.8，即每 100 万元收入用于消费支出 80 万元，那么，在政府减税 100 万元时，居民的消费支出便增加了 80 万元，另外的 20 万元作为储蓄在收入流中漏出了。这意味着由减税引起的消费支出变动应该用税收变动（ΔT）乘以边际消费倾向（b）而求得。我们已知乘数效应指的是任何需求因素的变动连续带动的消费支出和消费品生产的变动，乘数之值总是等于 $1/(1-b)$，但因减税而增加的消费只有 $\Delta T \times b$，所以税收乘数小于政府购买乘数。

当政府减税刺激消费支出时，较高的收入引起较高的货币需求，这又会使利率上升。利率上升使贷款成本增加，引起投资支出减少，这是税收变动的挤出效应。由税收变动引起的总需求和国民收入的变动规模，取决于乘数效应和挤出效应的大小。

三、宏观财政政策的运用

如前所述，政府购买支出和税收的变动会影响总需求，进而影响国民收入水平，因此，政府可以通过改变政府购买支出和税收来消除失业和通货膨胀，以实现宏观经济的稳定。

当总需求不足，经济处在衰退状态，均衡的国民收入水平小于充分就业的均衡状态时，政府应采取扩张性的财政政策，即增加购买支出，减少税收以便刺激总需求的增加。增加政府购买一方面可直接增加总需求，另一方面又刺激了私人消费和投资，间接增加了总需求。减少税收也起到增加总需求的作用，因为减少个人所得税，可增加居民可支配收入，从而增加消费；减少公司所得税可以使公司收入增加，从而投资增加。因此，增加政府购买支出和减税，都会使总需求和国民收入在乘数作用下数倍扩大，从而消除失业，实现充分就业的国民收入均衡。

当总需求过旺，经济中存在通货膨胀时，政府应该采取紧缩性的财政政策，即减少购买支出，增加税收以便减少总需求，抑制通货膨胀。减少政府购买支出，既可直接减少总需求，又可通过抑制私人消费和投资，间接减少总需求。增加税收也可以减少总需求，因为增加个人所得税可减少居民可支配收入，从而减少消费；增加公司所得税可以使公司收入减少，从而投资减少。因此，减少政府支出和增加税收将使总需求和国民收入在乘数作用下大幅度收缩，从而抑制经济的膨胀。

经济学家把上述财政政策的运用称为"逆经济风向行事"，即在经济出现过热倾向时对之进行抑制，使经济不会因过度繁荣而引起通货膨胀；在经济进入衰退时对之进行刺激，使经济不会严重萧条而引起失业，从而实现既无通货膨胀又无失业的稳定增长。例如，1997—1999 年，亚洲金融危机引起中国经济衰退，中国政府及时改变了"九五"计划确定的"从紧"的宏观调控政策，转而采取了一系列扩张性的政策，其中包括政府增加对基础建设领域的重点投资等政策，成功地遏制了经济衰退的负面影响。

参考资料　　　**当前我国的积极财政政策**

受美国金融危机引发的全球性经济衰退的影响，自 2008 年下半年以来，中国经济呈现下行趋势。为抵御国际环境对我国的不利影响，我国政府从 2008 年 11 月起，开始实行"积极的财政政策和适度宽松的货币政策"。就财政政策而言，把此前的"稳健"转变为当前的"积极"，这意味着财政政策将在此轮刺激经济增长的政策措施中处于更为重要的地位。

到目前为止，我国政府就如何实施积极的财政政策已经提出了一揽子计划，具体包括：

第一，大幅度增加政府购买支出。自 2008 年起，两年内政府增加 4 万亿元投资，其中，中央政府投资 1.18 万亿元，带动地方政府和社会投资共约 4 万亿元。这 4 万亿元投资主要用于：①增加用于保障性住房等民生工程的投资约为 4000 亿元；②实施农村民生工程包括农村安全饮水、电网改造、道路建设、沼气建设、危房改造和游牧民定居，约为 3700 亿元；③加快铁路、公路、机场、水利等基础设施建设，大体投入 15000 亿元；④增加教育、卫生、文化、计划生育等社会事业方面的投入约 1500 亿元；⑤用于节能减排生态工程约 2100 亿元；⑥调整结构和技术改造约 3700 亿元；⑦汶川大地震重点灾区的灾后重建投入 10000 亿元。上述投入加在一起就是 4 万亿元。

为弥补财政支出增加形成的缺口，2009 年，中央政府拟安排中央财政赤字 7500 亿元，比上年增加 5700 亿元。同时由财政部代理地方政府发行 2000 亿元债券。全国财政赤字合计 9500 亿元，占 GDP 比重在 3% 以内。

　　政府增加投资是扩张性财政政策的典型运用。由于投资构成总需求的一部分，政府的 4 万亿元投资具有拉动总需求的作用。

　　第二，增加补贴。主要包括：①增加对农民的各项补贴 1230 亿元，比上年增长 19.4%；②提高对企业退休人员和优抚对象的基本养老金水平和生活补助 2208 亿元；③提高全国 1200 万义务教育阶段教师的工资水平；④提高粮食最低收购价格。上述增加补贴的措施将使收入向低收入阶层转移，这有助于提升整体消费需求，具有扩大内需的效果。

　　第三，实行结构性减税。估计 2009 年减轻企业和居民税负将近 6000 亿元。减税主要是：①在全国所有地区、所有行业全面实施增值税转型改革，即增值税由生产型转为消费型，避免重复征税，有利于促进企业技术改造，此项措施可减轻企业负担 1200 亿元；②提高出口退税率，以帮助出口企业渡过难关。为什么提高出口退税率属于"减税"？按照我国税法，企业生产经营活动需要交纳 17% 的增值税，但对出口产品可以先征收，出口时再减免，这称为出口退税。出口退税降低了出口企业的实际税负。提高出口退税率，等于企业的实际税负更低了，这会产生扩张性财政政策效果；③适当时候调整个人税负，以增加居民消费，拉动内需。

　　此外，温家宝总理在十一届全国人大二次会议的记者招待会上提出，政府已准备了应对更大困难的方案，根据形势的变化，将随时出台新的刺激经济的政策。

　　在世界性经济衰退以及国内经济增速放缓的情况下，相信积极的财政政策对刺激我国经济增长将发挥很大的作用。但是这样的政策是有成本的。长期的大幅财政支出，会形成大量的财政赤字，加重我国的财政负担；扩张性财政政策还会产生挤出效应，不利于民间资本和国外资本的发展。因此，实行积极的财政政策只能是阶段性的，完成其既定目标后，应逐渐淡出。

四、财政政策的时滞

　　任何一项政策，从决策到对经济发生影响都会有一个时间间隔，这一时间间隔称为政策时滞。财政政策时滞包括内部时滞和外部时滞。

　　内部时滞是指从认识经济出现的问题到制定政策所花费的时间。它又分为认识时滞、决策时滞和行动时滞。**认识时滞**是确认经济出现的问题所花费的时间。**决策时滞**是指实际制定政策所花费时间。内部时滞过长是财政政策的主要问题，主要体现在决策时滞长。一般来说，财政政策的变动，无论是政府购买还是税收，都要经过一个完整的法律过程。尤其是在现代民主国家中，财政政策的制定过程包括提出方案、议会讨论、各利益集团的院外活动，最后经总统批准才能执行。由于任何一项财政政策措施都会涉及不同阶层、不同集团和不同部门的利益，要使各方对要实现的政策目标和政策措施达成一致，或者达到大多人意见一致，是相当不容易的，所需要的时间较长。

外部时滞是从政策执行到对经济产生影响的时间。财政政策的外部时滞较短，因为财政政策对总需求有较为直接的影响。但不同的财政政策的作用时滞也有差别。某些财政政策对总需求有即时的作用，例如，增加政府购买支出会直接增加总需求。减税会即时增加个人可支配收入，但对消费支出的影响则要经过一定时间后才能产生。财政政策挤出效应的作用时滞最长，因为扩张性财政政策在引起总需求和国民收入的变动后，国民收入的增加又引起货币需求的增加，利率上升，投资减少。一般来说，在短期内，扩张性财政政策产生乘数效应，在较长时间后才会产生挤出效应。

由于财政政策存在时滞问题，特别是其决策时滞较长，这使财政政策工具对经济状况的变动反应较慢。比如当经济衰退时，为刺激总需求政府提出增支减税的方案，但一两年后该方案才最后通过，但此时经济可能已经复苏，实施已经通过的扩张性财政政策不仅不能起到刺激经济回升的作用，反而会加剧经济波动，引起经济急速膨胀。

五、自动稳定器

财政政策时滞问题的存在，使得在短期内通过实施财政政策抑制经济波动的作用是有限的，但是经济中还存在着一种不存在时滞问题，并能够起到抑制经济波动作用的机制，这种机制就是自动稳定器。**自动稳定器**是指在经济波动时决策者不用采取任何有意的行动也会影响总需求的财政政策变动。有两种制度起到自动稳定器的作用。

1. 税收的自动变化

税收是最重要的自动稳定器。当经济进入衰退时，由于收入减少，税收也会自动减少，因为税收与经济状况密切相关，个人所得税取决于家庭收入，公司所得税取决于企业利润。由于收入和利润在衰退时都减少，所以政府的税收也减少了。例如，在实行累进税的情况下，经济衰退使你的收入减少了，你的收入会自动进入较低的税率档次，你要缴纳的税额也少了，这使得可支配收入减少的幅度小于国民收入下降的幅度，从而抑制消费和投资的减少，延缓总需求的下降趋势，这有助于降低经济衰退的程度。反之，当经济繁荣时，由于你的收入增加，你的收入自动进入较高的税率档次，你交的税也多了。这使得可支配收入上升的幅度小于国民收入上升的幅度，从而抑制消费和投资的增加，减缓总需求的过度增长，这有助于减轻由需求过旺而引起的通货膨胀。

2. 政府转移支付自动变化

政府的转移支付包括各种救济支出和其他社会福利支出，这类转移支付有固定的发放标准。当经济进入衰退时，由于失业人数和需要困难补助的人数增加，这类转移支付会自动增加，这会使人们可支配收入的下降幅度小于国民收入下降的幅度，从而在总需求不足时延缓了消费支出和总需求的下降趋势，这有利于减轻经济衰退的程度。当经济繁荣时，失业人数和需要困难补助的人数减少，这类转移支付会自动减少，这使人们的可支配收入上升幅度小于国民收入上升的幅度，从而在总需求过旺时抑制了消费支出和总需求的过度增长，这有利于减轻通货膨胀的程度。

应当说明的是，自动稳定器对经济的调节作用是有限的，它只能减轻衰退和通货膨胀的程度，并不能改变衰退和通货膨胀的总趋势。但是，没有这些自动稳定器，经济的波动也许会更大。特别是，它可以在财政政策的效应尚未发生时，起到稳定经济的作用。因此，尽管自动稳定器不能替代财政政策，但它是决策者不可缺少的，能够自动配合财政政策作用的政策机制。

第二节
货币政策

货币政策是指中央银行通过改变经济中的货币供给量来调节总需求，实现经济稳定发展的措施的总称。那么，在一国的银行体系中，是什么决定了经济中的货币量？中央银行如何改变货币供给量稳定经济呢？本节首先解释银行体系如何创造货币，然后，我们将考察中央银行如何使用货币政策工具影响总需求。

一、银行体系

现代银行体系的运作涉及三个角色：中央银行、商业银行和公众。

1. 中央银行

中央银行是政府的银行，是代表政府管理金融的机构。虽然也被称为银行，但是并不经营银行业务，不以营利为目标，是一个超脱于一般银行之外的金融管理机构。许多国家都有自己的中央银行。例如，美国的中央银行是联邦储备银行，英国的中央银行是英格兰银行，日本的中央银行是日本银行，我国的中央银行则是中国人民银行。

中央银行的主要职能是：

第一，银行的银行。中央银行既是商业银行的监管者，也为商业银行提供服务。中央银行集中保管商业银行缴存的准备金，办理各商业银行在全国范围内的结算业务，在商业银行资金短缺而银行之间的拆借困难时，中央银行充当最后的贷款人，以垫款或贴现的方式对各银行提供贷款，以避免银行破产所引起的金融风波。

第二，发行的银行。中央银行垄断本国的货币发行权，它可以通过控制货币供给量来影响经济，这就是中央银行的货币政策。中央银行是货币政策的制定者和实施者。

第三，政府的银行。中央银行为政府提供金融服务。这包括经办政府的财政预算收支，代理政府发行公债，管理国家的黄金和外汇，办理政府金融事务。作为最高的金融管理机构，中央银行代表政府制定各种金融法规，执行对商业银行的监督管理。

2. 商业银行

商业银行是一国银行体系的主体。与其他企业一样，商业银行经营的目的是盈利。它主要经营货币业务，包括负债业务、资产业务和中间业务。负债业务是银行吸收的各类存款，包括活期存款、定期存款和储蓄存款。在我国，商业银行的资产业务有两项：一是贷款。比如为企业购买设备和投资提供贷款，为家庭购买住房等耐用品提供贷款，等等。二是投资有价证券。商业银行可以购买国债和其他债券，以取得利息收入。银行需要现金时，这些资产可迅速出售并兑换为现金。出售国债没有什么损失风险，但资产利率较低。出售政府长期债券和其他债券时，因为价格会有波动，因此，风险较大，但利率较高。中间业务是指代客结算、理财、信息咨询等等，并从中收取手续费的业务。

3. 公众

公众是指家庭、企事业单位和机关团体等。从银行体系运作的角度看，公众如何安排自己的钱财具有重要的意义，因为这一安排决定了公众愿意持有多少现金通货，另外，有多少钱财作为存款存入银行。而一个经济的通货（现金）加活期存款就构成了货币供给。现用 C 表示现金，D 表示活期存款，经济中的货币供给量 M 的构成为：

$$M = C + D$$

正是由于货币供给包括活期存款，所以，在货币供给的形成中，以上所介绍的银行体系的三个主体扮演了重要的角色。

二、银行与货币供给

1. 中央银行对基础货币的控制

货币供给过程的第一步是中央银行投放基础货币。**基础货币**（**MB**）也称为高能货币，是指流通中的现金（C）与银行准备金（R）的总和。即：

$$MB = C + R$$

现金（C）也称通货，是指公众手持的货币数量。存款准备金（R）是指商业银行在中央银行存款账户的资金，主要包括法定存款准备金和超额存款准备金两部分。**法定存款准备金**（RR）是指中央银行规定商业银行吸收的公众存款（D）必须按照法定的存款准备金率（rr）向中央银行交存的最低数量的准备金，计算公式为：$RR = rr \times D$。比如中国建设银行共吸收了 1000 亿元的公众存款，如果 $rr = 10\%$，它就至少要在中国人民银行保存 100 亿元的法定存款准备金余额，如果中国建设银行的实际存款余额高于法定要求，比如存了 120 亿元，那么多出来的 20 亿元就是**超额存款准备金**（ER）。相应地，$ER = er \times D$，其中 er 代表超额存款准备金率。

现在假定中央银行从公众手里购买了 100 亿元国债，这意味着增加了 100 亿元的基础货币（MB）的投放。如果国债是面向公众出售的，则公众手中持有的现金增加了 100 亿元；如果国债是面向商业银行等金融机构出售的，则商业银行的超额存款准备金多了 100 亿元（法定准备金是商业银行不能自由动用的）。下面来看这在商业银行体系和公众中会产生什么影响。

2. 商业银行体系创造货币的过程

如果我们把 1 元钱存入银行，经过商业银行的辗转放贷，会引起银行活期存款数倍的增加。这就是商业银行的存款创造。

为了说明商业银行的存贷款行为如何实现存款货币的创造，我们假定：①商业银行不得持有超额存款准备金。②公众不得持有现金。即从商业银行得到贷款的客户并没有提取现金，而是存入自己的开户银行。③法定准备金比率为 10%。

现在假设公众把卖出国债得到的 100 亿元现金存入 A 银行。根据规定，A 银行按 10% 的准备金率留下 10 亿元的法定存款准备金后，余下的 90 亿元可全部用来向企业和个人发放贷款。这样，在 A 银行发放贷款前，货币供给是公众在 A 银行的 100 亿元存款。但是，当 A 银行发放贷款以后，货币供给为 100 亿元 + 90 亿元 = 190 亿元。显然，当银行保留部分准备金时，银行创造了货币。

货币创造并没有到此为止。公众在取得 90 亿元新增贷款后会做什么呢？个人取得贷款可能会用来买房、买车或者用于支付大学学费，这又会变成别人（房地产商、汽车公司或某所大学）的收入；企业取得了贷款，可能会给工人发工资、购买原材料和机器设备等，这笔钱支付出去，会变成工人和其他企业的收入。在没有现金漏出的情况下，新增加收入的个人和企业又会把 90 亿元再存入比如 B 银行的账户。同样地，B 银行把其中的 10% 留作法定准备金，又会把把余下的 81 亿元贷给企业和个人。这个过程会一直进行下去，公众最初在 A 银行存入的 100 亿元经过辗转放贷，最后在经济中创造出多少货币呢？我们把各银行增加的存款总量相加：

初始存款	100 亿元
A 银行	90 亿元 [$= 0.9 \times 100$ 亿元]

B 银行	81 亿元　[＝0.9×90 亿元]
C 银行	72.9 亿元　[＝0.9×81 亿元]
⋮	⋮

根据无穷递缩等比数列的求和公式可知：

整个银行体系的活期存款增加总额

$$= 100 + 100（1 - 10\%）+ 100（1 - 10\%）^2 + 100（1 - 10\%）^3 + \cdots$$
$$= 100 \times 1/[1 - （1 - 10\%）]$$
$$= 100 \times 1/10\%$$
$$= 1000（亿元）$$

也就是说，中央银行一开始新增了 MB 的货币量，通过一轮存贷款业务周转又新增加了一部分 $MB（1 - rr）$，以后每一轮都以等比增加，最后就是一个等比数列的求和的运算：

$$M = MB + MB（1 - rr）+ MB（1 - rr）^2 + MB（1 - rr）^3 + \cdots = MB/rr$$

3. 简单的货币乘数

以上分析表明，银行并没有创造出无限的货币量。在中央银行投放的基础货币既定时，银行所能创造出的货币量取决于准备金率。在上例中，准备金率为 10%，100 亿元的基础货币投放产生了 1000 亿元的货币量，货币总量的增加是基础货币的 10 倍。基础货币变动与货币总量之间的关系就是货币乘数。**货币乘数**是指每 1 元基础货币变动所引起的银行体系货币量增加的倍数。它反映了银行体系创造货币的能力。如果用 km 代表货币乘数，其公式为：

$$km = \frac{M}{MB} = \frac{1}{rr}$$

在上例中，存款准备金比率是 10% 或 0.1，货币乘数为：

$$km = \frac{1}{0.1} = 10$$

由此可见，货币乘数的大小取决于存款准备金率，存款准备金率越高，货币乘数越小，因为准备金是对存款的一种漏出，准备金率越高，则存款漏出越多，可用于贷放的存款余额就越少，银行的货币创造能力就越小。反之亦然。

已知货币乘数，我们可以知道中央银行对基础货币的调节控制，会通过货币乘数的作用对货币供给产生的放大影响。例如，货币乘数为 5 时，如果中央银行希望增加 1000 万元的货币供给量，它只需增加 200 万元（1000/5 = 200）基础货币就能达到目的。

增加 200 万元基础货币，并不一定需要印刷 200 万元的钞票投放市场，而是中央银行通过实施货币政策工具来实现。具体有哪些货币政策工具，以及如何实施是以下分析的内容。

三、货币政策工具

中央银行最重要的责任是调节货币供给量。即当经济出现波动时，中央银行可通过控制货币供给量来影响整体经济，以消除失业和通货膨胀。那么，中央银行如何控制经济中的货币供给量呢？我们已经知道，中央银行基础货币的发放，会影响商业银行的准备金，商业银行的存贷款行为在部分准备金制度下具有创造货币的机制。因此，中央银行可以通过调整商业银行的准备金间接的控制经济中的货币供给量。中央银行通过三种主要政策工具来达到自己的目的。

1. 公开市场业务

公开市场业务是指中央银行在证券市场买卖政府债券以控制货币供给量的政策行为。例如，当中央银行认为总需求不足、经济向下波动，出现了衰退，需要增加货币供给量，它可以在证券市场买进债券。这一操作增加基础货币的投放。新增加的基础货币一部分作为现金持有，另一部分存入银行。作为现金持有的每1元货币正好增加了1元的货币供给，而存入银行的每1元货币创造了新的准备金，通过商业银行创造货币的机制会使货币供给量成倍增加。当中央银行认为总需求过度增加、经济向上波动，出现了过热，需要减少货币供给量时，情况则正好相反，中央银行会在证券市场卖出债券，公众用他们持有的现金和银行存款向中央银行进行支付，这意味着经济中的基础货币减少了，特别银行存款的减少，在货币乘数的作用下会使货币供给量数倍收缩。

公开市场业务具有以下优点：①中央银行可以通过公开市场业务"主动出击"，从而精确地实现政策调控目标。②中央银行可以灵活连续地进行公开市场操作，自由决定买卖政府债券的数量、时间和方向，即使出现某些政策失误，也可以通过反向操作及时得到纠正。基于上述原因，公开市场业务是各国中央银行最重要也是最常用的货币政策工具。

公开市场业务充分发挥作用需要具备一定的条件。比如中央银行应具有强大的、足以干预和控制整个金融市场的金融实力，还应有一个国债种类齐全的并且达到一定规模的全国性的国债市场，缺少这些条件，公开市场业务的效果会大打折扣。

2. 法定准备金比率

法定准备金比率是指中央银行规定的商业银行在吸收存款中必须作为准备金留下的比率。中央银行要求商业银行保留准备金有两个主要目的：一是保证银行的资产流动性和现金兑付能力，以避免银行现金短缺时出现挤兑风潮以及由此引发的银行破产；二是控制货币供给量。我们已经知道，法定准备金率的变动会影响货币乘数。例如，中央银行提高法定准备金比率，这意味着银行必须持有更多的准备金，存入银行的每1元钱可以贷出的少了，这会使货币乘数下降，银行所创造货币的倍数变小，货币供给量就会减少。因此，法定准备金率越高，货币乘数越小，银行所能创造的货币越少；法定准备金率越低，货币乘数越大，银行所能创造的货币越多。所以，提高准备金率可以减少货币供给量，降低准备金率可以增加货币供给量。

各国中央银行很少使用调整法定准备金比率的政策工具。主要原因在于：一是变动法定准备金比率的作用十分猛烈，微小的调整会引起货币供给的巨大波动，因此不适合作为日常的货币政策操作工具；二是频繁地改变法定准备金会干扰银行正常的财务计划和管理，从而使银行无所适从。由于这些原因，目前法定准备金比率主要是公开市场业务的一个辅助操作手段。

3. 再贴现率

再贴现率是指中央银行向商业银行发放的贷款的利率。当商业银行的准备金不足时，或没有达到法定准备金时，它可以把持有的债券作为抵押，向中央银行申请短期贷款。中央银行向商业银行发放贷款要收取利息，其利率就是贴现率。

中央银行可以通过调整贴现率来控制流通中的货币供给量。当中央银行想减少货币供给量时，可提高贴现率，从而减少商业银行向中央银行的借款，由此减少商业银行的准备金，信用放款将减缩，货币供给量减少。相反，当中央银行想增加货币供给量时，可降低贴现率，这会增加商业银行向中央银行的借款，商业银行的准备金增加，信用放款扩大，货币供给量增加。

调整贴现率的缺点是实行起来比较被动。例如，中央银行想通过提高贴现率减少商业银行的借款，但商业银行可以通过出售其持有的有价证券增加银行的准备金，这使中央银行减少货币供给量的目标不能实现。因此，贴现率也不是主要的货币政策工具，它属于辅助性的政策工具。

四、货币政策对总需求的影响

1. 货币政策的利率传导机制

凯恩斯货币理论的最大贡献就是说明了货币在经济中的重要作用。凯恩斯认为，把货币与实物经济联系起来的是利率。在货币市场上，货币供求决定了利率。利率的高低决定了总需求中投资的成本，在其他条件不变的情况下，利率上升抑制了投资，利率下降鼓励了投资。投资是总需求的重要组成部分，利率的变动通过对投资和总需求的影响最终对国民收入水平产生影响。这就是凯恩斯主义货币政策的理论基础。由此出发，凯恩斯学派认为，中央银行通过改变货币供给量就可以调节利率，而利率的变动可以影响总需求。具体来说，货币供给量增加，使利率下降，利率下降增加了投资，投资增加使总需求和国民收入增加，经济由此进入扩张时期。如果货币供给量减少，这个过程就反方向发生作用。这就是货币政策的利率传导机制。

根据凯恩斯的货币理论，货币影响经济的关键是利率，因此，货币政策的中心是调节利率。利率的变动通过货币供给量的调节来实现，所以调节货币供给量是调节利率的工具。调节利率的目的是调节总需求，总需求的变动是货币政策的最终目标，货币政策就是要通过对货币供给量的调节来调节利率，再通过利率的变动来影响总需求。

这一政策的作用机制就是：

（M）货币供给量 → （r）利率 → （I）投资 → （AD）总需求 → （Y）国民收入

由此可以看出，凯恩斯主义货币政策的作用机制包含两个重要过程：一是货币供给量影响利率，二是利率影响总需求。可以用图 14-1 说明货币政策的利率传导机制。

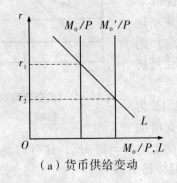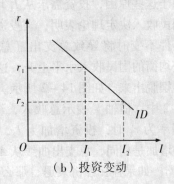

（a）货币供给变动　　　　　　　（b）投资变动

图 14-1　货币供给变动的影响

在图 14-1（a）中，横轴 M_0/P，L 表示货币量，纵轴 r 表示利率。M_0/P 为货币供给曲线，它是一条垂线，表示货币供给量由中央银行决定，它不受利率变动的影响。L 为货币需求曲线，它向右下方倾斜，表明货币需求量与利率是反方向变动的。在货币市场上，货币供给曲线和货币需求曲线的交点决定了均衡的利率，如图 14-1（a）中 r_1 所示。

图 14-1（b）是投资的决定。横轴 I 表示投资量，纵轴 r 表示利率。投资需求曲线为 ID。回顾第十一章的分析，在那里我们说明：投资需求曲线向右下方倾斜，它表示短期内在预期利润率不变时，投资和利率之间的反方向变动关系，即利率越低，投资量越大；利率越高，投资量越少。在预期利润率既定时，投资需求曲线 ID 上的任何一点代表了在每一利率水平时的投资量，利率由货币市场的均衡决定，当投资需求曲线为

ID，利率为 r_1 时，投资量为 I_1，如图 14－1（b）所示。

假定中央银行认为经济进入衰退阶段，从而决定通过公开市场业务来增加总需求。中央银行在证券市场上购买政府债券，使银行体系的准备金增加，从而增加了货币供给。图 14－1 表明了货币供给变动所产生的影响。

在图 14－1（a）中，当货币供给量增加时，货币供给曲线从 M_0/P 移动到 M_0'/P，由于货币需求未变，人们为了减少手中多余的货币，将会增加对债券的购买，债券价格上升，利率就会下降，从 r_1 直至下降到 r_2，货币供给量正好等于货币需求量。这就是说，当货币供给增加时，为了使人们持有更多的货币量，利率必然下降。

利率的变动会影响投资需求。如图 14－1（b）所示，较低的利率减少了借款的成本和储蓄的收益，家庭购买更多、更大的房子，这刺激了住房投资需求；企业增加了对新工厂和新设备的支出，这刺激了企业投资。由于这些原因，投资需求从 I_1 增加到 I_2。

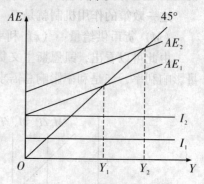

简单的国民收入决定理论表明，当投资需求增加时，在其他条件不变时将导致总支出（总需求）的增加，从而使均衡的国民收入水平上升，这将使经济逐渐从衰退中摆脱出来。如图 14－2 所示。

在图 14－2 中，横轴 Y 表示总收入，纵轴 AE 为

图 14－2　投资变动对国民收入的影响

总支出。当利率为 r_2 时，投资增加为 I_2，总支出的增加与投资的增加是相同，总支出曲线从 AE_1 向上方移动到 AE_2，这时均衡的国民收入从 Y_1 增加到 Y_2。如果存在经济衰退，那么衰退将趋于消失。

2. 货币政策的运用

在不同的宏观经济形势下，中央银行可运用不同的货币政策来调节经济。

当经济进入衰退时，总需求不足，失业率持续上升，为了刺激总需求，中央银行应采用扩张的货币政策，即在证券市场上买进政府债券、降低贴现率和法定准备金比率等等。这些政策可以增加货币供给量，降低利息率，刺激总需求，从而解决衰退和失业问题。

当经济繁荣时，总需求过旺，价格水平持续上涨；为了抑制总需求，中央银行应采用紧缩的货币政策，即在证券市场上卖出政策债券，提高贴现率和法定准备金比率等。这些政策可以减少货币供给量，提高利率，减少投资，抑制总需求，从而解决通货膨胀问题。

可用以下事例来说明"逆经济风向行事"的货币政策作用。一是美国 20 世纪 90 年代的情况。在克林顿政府执政初期，美国经济处在衰退中。为了刺激经济，美联储采

用了扩张性货币政策，降低利率，增加货币供给量。这种政策对刺激投资和消费的增长起到显著的作用。90 年代末期，美国经济又出现了过热的迹象，美联储又提高利率，以防止可能出现的通货膨胀加剧。进入 21 世纪后，美国经济有衰退的迹象，美联储又降低利息率。美联储正是交替地运用扩张和紧缩性货币政策来调节经济，使经济处在低通货膨胀的持续增长中。二是 2008 年下半年以来中国的情况。由于美国金融危机的影响，中国经济自 2008 年下半年明显下滑，中国政府将一年前确定的"从紧"的货币政策改为"适度宽松"的货币政策，自 2008 年 9 月开始，连续 5 次下调金融机构的存贷款基准利率，4 次下调存款准备金比率。进入 2010 年，我国经济又出现物价上升的迹象，中央银行于年初又上调存款准备金比率。目前，中央银行仍在密切关注形势的变化，随时准备出台新的稳定经济增长的货币政策。

3. 货币政策的时滞

货币政策对经济的影响也有相当长的时滞。**货币政策时滞**是指中央银行决定采取某种货币政策后到这项政策完全发挥作用时的时间间隔。与财政政策时滞一样，它也包括内部时滞和外部时滞。

货币政策的内部时滞较短。主要体现在决策时滞短。因为货币政策由中央银行决定，无需政府有关部门讨论，也无需议会批准，各利益集团也难以进行院外活动，从而决策快得多。因此，货币政策在短期内可经常变动，对经济进行微调。例如，在美国，决定货币政策的是美联储的公开市场委员会。该委员会每周六开一次会，根据经济状况来决定货币政策，就是对经济的微调，这有助于经济的稳定。

货币政策的外部时滞比较长。即从政策开始实施到对经济产生影响的时间太长，收效缓慢。这是因为，货币政策对总需求的影响不是直接的，它的作用是逐渐发生的。当中央银行改变货币供给量时，只有在经过一段时间之后，随着利率的改变，才会有越来越多的家庭和企业对此作出反应，如果某项投资决策是企业在数月或数年前作出的，那么该投资决策对利率变动反应的时滞更长。即使利率变动引起了投资变动，由投资变动到引起均衡国民收入变动之间也存在一个时间间隔。通常投资变动后首先引起企业存货变动，这种存货变动引起企业的生产调整，进而才引起均衡国民收入水平的变动。一般来说，在成熟的市场经济国家，货币政策变动对总需求发生较大的作用需要 6—9 个月的时间，而这些作用可持续两年。由于货币政策的时滞，中央银行也不能够对经济状况的变动作出及时的反应，常常是经济衰退已经发生，中央银行才出台货币政策，该政策在经过一个相当长的过程发挥作用时，经济状况可能已经改变了。货币政策不仅起不到抑制经济衰退的作用，反而会引起经济的不稳定。

货币政策之所以存在时滞问题，很重要的原因是中央银行难以对经济作出准确的预测。如果决策者可以提前一年正确地预期到经济状况，并且及时地作出政策决策，在这种情况下，货币政策虽然存在时滞，但可以起到稳定经济的作用。但是，实际上决策者很少知道经济风怎么刮。最好的决策者也只能在经济衰退和经济过热发生时对经济变动作出反应。

参考资料　　　　货币学派的简单货币规则

简单货币规则是以美国经济学家弗里德曼为代表的货币学派以现代货币数量论为依据的政策主张。

货币学派认为，凯恩斯主义"逆经济风向行事"的经济政策并不能有效地解决问题。其原因在于：一是任何一种政策都有时滞。在这种情况下，现在作出的决策也许到发生作用时反而起到了相反的作用，因此，政策调控常常带来经济的不稳定。二是避免经济政策的时滞，经济政策就必须有超前性，这种超前性取决于正确的经济预测。但是经济风向难以把握，根据预测作出的经济政策对经济常常作出过度反应。正如弗里德曼的指责，1966年早期，美联储作出了减少货币供给量的决策，这本来是正确的政策，但在它实施时，由于走得太远，在1966年底，美联储又采取了相反的行动，这本来是正确的政策，但它又一次走得太远，不仅恢复而且超过了早先过度的增长率。而且这种情况是一而再，再而三的发生。

因此，货币学派认为，应当采用简单的货币规则。

简单货币规则的内容是，确定一个固定的货币供给增长率，并使它与国内生产总值的长期增长联系起来。例如，弗里德曼根据美国GDP每年增长3%，带动生产率提高1%～2%，把货币供给增长率确定为4%～5%。无论经济出现衰退还是扩张，这个增长率都不变。这样，在经济衰退时，货币供给量稳定增长所增加的货币量将导致总需求的扩大。同样，它也消除了货币供给量增长过快这个通货膨胀的主要动因。

显然，简单货币规则是一种消极的货币政策，即货币政策只按一个固定规则行事，让经济自己去进行调整。其信念基础是市场机制调节的完善性。也就是说，经济中发生各种随机性变动是正常的。只要让市场机制发挥作用，一定会自动恢复国民经济的均衡。20世纪70年代末，英国撒切尔夫人采用了货币学派的简单货币规则，即固定了货币供给增长率，结果既抑制了英国的通货膨胀，又实现了80年代的经济繁荣。80年代里根政府也吸收了货币学派的简单货币规则政策主张。

近年来较多的经济学家主张把凯恩斯主义"逆经济风向行事"的货币政

策与货币学派的简单货币规则结合起来。当经济中发生某种重大冲击时，政策如果不作出反应会带来不利影响。但如果对任何经济变动都作出反应，随意性太大，也不利于经济的稳定。如何将二者结合起来，永远是宏观经济政策研究的主题。

本章小结

(1) 财政政策是指政府通过改变购买支出和税收来消除失业和通货膨胀的政策。财政政策工具主要包括政府购买支出和税收。

(2) 当政府改变购买支出或税收时，所引起的总需求变动取决于乘数效应和挤出效应。乘数效应倾向于扩大财政政策对总需求的影响，挤出效应减少财政政策对总需求的影响。在一般情况下，挤出效应小于乘数效应，因此，当政府改变购买支出和税收时，所引起的总需求的变动仍然会大于政府购买和税收的最初变动，但不如没有挤出效应时大。

(3) "逆经济风向行事"的财政政策是，在经济衰退时，政府应增加购买支出或减税，即实行扩张的经济政策；在通货膨胀时，政府应减少购买支出或增税，即实行紧缩的财政政策。

(4) 财政政策的作用有相当长的时滞，这种时滞会影响财政政策的作用效果。

(5) 个人所得税和政府的某些转移支付在日常经济运行中起到了自动稳定器的作用。它们在衰退时，会自动增加支出或减少税收，从而延缓总需求的下降趋势；在繁荣时，会自动减少支出或增加税收，从而抑制总需求的过快增长。

(6) 在货币供给的形成中，中央银行、商业银行和公众扮演了重要的角色。货币供给的第一步是中央银行投放基础货币，经过商业银行的存款创造机制的作用，基础货币会发生数倍的扩张。货币供给量与基础货币之间的倍数关系称为货币乘数。

(7) 货币政策是指中央银行通过调整货币供给量以影响利比率，最终影响总需求和国民收入的政策。货币政策工具包括公开市场业务、法定准备金比率和再贴现率。

(8) 货币政策的作用机制是：货币供给的变动可影响利率，利率的变动影响投资，进而引起总需求和国民收入的变动。

(9) 在经济衰退时，中央银行应当采取扩张的货币政策，即中央银行在证券市场买入政府债券，降低法定准备金比率或贴现率；在通货膨胀时，中央银行应采取紧缩的货币政策，即中央银行在证券市场卖出政府债券，提高法定准备金比率或贴现率。

(10) 货币政策的作用也有相当长的时滞，这种时滞可能使稳定经济的努力以不稳定为结束。

关键概念

财政政策　政府购买支出　政府购买支出乘数　税收乘数　挤出效应　财政政策时滞　自动稳定器　货币政策　基础货币　存款准备金　货币创造　货币乘数　公开市场业务　法定准备金比率　贴现率　货币政策作用机制　货币政策时滞

练习与思考

一、判断正误

(1) 政府的财政政策主要通过转移支付、政府购买和税收对国民经济产生影响。（　　）

(2) 扩张性财政政策对经济的影响是缓和了通货膨胀。（　　）

(3) 挤出效应指的是政府投资增加将使私人投资减少。（　　）

(4) 自动稳定器能够消除失业和通货膨胀。（　　）

(5) 扩张性财政政策包括增加政府支出和增加税收。（　　）

(6) 当某人把 5000 元作为活期存款存入商业银行时，流通中的现金减少了 5000 元，因而货币供给量保持不变。（　　）

(7) 提高贴现率和法定准备金比率都可以减少货币供给量。（　　）

(8) 中央银行购买政府债券将引起货币供给量的减少。（　　）

(9) 在货币政策中，公开市场业务是最灵活的政策。（　　）

二、单项选择

(1) 要消除通货膨胀缺口，政府应该（　　）。

    A. 增加政府购买　　　　　　　B. 减少福利支出

    C. 增税　　　　　　　　　　　D. 减少货币供给

(2) 假定挤出效应为零，边际消费倾向等于 80%，政府增加 100 万元的支出使国民收入增加（　　）。

    A. 500 万元　　　B. 80 万元　　　C. 400 万元　　　D. 100 万元

(3) 财政政策的内在稳定器作用是（　　）。

    A. 刺激经济增长　　　　　　　B. 延缓经济衰退

    C. 减缓经济周期波动　　　　　D. 促进经济实现均衡

(4) 政府把个人所得税率从70%降到15%，这是（　　　）。

    A. 自动稳定器的作用　　　　　　　B. 扩张性财政政策

    C. 紧缩性财政政策　　　　　　　　D. 扩张性货币政策

(5) 法定准备金比率是10%，银行的超额准备金率是10%下，1000元活期存款，最多能够创造的银行存款是（　　　）。

    A. 5000元　　　　B. 1000元　　　　C. 10000元　　　　D. 8000元

(6) 当经济发生衰退时，中央银行可以在证券市场上（　　　）。

    A. 买进政府债券，降低法定准备金比率

    B. 卖出政府债券，提高法定准备金比率

    C. 买进政府债券，提高法定准备金比率

    D. 卖出政府债券，降低法定准备金比率

(7) 下列哪一项政策将导致国民收入水平有最大的增长（　　　）。

    A. 政府购买增加50亿元

    B. 税收减少50亿元

    C. 税收和政府购买同时增加50亿元

    D. 转移支付增加50亿元

(8) 假如中央银行在公开市场上大量购买政府证券，下面哪一种情况不可能发生（　　　）。

    A. 利息率下降　　　　　　　　　　B. 国民收入增加

    C. 货币供给量增加　　　　　　　　D. 储蓄减少

三、问答题

(1) 政府支出20亿元购买电脑，解释为什么总需求的增加会大于20亿元，或者解释为什么总需求的增加会小于20亿元。

(2) 假定不存在挤出效应，边际消费倾向等于80%，其他条件不变，如果某个国家要增加100亿美元的总需求，该国政府应该增加多少政府支出，或者应该减少多少税收？

(3) 假设政府减税200亿元，没有挤出效应，而且边际消费倾向是3/4。

    A. 减税对总需求的最初影响是多少？

    B. 这种最初影响之后的额外影响是多少？减税对总需求的总影响是多少？

    C. 与政府支出增加200亿元的总影响相比，减税200亿元的总影响有什么不同？为什么？

(4) 什么是自动稳定器？试举例说明。

(5) 假设某储户在银行存入1000元的活期存款，再假定法定准备金比率为10%，并且银行没有超额准备金。

  A. 货币乘数是多少？货币供给是多少？

  B. 如果法定准备金比率为 20%，存款准备金会有什么变动，货币供给会有什么变动？

(6) 货币政策是怎样影响经济运行的？

(7) 假设经济处于衰退中，如果中央银行想稳定总需求，它应该怎么做？如果中央银行无所作为，政府为了稳定总需求应该做什么？

第十五章

经济增长与经济周期

本章将向你介绍的重点内容

◎世界各国经济增长的特点

◎哪些因素决定一国的经济增长

◎哪些政府政策可以提高经济增长率

◎经济周期性波动的基本特征

◎常见的经济周期划分

◎什么因素引起了经济活动的短期波动

第十三章研究了宏观经济中的两大问题：失业与通货膨胀。本章将研究宏观经济的另外两大问题：经济增长与经济周期。

经济增长研究经济的长期趋势，即某一经济在几十年内的增长率。在不同的国家和地区之间，经济增长率差别很大。比如从 1979—2008 年间，中国的 GDP 平均年增长速度在 9% 以上。长期的持续经济增长极大地提高了中国人的生活水平和国民经济的生产能力。而一些非洲国家，例如乍得、埃塞俄比亚和尼日利亚，许多年来平均收入的增长一直是缓慢的或停滞的。为什么国与国之间增长率的差别如此之大？是什么原因引起中国的生产和收入持续的增长？采取什么政策可以加快经济增长呢？这些问题是宏观经济学中最重要的问题。本章将集中研究经济增长的长期决定因素。

经济周期理论将研究围绕着经济长期趋势的短期波动。经济活动每年都有波动。在大多数年份，物品和劳务都增加了，这种增长使人们享有更高的生活水平。但是，在有些年份，并没有出现这种正常增长。企业发现无法把它们生产的所有物品和劳务都卖出去，因此，它们削减生产，解雇工人，各种国民收入的衡量指标下降了。经济学家把经济的这种周而复始称为周期。什么因素引起了经济活动的短期波动呢？本章将着重从总需求角度探讨投资波动对经济周期的影响。

第一节
经济增长概述

一、经济增长的含义

经济增长是指一国一定时期内总产出的增加。在经济分析中，通常用一国实际 GDP 的增长率来衡量经济增长。该指标消除了价格变动因素，能够准确真实地反映一国经济的实际生产能力和综合国力水平。如果考虑到人口增长的因素，经济增长也可用人均实际 GDP 来衡量，该指标能够真实反映一国经济增长所达到的生活富裕程度。第九章的学习我们已经知道，实际 GDP 并不是度量经济福利的完美指标，但是它毕竟与很多重要的相关变量，例如平均寿命、儿童健康和文化教育存在较强的正相关性。由于目前尚无其他更合适的指标可选择，所以经济学家把人均实际 GDP 作为衡量一国国民生活富裕程度的重要指标。

二、经济增长的特点

为了说明经济增长的特点，我们考虑世界上一些国家的经历。表 15 - 1 有 13 个国

家人均实际 *GDP* 的数据。对于每一个国家，其数据包括一个世纪的历史。该表的第一栏和第二栏列出国家与时期（各国的时期略有不同，这是因为可获得的数据不同）。第三栏和第四栏表示期初和期末的人均实际 *GDP*。

表 15-1   一些国家的经济增长情况

国别	时期	期初人均 *GDP*（美元）	期末人均 *GDP*（美元）	年均增长率（%）
日本	1890—1990	842	16144	3.00
巴西	1900—1987	436	3417	2.39
联邦德国	1870—1990	1330	17070	2.07
美国	1870—1990	1223	14288	1.76
中国	1900—1987	401	1478	1.71
墨西哥	1900—1987	649	2667	1.64
英国	1870—1990	2693	13589	1.36
阿根廷	1900—1987	1284	3302	1.09
印度尼西亚	1900—1987	499	1200	1.01
巴基斯坦	1900—1987	413	885	0.88
印度	1900—1987	378	662	0.65
孟加拉国	1900—1987	349	375	0.08

说明：*GDP* 按 1985 年的美元不变价衡量。

资料来源：曼昆：《经济学原理》，北京大学出版社 1999 年版。

从表 15-1 可以看出，世界各国的经济增长表现出以下特点：

第一，各国生活水平差别很大。例如，美国的人均收入是中国的 10 倍，是印度的几乎 30 倍，1987 年普通墨西哥人的实际收入相当于普通美国人 1870 年的水平，1987 年普通印度人的实际收入是一个世纪之前普通美国人的 1/3 左右。

第二，经济增长具有累积效应。一个经济现实的增长水平与历史增长绩效存在联系，今天的国际差异是历史时期增长水平差异的结果。从表中可以看出，美国的人均 *GDP* 每年增长 1.76%。虽然 1.76% 是一个较低的增长率，但它在 100 年以后，可以使国民收入达到原来的 8 倍。而日本的增长率为每年 3%，今天的人均 *GDP* 几乎是 100 年前的 20 倍。

美国经济学家曼昆提出了一个"70 规则"，即如果某个变量每年按 *x*% 增长，在将

近 $70/x$ 以后该变量翻一番。比如，某个经济的收入按每年 1% 增长，收入翻一番需要 70 年左右的时间。另一个经济的收入每年按 3% 增长，收入翻一番需要 70/3，即 23 年。照此计算，如果我国的人均 GDP 能够保持在过去 25 年间平均 6% 的增长水平，将近 12 年就能翻一番，大约 60 年以后，我国人均收入就能达到发达国家的水平。

第三，国家之间经济增长率的差别很大。表 15—1 中的国家按其增长率从高到低排序。日本在最上端，它的增长率最高。100 年前，日本并不是一个富国，日本的平均收入只比墨西哥略高一些，而且远远落后于阿根廷。但是，经过一个世纪特别是 1960 年到 1990 年期间的高速增长（在此期间，日本以 5% 的速度增长），日本今天是一个经济超级大国，平均收入和美国一样。表的最下端是孟加拉国，在过去的一个世纪中它根本没有任何增长，孟加拉国普通居民过着和他们曾祖父母一样贫苦的生活。

上述数据表明，世界上富裕的国家不能保证它们将来也是富裕的，而世界上贫穷的国家也不是注定永远处于穷困状况。但是，什么因素决定了一国经济的长期增长呢？为什么有些国家快速增长，而另一些国家却落后了呢？这些正是经济增长理论要探讨的问题。

第二节
决定经济增长的因素

经济增长作为一种长期趋势取决于一个经济的总供给能力，这种总供给能力从根本上说取决于一个经济的资本、劳动、自然资源和技术，这些就是决定经济增长的因素。通常经济学家使用总量生产函数来表明这些因素之间的关系。总量生产函数将总产量、总投入和技术联系在一起，总量生产函数是总产量与决定经济增长的各因素之间的函数关系。用公式来表示为：

$$Y = AF(K, L, N)$$

式中，Y 代表产量，K 代表资本，L 代表劳动，N 代表自然资源，A 代表技术。根据总产量生产函数，实际 GDP 供给量是由劳动、资本、自然资源状况和技术进步决定的（是其函数 F）。随着资本、劳动、自然资源等投入要素的增加，总产量会增加。技术进步的作用在于：它能够提高投入要素的劳动生产率，生产率是投入和产出的比例。新发明的出现和国外先进技术的引进可以使一国在相同投入水平条件下生产出更多的产品。下面我们分析每一种要素对经济增长的影响。

一、资本

这里研究的资本是指物质资本。物质资本又称有形资本，是指用于生产物品和劳务的设备、建筑物、存货的存量。例如，当木工制造家具时，他们用锯、车床和电钻。给工人配备的资本数量越多、工具越先进，工人在单位时间内的产量即生产效率就越高。进入 21 世纪，一个普通美国工人所配备的资本装备已超过 10 万美元。这种巨大的资本积累是较高生产率的基本源泉。

资本的重要特征是，它是一种生产出来的生产要素，这就是说，资本是生产过程的投入，也是过去生产过程的产出。木工用一部车床制造家具，而车床本身是制造车床的企业以前的产出。车床制造者又用其他设备来制造车床。因此，资本存量不是天上掉下来的。今天的资本存量是昨天投资的结果，未来的资本存量则部分取决于今天的投资数量。因此，生产更多的资本品，就要牺牲许多当前的消费。凡是经济快速增长的国家，一般都曾在新的资本品上进行过大量的投资。例如，美国在 20 世纪前半期，资本在经济增长中所作出的贡献占 11% 左右。应该指出，在经济增长的开始阶段，资本增加所作的贡献还要更大一些，所以在大多数的经济高速发展的国家，10% ~ 20% 的产出都用于净资本（新增资本减去资本折旧）的形成。

二、劳动

劳动包括劳动力的数量与质量。这两个方面对经济增长都是重要的。

劳动力数量增加来源于人口自然增长、劳动参与率提高、移民和劳动时间的增加。在经济增长初期，人口增长迅速，经济增长中劳动的作用主要表现为劳动力数量的增加。在经济发展到一定阶段之后，人口增长率下降，劳动时间缩短，这时劳动力的质量就成为一国经济增长的最重要的因素。

劳动力质量表现为劳动者的技术、知识、健康程度和纪律性。劳动力质量的提高主要来自于人力资本投资。**人力资本**是指一个人通过教育、培训和经验而获得的知识和技能的积累。这些知识和技能的积累也是一种重要的资本存量，它体现在劳动者的素质上，看不见摸不着，但可以解释劳动者工作效率的差异。一般来说，拥有较多人力资本的工人具有较高的工作效率。例如，一个熟练使用电脑进行文字处理的秘书在一定时间内打出的字数肯定比不会使用文字处理程序的秘书多，一个接受过职业培训的熟练缝纫工每小时的产量肯定高于新工人。因此，持续的教育进步和技能培训可以提高一国劳动力的生产率。在 20 世纪 70 年代后期，由于"文革"十年对正规知识教育的冲击，耽误了一代人知识和教育的培养，我国劳动者素质低下，科学技术人才匮乏。而在 2006 年，我国高等教育毛入学率已经达到 23%，进入了国际公认的大众化教育的发展阶段，职业技术教育和在职培训也有了显著的增长。教育的进步使得劳动者拥有更多的人力资本，这是改革开放以来我国劳动生产率提高的一个重要原因。

人力资本与机器、厂房一样，是通过投资获得的。人力资本投资包括投入的资金和必要的学习时间。所以，同物质资本一样，人力资本也是一种生产出来的生产要素。人们应该像增加物质资本一样增加对人力资本的投资，即增加对教育的投资，提高国民素质，并且重视对企业员工的培训，不断提高他们的工作技能。

参考资料 联邦德国和日本为何能从"二战"的废墟中成功复苏

在第二次世界大战中，德国和日本的城市建筑与工业基础遭受了大面积的破坏，战后一段时期两国陷入贫困之中。然而不出30年，它们不仅完成了战后重建工作而且成为世界上的工业和经济强国。促使联邦德国和日本的经济复苏归因于很多因素，其中包括美国在马歇尔计划下对欧洲的大量援助和美军占领日本期间对日本的扶持。然而，大多数经济学家认为，高水平的人力资本在两个国家的发展中起了至关重要的作用。

第二次世界大战末期，德国人接受了非常良好的教育，其中涌现出一大批资深的科学家与工程师。德国还推出了一个广泛的实习系统，目的是为没有经验的工人提供在职培训。这使得德国拥有熟练的产业劳动力。另外，来自前民主德国与受苏联控制的其他欧洲国家的大量熟练工人的流入，也使联邦德国受益匪浅。早在1949年，人力资本的集中就使拥有高度发达的技术与生产力的德国制造业得到了大幅度扩张。而到了1960年，联邦德国已成为高质产品的主要出口国，其公民享有欧洲最高的生活水平。

日本在第二次世界大战中遭受了比德国更大的经济损失，它同样也是凭借有技能并受过教育的劳动力开始战后重建的。此外，进驻日本的美国军队对日本的教育系统进行了改革，并鼓励所有日本人接受良好的教育。不仅如此，日本人比德国人更注重在职培训，并把它当做终身就业体制的一部分。在这种体制下，日本企业希望员工在其整个职业生涯里都只效力于同一家公司，这样他们就会在职工培训方面进行大量投资。而这种对人力资本进行投资的回报，则表现为平均劳动生产率的稳步上升，特别是在制造业，这一点表现得尤为明显。到20世纪80年代，日本制造的商品已经挤入世界最高级商品的范围，而其工人也跻身于最优技术工人的行列。

——罗伯特·弗兰克、本·伯南克：《宏观经济学原理》，李明志译，清华大学出版社2007年版。

三、自然资源

自然资源是指自然界提供的生产投入，例如土地、河流、森林和矿藏。自然资源有两种形式，可再生的与不可再生的。比如，森林是可再生资源，当砍倒一棵树以后，可以在这个地方再栽上一棵树。而石油是不可再生资源，因为石油是自然界在几千万年前形成的，只有有限的供给，一旦石油供给枯竭，就不可能被再创造出来。

自然资源对经济增长有重要影响。美国之所以成为当今世界最大的谷物生产和出口国，是因为拥有广阔的良田。中东的一些国家，例如科威特和沙特阿拉伯之所以富有，是因为它们正好位于世界上最大油田的地方。

虽然自然资源是重要的，但是自然资源不是一个经济具有较高增长率的必要条件。自然资源匮乏的国家也可以创造出很高的生产率并享受富裕的生活水平。例如，日本就是一个自然资源不足的国家，但日本通过国际贸易，进口它所需要的自然资源，利用先进技术加工成工业制成品后向自然资源丰富的国家和地区出口，从而成为世界上最富裕的国家之一。再如中国香港、新加坡等，其面积和资源与俄罗斯无法相比，却成为经济发展水平比俄罗斯高的富裕地区和国家。

案例分析　　　　　自然资源会限制经济的增长吗

20世纪70年代以来，关于人口的增长和生活水平的提高是否有极限的问题始终存在着争论。一些评论学家认为，随着人口的增长，食物生产会受到资源的限制。自然资源是有限的，当水、石油、矿藏这类不可再生资源的供给耗尽之后，经济增长将会停止。人们的生活水平也将随之而下降。尽管这些观点看来言之成理，但大多数经济学家并不担心自然资源会成为经济增长的限制。他们认为，技术进步会避免自然资源成为经济增长的限制。例如，人们可以开发出耗油更少的汽车，建造有更好隔热设备的新住房，使用在采油过程中浪费较少的新型石油钻机，等等，这些都有利于节约能源。此外，资源回收可使一些不可再生性资源得到重复利用。可替代燃料的开发，例如用乙醇代替石油，使我们可以用可再生性资源代替不可再生性资源。更重要的是，技术进步可以使一些曾经至关重要的自然资源变得不太必要。例如，100多年前人们使用的容器都用铜和锡制造，曾有人担心铜和锡用完后怎么办。但是，技术进步使人们今天可以用塑料取代铜和锡作为制造容器的材料，而电话通讯则可使用砂子生产的光导纤维，现在没人这样担心了。因此，虽然人类的发展中会出现很多问题，但人们也能解决这些问题。技术进步使人们保存资源的能力的增长总是快于它们供给的减少。世界市场上大多数自然资源的价格依然是稳定甚至下降的。现实也表明，时至今日世界并没有陷入自然资源的短缺。这使我们有理由相信，技术进步将使自然资源不会成为经济增长的限制。

——改编自曼昆：《经济学原理》，北京大学出版社1999年版。

四、技术进步

除了上述三个传统因素之外，一国经济的快速增长还取决于第四个重要因素，即技术进步。技术进步在经济增长中的作用，体现在生产率的提高上，即用同样的劳动与资本投入可以提供更多的物品与劳务。根据20世纪60年代美国经济学家索洛对技术进步在经济增长中的作用进行的定量分析，在经济增长率中有一半以上是由技术进步引起的。而在生产率的提高中，技术进步的作用在80%以上。随着时代的发展，技术进步的作用越来越重要。

广义的理解，技术进步包括科学研究、新产品的开发、生产技术革新和管理的进步。一般情况下，技术进步与新知识的发现联系紧密，这些新知识使得企业能够利用新的方法来组合使用一定数量的资源，以实现更大规模的产出。例如，20世纪80年代初期，我国农村水稻的亩产量最高约300公斤。现在，由于科学技术的进步，特别是我国农业科学家袁隆平发明了杂交水稻，将我国水稻的亩产量先后提高到500公斤以上。这一优良水稻品种自80年代中期被推广以后，20年来，中国已通过杂交水稻增产3 500亿公斤，每年增产的稻谷可以多养活6 000万人。这意味着少量的劳动和土地就可以生产出足以养活整个国家的粮食。在我国人均耕地面积较少和传统的农业耕作技术条件下，农业技术进步对改善我国长期面临的食物供给压力具有重要的意义。

当一个部门发生了技术进步之后，生产率的提高不仅局限于这个部门，而且还会推动其他部门的发展。例如，互联网技术的进步促进了零售业的变革，这使企业借助于计算机和互联网技术，利用现代快速交通工具和冷藏技术，把产品销售到世界各地。有了广阔的销售市场，农民可以选择最合适的土地和土壤条件进行专业化生产，工厂也可以使用成本最低的原材料大规模的生产最有效率的产品。当一个经济所有的生产部门都能够从事最有效率的生产活动时，全社会的劳动生产率会得到全面的提高。

案例分析

克鲁格曼的预言

1994年，美国经济学家克鲁格曼在《外交》杂志上撰文，指出东南亚国家的高速经济增长是没有牢固基础的"纸老虎"，迟早要崩溃。历史不幸被克鲁格曼言中，1997年东南亚金融危机的爆发引起这个地区的严重经济衰退。

克鲁格曼之所以认为东南亚国家的经济增长是"纸老虎"，是因为这些国家的经济增长是由劳动与资本的大量增加带动的，缺乏技术进步。而技术进步在经济增长中的中心地位，早已为当今世界各国的经济学家所公认。克鲁格曼认为，东南亚经济增长中技术进步的作用不明显，没有起到应有的中心作用。这些国家和地区缺乏科技创新能力，仅仅依靠投入实现增长，到一定程度就会引起劳动和资本的边际生产率递减，增长必然放慢，甚至衰退。克鲁格曼甚至认为，即使像日本这样的经济大国，由于其主要技术仍然是引进的，缺乏原创性，即使没有各种复杂因素引发的金融危机，其经济的增长也迟早要出问题。

尽管经济学家对东南亚金融危机的发生众说纷纭，但有一点已为所有的人所接受：没有技术进步就没有持久而稳定的经济增长。20 世纪 90 年代美国经济连续近十年的稳定增长则从正面证明了这一点。虽然经济学家对个人电脑、互联网对增长的作用还难以作出准确的定量分析，但这些技术进步对美国经济繁荣的贡献是无人否认的。

克鲁格曼的观点固然冷酷，但它能使我们更加清醒地认识到，21 世纪将是技术进步更加迅猛的时代，发展中国家只有确立技术进步在经济增长中的中心地位，才能实现经济长期的快速增长。

——改编自梁小民《宏观经济学纵横谈》，生活·读书·新知三联书店 2002 年版。

五、制度变革

制度变革对经济增长的影响已经成为许多经济学家的共识。影响经济增长的制度因素，可以理解为市场经济制度及其配套制度（比如货币制度、合约制度、专利制度、分配制度和诚信制度等等），以及与经济制度相一致的民主政治制度。一个国家的这一套制度越完善，就越能够鼓励人们以高效率的方式从事经济活动，这个国家就越富裕。

美国经济学家诺斯强调"增长的路径依赖"，是指一个国家只有建立了明确的产权制度和市场经济，才会走上增长的良性循环之路。明确的产权制度是指法律提供明确的规则来确定资源的归属以及人们对自己拥有的资源行使权利的能力。试想，人们都知道资本的重要，但如果没有保护产权的制度，谁还会储蓄和投资呢？这就像你如果预计你生产的东西会被人夺走，你就没有积极性去种植好农作物，也没有动力努力生产其他产品与劳务。人们只有相信能够从产品的生产销售中获益，才会有动力生产。人们都知道，工业革命和技术创新是经济发展的动力，但没有保护发明者权益的专利制度谁会去发明呢？英国之所以成为工业革命的发源地，与它是世界上最早建立专利制度的国家有关。人们都意识到，企业家的管理活动是经济增长的关键，但是没有按效率分配的制度，就不可能有企业家的产生。因此，有一套适应发展的制度，是一国实现长期经济增长的前提条件，这是当今经济学家的共识。

第四节
促进经济增长的政策

我们已经知道了一个国家人们生活的富裕程度取决于它的供给能力，以及经济增长率取决于资本、劳动、自然资源、技术进步和制度变革。现在我们转向世界各国政府面临的问题：哪些政府政策可以提高经济增长率和生活水平？

一、鼓励储蓄和投资

由于资本是生产出来的生产要素，因此，一个社会可以改变它的资本量。如果今天经济生产了大量新资本品，那么，明天它就将有大量资本存量，并能生产更多的物品和劳务。因此，提高经济增长的一种方法是把更多现期资源投资于资本的生产。由于资源是稀缺的，把更多资源用于生产资本就会减少用于生产现期消费的物品与劳务的资源数量。这就是说，由于社会更多投资于资本，它就必然减少现期消费并把更多收入储蓄起来。由资本积累所引起的增长并不是免费午餐，它要求社会牺牲一些现期消费，以便未来享有更多消费。因此，政府可以利用税收、利率等经济手段鼓励家庭储蓄和企业投资。例如，提高资产折旧率、对新投资的税收减免和对资本收入减税都可以增加物质资本的投资。完善金融市场，也可加速储蓄向投资转化。或者政府可通过公共支出比如修公路、桥梁、机场、排污系统直接影响物质资本的水平。2008 年下半年，为了应对由美国金融危机引发的经济衰退，中国政府出台了两年间投资 4 万亿元的计划，主要用于：保障性住房等民生工程，铁路、公路、机场、水利等重大基础设施建设，医疗、教育、文化等社会事业，节能减排和生态工程，自主创新和结构性调整以及地震灾后恢复重建的投资。这些是中国资本存量的重要组成部分。

为了说明投资对经济增长的重要性，可看图 15 - 1，该图提供了一些国家的数据。图 15 - 1 （a）表示 31 年中每个国家的增长率，各国按其增长率从高到低排序。图 15 - 1 （b）表示每个国家用于投资的量占 GDP 的百分比。增长和投资之间是相关的，尽管这种相关性并不完全，但也是密切的。把 GDP 中相当大的部分用于投资的国家往往有较高的经济增长率，例如，新加坡和日本；把 GDP 中一小部分用于投资的国家往往增长率较低，例如，卢旺达和孟加拉国。图 15 - 1 中所列出的一些国家的数据，也同样证明了投资与增长率之间这种密切的关系。

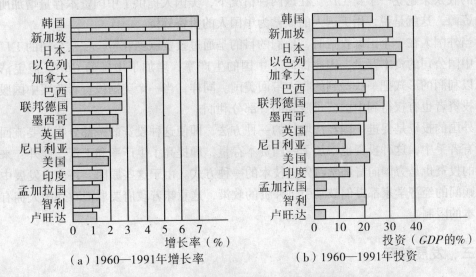

图 15 –1　一些国家增长率与投资的数据示意

（a）1960—1991年增长率

（b）1960—1991年投资

　　假设一国政府实施某种提高国家储蓄率的政策，那么，随着储蓄增加，用于生产消费品的资源少了，而更多的资源用于生产资本品。结果，资本存量增加了，这就引起生产率的提高和 GDP 增长更为迅速。但是，这种高增长率能持续多长时间呢？

　　生产过程的传统观点是，资本要受到收益递减的制约：随着资本存量增加，从增加一单位资本中生产的额外产量减少。换句话说，在工人已经用大量资本存量生产物品与劳务时，再增加一单位资本所提高的生产率是微小的。由于收益递减，储蓄率增加所引起的高增长只是暂时的。随着高储蓄率使积累的资本增多，从增加的资本中得到的收益一直在减少，因此，经济增长的速度放慢。但是达到这种长期需要相当一段时期。根据对经济增长国际数据的研究，提高储蓄率可以在几十年内引起相当高的增长。

二、吸引国外投资

　　一国提高储蓄率的政策可以增加投资，从而提高经济增长率。但这并不是一国增加新资本的唯一方法，另一种方法是吸引外国人的投资。

　　来自国外的投资有两种基本形式：一是外国直接投资（FDI），即由外国实体拥有并经营的资本投资，比如美国宝洁公司可以在中国建一个工厂；二是外国间接投资，也称外国有价证券投资，是通过在国外发行股票和债券的方式，用外国货币筹资，但由国内居民经营的投资。例如，一个美国人可以购买中国公司的 B 股，中国公司可以用卖股票的收入来建立一个新工厂。在这两种情况下，美国人提供了中国资本存量增加所必需的资源，这就是说，用美国人的储蓄为中国人的投资筹资。

当外国人在一个国家投资时，他们的目的是通过投资赚到收益。宝洁公司的工厂增加了中国公司的资本存量，因此提高了中国的生产率，增加了中国的 GDP。但宝洁公司也以利润的形式把一些赚到的收入带回美国。同样，当一个美国投资者购买中国股票时，投资者也有权得到中国公司赚到的一部分利润。

外国的投资是促进一国经济增长的一种方法，即使这种投资的一部分收益要流回外国所有者手中，这种投资也增加了一国资本存量，即提高了生产率和工资。此外，来自外国的投资也是穷国向富国学习先进技术的一种方式。由于这些原因，许多在发展中国家当顾问的经济学家都提倡鼓励引进外资的政策，这意味着政府要取消对外国人拥有国内资本的限制。

三、发展教育

教育，即是人力资本投资。对一个国家的长期经济增长来说，教育和物质资本投资是同样重要的。

经济学家认为，人力资本对经济增长特别重要，因为人力资本会带来正外部性。例如，一个受过教育的人会产生一些有关如何最好地生产物品和劳务的新思想。如果这些新思想进入社会知识宝库，从而每个人都可以利用，那么，这种思想就是教育的正外部性。在一国经济中，劳动者的知识、技能水平越高，劳动生产率也将越高。鉴于人力资本投资对提高生产率的重要性，政府鼓励人力资本的投资，并且以发展公共教育的形式对人力资本投资给予补贴，这是促进一国经济长期增长的一项重要政策。

改革开放以来，我国各级政府部门在人力资本开发方面发挥了巨大的作用，例如，新建、管理和资助学校，建立农民工职业技能培训基地，等等。尤其是在 2005 年，政府免除了各级扶贫开发工作重点县农村义务教育阶段贫困家庭学生的书本费、杂费，并补助寄宿学生生活费，2007 年在全国农村普遍实行这一政策，使贫困家庭的孩子都能上学读书，完成义务教育。至今，我国初中以下的教育已经实现由政府作为公共教育进行普及。当然，与发达国家相比，我国的劳动力素质还不高，教育结构也不合理，提高劳动力素质是我国经济发展面临的紧迫问题。为此，政府应增加对教育的投入，改善私人对教育投资的激励机制，调整不同层次教育的结构，加强对在职员工的岗位培训和转换工作的培训，这对于实现我国产业结构升级以及经济长期可持续发展具有非常重要的意义。

参考资料 为何几乎所有国家都提供免费的公共教育

　　所有的工业化国家都向其公民免费提供中学以下的公共教育，其中大部分国家还对大学以及其他高级院校进行补贴。政府为何会采取这样的政策？

　　美国人对接受免费公共教育已经习以为常，以至于他们会对这样的问题感到奇怪——在他们的观念里，免费教育是理所当然的。不过，既然政府并没有向所有人（除了贫困者之外）免费提供食物、医疗等基本的产品与服务，为什么它要提供免费教育？而且，对教育服务的供给与需求事实上是可以通过私人市场实现的，并不一定需要政府的协助。关于免费教育或者说教育补贴的一个重要观点认为，个人对教育服务的需求曲线并没有包括教育的所有社会收益。例如，一个民主的政治体系要实现高效运作，很大程度上取决于公民的教育水平——而这一点对教育服务的个体需求者来说几乎不会成为他们接受教育的个人原因。如果从经济角度考虑，我们认为，个人无法实现自身接受教育所带来的全部经济收益。例如，拥有较高人力资本的人会有较高的收入，从而会上交较多的税额——这些资金将用于提供政府服务和救助贫困者。由于所得税的存在，获得人力资本的私人收益要低于社会收益，因而在私人市场上对教育的需求，站在社会的角度来看并不是最优的。同样，受过教育的人比其他人更容易带来技术的进步与发展，从而引起生产率的提高，这会令包括他们自己在内的很多人都受益。提供公共教育的另一个理由是，那些希望对自身人力资本进行投资的贫穷者可能会由于收入低下而无法实现这一愿望。

　　与许多经济学家一样，诺贝尔经济奖的获得者米尔顿·弗里德曼（Milton Friedman）认为，上述这些理由只能说明政府可以用补贴方式（这种方式被称为教育优惠券）帮助人们从私人市场获得教育服务，并不能得出政府应该直接提供教育的结论。而公共教育的捍卫者认为，为了制定教育标准并保证教育质量，政府有必要对教育进行某些方面的直接控制。

　　——罗伯特·弗兰克、本·伯南克：《宏观经济学原理》（第三版），李明志译，清华大学出版社2007年版。

四、鼓励新技术的研究和开发

　　在现代经济社会，经济增长越来越依赖于技术知识的进步。技术知识是公共物品，它具有非竞争性，一个人使用某种知识，并不影响其他人对同一知识的使用。技术知识是否具有排他性取决于知识本身的特性和知识产权制度的安排。专利制度可以使发明者在一定时期内拥有独家使用其发明的权利。但在专利规定的发明者受保护的期限之外，无法阻止他人对技术知识的学习和掌握。技术知识的公共物品性质使得市场配置于这一活动的资源太少，政府应当对新技术的研究和开发给予政策支持。

政府对技术进步的政策支持应主要采取以下方式。

第一，资金支持。政府资金支持的对象有两个，一是对基础科学研究给予资金支持。各国对基础科学研究的供给基本上是免费的。因为基础科学研究的受益者是整个社会而不是某家企业。基础科学研究具有正外部性，应当得到政府的资助。二是对应用性高科技企业提供资金支持。高科技研发风险较大，但政府的资金支持可以使得一国最早掌握和利用新技术，从而可以赚得高于平均水平的利润。例如，20世纪90年代，美国克林顿政府很注重对民用高科技领域的投资。政府每年从军事研究中拿出300亿美元，投入到诸如机器人、生物技术、光纤通讯、全国计算机网络和先进的通讯网络等民用技术领域。政府还责令全国726个主要从事军事研究的国家试验室，将现有预算中的10%~20%用于与工业界合资共办民用企业，以帮助民用企业的高技术创新。再如，我国政府支持国家航天局空间研究，使我国的火箭发射技术和航天飞机的制造有了长足的进步。

第二，对企业的研究开发实行税收优惠。例如，可以通过减税或税收抵免来鼓励企业从事研究和开发，实际上这种优惠也是通过政府支付一定的研究和开发费用的方法，调动企业从事研究和开发的积极性。

第三，建立保护发明者权益的专利制度，鼓励民间部门介入科学技术的研究开发。某家企业研制出一种转基因农作物，可以申请专利保护，只要被确认是原创的科技成果，政府就会授予创造者专利权，即在规定的年限内该创造者拥有排他性地生产该产品的权利。专利制度在一定程度上解决了知识和技术这种公共物品的生产和收益不对称的问题，从而可以激励个人和企业从事研究和开发活动。

五、建立良好的制度环境

政府加快经济增长的再一个办法是提供一个良好的市场经济制度。历史经验表明，计划经济制度扼杀微观经济主体的活力，因而其长期绩效不如市场经济制度。一个能够发挥市场机制作用的制度环境也是实现长期经济增长的必要条件。

市场经济制度是依靠价格机制来实现其运行的，而价格机制发生作用的一个重要前提是产权的界定和保护制度。在一个产权不清晰、司法制度不完备、合约很难得到实施、欺诈得不到惩罚、过多行政管制的环境下，企业不能有效地运作，人们缺乏努力工作和创新的激励，经济势必没有活力。因此，为了促进经济增长，政府有责任提供一个有利于创新的市场制度和法治环境，比如有保障的私人产权、开放的贸易、较少的管制、较高的政府工作效率等。当经济具有较大的自由度时，创业有更大的空间，投资有更多的机会，人们能够得到创新所带来的直接的物质利益，这会激励人们增加投资、开发新技术、改善管理。认识这一点对我国具有重要的现实意义。自 1979 年以来，我国的市场化改革强化了产权，极大地扩展了创新空间，政府逐渐放松产业管制，所有制结构呈现多元化格局，越来越开放的贸易和投资、法律体系的建设等等，促进了我国经济的快速增长。当然，由于市场化改革有待深化以及法律制度的不完善，现实中仍然存在许多抑制经济效率的制度因素，在我国现有的资源条件下，以制度创新实现经济的长期增长尚有很大的潜力。

第五节
经 济 周 期

从长期来看，一国经济通常会表现出增长趋势。但是，经济在实现长期增长过程中，总是伴随着短期的波动。它表现为经济时而迅速扩张极其繁荣，时而急剧收缩严重衰退。经济的周期性波动引起了经济学家的关注。对这种波动的情况与原因的研究就是经济周期理论的内容。

一、经济周期的含义及特点

经济周期是指经济活动周而复始的波动。当实际 *GDP* 增长迅速时，经济是好的，企业发现，顾客很多，而且利润在增长。当实际 *GDP* 减少，经济出现衰退，企业发现无法把它们提供的所有物品与劳务都卖出去，因此，它们削减生产，工人被解雇，工厂被闲置。经济活动总是在繁荣和衰退的交替中进行的，这就是"经济周期"。

经济周期具有以下基本特征：

第一，经济周期是经济中不可避免的现象。即经济周期是经济在长期必然要经历的变化过程，它是现代经济的一个基本特征。

第二，经济周期性波动无规律也难以作出准确的预测。经济由繁荣到衰退，再到繁荣就是一个周期，但经济周期并无时间规律可循。首先，经济周期的各个阶段没有规律，可能是几个星期，可能是几个月，也可能是好几年；另外，相邻的两个周期之间的时间间隔也是没有规律的，人们知道下一个经济周期肯定会出现，但不知道什么时候会出现。例如，美国经济在 1980 年和 1982 年均出现衰退，但此后的 1983 年到 1990 年的 7 年中都没有出现衰退。由于经济周期没有固定的规律，经济学家们很难对未发生的经济周期作出较为准确的预测。到目前为止，经济学家们所能做的，更多的是对发生过的经济周期作出解释。

第三，经济周期是经济活动总体性、全局性的波动。在经济周期中，经济波动发生在几乎所有经济部门，而非几个行业和地区，最大的波动甚至会影响全世界。比如，20世纪30年代的"大萧条"就是一场发生在全世界范围内、无一幸免的经济灾难。2007年，由美国金融危机引发了世界性的经济衰退，其影响面之广，对经济危害程度之深，仅次于20世纪30年代的经济大萧条。目前，这场世界范围内的经济衰退仍在延续中。

第四，一个完整的周期由繁荣、衰退、萧条、复苏四个阶段组成。经济周期是经济活动的周而复始的波动。尽管每一次经济周期持续的时间、波动的幅度等都不一样，但它们都有共同之点，即每个周期都可分为四个阶段：繁荣、衰退、萧条和复苏。繁荣，是经济活动的扩张或上升阶段，此时经济活动十分活跃，当经济达到最高点时，被称作顶峰。顶峰也是经济由盛转衰的转折点。衰退，是经济活动开始从扩张的顶峰下降的阶段，但此时收入减少和失业增加较为缓和，经济仍未低于正常水平。萧条，严重的衰退被称为萧条，此时收入减少和失业增加的速度较快，经济活动水平低于正常水平。经济的最低点称为谷底，谷底也是经济由衰转盛的转折点。复苏，是经济从最低点开始向上回升的时期，经济活动日趋活跃，收入开始回升。经济回升到一定水平后，经济增长速度加快，于是又进入下一扩张时期。

二、经济周期的划分

如前所述，由于经济周期没有固定的规律，经济学家还不能根据现有的资料对未发生的经济周期进行预测，即便如此，经济学家们还是试图找到经济周期的一些共同特征，根据波动时间的长短，把经济周期划分为不同的类型。其中比较常见的划分是：康德拉耶夫周期、朱格拉周期和基钦周期。

康德拉耶夫周期又称为长周期。是由苏联经济学家康德拉耶夫于1925年提出的。他根据美、英、法等国长期波动的时间序列资料，认为经济活动存在一个长期的循环，这个周期平均为50年左右。

朱格拉周期又称为中周期。是由法国经济学家朱格拉于1860年提出的。他认为经济周期的期限应该为8～10年，并较早地开展了对中周期的研究。

基钦周期又称为短周期。是由美国经济学家基钦于1923年提出的。他认为经济周期有长周期与短周期两种。短周期平均年度约为40个月。两个或三个短周期构成一个大周期。

三、引起经济周期的原因

根据经验事实描述经济周期的现象是容易的，但解释什么原因引起经济周期较为困难。在这个问题上，不同学派的经济学家提出了不同的理论，概括起来有两类：一类认为经济周期的原因在经济体系内，是由于市场机制不完善性引起的，称为内生经济周期理论；另一类认为经济周期的原因在经济体系之外，是由外部冲击引起的，称为外生经济周期理论，我们对这两类理论中有代表性的观点作一简要介绍。

1. 由投资波动导致的需求冲击

凯恩斯学派强调的是内生经济周期理论，认为引起经济周期的主要因素是经济内部发生的需求冲击。**需求冲击**是指现实经济中来自总需求方面的不确定性和风险因素。它会引起总需求的变动。凯恩斯学派认为，在总需求中，消费占的比例最大，但消费在长期中是稳定的。政府支出虽然在总需求中占有较大的比例。但它是一种可以人为控制的因素，通常它起着平抑经济波动而不是促成经济波动的作用。净出口所占的比例很小，它的变动不足以引起经济的波动。因此，引起总需求波动的主要因素是投资。

在许多国家，投资在总需求中占的比例不超过 20%，但投资却具有剧烈波动的性质，这种波动会影响经济中的总需求水平，进而影响到经济中的产量水平。正是这种以投资波动为中心的总需求变动的反复出现，引起了经济的周期性波动。

凯恩斯学派强调投资是引起经济周期的重要因素。投资的变动，会通过投资乘数的作用，引起国民收入多倍的变动。实际上，在已有生产能力被充分利用的情况下，国民收入的变动也会引起投资多倍的变动。这种情况称为加速数效应。例如，假定产量（国民收入）水平的提高增加了人们的收入，使人们的消费需求增加了 100 亿元，此时已有的生产设备已得到充分利用，为了满足这新增加的需求，企业必须进行新的投资。假定企业斥资购买 1000 亿元的新机器设备，这样，经济中产量增加 100 亿元，而投资增加了 1000 亿元，一定的产量增加带来了投资多倍增加，这就是加速的含义。加速数是投资增加与产量增加的比例。在以上例子中，加速数等于 10。

企业投资的 1000 亿元又会通过投资乘数的作用扩大产量，而产量的增加反过来通过加速数增加经济中的投资。投资乘数和加速数反复的相互作用，经济进入扩张和繁荣。但这种繁荣有一个限度。在达到繁荣的顶点时，或者受到资源条件限制，或者人们的预期由乐观转为悲观，这时投资减少，衰退就开始了。投资减少通过投资乘数效应使国民收入多倍减少，国民收入减少又通过加速效应引起投资多倍减少，经济下降至谷底，然后再开始另一次周期。

在市场机制的自发调节下，投资与国民收入的互动是不可避免的、正常的。所以经济周期的原因是内生的。在凯恩斯学派看来，减轻经济波动程度有赖于政府的宏观调控，政府适时运用各种经济政策熨平经济的周期波动，使经济能够实现长期的稳定增长。

2. 供给冲击

外生经济周期理论强调经济周期性波动来自外部的供给冲击。**供给冲击**是指所有使总供给发生变动的因素。比如，技术进步、自然灾害、战争与政治动乱、石油价格上升、政府政策失误、国际经济中的不利变动等因素都可能对经济造成影响。外生经济周期理论认为供给冲击是引起经济周期的直接原因，它通过经济体系内的传导机制而引起波动。

这类观点的代表是"实际经济周期理论"。该理论强调经济周期的原因来自经济体系外部的实际因素，正是这种实际因素的变动破坏了市场机制的调节作用和经济运行的正常状态，引起周期性波动。

我们以技术进步的冲击来说明经济波动的发生。实际经济周期理论强调技术进步具有不稳定性。这就是说，当出现一次重大的技术突破之后，技术会进入进步缓慢甚至停滞的积累时期。技术进步的不稳定性使生产率的增长和国民收入的增长也是不稳定的，这就形成经济中的周期性波动。比如生产技术取得突破性进展，提高了工人的生产效率，并引起投资增加，这使经济的产出能力大幅度提高，经济进入繁荣阶段。但当这种技术突破普及之后，技术进入积累时期，生产率保持不变，投资无法再增加，这会导致生产萎缩，失业率上升，经济步入衰退阶段。技术总是间断地出现突破，经济中的繁荣与衰退的交替也就成为正常。

提出实际经济周期理论的经济学家反对凯恩斯主义的国家干预经济的理论。他们认为由供给冲击导致的经济波动能够被经济体吸收掉，经济会自动实现充分就业，无须政府干预。

> 参考资料　　　　　　　　我国的经济周期

1977 年以来，我国经济的周期性波动大致可以划分为以下五个周期：

第一个周期（1977—1981 年）。我国 1976 年 10 月粉碎"四人帮"后，1977 年，经济增长率上升为 7.6%。1978 年达到高峰，经济增长率超出 11%，达到 11.7%，出现经济过热。这次经济过热，起初是由于地方和企业财权扩大后盲目上项目导致投资过热和国民经济重大比例关系严重失调，随后由于出台了许多改革措施，如提高农副产品收购价格、调整部分职工工资、实行企业基金制度等，财政用于消费的支出大幅增加，导致国民收入超分配，形成大量财政赤字，银行贷款余额大幅度上升。针对经济过热，进行了改革开放以来的第一次紧缩型宏观调控。经过 1981 年对国民经济进行有效的大调整，经济增长率从 1978 年的高峰 11.7%，降为 1979 年的 7.6%、1980 年的 7.8%、1981 年的 5.2%，经济转入健康发展的轨道。在这个周期内，从 1978 年的高峰到 1981 年的低谷，经济增长率波动的落差为 6.5 个百分点；上升阶段 2 年，下降阶段 3 年，共 5 年。

第二个周期（1982—1986 年）。这一期间，由于国家信贷的放松，企业自主权的扩大，1982 年、1983 年，经济回升，经济增长率分别回升到 9.1% 和 10.9%。1984 年，经济增长率远远超出 11%，达到 15.2% 的高峰，经济再次出现过热，投资需求和消费需求双膨胀，社会总需求超过总供给。1985 年 3 月，政府提出加强和完善宏观经济的有效控制和管理，坚决防止盲目追求和攀比增长速度的现象。但这一年过热局面没有被控制住，许多地方和单位盲目上项目、铺摊子，当年经济增长率仍为 13.5%。针对经济过热，进行了改革开放以来的第二次紧缩型宏观调控。1986 年的经济增长率为 8.8%。在这个周期内，从 1984 年的高峰到 1986 年的低谷，经济增长率波动的落差为 6.4 个百分点；上升阶段 3 年，下降阶段 2 年，共 5 年。

第三个周期（1987—1990 年）。第二次紧缩型宏观调控并没有完全到位，1987 年，经济增长率又超出 11%，达到 11.6% 的高峰。1988 年，经济增长率仅略有下落，为 11.3%。由于连续的高通胀，使我国消费者产生了通胀预期，人们认为存钱不如存物，于是发生了银行挤兑，居民储蓄存款大幅度减少，而消费额却大幅度增加。这种消费行为的突变直接引发了此次经济波动，1988 年的物价上涨率达到 18%，出现投资需求和消费需求双膨胀。针对经济过热，进行了改革开放以来的第三次紧缩型宏观调控。1989 年开始进行治理整顿，1989 年、1990 年，经济增长率分别降至 4.1% 和 3.8%。在这个周期内，从 1987 年的高峰到 1990 年的低谷，经济增长率波动的落差为 7.8 个百分点；上升阶段 1 年，下降阶段 3 年，共 4 年。

第四个周期（1991—2001 年）。1991 年，经济增长率回升到 9.2%，进入了新一轮经济周期的上升阶段。在这种态势下，1992 年初，邓小平同志"南巡"视察，发表了重要讲话，为我国改革开放和现代化建设事业打开了一个新的局面。但由于当时我国改革开放才十来年，原有的计划经济体制还没有根本转型，原有体制下的投资饥渴、急于求成、层层片面追求高速度等弊端还没有被克服。在这种情况下，经济增长很快冲出 10%，达到 14.2% 的高峰。投资需求和消费需求双膨胀。煤电油运和重要原材料的供给全线紧张。金融秩序混乱，社会集资规模急剧扩大，国家银行资金大规模以非贷款的方式流出，货币供给量失控，明显出现了经济过热。1993年上半年，过热态势继续延续。针对经济过热，进行了改革开放以来的第四次紧缩型宏观调控。经过三年多以整顿金融秩序为重点、治理通货膨胀为首要任务的宏观调控，1996年成功地实现了"软着陆"，经济增长率回落到10%以内，为9.6%。与此同时，物价上涨率（商品零售价格）也从1994年的21.7%降至1996年的6.1%。

"软着陆"的调整成功之后，又出现了亚洲金融危机的冲击和国内有效需求的不足。对此，1998年政府开始实行积极的财政政策和稳健的货币政策。并取得了明显的成效，从1997年到2001年，我国经济增长率保持在一个"七上八下"的相对平稳的位势上。

在1991—2001年的这个周期内，从高峰（1992年）到最低谷（1999年），经济增长率波动的落差为7.1个百分点；上升阶段2年，下降阶段9年，共11年。

第五个周期（2002年至今）。2002年，经济增长率回升到8.3%，2003年，上升到9.3%，经济处于新一轮经济周期的上升阶段。2007年全年的经济增长率达到13%，超出了10%的上限警戒线。中国经济存在的过热风险和不断上升的通胀压力。

正当政府提出实施"稳健的财政政策和从紧的货币政策"，以防止经济转向过热和明显的通货膨胀时，2008年下半年，受美国金融危机的影响，中国经济出现骤然减速，全年GDP增长率为9.6%，比上一年下降了近4个百分点。居民消费价格总水平自2008年6月起连续下降，中国经济步入新一轮的通货紧缩。

针对经济下滑，中国政府于2008年11月提出了"积极的财政政策和适度宽松的货币政策"的政策组合。2009年下半年，密集出台的宏观经济政策明显显现对经济的拉动态势。初步核算结果显示，2009年第一季度全国GDP增长6.1%，第二季度增长7.9%，第三季度增长8.9%，第四季度增长11.9%，全年GDP增长率达到8.7%。

案例分析　　　　关于20世纪30年代大萧条的争论

1929—1933年的大萧条波及面之广、时间之长、衰退之严重，堪称空前绝后。在美国，GDP减少了1/3左右，倒退了20多年，失业率高达25%，民众的生活苦不堪言。大萧条已经过去70多年了，但对这次灾难性事件原因的争论一直没有中断。许多经济学家都把总需求的减少看做是引起大萧条的原因，但是对引起总需求减少的原因解释并不相同。

一种观点认为，引起大萧条的总需求减少源于悲观情绪与不确定性的加剧。20年代是美国经济极度繁荣的年代，建筑业空前高涨带动了整个经济。但这种繁荣背后蕴藏着极大的不确定性，这种不确定性来源于一些国家的贸易保护政策、国际通货波动以及国内经济繁荣中的泡沫成分。人们对未来的不确定感觉滋生了悲观情绪，引起消费与住房购买减少。1929年纽约股市崩溃加剧了这种不确定性与悲观情绪，投资急剧减少，建筑业几乎消失，终于引起如此严重的衰退。这种看法代表了凯恩斯主义的观点。

另一种观点是货币主义者的看法。他们强调引起总需求减少的原因是货币供给量的减少。在大萧条时，美国的名义货币供给量减少了20%，这种减少并不是中央银行基础货币的减少，而是银行破产引起的存款减少。在经济极度繁荣时，银行发放了大量不可靠的贷款，一旦企业破产，这些贷款无法收回，银行银根吃紧，引起挤兑风潮，银行大量破产，货币供给量减少，这不仅加剧了企业金融破产，而且使利率急剧上升，进而又减少了投资，所以引起投资和总需求减少的原因在于货币因素。

其实，引起大萧条的原因很复杂，既有货币因素，又有实际因素。研究这一问题的目的在于指导现实。现在人们普遍认为发生严重大萧条的可能性大大减少了。因为在大萧条之后许多制度得以建立和完善，例如，政府建立存款保险公司，对银行存款提供保险。中央银行起到商业银行最后贷款人的作用。这两点防止了挤兑和银行破产。还有，政府可通过调节支出和税收调节总需求。家庭收入也日趋多元化，人们抵抗衰退的能力得到增强。这两点防止了总需求的大幅度减少。

虽然历史难以重现，但大萧条的教训仍然对我们有启发意义。在市场机制的自发调节下，经济的短期波动是不可避免的。我们也应未雨绸缪，以减轻经济波动带来的损失。

——改编自梁小民：《宏观经济学纵横谈》，生活·读书·新知三联书店2002年版。

本章小结

(1) 经济增长是指一国在一定时期内实际 GDP 的增长。实际 GDP 既可以表示为经济的实际总产出，也可以表示为人均实际产出。

(2) 决定一国的经济增长的因素很多，包括工人使用的物质资本的数量和质量、较高的劳动者素质、自然资源是否丰裕、技术水平以及具有较高经济自由度的制度环境。

(3) 政府政策可以以许多方式影响经济的增长率：鼓励投资和储蓄、吸引外资、促进教育、促进新技术的研究与开发，以及维护产权制度，保持政治稳定等。

(4) 政府可以通过制定并实施一定的政策来促进经济增长。这些政策包括：鼓励投资和储蓄，吸引外资，发展教育，促进新技术的研究与开发，以及构建一个有利于企业高效运作的制度环境。

(5) 经济周期是指围绕长期趋势的短期经济波动。这种波动无法避免，无规律，而且在大体上是无法预测的。当衰退发生时，实际 GDP 和其他宏观经济指标都下降，每一次周期都表现为繁荣和衰退的交替。

(6) 根据经济波动时间的长短，可以把经济周期划分为短周期、中周期和长周期。短周期称为基钦周期，约 40 个月；中周期称为朱格拉周期，约 8～10 年；长周期称为康德拉耶夫周期，约 50 年。

(7) 在解释经济周期原因的问题上，凯恩斯学派强调投资是引起经济周期的重要因素。投资的变动，会通过投资乘数的作用引起国民收入多倍的变动，国民收入变动也会引起投资的数倍变动。投资和国民收入的互动导致经济增长的周期性波动。"实际经济周期理论"强调经济周期的原因来自经济体系的外部冲击，这些外部冲击通过经济体系内的传导机制而引起波动。

关键概念

经济增长　资本　人力资本　经济周期　加速数

练习与思考

一、判断正误

(1) 增长快的国家往往投资增长水平较低。(　　)

(2) 今天生活水平高于一个世纪前的主要原因是技术进步。(　　)

(3) 大学学位是人力资本。(　　)

(4) 高储蓄率引起了永远的高增长。(　　)

(5) 经济周期是经济中不可避免的波动，它的中心是国民收入的波动。(　　)

(6) 经济增长理论的重点是从总供给的角度分析经济的长期趋势，经济周期理论的重点是从总需求的角度分析经济的长期趋势。(　　)

(7) 乘数的作用导致国民收入增加，加速数的作用导致国民收入减少。因此，乘数和加速数的相互作用造成经济的周期性波动。(　　)

二、单项选择

(1) 下列哪一种方法是提高增长率的最好方法（　　）。

    A. 发现新的自然资源供给   B. 发展新技术

    C. 提高人口增长率   D. 外援

(2) 下列哪一项与经济的长期增长无关（　　）。

    A. 制度变革   B. 储蓄率提高

    C. 跨国公司的存在   D. 总需求迅速增长

(3) 经济周期的四个阶段依次为（　　）。

    A. 繁荣、萧条、衰退、复苏   B. 繁荣、衰退、萧条、复苏

    C. 复苏、萧条、衰退、繁荣   D. 萧条、衰退、复苏、繁荣

(4) 在经济周期里，波动最大的一般是（　　）。

    A. 消费   B. 机器设备投资 C. 存货投资   D. 净出口

(5) 经济周期的中心是（　　）。

    A. 价格的波动   B. 利率的波动

    C. 国民收入的波动   D. 货币供给量的波动

(6) 乘数和加速数的联系在于（　　）。

    A. 前者说明投资变动对国民收入的影响，后者说明国民收入变动对投资的影响

    B. 两者都说明投资是怎样产生的

    C. 前者解释了经济如何走向繁荣，后者说明经济怎样陷入萧条

    D. 前者解释了经济如何陷入萧条，后者说明经济怎样走向繁荣

三、问答题

(1) 哪些因素构成经济增长的源泉，它们是如何促进经济增长的？

(2) 大学学位是哪一种形式的资本？

(3) 列出生产下列每一种物品和劳务所需要的资本投入。

    A. 汽车   B. 高中教育   C. 航空旅行   D. 水果和蔬菜

(4) 假设美国通用汽车公司在上海办了一个新工厂

    A. 这代表了哪一种外国投资？

    B. 这种投资对中国的 *GDP* 有什么影响？

(5) 有两个国家，富国和穷国。富国的实际人均 *GDP* 为 10000 美元，而穷国的实际人均 GDP 只有 3000 美元。富国的实际人均 *GDP* 的年增长率为 1%，而穷国的则为 4%，试比较 10 年后两国的实际人均 *GDP*。穷国要想赶上富国大概需要多少年时间？

(6) 什么是人力资本？对经济增长来说，为什么人力资本是重要的？新的人力资

本是怎样创造出来的？

（7）在实现提高经济增长率这一目标过程中，政府可以有哪些主要贡献？

（8）加速数与乘数相结合如何形成经济周期？

主要参考文献

［1］ 曼昆．经济学原理．梁小民，译．北京：北京大学出版社，1999

［2］ 梁小民．微观经济学．北京：中国社会科学出版社，1996

［3］ 杨长江，陈伟浩．微观经济学．上海：复旦大学出版社，2004

［4］ 卢锋．经济学原理．北京：北京大学出版社，2002

［5］ 帕金．经济学（第5版）．梁小民，译．北京：人民邮电出版社，2003

［6］ 希勒．当代经济学（第8版）．豆建民，译．北京：人民邮电出版社，2003

［7］ 杨长江，石洪波．宏观经济学．上海：复旦大学出版社，2004

［8］ 梁小民．宏观经济学．北京：中国社会科学出版社，1996

［9］ 袁志刚，樊潇彦．宏观经济学．北京：高等教育出版社，2008

［10］ 易纲，张帆．宏观经济学．北京：中国人民大学出版社，2008

［11］ 易纲，吴有昌．货币银行学．上海：上海人民出版社，1999